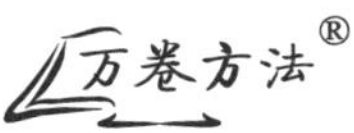

Introduction to
Social Research: Quantitative
& Qualitative Approaches

社会研究导论
定量与定性的路径

[澳] 基思 · F. 庞奇 著
(Keith F. Punch)

风笑天 等 译

重庆大学出版社

Introduction to Social Research: Quantitative and Qualitative Approaches 3rd ed., by Keith F. Punch.
English language edition published by SAGE Publications of London,
Thousand Oaks, New Delhi and Singapore, 2014.
社会研究导论：定量与定性的路径（原书第 3 版）。原书英文版由 SAGE 出版公司于 2014 年出版，版权属于 SAGE 出版公司。

版贸核渝字（2015）第 66 号

图书在版编目（CIP）数据

社会研究导论：定量与定性的路径/（澳）基思·F. 庞奇（Keith F. Punch）著；风笑天等译. -- 重庆：重庆大学出版社，2023. 5
（万卷方法）
书名原文：Introduction to Social Research: Quantitative and Qualitative Approaches
ISBN 978-7-5689-3676-7

Ⅰ. ①社… Ⅱ. ①基… ②风… Ⅲ. ①社会学—研究方法 Ⅳ. ①C91-03

中国国家版本馆CIP数据核字（2023）第007984号

社会研究导论：定量与定性的路径

SHEHUI YANJIU DAOLUN: DINGLIANG YU DINGXING DE LUJING

［澳］基思·F. 庞奇（Keith F. Punch） 著

风笑天 等 译

策划编辑：林佳木

责任编辑：李桂英 石 可 版式设计：林佳木

责任校对：刘志刚 责任印制：张 策

*

重庆大学出版社出版发行

出版人：饶帮华

社址：重庆市沙坪坝区大学城西路21号

邮编：401331

电话：(023) 88617190 88617185（中小学）

传真：(023) 88617186 88617166

网址：http: //www. cqup. com. cn

邮箱：fxk@cqup. com. cn（营销中心）

全国新华书店经销

重庆华林天美印务有限公司印刷

*

开本：787mm × 1092mm 1/16 印张：22.5 字数：432千

2023年5月第1版 2023年5月第1次印刷

ISBN 978-7-5689-3676-7 定价：88. 00元

作者简介

在任职大学之前，基思·F. 庞奇在西澳洲的一所中学当老师，教授法语、德语和数学。他于 1967 年在多伦多大学的安大略教育研究所完成了他的博士论文。他在好几个国家的大学工作过，现在是西澳大利亚大学教育研究院的名誉教授，同时在其他几所大学兼职。在他职业生涯的最后二十年，他主要关注研究监管和研究训练，并代表西澳洲大学发展和管理在东南亚地区教育方面的跨国研究生项目。

前　言

《社会研究导论》的第 3 版包括大量新的内容和许多新的特点。

新的内容包括以下几个方面：

- 关于社会科学研究的理论和方法的新增章节；
- 关于搜索和综述相关文献的新增章节；
- 关于伦理规范的新增章节；
- 关于研究与互联网的新增章节。

新的特点主要集中在材料方面，如下：

- 每章的开头部分添加了学习目标；
- 每一章节的末尾添加了新的章节概要、关键术语、练习与思考题。

同时，这次新版保留了和前两版一样的基本结构框架和基本原理。因此，就结构而言，这本书首先介绍了研究概览和一个简单但是固定的研究模式，然后用这个模式去指导社会科学研究中定量、定性以及混合方法的经验研究的计划。在这个过程中，本书主要强调发展经验层面问题的必要性，以及描述概念和它们的经验指标之间的联系，然后说明这种模式在定性和定量研究中的实施进程。

就理论基础而言，本书的主要目的是体现经验研究过程的所有阶段的逻辑（无论资料的性质是什么），并且给学生一个可以马上进行计划和发展研究的基础。因此，像以前一样，我试图强调研究及其技术背后的逻辑，而不是技术问题本身。我这样做的目的之一是揭开研究过程的神秘面纱，在必要的地方简化它，努力将它背后的逻辑解释清楚，以此来说明高质量的研究对于许多人来说都是触手可及的。

在准备本书新版的过程中，我得到了许多人的帮助。我要感谢艾丽斯·万恰在查找和回顾文献方面的贡献，我也要感谢韦恩·麦高恩对研究与互联网一章的贡献。

与我先前在 SAGE 的所有出版物一样，我要感谢 SAGE 在伦敦的编辑团队用许多不同的方式给我以帮助。我特别要感谢凯蒂·梅茨勒以及艾米·贾罗德所给予的鼓励、支持和帮助，尤其在更新阅读材料和准备与这本书有关的网站素材方面所给予的巨大帮助。

简要目录

详细目录

第 1 章

导　论

本章内容

1.1　经验研究
1.2　定量和定性资料
1.3　研究的重要性
1.4　研究概览
1.5　研究问题还是研究议题?
1.6　方法之前的问题
1.7　科学、社会科学和社会研究
1.8　本书的组织架构

章节概要 / 关键术语 / 练习与思考题

学习目标

在学完这章后，你应该能够：

- 解释"经验主义"这个词，并说明何谓经验研究的问题
- 描述定性与定量资料研究的差异
- 展示研究问题与研究方法之间的联系
- 再现并且解释在 1.7 节的研究模式
- 描述科学方法的主要特点
- 解释何谓社会科学

本书主要介绍从事社会科学经验研究的方法，包括定量和定性两种途径，且聚焦于每一种途径的基本要素。它将这两种途径放到组织研究的同一框架中，并且在同样的三个主标题——设计、资料收集、资料分析——下来讨论它们。本书也包括混合研究方法，即将定性和定量的资料、方法相结合。本书的重点是研究操作的逻辑而不是它的技术层面。因此，它不是一本关于"怎样做"的书，相反，其目标在于发展出对研究所涉及的一些问题和主要技术背后的思想的基本理解。

在收集这本书的资料时，我始终注意以下两个中心问题：

- 在进行任何专门化的方法论探讨之前，社会研究方法入门课程的内容应该是怎样的？
- 如何以一种展示研究是如何进行的方式来表述内容？这种表述方式将对顺利开展一项研究中的各种问题、方法和技术给出足够具体和实用的理解。

本书的主要读者是社会科学不同领域中的高年级本科生和刚入学的研究生。但是我希望它也能适用于那些想回顾社会研究的逻辑以及它的方法背后的主要思想的其他研究者。

第 1 章为所涉及的材料设定了主要背景，并且描述了本书的方法和它的基本原理。1.8 节是本书的章节要点大纲。

1.1 经验研究

我们的主题是经验性的社会科学研究。经验主义是一个哲学层面的术语，描述一种将经验看作是知识的基础或者来源的理论（Aspin，1995：21）。既然这里

的经验指通过感觉器官所接收到的东西，比如感受到的资料或者可以被观察到的东西，所以，我用一般性的术语“观察”来与“经验”交替使用。这样，“经验”意味着以对这个世界直接的经历或观察为基础。说一个问题是经验层面的问题，就是说我们将通过从这个世界获取直接的、可观察的信息来回答它或者尝试回答它，而不是通过其他方法，比如通过理论化、推断或者反驳基本原理等。关键的概念是“有关这个世界（某些方面）的可观察到的信息”。研究中用来表示这个“有关这个世界的可观察到的信息”，或者“有关这个世界的直接经验”的术语就是“资料”[1]。经验研究的基本观点是，将资料作为回答问题、发展和检验思想的方式。

经验研究是目前社会科学研究中一种主要的研究类型，但它并不是唯一的类型。其他类型研究的例子有理论研究、分析研究、观念－哲学研究和历史研究。这本书主要聚焦于经验研究。同时，我相信它提出来的许多关键点对于其他类型的研究也有一定的适用性。

1.2 定量和定性资料

资料显然是一个非常宽泛的术语，所以我们将经验研究的资料细分为两种主要的类型：

- 定量资料，即以数字（或者测量）的方式体现的资料；
- 定性资料，即不是以数字的形式体现的资料（在大多数情况下，这意味着以文字的形式体现，但也不总是如此。）

这引出两个简化的定义：

- 定量研究是一种以数字形式体现其资料的经验研究；
- 定性研究是一种以非数字形式体现其资料的经验研究。

这两个简化的定义在研究的开始阶段是有用的，但是它们并不能充分地展现出定量研究与定性研究之间的区别。“定量研究”这个术语远比采用定量的或者数字的资料的研究这一含义更广。它指的是整体的思考方式，或是一种途径，其包含一系列的方法以及以数字的形式表现出来的资料。同样，定性研究也远不止是一种使用非数字资料的研究，它也是一种思考方式或者一种途径，包含一系列

[1] 英文原文为“data”，也可译为“数据”。由于使用语境的差异，本书将交替采用“资料”与“数据”两种译法。——编者注

的方法，以及使用非数字或者定性形式的资料。

因此，定量研究和定性研究的完整定义应该包括：

- 思考所研究的社会现实的方式，接近它并且使它概念化的方式（这就是所谓的“范式”的一部分，参见2.1节）；
- 用来表示这种思考方式的设计和方法，并收集数据；
- 资料本身——定量研究的数字资料和定性研究的非数字资料（主要为文字）。

在关于研究的教学过程中，我发现通过用资料的性质去区别定量和定性研究是很有用的。加入前面的两个要点，即让被研究的现实概念化的思考方式和研究方法，会使二者的区别扩大。同样，我发现在计划和从事研究的实际工作中，学生们经常会关注这样一些问题：资料是数字还是非数字的？我是否打算在这项研究中测量变量？或者，换句话说，我的研究将会是定量的还是定性的？

由于这些原因，我想定量研究和定性研究最核心的区别应该是资料的性质，而且，这就是为什么我以上面简化的定义开始。但是我们也要记住，有比这更多的区别，像上面所说的其他两点区别。定性研究在思考方式、方法和资料方面比定量研究的种类更为多样化。我们也要承认，尽管区分定量研究与定性研究在社会科学研究中有着重要意义，但最近混合方法的研究，即以某种方式结合定量与定性资料和方法的研究的发展也值得注意。

1.3 研究的重要性

对于研究在当今社会中的重要性，我们是如此地深信不疑，以至于我们从来不会回过头来去明确地思考它。但是，我们的文化有一个突出的特点，那就是研究被看作是回答提问、解决问题和发展知识的方式。在生活的各个领域，包括社会领域，都是如此。

关于研究在我们文化中的重大作用，有三件事值得注意：

1. 在本书的语境中，研究是指经验研究，即这本书中所说的研究类型。
2. 虽然研究作为一种回答提问、解决问题和发展知识的方式，在当今的文化和思维中已经饱和，但是它并非总是如此。的确，尽管它今天发展得如此广泛，但意识到它在人类历史上是多么新近的思维方式还是令人吃惊的。正如克林格和李（Kerlinger & Lee, 2000）曾指出的，不同的“认知方式”被人类长期使用，而我们现在这种以研究为基础的认识和发展知识的方式则是相对较近才出现的。

3. 研究的核心重要性的含义是，对于今天的人们来说，理解研究背后的基本逻辑才是最重要的。这一点对于每一个人，尤其是对于那些专业人士来说，都是如此。即使未来的专业人士没有变成研究的实施者，他们也将不可避免地成为研究的消费者，在一个以研究为职业实践和发展重心的世界里工作。研究逻辑和方法的知识能够帮助他们变成更具批判性和更加聪明的消费者。

1.4 研究概览

面对方法论文献中诸多关于研究的定义、描述和概念，我认为，这种将研究看作是一种有组织的、系统的、有逻辑的探究过程，使用经验的信息（即资料），去回答问题(或者检验假设)的看法,对于当前目标来说已经足够了。根据这种看法，研究与我们如何在每天的生活中发现问题有许多的共同点。因此，将科学研究描述为“有组织的常识”是有用的。或许，最主要的不同就是经验研究对于组织性、系统性和逻辑性的强调。

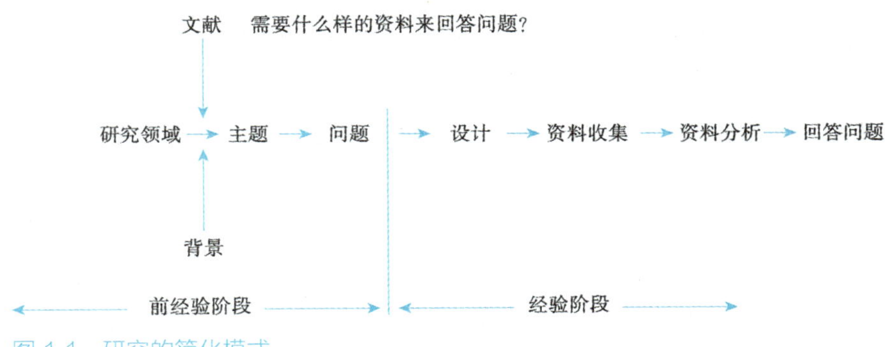

图 1.1 研究的简化模式

关于研究的概览已经在图 1.1 中以图示的形式展现出来。它强调了研究问题的中心角色，以及要用经验资料去回答这些问题。它有四个主要的特点：

- 以研究问题来建构研究框架；
- 决定对于回答这些问题来说哪些资料是必不可少的；
- 进行研究设计以便收集和分析这些资料；
- 用这些资料回答研究问题。

为了包括假设 – 检验的研究，本书对这种模式进行了一定的修改，这在第 4 章的图 4.1 中有所体现。

在掌握研究过程基本要素的同时，这种概览也揭开了研究的神秘面纱，并且使学生们能够马上着手开展研究。它关注研究问题，而其他一些作者关注研究议题。究竟是用问题还是用议题来定义研究，这只是研究者的一种选择。

1.5 研究问题还是研究议题？

我关注研究问题的概念，将其看作是一种帮助学生顺利进行他们的研究计划的有用方式。当一个学生在最初阶段，或者在研究计划书撰写中遇到麻烦、感到困惑、负担过重或停滞不前时，我能给出的最有帮助的问题是“我们试图从这里发现什么”。从这个问题到“这个研究试图回答什么问题”或者“研究的问题是什么”是很小的一步。这种方法使研究的问题成为中心。

相比之下，一些作者倾向于更多地关注“研究背后的议题”或研究议题，而不是关注研究问题。因此，关于在有关人类服务的背景中发展研究计划书，科利和沙因伯格（Coley & Scheinberg，1990：13）写道：“研究计划书的写作包括确定议题的性质、发展出解决办法或帮助解决议题的项目，然后将这些内容转变成研究计划书的形式。”这种方式使得研究议题成为中心。

其他一些作者在问题和议题之间划了一条明显的界限。例如，洛克、斯波多索和西尔弗曼（Locke，Spirduso & Silverman，2010：44-49）曾就“语义的卫生和概念的卫生”进行过争论，明显地区分了议题和问题，而且建议在计划研究和发展计划书的过程中，遵循一种按议题、问题、目的和假设这样的逻辑顺序的方式。同样地，一些作者将发展研究计划书看作是建构研究议题，而将研究问题看作是这一过程中的一个核心部分。我认为这两种框架对于事前计划的研究，尤其是对于干预性研究很有帮助，但是对于更多的逐渐展开的研究就没有太大的作用（参见2.6节）。在这种情况下，议题和问题的区分就不是那么明显。

有时候，社会科学研究关注干预以及评估结果。护理学研究的某些领域就是一个很好的例子，尤其是那些涉及临床背景的护理研究。在这种关注干预的背后，存在着一种议题观念，即这一议题需要一种解决途径，而干预正是被看作是这种解决途径。同样地，在教育或者是管理方面的项目和干预也许是被同样的逻辑所驱使，即一个议题需要解决途径，而这种解决途径则以干预的形式体现出来。这项研究就变成了一种对干预效果的评估或者评价。

这种思考的线索集中于对议题的识别——某种需要解决途径的事物，接着是干预或者是一种被设计用于解决这一议题的活动，而研究就变成了对那个干预的评估，这就是干预式研究。另一方面，更一般的思考的线索集中于对问题（即需要提供一个答案的事物）的识别，接着是通过调查来收集资料并回答问题。这是自然主义的研究，即社会世界按照它的自然状态被研究，而不是为了研究目的所进行的非自然的研究。

在干预式研究中，干预被设计成用来解决或改变不满意的情况，这种不满意的情况就是议题。另一方面，从研究问题的方式来思考研究则是一种更为普遍的路径，它既能够在自然主义研究中使用，也能够在干预式研究中使用（干预的效果总是可以通过一系列的研究问题来评估）。我既把对研究问题的关注作为研究开始的方式，也将其作为组织后续项目的方式。这一聚焦对加强本书中“问题第一，方法第二”的取向有好处，对增强灵活性也有好处。在某种意义上，学生们常常发现形成一个研究问题比聚焦于一个研究议题更为容易。但是，如果它能够帮助识别一个研究议题，而不是识别一个研究问题，我们就完全没有理由不这样做。也没有任何理由不去同时使用议题和问题这两个概念，并且在发展和呈现研究计划书的时候合理地进行转换。在任何情况下，这两个概念都是可以交替使用的。因此，一个议题——作为需要解决方案的某些事物，总是可以被描述成为一个问题。类似地，一个问题——作为需要答案来回答的某些事物，也总是可以被描述成为一个议题。

在本书中，研究问题显得格外突出，这里所介绍的研究模式强调了它的核心作用。形成研究问题是前经验研究阶段的一个目标。这个问题提供了经验研究过程的基础，并且它们是研究报告的组织原则。强调这一模式是为了澄清和说明研究计划的过程，并将其设定为这个过程中一个很有用的目标。实际的研究情形可能迫使这种模式以下面两种方式被修改。第一，事先提出的研究问题在经验研究的过程中可能会发生改变，不存在它们“固定不变”的情况。第二，在确定研究问题之前就计划好某种研究类型，这可能是不令人满意的或者是不可能的。相反，在这些情况下的策略通常是将识别和阐明研究问题作为研究的过程。当这种情况发生时，研究问题仍然保持着核心地位，但是却会在研究的不同阶段出现。这一点提前指出了预先设定的研究问题、设计、方法与新出现的研究问题、设计、方法之间的差别——我们将在第 2 章讨论这个重要的区别，这也是第 2 章的主题。

1.6 方法之前的问题

本书强调方法应该依从于问题。在研究中我们怎样做，取决于我们想要去发现什么。之所以强调这一点，是因为在过去的研究方法教学过程中，我们经常在选择实体的马（或内容）之前，就已经准备好了方法论的运货马车。这被称为“方法优先主义”（methodolatry），即方法崇拜，且其已经成为定量研究的一大特点（尽管不是唯一的特点）。许多早期的研究方法著作“在抽象的理论层面”讲授方法。一方面，它们只是与方法有关，而且不同方法之间没有任何的联系；另一方面，研究方法又与研究问题无关。我认为，目前入门层面的研究方法教材既需要兼收并蓄，同时也需要加强方法与议题和问题的识别、定义及分析之间的联系。本书的目标就是要解决这些议题。因此，在讨论定量和定性方法之前，本书将涉及识别、定义和分析研究问题，涉及研究问题的表述，也涉及问题、资料以及收集和分析资料所使用的技术之间的联系。

换句话说，这本书，尤其是在前面的章节中，强调了研究问题作为一种有用的教学方式对研究方法的影响。在实际的研究过程中，方法能够约束和影响问题。这些影响在后边的章节将被确认，并且问题与方法之间的交互作用也将被讨论到。但是，从问题到方法的影响是被刻意强调的，因为它在保证研究问题和方法之间的密切契合方面具有价值。最后，这一计划的主要目标是使问题与设计和程序之间，能够在最大程度上契合。这一点也是一个非常重要的主题，它将在第 2 章中被讨论。

本书在开始部分指出了前经验研究阶段和经验研究阶段的明显区别。这在第 4 章和第 5 章中将再次被强调，即经验研究有一个非常重要的前经验研究阶段。这一阶段对问题的详细分析阐明了有关经验的、技术的和方法的各种考虑。问题的发展是描述前经验阶段工作的一个很好的术语，它在研究设立方面也很重要。它基本上可以归结为澄清和理顺不同的议题，并且再次将原始的议题以一系列经验研究问题的方式陈述出来。这种议题发展的工作经常被忽视。然而，前经验阶段是重要的，因为在经验研究中所包含的议题很有可能既是概念的和分析的，同时也是技术的和方法论的。尽管为了强调概念议题和分析议题的重要性，这种区别被说得很明显。但这些概念上的议题并不总是先于方法论上的议题。有时候这两者是交织在一起的。

正如前面所说的，将研究描述成“有组织的常识”是有用的。它支持这一想法，即好的研究是能够被很多人所掌握的。它也与这一观点相符合，即我们能够简化研究方法的更多技术层面的内容，并且可以通过展示它们背后的逻辑来加深理解。因此，本书聚焦于技术背后的逻辑，努力避免掩盖技术性思考背后的逻辑。我不赞成公式化的做研究的方式，因为我不相信研究能够被简化成一组很机械的步骤。相反，我试图强调理解，而不仅仅是“如何去做”。我喜欢这个观点，即方法不应该被视为一套程序汇编，而应该被看作有关实际运作方式的信息（Mills, 1959）。这意味着这本书从头到尾所强调的是原理和指导方针，而不是机械的规则。

它也意味着在研究过程的所有阶段都需要常识，这是在不同章节都会出现很多次的一个关键点。

1.7 科学、社会科学和社会研究

到现在，术语“科学”和“社会科学”已经使用了好几个时代。什么是科学？什么是社会科学？科学地研究一些东西究竟意味着什么？关于科学方法的主题已经有许多的著述，尤其是到了今天，出现了很多不同的定义和观点。然而，作为学习研究的起始点，我建议使用一个关于科学方法的简单而传统的概念。

在这一概念中，科学作为一种方法的本质体现在两个方面。第一个方面涉及现实世界资料的关键作用。科学承认经验资料的权威性，认为问题必须通过经验资料来回答，观点必须通过经验资料来检验。第二个方面指的是理论的作用，尤其是理论的解释作用。最终的目的是去解释资料而不仅仅是收集资料，也不只是用资料去描述一些事物。解释性理论在科学中起着核心作用。因此科学的两个本质的部分是资料和理论。简而言之，收集关于世界的资料，建构理论来解释这些资料，然后用进一步的资料来验证这些理论，这就是科学。无论是资料先于理论，还是理论先于资料，这都无关紧要。重要的是，二者都必不可少。对于理论和资料的顺序无关性在后面的章节中将有所论及。关于经验资料的性质，在科学的这一定义中没有阐述，也就更谈不上资料是定量的还是定性的了。换句话说，科学并不要求包含数字资料或者测量。它包含这些当然很好，但它不必非要包含这些。这一点与本书后边的章节有关。

“社会科学”这个通用术语指的是关于人类行为的科学研究。“社会”指的是人和他们的行为，也指向如此多的人类行为发生在社会情境下的事实。“科学”指的是研究人类和他们行为的一种方式。如果（所有）科学的目的是去建立有关它的资料的一种解释性理论，那么社会科学的目的就是去建立关于人类和他们行为的一种解释性理论。这种理论既是建立在现实世界资料的基础之上的，也是用现实世界的资料来进行检验的。

人类的行为能够从许多不同的视角来进行研究，根据研究人类行为时所采用的视角，能够区分出几种非此即彼的基础社会科学。许多人会同意这样一种看法，即存在着五种基础的社会科学：心理学、社会学、人类学、经济学和政治科学。这五种基础的社会科学主要在选取的视角方面互不相同。比如，心理学通常关注单个的个体，而社会学更加关注群体以及行为发生的社会情境等。由于在基本的领域中存在着视角的多样性，也由于一些人想要将其他一些领域纳入作为基础社会科学，因此，我们不应该过分夸大这种区别。同样，在这些基础社会科学之间也存在着交叉的领域（例如，社会心理学和社会人类学等），但是记住这些基本领域是有用的。它们可以被看作学科，这些学科能够被运用到各种不同的领域之中。

现在，我们可以通过它们所关注的社会场景或行为领域，将应用社会科学区别于基础社会科学。社会中存在许多这样的领域，其中最主要的有教育研究、组织研究、政府研究、行政管理、社会工作、护理研究、健康研究、医疗与公共健康的某些领域、家庭研究、儿童发展、市场营销与市场研究、娱乐与休闲研究、传播研究、司法和法律研究、临床研究、政策分析、项目评估以及社会和经济发展研究等。

在这些领域中，也有专门化的方法。一种方式是将这些专门方法看作是各种学科在这些领域中的应用。例如，将教育作为领域，将心理学、社会学、人类学、经济学和政治科学作为基本学科，我们在教育领域中就有五个专门化的领域，即教育心理学、教育社会学等。因此，将教育作为一个应用型的社会科学，意味着使用一种或多种基础社会科学去研究教育场景中的行为。这也可以同样应用到其他的领域。我们不需要太担心这些领域之间精确的划分和确切的界限。而是只需要知道这些应用型的社会科学所影响的范围就可以了。

整个社会科学，包括基础社会科学和应用社会科学，覆盖了非常广泛的范围。使它们统一在一起的是它们都关注人类行为，以及在它们的研究中，经验研究所具有的核心作用。由于经验研究的这种核心作用，本书的一个前提是，上述所展示的各种社会科学领域中的经验研究在研究方法上有着很大程度的相似性。当然，在不同的社会科学中，也有着不同的方法论重点，并且某些方法对某些学科具有亲和力（和敌意）。但是在研究的一般逻辑中，以及在设计和经验程序的基础上，它们的相似性是非常强的。这意味着我们能够将这一逻辑、这些设计和程序应用于在许多不同的领域中。

1.8 本书的组织架构

本书的组织架构包括导论这一章在内，共有 15 章，具体如下：

第 2 章（社会科学研究中的理论和方法）探讨研究中方法论和实质性理论的作用，同时讨论在全书中频繁出现的三个主题。基于参考的目的，它们在本书的第 2 章被全部提及。一些读者可以在第一次阅读时跳过这一章节，然后在这些主题出现在与之相关的不同章节中时，再回过头来阅读它。

第 3 章涉及社会科学研究中的伦理问题。

第 4 章和第 5 章讨论研究的前经验阶段，聚焦于研究问题。第 4 章（研究问题）涉及研究问题的识别和发展，以及假设和文献在这一过程中的作用。第 5 章（从研究问题到数据）继续思考研究问题，但是主要关注问题与数据（资料）之间的联系。

第 6 章（文献检索和回顾）讨论文献检索和回顾，这是在论文准备阶段中的一项重要的任务。

第 7 章、第 8 章和第 9 章对定性研究方法进行了综合的回顾。第 7 章（定性研究设计）描述了一种有关研究设计的思考，以及将设计与策略相联系的框架，还讨论了定性研究中所使用的一些主要策略，并且指出了当代定性研究的复杂性和多样性。第 8 章（定性资料的收集）涉及定性研究中资料收集的重要方法。第 9 章（定性资料分析）讨论定性资料分析中的相关议题，聚焦于已形成的主要分析方式中的两种，同时也回顾了几种最新的和更加专业化的方式。这三章作为一个单元，适合那些想要了解定性方法概况的读者。

第 10 章、第 11 章和第 12 章用同样的标题对定量研究方法进行了综合的回顾。因此第 10 章（定量研究设计）描述了定量研究设计背后的主要思想。第 11 章（定量数据的收集）考虑了收集定量数据的时候所涉及的东西，以及测量在这一过程中的关键作用。第 12 章（定量数据分析）描述了在定量的社会科学中所使用的统计技术背后的逻辑。同样，这三章作为一个单元，适合那些想要了解定量方法概况的读者。

第 13 章（互联网与研究）讨论了在研究过程中互联网的角色，以及其中所涉及的问题。第 14 章（混合方法与评估）描述了混合方法，这是一种在社会科学的经验研究设计中越来越流行和越来越多地被使用的方法。还讨论了在评估经验研究质量时普遍的评估标准。

第 15 章（研究写作）讨论研究写作的一般主题，也讨论了研究计划书的一些细节。

在每一章中，导言部分列出了主要的学习目标，最后一节概括了主要内容并列出了本章关键术语，然后提供了练习与思考题，在大部分章节中，还给出了进一步阅读的建议。附录给出了迈尔斯和休伯曼（Miles & Huberman，1994）关于从定性分析中得出和验证结论的策略。

章节概要

- 本书关注从事社会科学经验研究的方法。经验主义是构成科学方法基础的哲学。

- 经验研究以资料为基础：
  - 定量资料是数字形式的资料；
  - 定性资料是非数字形式的资料（大部分是文字的形式）。
- 研究在当代社会是非常重要的。它可以被定义为一种有组织的、系统的、有逻辑的探究过程，它用经验资料回答问题。
- 研究问题在这一研究模式中是关键性的，它们与研究问题有很大程度的关联性。
- 研究问题在逻辑上是先于研究方法的，问题需要仔细制订。
- 科学方法收集关于世界的资料，建构理论去解释资料，然后通过进一步的资料去检验这些理论。
- 社会科学运用科学的方法研究人类的行为，在研究人类行为时不同的社会科学会采取不同的研究视角。

关键术语

经验主义：一种将经验和观察看作知识基础的哲学。

资料（数据）：关于这个世界的可观察的信息，是有关世界的直接经验。

定量资料：以数字形式体现的资料。

定性资料：以非数字形式体现的资料。

研究问题：引导研究所形成的问题，对于经验研究而言，经验的研究问题是必须的。

干预研究：设计和实施干预以解决某个问题，研究对干预效果进行评估。

自然主义研究：按照世界的自然状态对其进行研究，而不是人为地改变它来适应研究目的。

科学方法：建构理论去解释资料，并且通过进一步的资料检验这些理论。

社会科学：采用科学的方法从某种视角研究人类行为。

练习与思考题

1. 定义和讨论这些关键概念：
   - 经验研究
   - 定量研究

- 定性研究
- 混合方法研究
- 科学方法
- 社会科学

2. 查阅本书目录部分，然后思考这些问题：
   - 你认为本书的哪一部分最容易理解？为什么？
   - 你认为本书的哪一部分最难理解？为什么？
   - 你认为你是一个更偏向“数字”的人，还是一个更偏向“文字”的人？或者同时偏向二者？为什么？

第 2 章

社会科学研究中的理论和方法

本章内容

学习目标

在学完这章后，你应该能够：

- 描述何谓方法论的理论，何谓实质性的理论
- 定义范式，并且描述范式驱动研究和实用主义研究的区别
- 理解描述和解释的区别
- 描述理论验证研究和理论形成研究的区别
- 解释研究问题相对于研究方法的逻辑优先性
- 描述预设的研究与逐渐展开的研究的本质区别

“理论”这一术语在文献中以许多不同方式被使用，这会造成很大的麻烦。在这一章中，我主要关注理论在两个主要方面的应用：方法论的理论和实质性的理论。二者都非常重要，方法论的理论关注研究方法背后的理论或者是哲学问题，这一点在 2.1 节中有所讨论。它引出了问题与方法的联系这一主题（2.5 节）。实质性的理论关注研究内容部分，这一点在 2.2 节有所讨论。它引出了描述性研究和解释性研究这一主题（2.3 节），以及理论的验证和理论的形成这一主题（2.4 节）。本章最后一节将处理在研究设计中的结构性问题。

2.1　方法论的理论

这里所说的方法论的理论，指的是关于方法的理论。而实质性的理论则是关于实质或者内容的理论。方法论的理论是关于方法的——关于一项研究中所使用的研究途径和方法背后的内容。

研究方法是以假设为基础的——假设涉及所研究的现实的本质，涉及什么组成关于这一现实的知识，以及什么是建构有关这一现实知识的合理的方法。很多时候这些假设是隐性的。在研究方法训练中经常出现且被争论很久的一个焦点是，在研究生的研究论文中，是否应该明确阐明这种假设？

这些假设构成了关于在研究方法论和科学哲学文献中“范式”一词的基本思想。范式问题在本质上必须是哲学的。一般而言，范式意味着一系列关于这个世界、关于在深入研究这个世界的过程中什么构成了合适的主题和技术的假设。简而言之，它是一种看待世界的方式。它指的是一种关于研究应该怎么做的观点（因而有时也使用“研究范式”这个术语），同时，它又是一个包含认识论、理论、哲学

和方法这些要素的广泛术语。

邓津和林肯（Denzin & Lincoln，1994：107-9）将范式描述成：

> 一组有关基础原理或第一原理的基本信念（或者形而上学）。它代表一种世界观，对于使用者来说，范式定义了“世界”的本质、个体在其中的位置，以及世界与其组成部分之间可能关系的范围。

他们指出，研究范式定义了他们所关心的内容，定义了哪些处于合法性研究的限度之内或者限度之外。同时，研究范式强调了三个基础性的问题，这些问题反映了上面提到的假设：

1. 本体论问题：现实的形式和本质是什么？关于它有什么是可以被认识的？
2. 认识论问题：认知者与能够被认识的现象之间的关系是什么？
3. 方法论问题：研究者怎样才能找到那些可以被认识的现象？

用简单的话说，范式告诉我们：

- 现实是什么（本体论）；
- 研究者和现实之间的关系是什么（认识论）；
- 什么方法能够用于对现实的研究（方法论）。

这三个相互关联的问题说明了方法和其背后深层次的哲学问题的关系。方法以范式为基础且最终来源于范式。反过来，范式对方法也有影响。这一点在过去的 40 至 50 年方法论发展的过程中变得很清晰。因此，简单介绍一下社会科学研究中一些方法和范式的历史背景的梗概是适当的。

20 世纪 60 年代初，作为从事经验社会科学研究主要方式的定量研究，其传统的支配性地位受到了挑战。这种挑战伴随着对定性研究方法运用方面的主要兴趣的大幅增长，并且这种增长反过来又在该领域中的定量和定性研究者之间产生了分歧。一场在定量和定性方法之间激烈的争论持续了很久，这有时候被描述为“范式之争”[1]。

那场争论的大部分内容以非此即彼的思考为特征。一些人认为在研究中只应该使用定量的方法。另一些人则强调只有定性的方法才是合适的。然而，近来，这场争论已经趋于缓和，大家对于两种方法结合的兴趣不断增长（Bryman，1988，1992；Hammersley，1992；Tashakkori & Teddlie，2003a）。这导致了混合方法，即第 14 章的主题，在近年的研究方法论文献中所占比重有了很大程度的增长。这些方法论的变化已经出现在经验社会科学研究的很多领域中，尽管在一些领域的变化比其他领域更加明显。

关于这些发展和争论的全部故事比我所提到的更为复杂。我只是聚焦于其中一个主要的维度，即定量和定性的区分，因为这依然是今天社会科学领域的两种主要的方法论。同时也因为这一区分是本书的一个核心的组织原则。这些发展的一个主要的结果是，定性研究方法，与它们 40 多年前被边缘化的位置相比，已经明显成为社会科学中的一大主流。如上所述，更进一步的发展就变成了两种方法的结合，现在被称之为“混合方法研究”（参见第 14 章）。结果，社会科学研究方法论的领域变得比以前更广阔也更复杂了。

由于方法和范式之间的关联，上面简单的历史概述也有着更深层面的含义，这一层面不仅仅涉及定量和定性的争论，涉及研究方法，同时也涉及范式本身。对于这个更深层面的含义，一场重大的反思于一段时间前开始，并一直在持续。它提出了对研究的各个方面（研究目的、研究地点和作用、研究内容和研究本身的概念化）和它所使用的方法的质疑。它也带来了新的视角的发展，以及资料收集和资料分析的新方式，尤其是在定性研究中。这场反思突出的特点是对于实证主义的详细批判，以及作为实证主义替代物的几种不同范式的出现与阐述。结果，范式的议题依旧处在一个变化和发展的状态中，很多问题还是存在争议。

正是定性方法的发展引发了许多不同范式的可能性，并且现在的情况已经变得非常复杂。邓津和林肯（Denzin & Lincoln，1994：109）指出了在定性研究中有四种主要的可供选择的研究范式（实证主义、后实证主义、批判理论和建构主义），而有关范式的更详细的例子和分类则是由古巴和林肯给出的（Guba & Lincoln，1994）。莫尔斯（Morse，1994：224-5）基于定性研究的策略对范式进行了这样的划分：哲学—现象学；人类学—民族志；社会学—基于符号互动论的理论；符号学—常人方法学和话语分析。詹妮斯克（Janesick，1994：212）给出了一个与定性研究策略有关的更为详细的范式列表，同时指出它并不意味着包括了全部的可能性：民族志、生活史、口述史、常人方法学、个案研究、参与观察、田野调查或田野研究、自然主义研究、现象学研究、生态描述研究、描述性研究、符号互动论研究、微观民族志、解释性研究、行动研究、叙事研究、编年史学和文献批评。而教育哲学方面的学者所思考的关于范式的例子是：逻辑经验主义和后经验主义、批判理性主义、批判理论、现象学、解释学和系统理论。

对于初级的研究者而言，这些可能会是令人疑惑和生畏的领域，部分是因为哲学，部分是因为术语。幸运的是，鉴于这种复杂性，现在的一些文献似乎正在聚焦和简化。这种聚焦的一种版本是，主要的范式类型是实证主义和解释主义；在另一个版本中，它们则是实证主义和建构主义。因此我们有：

- 实证主义（主要与定量方法有关）；
- 解释主义或者建构主义（与定性方法有关）。

一般来说，实证主义与定量方法、解释主义－建构主义与定性方法的这种关联性是真实的，但是它们之间并不是一种必需的关联。更为准确地说，实证主义更有可能与定量方法有关，而解释主义和建构主义更有可能与定性方法有关。

不同的作者对这些术语的定义有所不同，但是他们主要的本质观点如下：

- 实证主义——相信关于世界的客观资料是可以获得的，科学的作用是以普遍原理的形式形成描述和解释，也就是说，形成原理性的知识。
- 解释主义——关注人们赋予情境和行为的意义，以及他们用以理解自身世界的方式（O'Donoghue, 2007: 16-17）；这些意义是理解人类行为的基础。
- 建构主义——现实是地方性的、特定的和被建构的；它们以社会性和经验性为基础，并且取决于拥有它们的个人或群体（Guba & Lincoln, 1994: 109-111）。

在 2.5 节中，我们将讨论问题－方法的关系，并且我强调在一项研究中，研究问题和研究方法的匹配应该具备兼容性和完整性。如下图上面一条线所示。范式扩展了这一联系，因为范式既对所提出的研究问题的类型有影响，也对用来回答这些问题所使用的方法有影响。如下图下面一条线所示。

问题 → 方法
范式 → 问题 → 方法

对于计划和实施一项研究来说，所有这些方法论的理论意味着什么呢？大体上，计划一项研究有两种主要的方式：

1. 范式驱动的方式——一种以范式为开始，清楚地阐述它，并且从中形成研究问题和方法的方式；
2. 实用主义的方式——另一种以需要回答的研究问题为开始，然后选择回答它们的方法的方式。

在实用主义方式中，问题可能会来自任何源头——文献、现存的实质性理论、媒介、个人经历等。但是大多数情况下，尤其是在教育、管理或者护理等专业领域，它们会来源于与工作场所有关的实际的、专业的问题和议题。这里的出发点不是范式。相反，这里的出发点是一个需要解决方案的议题或者是一个需要答案的问题。这就是实用主义的方式。

这在高层次研究项目中一直是一个引起争议的问题。一些大学院系认为，范式问题是至关重要的，并且坚持在清晰地表达自己的范式立场之前，研究不应该被允许推进。我认为这种坚持并不恰当，因为范式驱动并不是研究得以推进的唯一一种方式，同时也是因为我认识到了对于社会科学研究来说更加务实、实用以及专业的方式的巨大作用。我并不是反对范式驱动的研究。我反对的只是认为所有的研究都是由范式驱动的这种观点。在涉及范式争论的哲学问题上，我持有相似的观点。我认为我们应该清楚辩论所涉及的问题以及领域。这些在这整本书的多个地方都有显现。然而，我们可以开展研究并训练研究者，注意到那些尚未被他们所终结的辩论，而不必非要看到他们的结果。换句话说，我们可以承认研究方法与这些更深层次的问题的联系，并且时常讨论它们，而不要使它们成为我们研究的主要焦点。这就是上面提到的实用主义的观点。它与这样一种观点一致，即并不是所有问题都是由范式的考虑所驱动，同时，不同种类的问题需要不同的方法来回答。这两点我会在后面的章节中进行详细的阐述。

选择实用主义的方式，就要从聚焦于我们在研究中试图发现什么的问题开始，然后在研究中采用合适的方法来达到这一目的。我们将在 2.5 节中探讨问题与方法之间的联系这个重要的主题。

2.2 实质性理论

所谓实质性理论，我指的是关于一个实质性问题或现象的理论，下文将给出这种理论的一些例子。实质性理论是基于内容的理论，并不涉及方法。它的目的是解释某些感兴趣的现象或问题。所以，它是一种解释性的理论。然而，由于解释需要描述（参见 2.3 节），所以实质性理论既描述又解释。一个解释性理论既描述又解释具有实质性兴趣的现象。在这个意义上，理论就是一组描述和解释所研究现象的命题。这些命题比关于这一现象的特定事实和经验概括（资料）具有更高的抽象性。它们按照“如果……就……”的方式，通过演绎来解释资料。这是图 2.1 所展示的科学知识的模型。

来自社会研究不同领域的实质性理论的一些例子包括：归因理论、强化理论、各种学习理论和人格建构理论（来自心理学）；参照群体理论和社会分层理论（来自社会学）；职业人格和职业定位理论（来自职业社会学）；各种领导理论（来自管理学和行政学）以及儿童道德发展和教师职业周期理论（来自教育学）。

由此，在研究计划中的一个重要问题是：“（实质性）理论在这项研究中的作用是什么？”相比硕士水平的研究，博士水平的研究在这个问题上有时需要更多的思考。这似乎是因为在各所大学中，要获得博士中心的奖项，“对知识的实质性和原创性的贡献”是一条共同的标准，并且该标准的“实质性”部分，经常是以其对实质性理论的贡献来解释的。

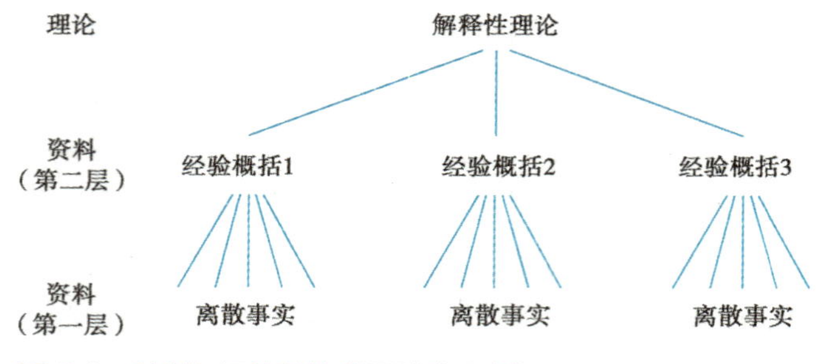

图 2.1　科学知识的结构（通则式观点）

2.3　描述与解释

第 1 章已经对科学方法给予了简明扼要的介绍，并且强调了它有资料和理论两个核心部分，以及科学探索的目的是建立关于资料的解释性理论。根据这个观点，目标是为了解释资料，而不仅仅是用资料来描述。这种描述和解释之间的区别与一项研究的目的尤为相关。

描述与解释的区别在一个层面上容易理解，在另一个层面上却难以理解。[2] 幸运的是，这种区别的实际价值会显现在比较容易理解的层面上。描述和解释代表了两种不同层面的理解。描述就是要绘制一副关于发生了什么，或是事情如何进展，或是某种情景、某个人、某件事件是什么样子的图画。另一方面，解释是要说明现象为什么会发生，或是说明事情进展的原因，或是说明为什么某种情景、某个人、某件事件会是那个样子。它涉及找出事情（或事件、情景）的原因，显示它们为什么并且如何会成为现在的样子。描述的目的比解释更为有限。我们可以只描述，不解释，但是却不能真正的只解释，而没有描述。因此，解释比描述更加深入。它不仅仅只是描述，它是在描述之外再加上一些其他的东西。

描述聚焦于状况是什么，而解释则聚焦于状况为什么（有时为如何）是这样。一般来说，科学作为建构知识的一种方法，其追求的目标是解释，而不只是描述。这有一个很好的理由。当我们知道了事情为什么会发生，我们知道的就远不止是发生了什么。它使我们能够预测将会发生什么，并且也许还能够控制将会发生什么。

因此，解释性的知识比描述性的知识更为强大。但是描述性的知识依然很重要，因为解释需要描述。从另一个角度来说，描述是通向解释的第一步。如果我们想知道为什么有些事情会发生，那么，一个好的关于发生了什么的精确描述是很重要的。在一种充分的描述中，经常有关于解释的线索。而只有当你真正理解了状况是什么，你才能够对其做出令人满意的解释（Miles，Huberman & Saldana，2013）。

当思考一项研究的目的时，就会出现这种区别。一项研究的目的是描述，还是解释，抑或两者兼有？描述性研究有时被认为比以解释为目的的研究更为低端。这就是有时我们为什么会听到这样的话："这只是一个描述性研究。"然而，即使这个判断有时可能是正确的，我们仍然必须小心谨慎地对待。在有些情况下，一个全面的描述性研究将会是非常有价值的。下面是这种情况的两个例子：

- 当正在研究一个新的领域，并且计划进行初步的探索性研究时，聚焦于系统的描述并将其作为研究的目的就是非常明智的；
- 对复杂的社会过程的详细描述可以帮助我们明白，在后面的解释性研究中应该专注于哪些因素。

一项研究的恰当目的是描述还是解释，取决于这项研究的具体情况。在这里，就像在其他任何地方一样，统一的规则是不适合的。相反，每项研究的情况都需要在自身的背景下进行分析和理解。无论一项研究的目的是描述，或是解释，抑或两者兼有，提出这个问题都是非常有用的，尤其是在研究的计划阶段。对正在被研究的事物问"为什么"和"是什么"，是进行研究的一个好方法。

因而，解释是实质性理论的中心焦点。其基本目的是用比描述它的术语更加抽象的术语来解释正在研究的东西。[3] 我们将会在这本书的后面两个地方回到这个理论的思想。第一处在第 4 章（4.7 节），在那里我们将思考与研究问题有关的假设的作用。我们将会看到在假设的背后，有着理论的支撑，这种理论与假设有着演绎 – 归纳的关系（Brodbeck，1968；Nagel，1979）。使用这种方法的研究属于理论验证研究。第二处在第 9 章，在那儿我们探讨了旨在发展理论的研究中的扎根理论分析。这些属于理论生成研究。

2.4 理论验证与理论生成

理论验证研究与理论生成研究之间的差别是重要的。将解释作为目的的研究可以检验理论，或者是建构理论——验证理论，或者是生成理论。沃尔科特（Wolcott，1992）认为，这是关于"理论在先"与"理论在后"的区别。在"理论在先"的研究中，我们从一个理论出发，从中推导出一些假设并设计一个研究去验证这些假设。这就是理论验证。在"理论在后"的研究中，我们不必从理论开始。相反，其目的是最终从收集来的资料中发展出一个系统的理论。这就是理论生成。

定量研究通常更多地指向理论验证，而定性研究，通常更关心理论生成。虽然这种关联从历史的角度来看是有效的，但是目的和方法之间并没有必然的联系。也就是说，定量研究可以用来进行理论生成（也可以用来进行理论验证），同时定性研究可以用来进行理论验证（也可以用来进行理论生成），正如许多作者所指出的那样（例如，Hammersley，1992；Brewer & Hunter，2005）。然而，尽管这种联系不是必然的，生成理论研究仍然更有可能是定性的。当研究一个新领域时，更有可能开展旨在理论生成的研究，并且对这一新领域的探索更有可能使用定性研究中结构化程度较低的田野调查的方法。

理论验证研究要优于理论生成研究吗？这本书并不会偏向一个研究目的而不支持另一个，因为两个都是必要的，并且它们都有自己的位置。在一个研究项目中，这两种研究目的中的任何一个都有可能是恰当的，甚至有时两者都是适合的。这取决于研究的主题、背景以及实际环境，尤其是在该领域中存在着多少先前的理论知识。与项目的其他方面一样，研究人员需要考虑替代方案，根据一致性和逻辑性标准在它们中间进行选择，然后阐明其定位。

通过扎根理论的发展，理论生成研究在社会科学中被赋予了新的合法性。就如第 7 章所阐述的那样，扎根理论是一种明确的理论生成的研究策略，是在反对 20 世纪 40 年代和 50 年代美国社会学界过分强调理论验证研究的过程中发展起来的。格拉泽和斯特劳斯在他们第一部关于扎根理论的著作中清楚地阐明了这一点：

> 验证是社会学的主流。大约在 30 年前，人们认为我们拥有很多理论，但是这些理论都鲜被证实，这种境况使得定量方法的复杂性的极速增长成为可能。由于对这一转变的强调，新理论的发现被轻视，在一些大学里，几乎被忽略。（Glaser & Strauss，1967：10）

格拉泽和斯特劳斯认为对现存理论验证的强调，使研究人员不再探究新的问题领域，不再承认他们大部分工作的必要的探索性质，这反而鼓励不恰当地使用验证性的逻辑和修辞，并且不鼓励发展和使用系统的经验主义的程序来生成和验证理论（Brewer & Hunter，2005）。

这为我们提供了一个有用的一般性指导方针：每个目的都有可能是适当的。当一个领域中有大量的未经验证的理论时，对理论验证的强调似乎是一件好事。另一方面，当一个领域内缺乏合适的理论时，就要转而强调理论生成。此外，当研究者在对现有的理论进行验证时，关注新的问题领域是不被鼓励的，并且验证研究的逻辑和方法（通常是定量的）被认为是更重要的。当在研究中关注新的问题领域很重要的时候，理论生成就会被作为适当的研究目的。扎根理论研究在这个方面的内容将在第 7 章中再次被提到（7.5 节）。

描述与解释之间的区别与图 2.1 所显示的科学知识的结构相一致，根据第 1 章中所给出的科学概念，我们可以区分出三个不同层次的知识。在最底层，是离散的事实。在中间层，是将这些事实组合在一起的经验概括。在最高层，是理论，其作用在于对概括进行解释。前两个层次（事实和经验概括）着重于描述，而第三个层次着重于解释。

这个科学知识的结构的模型主要来自实证主义的视角，并且强调一种有关知识的合法性观点。这可以与一种有关知识的表意性观点，即一种在许多定性研究者眼中对研究的更为合适的期望形成对比。[4] 虽然承认它有通则式研究的偏见，但是这个模型作为一个学习社会科学研究的起点是非常有用的。许多研究都是基于这个模型，并且它经常可以对组织一个个人的项目有帮助。它是通俗易懂的，所以希望偏离这个模型的研究者可以看到偏离发生的地点和原因。换句话说，当研究人员争论研究该如何进行以及研究如何对知识做出贡献时，这个模型有助于看到这些争论的焦点是什么。

这里强调这个模型还有另一个原因。它显示出知识的层次结构：顶层具有较高的抽象性和概括性，而底层则具有较低的抽象性和概括性。这类似于将资料指标连接到变量和概念的层次结构，并且其对于定性研究中扎根理论编码背后的概念指标模型，以及对于定量研究中潜在特征测量理论来说都具有中心作用。第 9 章和第 11 章中将分别阐述这些主题。这种抽象性和概括性水平不断增长的层级结构和这里所展现的一般性的科学知识，以及在后面章节中出现的、在定量和定性研究中遵循的概念与资料的连接，正是许多经验研究的基础。案例 2.1 对此给出了一个说明。

案例 2.1

知识的层级结构

这种建构知识的方式的一个经典案例是涂尔干对于自杀的社会原因的研究，这在涂尔干的著作（Durkheim, 1951）中有所阐述，格林伍德在其著作（Greenwood, 1968）中进行了总结。涂尔干的理论即从一系列的经验概括上升到自杀的一般规律。[5]

2.5 问题与方法的连接

这里的原则是研究问题与研究方法之间应该尽可能接近匹配或拟合。要做到这一点，一个非常好的方式是根据问题来寻找方法。

不同的问题需要采用不同的方法进行回答。在研究中，一个问题的提问方式决定了研究中需要做些什么，以便于回答它。定量的问题要求用定量的方法回答它，定性的问题则要求用定性的问题回答它。在今天的研究环境中，定量和定性的方法经常一起使用，问题和方法之间的匹配更加重要。因为这本书直接涉及了这两种方法，所以这个问题不可避免地被经常提及。

问题的措辞也很重要，因为一些措辞带有方法上的影响。比如，包含“变量”“影响因素”“决定”或“相关”这样词语的研究问题意味着定量的方法，然而包含“发现”“寻求理解”“探究过程”和“经验描述”这样词语的则意味着定性的方法（克雷斯维尔［Creswell］于 2013 年将这四个词语分别与扎根理论、民族志、案例研究和现象学联系起来）。

关于不同的研究问题对方法的不同要求，舒尔曼给出了一个教育研究的案例（Shulman，1988：6-9）。他通过对文献的研究，提出了四种不同类型的问题，并且展示了各自需要的研究方法。

1. 第一种可能的问题：是什么使一些人可以成功地进行阅读而另一些人则不能？（或者，我们怎样才能够预测什么类型的人会在阅读上有困难？）这样的问题应该用一种考察变量之间关系的定量的相关研究去回答。
2. 第二种可能的问题：不管青少年的背景和态度如何，教授青少年阅读的最好方法是什么？这个问题应该涉及定量的实验研究，来对不同的教学方法进行对比。
3. 第三种可能的问题：在总人口中，不同年龄、性别、社会或种族群体的阅读表现的总体水平如何？这将需要进行一个关于阅读表现或阅读习惯的定量调查。
4. 第四种问题可能与前面的那些十分不同：阅读指导是如何进行的？当老师和学生参与教授和学习阅读时，他们的体验和感觉是什么？这项复杂的活动是怎样完成的？这里应该采用一个包含观察和访谈的案例研究，可能要使用常人方法学的视角。

并且舒尔曼还进一步提出了哲学和历史问题。下列案例 2.2 给出了其他问题与方法之间连接的例子。

案例 2.2

问题与方法的连接

- 舒尔曼（Shulman, 1988: 6-9）以教育学中阅读研究的主题展示了问题与方法之间的连接；塞德曼提出了相似的案例（Seidman, 2013）。
- 马歇尔和罗斯曼（Marshall & Rossman, 2010）用图表显示了研究目的、研究问题、研究策略以及资料收集方法之间的连接。
- 马克斯威尔（Maxwell, 2012）从勒孔特和普赖塞尔（LeCompte & Preissle, 1993）那里改编了一个表格来显示“我需要知道些什么”与“什么类型的资料可以回答这个问题”之间的连接，并且用实际的研究说明了这些连接。
- 马克斯威尔（Maxwell, 2012）给出了问题与方法之间不匹配的案例。例如，在一项关于历史学家如何工作的研究中，“正确答案”被发现是与“错误问题”连接在一起的。

使问题与方法之间达到匹配的一个很好的方法是确保我们使用的方法是从我们试图回答的问题里得出的。换句话说，研究内容（研究问题）比研究方法具有逻辑上的优先权。内容优先于方法，这只是说，我们首先需要确定我们试图发现什么，然后再考虑如何去做到这一点。在实践层面，这通常是一个使研究项目付诸实践的很好的方法。在做研究计划时，有时很难知晓从哪里以及如何开始。如果是这样，询问“我们试图发现什么？”通常可以拓展我们的思维，并且可以确保我们是从内容出发，而不是从方法出发。将问题放在方法之前也是防止在制订一项研究方案时出现内容过分庞杂的一个好方法。推迟对方法的考虑，直到明确问题是什么，有助于处理不可避免的复杂性。这种复杂性是与任何领域中对研究可能性的充分考察相伴的。它有助于促进问题发展阶段的系统化，并且将其处于控制之中。它也有助于使问题和方法之间达到匹配，这是研究有效性的核心标准。

在这里对这一点的强调是对社会科学研究中不幸趋势的反击。在第 1 章里，我使用了“methodolatry”（方法崇拜）这个词语：

> 我使用词语“methodolatry”，即“method”（方法）与“idolatry”（偶像崇拜）的结合，来描述这种排除所讲述故事的实际内容而选择并捍卫方法的偏见。方法崇拜是方法的奴隶，这种对方法的信奉经常压制了教育和人类服务领域的话语。（Janesick, 1994: 215）

方法崇拜是指将方法置于内容之前。它将学习研究方法放在首位，然后再去寻找适应于研究方法的研究问题，就是在方法的指导下来寻找研究问题。

当我们把太多的重点放在研究方法的教学上时，就存在一种危险。由于这一危险，本书把重点放在经验研究及其方法背后的逻辑性及合理性上。一旦掌握了这种逻辑，我们就能够聚焦于研究问题，然后将方法和技术与问题相匹配。在我看来，对于研究来说，最佳的学习活动次序是从学习研究的逻辑开始，接着识别和形成研究问题，然后使方法和技术与问题相匹配。

我使用方法崇拜这一概念来支持以下观点：我们可以通过首先明确研究问题，然后再将重点放在回答问题所需要的方法上，以使方法对研究问题的直接影响降到最低。但是，通过限制所能研究的内容，方法也能够对研究问题产生间接影响。还有一些限制则是研究中可以设计些什么，以及什么资料可以被获得和分析。尽管考虑到这些因素，建议无论如何都要尽可能地优先关注研究问题。上述的案例中，在展示了不同方法论的方式如何适用于不同的研究问题之后，舒尔曼强调了相同的观点："我们在急于挑选适当的研究方法之前，应该首先关注我们的问题及其特征。"（Shulman，1988：15）因此，在研究的计划期间，当各部分的错配变得明显时，就需要对各部分进行协调了。

问题与方法间的匹配是一项研究中概念清晰度的一个体现。概念清晰度包含词语使用的精确性和一致性，论述的内部一致性和概念之间的逻辑连接，尤其是在不同的抽象层次上的连接。第 4 章阐述的前经验性问题的形成工作就是针对这种概念的清晰性。形成具体的研究问题是实现清晰性以及将方法和问题相匹配的一个好方法。

定性研究中的不同范式和策略开辟了大量新的不同类型的研究问题。例如，民族志问题可能关注行为的文化和符号层面；扎根理论问题可能关注理解社会进程，以及人们如何应付不同类型的情境；会话分析可能关注对话的结构和对话在日常活动中理所当然的作用；话语分析问题可能关注一项制度向世界呈现自己的方式，它使用的符号和语言，以及它们与意识形态、知识、权力等之间的关系。因此，范式在研究问题的产生中是十分重要的。特别是在定性研究中，感兴趣的问题的范围现在非常广泛。但是，即使有更广泛的问题，我们使用的方法还是应该遵循和适应我们所希望回答的问题，这一点仍然是重要的。

2.6 预先确定与逐渐显现：研究问题、设计和资料的结构

在一项研究中，研究问题、设计和资料有多少是应该预先计划的，有多少是

应该随着研究的开展出现（显现）的?

在思考这个问题时，我们可以设置一个连续统，其维度是所使用的研究策略中预先结构化的总量。集中对比的一方是预先确定（或预先计划，或预示，或预先决定）的研究，另一方是逐渐显现（或出现，或开放）的研究。这里的预先确定指的是在经验工作之前而不是在经验工作期间引入了多少结构。这个连续统适用于三个主要领域：研究问题、研究设计以及资料。

迈尔斯、休伯曼和萨尔达尼亚（Miles，Huberman & Saldana，2013）在他们书中的标题“严密与疏松”（tight versus loose）下，结合定性研究的背景，探讨了这个观点。他们用的那些术语等同于这里所使用的术语：严密意味着预先确定，疏松意味着逐渐显现。关键问题是：在实际的经验工作之前，应该在什么程度上对研究问题、设计和资料进行关注、明确和结构化？在什么程度上对于研究问题的聚焦、对于设计和资料的结构化又随着经验工作的开展而逐渐显现和形成？所有可能性的连续统如图 2.2 所示。这一图示表明，定量研究通常在连续统的左端，而定性研究可以在连续统中占有更大的范围。

这里使用的“结构”，意味着表明研究中的不同部分是什么，它们互相是怎样联系的，研究将会做什么以及它们的次序又是怎样的。它意味着我们知道我们正在寻找什么以及打算怎样得到它，知道我们想要得到什么样的资料，以及将怎样去收集它们。它也意味着我们知道资料将会具有怎样的结构以及将如何对它们进行分析。

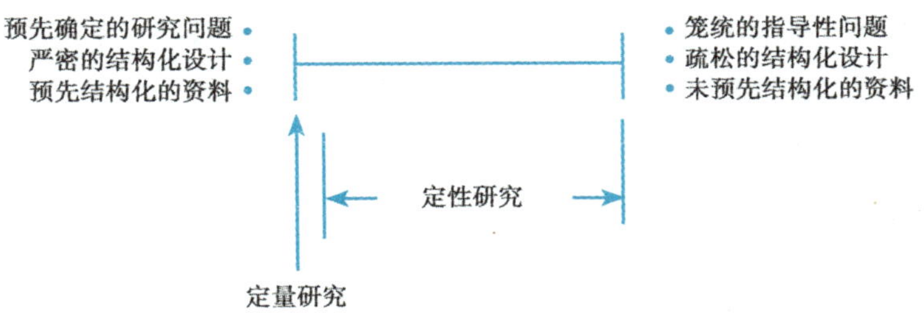

图 2.2　预先确定与逐渐显现：结构的时间点

在连续统的最左端，一切都是预先确定的：研究问题、设计和资料。一整套的程序步骤被提前制订并规定下来，研究人员通过这些程序步骤推进研究。在另一端，我们可以设想这样一个项目，其中的结构很少是被提前确定下来的，并以开放式和非结构化的方式来对待研究问题、设计和资料。其策略是，在研究进行的过程中，这些会逐渐显现出来。让我们看看在这三个不同的领域中，这种对比意味着什么。

1. 研究问题：在连续统的左端，提前设定明确的研究问题来指导研究。事先就非常清楚，研究试图回答什么问题。在右端，提前确定的只有笼统的问题。这里的观点是，直至开展一些经验性的实践前，明确具体的研究问题是不可能的（或者，即使是可能的，也是不明智的）。它们会随着研究的逐步展开，随着有关研究的特定焦点的发展而变得清晰起来。沃尔科特（Wolcott, 1982）将这种对比描述为“寻找答案”与“寻找问题”。正如在第5章中我们将会看到的那样，在研究问题和概念框架之间时常会有一种紧密的联系。这里就研究问题所做的描述同样适用于概念框架：它们可以在研究之前形成和得以明确化，或者它们也可以随着研究的开展而逐渐出现。研究问题越是稳定发展和提前明确，就越有可能形成一个完善的概念框架。

2. 设计：在左端，设计有着严密的结构。最清楚的案例出自定量研究——实验研究与有着精心发展出的概念框架的非实验研究。因为严密的结构化设计要求明确变量，同时明晰研究中的概念状况，所以研究问题、研究设计和概念框架在这里汇集在一起。在右端，设计仅仅用笼统的术语来表明（例如，就像在逐渐展开的案例研究或民族志中那样）。如同研究问题一样，随着研究的进展，以及随着研究特定焦点的发展，研究设计也将详细地形成。
3. 资料：在左端，资料提前被结构化。定量资料是一个非常清晰的例子，在那里，通过测量来给出资料的数值结构。使用数值是提前使资料结构化的最普遍的方法，但是也存在其他的方法。无论是数值还是其他类别，关键之处在于这些类别是预先建立的，或者说是先验设置的。在右端，资料在收集时是非结构化的。没有使用预先建立的类别或编码。资料的类别、结构和编码，在分析期间从资料中产生，它们是在后验中发展出来的。因此，比较的是开始对资料的分类与在资料分析阶段获得的类别——资料的预编码和后编码。关于资料对资料收集的工具有影响这一观点，不仅适用于定量研究，也适用于定性研究。

现在能更加精确地描述图2.2所显示的连续统。它实际上是关于在研究进程中什么时候引入结构的图示。结构可以在计划阶段或前经验阶段引入，那时研究正在进行准备，资料收集还没有开始；或者，它可以随着研究的实施，随着收集资料工作的开展，在研究的执行阶段引入。无论是哪种方式，结构都是必不可少的。在研究的问题、设计，尤其是资料，以及它的报告中没有结构，研究项目将难以被汇报和理解，并且作为一项研究也缺乏信度。因此，这个对比不是关于有没有结构，而是关于在研究进程中应该于什么时候提出结构。换句话说，这个连续统是关于在研究中结构被提出的时间点：不是在经验研究前被提出，就是在经验研究期间作为结果被提出。

这个连续统所展现的可能性代表着可能会出现的不同研究类型。如图所示，一方面，这些类型之间存在着联系，另一方面，这些类型与典型的定量和定性研究方法之间存在着联系。典型的定量研究更有可能有具体的研究问题，有一个清晰的概念框架和为其变量所做的设计，并且使用测量作为其资料结构化的方式。而对典型的定性研究进行讨论则很困难，它们可能涵盖了连续统的更大的范围。它们中的许多都落在右边，事先只有一个笼统的而不是具体的问题，并且只有一个一般性的设计以及在收集时并尚未编码的资料。在讨论作为定性研究核心部分的实地研究时，迈尔斯和休伯曼（Miles & Huberman，1994：17）很好地总结道：

实地研究的传统印象是将设计的预结构化降到最低。许多社会人类学家和社会现象学家认为，社会过程过于复杂、多变、难以捉摸，而不能用明确的概念框架和标准工具来测量。他们更倾向于一种较为松散的结构，以自然而然的、归纳的、“扎根的”方式来收集资料；概念框架应该在研究过程中于实地形成；重要的研究问题只能逐渐变得清晰；重要的背景以及行动者不能在实地调查前挑选；工具，如果有的话，应该根据背景的特性以及行动者对它们的看法选择。

类型和方法之间普遍的联系也可以延伸到理论验证与理论生成之间，它们之间的区别已经在 2.4 节中讨论过。根据定义，理论验证研究更可能有能够提出假设的研究问题、一个严密的结构化设计以及预先建立的资料类别。相反，理论生成研究则更有可能使用一个随着研究的深入具体的研究问题才会显现的，以及资料的编码和类型由经验得出的方法。

这个不是哪个策略更好的问题，因为这个问题的大部分答案是“视情况而定”。问题与研究的整体方式相互作用。它是一个定量研究，还是定性研究，亦或结合这两种方法的研究？如果是定量的，它更有可能偏向图 2.2 中连续统的左端。如果是定性的，则可能存在更大范围的可能性。它也不是两个极端位置之间的二分选项，它是一个连续统。为了清楚起见，本节中的描述是根据连续统的极端状况而给出的。事实上，在这个连续统中间有很多点，并且研究可能结合了两种策略要素：预先确定和逐渐显现。

在一个项目中，需要有多少预先确定的结构，这要根据每个特定的研究情境进行分析。结构是不可或缺的。但是，结构的时间点，即何时是适当的点来引出这个结构，取决于下列这样一些因素：研究的主题和目标、关于该主题的相关知识和理论的可得性、研究者对研究情境的熟悉程度等（Miles，Huberman & Saldana，2013）。需要考虑的其他因素还有：首选的研究类型、研究者可以获得的资源（包括时间），以及研究者对解释和说明的感兴趣程度。根据这些因素，两种方法都有优点。正如迈尔斯、休伯曼和萨尔达尼亚所指出的，需要仔细分析的是提出研究的每一种情境。应该尽可能地在这种分析的基础上制订研究策略。

本节将研究问题、设计和资料放在一起讨论。后续章节将分别讨论问题、设计和资料，然后在第 14 章和第 15 章继续将它们汇总在一起。虽无意对探索性的逐渐显现的研究提供建议，但注意到至少对研究问题有一个合理水平的说明是有某些好处的。例如，它们能在最初的资料收集阶段给予指导，由此可以节约时间和资源，有助于避免混乱和减轻负担。这是一个对于初学者来说尤其具有价值的好处。另外，具有起码程度的合理性的重点研究问题使研究更容易理解。这对研究计划书的呈现（和通过）很重要。布鲁尔和亨特（Brewer & Hunter，2005）指出，研究一旦完成，研究问题究竟是来源于研究还是在研究中形成的都无关紧要了，但是这在计划书阶段可能还是重要的。最后，研究者的确知道有关如何提出研究问题的知识，甚至是在一个相关的但并未开发的领域，这样的情况也十分常见（"经验的资料"和"经验的知识"参见 Strauss，1987 和 Maxwell，2012）。将关于研究问题的知识摆到桌面上有很大的好处，并且在经验实践之前认真工作，形成研究问题是一个很好的方式。

发展特定的研究问题，并且将它们与研究的设计、资料收集以及资料分析联系在一起，需要仔细的工作。这里所要考虑的问题是，这种工作是在研究之前完成，还是在研究过程中完成。如 2.5 节中所讨论的那样，这促使我们将一个研究项目的各个部分安排在一起。这种汇集可以在研究前完成，或是在研究期间，但是无论哪种方式都必须去完成。正如 2.1 节中强调"问题在先，方法在后"使这种安排的实际好处得到最大化那样，本节强调，从研究问题开始，至少要有合理的发展，才会有实际的好处。

总结：在研究中是预先确定或是逐渐显现结构方面，存在着一个不同可能性的连续统。它适用于研究问题、设计以及资料。问题是结构及其出现的时间，即在研究中何时引入结构。预先确定的研究是在经验程序之前，而逐渐显现的研究则是在研究开展的过程中。作为普遍的规则，至少在初始研究问题中需要一个合理水平的说明，尽管在特定的情况下要同时考虑各种因素。第 4 章将描述一个在经验研究之前付出大量努力来形成研究问题的研究模型。但这不是唯一的模型，当研究问题出现较迟时，它们仍然需要第 4 章和第 5 章所阐述的分析过程，以及本章 2.5 节中所描述的方法、设计和资料之间的匹配。

章节概要

- 方法论理论是关于方法的理论，同时涉及哲学。这是因为方法是基于范式的，而范式是关于世界的一组假设。

- 范式的问题导致了长期的定性与定量之间的辩论，其特征是非此即彼的思维。这是哲学家和方法论家在20世纪60、70和80年代所发生的范式之争的一个非常突出的特征。
- 范式问题最近一方面融合了实证主义（主要是与定量方法相关），另一方面融合了解释主义或建构主义（主要与定性方法相关）。
- 一个研究项目可以是范式驱动的，它从一个范式开始，并从中形成研究问题和研究方法；也可以从实际出发，从需要回答的研究问题开始，并挑选回答它的方法。
- 实质性理论的目的是解释一些实质性现象。
- 描述和解释是理解经验资料的两个不同层次的方法。两者都很重要，但是科学研究的总体目的是解释，而不仅仅是描述。这彰显了解释性理论的重要性。
- 理论验证研究是以一个理论开始，从这个理论中发展出假设并且用经验资料来验证假设。相反，理论生成研究从研究问题和资料开始，目标是得出一个能解释资料的理论。
- 好的研究在它所提出的问题与它使用的研究方法之间有紧密的联系。方法依赖于问题是实现这种搭配的一个好的方法。
- 在预先确定的研究中，研究问题和方法是提前计划的，并且研究的经验部分就是去贯彻这些方法。在逐渐显现的研究中，至少在某种程度上，问题和方法是随着研究的开展而形成的。两者之间的差异是研究结构出现的时间。哪种方法更好需要在每一个特定的情境中确定。

关键术语

方法论理论：关于方法，以及（必然）构成任何研究方法基础的哲学假设的理论。

范式：一组关于世界以及为探究这个世界应该采用什么适当的主题和技术的假设。范式具有本体论（关于现实的本质）的维度、认识论（关于现实的知识）的维度和方法论（关于构建有关现实的知识的方法）的维度。

实证主义：一种认为可以给出世界的客观说明，同时认为科学的功能是以普遍规律的方式来进行描述和解释，即发展规律性知识的哲学立场。

解释主义：一种认为人们给情境赋予意义，并且用这些意义来理解他们的世界以及影响他们的行为的哲学立场。

建构主义：一种认为现实是地方性的、具体的和被建构的，以社会和经验为基础并且取决于人们对它持有的态度的哲学立场。

范式驱动研究：从范式出发，并且从范式中发展研究问题和研究方法的研究。

实用主义研究：从研究问题出发，然后选择回答问题的方法的研究。

实质性理论：以内容为基础的理论，其目的在于发展出一套具有内部一致性的命题来解释一个实质性现象。实质性理论是解释性的。

描述：用资料来描绘一个情境、一件事、一个（群）人或是其他类似的东西的图像，关注具体状况。

解释：对描述进行说明，表明事件或情况为什么会，以及如何形成它们现在的样子；关注事情为什么会（或如何）成为这种情况。

理论验证研究：从理论出发，通过验证从理论得到的假设，去检验一种理论的研究。

理论生成研究：从研究问题和资料出发，以理论结束，目的是建立一个理论来解释资料的研究。

问题与方法的匹配：在研究问题和回答它的研究方法之间的内部一致性要求；是一项研究的合法性非常重要的一个层面。

预先确定的研究：在开展经验工作之前，已经具有一个完善结构的研究；研究问题、方法和资料都是提前确定的。

逐渐显现的研究：在经验工作开始前没有完善结构的研究；最初的研究问题可能是不严谨的和笼统的，更为具体的研究问题、方法和资料是在经验工作期间形成的。

练习与思考题

1. 什么是范式？范式的三个主要维度是什么？
2. 什么是“范式之争”？
3. 范式和方法之间是怎样联系的？
4. 什么是研究的范式驱动方式？什么是研究的实用主义方式？它们之间有何区别？
5. 关于伦敦冬天的气候看起来怎么样的描述将会是怎样的？关于这个气候看起来怎么样的一种解释是怎样的？它们之间有何区别？
6. 什么样的主题和研究问题适合预结构化的研究？

7. 什么样的主题和研究问题适合逐渐展现的研究?

拓展阅读

Anfara, V.A. and Mertz, N.T. (2006) *Theoretical Frameworks in Qualitative Research*. Thousand Oaks, CA: SAGE.

Babbie, E. (2012) *The Practice of Social Research*. 13th edn. Belmont, CA: Wadsworth.

Bailey, K.D. (2008) *Methods of Social Research*. 4th edn. New York: Simon & Schuster.

Creswell, J.W. (2013) *Research Design: Qualitative and Quantitative Approaches*. 4th edn. Thousand Oaks, CA: SAGE.

Lewins, F. (1992) *Social Science Methodology*. Melbourne: Macmillan.

Little, D. (1991) *Varieties of Social Explanation: An Introduction to the Philosophy of Social Science*. Boulder, CO: Westview.

Marshall, C. and Rossman, G.B. (2010) *Designing Qualitative Research*. 5th edn. Thousand Oaks,CA: SAGE.

Maxwell, J.A. (2012) *Qualitative Research Design: An Interactive Approach*. 3rd edn. Thousand Oaks, CA: SAGE.

Miles, M.B., Huberman, A.M. and Saldana, J. (2013) *Qualitative Data Analysis*. 3rd edn. Thousand Oaks, CA: SAGE.

Neuman, W.L. (2010) *Social Research Methods: Qualitative and Quantitative Approaches*. 7th edn. Harlow: Pearson.

Wolcott, H.F. (1994) *Transforming Qualitative Data: Description, Analysis, and Interpretation*. Thousand Oaks, CA: SAGE.

注释

1. “范式之争”在教育学研究领域尤为激烈。包括这些争论及其走向调停和缓和的完好的记录,可以从 20 世纪 70 年代开始的《教育学研究者》(*The Educational Researcher*)的一系列文章中找到。
2. “困难水平”是关于两个术语的精确定义,以及关于解释概念的哲学研究,参见利特尔(Little, 1991)和卢因斯(Lewins, 1992)。
3. 解释本身是一个复杂的哲学概念。它的另一种形式是“缺乏联系”的形式。这里,一件事或是一种经验概括都可以通过显示使它们产生的联系来获得解释。社会阶级和学术成就之间的关系可以用文化资本作为它们之间的联系来解释（Bourdieu, 1993）。或者，社会阶级和自尊之间的关系可以使用父母与孩子的关系作为它们之间的联系来解释（Rosenberg, 1968: 54-82）。

4. 一种知识论的观点认为，常识、普遍规律和演绎性解释，主要基于从大样本得出的概率，并且处于日常的约束之外。一种表意的观点认为，知识论对于地方性的、基于案例的意义是不敏感的，同时将注意力引向与特定案例的具体情况相反的方向。它更倾向于将知识看作是地方性的和适应于不同情境的（Denzin & Lincoln, 2011）。表意的观点由此认为，伴随着描述与解释，理解和说明才是研究的重要目的。
5. 还需注意，阿特金森（Atkinson, 1978）对侧重于如何构建自杀率以及它们意味着什么的批评。

第 3 章

社会科学研究中的伦理

本章内容

学习目标

在学完这章后，你应该能够：

- 理解哲学原则与程序要求在社会科学研究中针对伦理议题形成决策的重要性
- 描述社会科学研究各个阶段的主要伦理议题
- 为其研究确定适当的伦理指引之源
- 认真考虑其所从事研究的伦理意蕴

3.1 引言

伦理学是关于何为好、何为对、何为道德行为的研究；应用伦理学则聚焦于一些特定的复杂问题和情境开展研究。作为应用伦理学的一个分支，研究伦理主要关注研究计划、研究执行、研究沟通、研究跟进等一些特定情境。研究者需要的关于这些情境以及复杂判断的伦理方面的研究已经形成了大量的文献资料。这些文献阐明了一系列指导研究实践的道德观念、一般原则与具体规定，并探讨了在特定情境下形成研究伦理决策的方式。

有些原则已正式成为伦理实践的行为准则，这表明研究团队中的相关共识正在不断增进，这些共识涉及“何种行为，在什么情况下是可以接受的”。例如，这些行为准则可能会促使研究人员考虑一系列问题，诸如知情同意、保密性与匿名性、研究的风险与收益、遵从基于伦理原则的建议、在该领域的相关经验，以及从始终未停歇的围绕研究伦理展开的争论中得到的见解。有些原则已经进一步制度化并形成伦理守则，这一伦理守则由一套针对研究人员的程序性要求（例如获得伦理委员会的批准等）组成。参与审查研究工作的组织认为这一伦理守则非常重要，这些审查组织包括高等教育机构和研究资助机构。

在所有的研究设计与研究方法中均存在伦理挑战，这一挑战还存在于研究计划的每一个阶段：从关系研究价值的课题选择阶段，到形成研究报告以及报告发表阶段，甚至到进一步运用与产出阶段。研究伦理的标准路径包括从原则、规则走向应用的一个演绎过程。例如，在伦理审查委员会（institutional ethical committees）审查研究方案时，评审员可能会确定一个相关的规则，譬如“应避免危害”，并且运用那些与设计的研究行为相关的描述性信息，去判断在这一备查方案里，规则是否有可能会被违反。这一方法已经受到了学者们的质疑，他们指出原则和规制不足以决定开放而特定的研究实践（参见 McNamee & Bridges,

2002）。此外，要做出一个伦理决策除了要考虑伦理原则外，还要受到其他方面的限制，例如可能形塑研究伦理程序的法律、方法论、政治、经济方面的考虑。

社会科学研究者需要对他们研究时所面对的各种限制保持警惕，同时也要对他们所做的任何决定的伦理意涵保持警惕。他们的工作是在特定研究环境下，对一些道德上的突出议题（morally salient issues）和可接受的行动路径进行原则审查。这样做时，他们可以利用对每一种具体情境以及灌输给他们的个人价值观以及职业价值观的理解，也可以利用对于他们运用的各种各样的规章、指南的批判性解读。

3.2 伦理原则与研究情境

让我们设想一个具有深刻伦理意涵的研究情境：

一个学生希望研究高等教育中的有效教学实践。通过文献回顾，这个学生开始关注已有研究的两个方面：一是研究人员存在偏见的可能性，二是与之相关地，她观察到已有研究并未对课堂上的权力关系给予足够的关注。为了减少偏见并揭示课堂里的权力关系，这个学生正在考虑在她所在的高等教育机构里进行一个隐秘观察研究（covert observational research）。她希望对于自然发生的状况能够有一个不仅可靠，而且真实的记录。真实可靠的记录可以帮助向那些在这种情况下因为权力平衡而处于不利地位的参与者赋权，比如女性、少数族裔参与者。在此情况下，隐秘研究在伦理上能够被接受吗？

在上面这个假定情境下，无论这个学生对于其所阅读文献的评述有多么准确，以及她的期望有多么现实，这个例子都使得读者陷入一种“规范的”推理形式之中，这涉及应该做什么，以及为什么这样做。这种形式的推理能够利用关于特定情境下实际情况的真实表述，并将这些事实陈述与涉及事物发展目标、规则和原则的信念陈述联系起来。（例如）考虑如何在技术上实现精确的数据收集和分析，与考虑在伦理复杂的研究情境中负责任地行动之间的基本差别，对于理解研究的伦理语境、研究者的职责范围，以及哪些资源可用来说是至关重要的，从而帮助引导（navigate）他们完成研究。这种差别意味着，尽管关于研究、准则、指南以及经验法则的事实陈述不无裨益，但道德的研究实践最终还是一个关乎责任与情境判断的问题。

因此，那个准备在她所在机构中开展隐密研究的学生又是如何考虑的呢？要回答这一问题绝非易事。制度性的规则可能仅仅规定不正当的欺骗应当避免，但这也为研究者或多或少地留下了操作空间，即哪种情况才算是正当的、合理的欺骗。在伦理学上有很多传统将对这一过程有所帮助，每一种传统都能将研究情境伦理上的重要方面（ethically salient aspects）的一系列细微差别解释清楚。

例如，学生可能认为她的决定都必须在各种不同的道德规范与原则中权衡。她可能认为在存在歧视的情况下，相较于“为最需要的人实现利益最大化”，“不要欺骗”是一个较低优先级的规则。尽管如此，她同样可能认为道德上正确的目标并不能为道德上错误的手段辩护，所以，做出欺骗的决定是绝不合理的。

为了解决这一困境，她可能呼吁诸如“要尊重他人”一类的高阶原则，或呼吁在以往的道德行为模型的基础上塑造自己的行为模式。尽管这个决定可能利用了凝结在职业道德规范中的专业共识，也可能被相关委员会认可，并在研究社区的辩论中得到了启发，这终归是她自己的决定。她还承担其选择的后果带来的道义责任——尽管也许并非总是——或单纯是法律责任。

上述案例是关于欺骗的。我们可以用同样的方式来审视其他假定情境。例如，如果对照组不能针对干预组接受的潜在的对他们有益的处理方法提供一个可比较的替代方案的话，隐瞒参与者在实验研究中获得的好处是可以接受的吗？此外，在不同的研究模式中，当研究过程中的秘密访谈（confidential interviews）已经出现了危险行为的证据时，研究人员该怎么办呢？

为了做这样一个决定，即关于开展研究的特定方式在某一具体情况下是否能被接受的决定，研究者需要找出方法来审视现有情况，并权衡他们将要达到的目标和将要采取的手段。这一方法基于实证资料、伦理原则和经验法则、行动典范，以及个人和集体的道德与职业抱负。

专栏 3.1 介绍了我们可以开始审视伦理上复杂的研究方案的三种方法。每一种方法都指向了不同的伦理方面，并从哲学伦理中借鉴一些特殊的传统。这些都表明，在思考研究伦理的时候，可能存在一系列的焦点（但请注意，也有许多跨越特定传统的混合方法）。

专栏 3.1 中的第一组问题关注职责观、义务观、权利观，并促使研究者去考虑在描述的特定情境下，辨认出**正确的**行动步骤。这些问题反映了伦理学中的悠久传统，许多人称其为“道义论伦理学”（deontological ethics，源自希腊语“*deon*”，即“职责”）。“道义论伦理学”强调行动应该是出自于职责，而非娱乐、爱好或兴趣。这一方法以“普遍原则”（universal principles）为核心（即不考虑特定条件）；伊曼努尔·康德（Immanuel Kant）的“绝对命令”（categorical imperative）即为一例，“绝对命令”确切的表达是“你的行动，要把你人格中的人性和其他人人格中的人性，在任何时候都同样看作是目的，永远不能只看作是手段”（1964：96）。在这一传统中，伦理决策往往是这样演绎的：它开始于原则（如诚实、尊重和仁慈），并由此产生规则（如“不要刻意歪曲你的数据”“不要欺骗”“不要伤害参与者”）。无论结果如何，有关这些规则的实际判断都是有约束力的。如果存在一些基于绝对原则和价值的规则，如果这些规则是公平且被广泛接受的，如果个人和团队都准备不计眼前后果地支持这些规则，如果个人和团队能够获得选择和运用规则方面的指导，尤其是在冲突情况下（如在诚实和仁慈之间可能发生的冲突），道义论伦理学的方法将发挥作用。

专栏 3.1

以伦理视角来审视研究实践

1. 职责：在这种状况下，我和我的同事们的职责是什么？在这种情形下，什么是正确的事情？错误是故意而为还是疏忽所致？怎样才能逆转或改正这些错误？
2. 结果：对我而言，行动步骤可能会有怎样的后果（包括什么事情都不做）？在这种情况下，每一个潜在的行动步骤将如何影响相关个人和群体（包括我自己）？这些行动步骤中的每一种可能会造成怎样的潜在危害？我可能采取的不同行动步骤将会带来哪些收益？这些不同的风险和收益如何进行相互比较？总的来说，目前所能采取的最佳行动步骤是什么？
3. 美德：在这种情况下，一个道德的人将会如何行动？我想在我的行动中表达什么样的价值观？在这种情况下，我将如何发挥自己的道德模范作用？我该如何生活——我要力争成为怎样的人？在整个过程中，我想成为什么人？

专栏 3.1 中的第二组问题关注行动结果，以及由此产生的利益与危害之间的平衡。其目的是找到**最佳的**行动方案，即一种可能实现利益最大化的方案。在“目的论伦理学”（teleological ethics，源自希腊语“*telos*”，即“目标、目的、结果、结局”）中，关注的焦点从职责和共性转向了行动的结果和后果。道德价值取决于行动的后果，而行动的性质却退居其次。好的行为以实现全体利益最大化为目标，包括健康、快乐、福利、知识。这就是所谓的“最大幸福”（greatest happiness）原则或功利原则（utility principle）：“一个行为如与它促进幸福的趋向相称就是正确的，如根据它的趋向会给有关当事人造成痛苦，它就是错的”（Mill, 1863: 9-10）。

其他版本包括“实现最大多数人的最大幸福”（Bentham，1823：9），“实现世界上善恶之间的最大平衡”（Frankena，1973：34）；对所有可能受到行动影响的人实现利益最大化与伤害最小化；并确保行动，包括研究，拥有一个带来利益的合理可能性，并且没有可以替代的可比效益存在（WMA，2000，Art.19）。“结果伦理学”（consequence ethics）要求全面理解事实情况，准确预测可能后果，并能够在实现利益最大化的同时确保公正。

最后一组问题的关注点从强调普遍原则和后果转向了在特定情境下，特定性情所导致的行为。通过研究者的行动，这些问题及时审视研究者自身与他人的存在方式，探寻体现美德或德行的性格或品质。换言之，这些问题探寻的是最**道德的**生存与生活方式。对于“德性伦理学”（aretaic ethics，源自希腊语“*arete*”，即“美德、价值、卓越”），道德行为意味着按照德性高尚者的品格和特质行事。这些品格和特质可能包括思维公正、仁慈、诚实，或者指的是一个关乎研究中的正直与卓越的更全面的概念。道德行为建立在道德智慧与洞察力之上，这包括对于形势的评估，即理解形势并辨认其在道德上的突出议题（morally salient issues）的能力。这也是一个实践技巧（exercise of virtuosity）——将这些品质非常娴熟地转换成道德上合适的行动。道德的研究文化有助于道德的研究实践以及道德的研究者的发展。世界上并不存在一个原则或准则能够概括所有这一切，我们充其量只有经验和其他人的例子来帮助我们认识、选择、维持道德的研究。所以，一种德性伦理学的方法以认知、理解、选择德性的能力为前提，连同微调（finely-tuned）、敏感地审视形势的能力，包括理解自我与他人的能力（例如，参见 Aristotle，以及当代的 Elizabeth Anscombe、Alasdair MacIntyre、Martha Nussbaum、Linda Zagzebski）。

研究伦理的其他方法同样强调定义和处理伦理问题的特定情境的重要性。“情境伦理学”（situated ethical）的方法强调伦理决策与情境密切相关，并且伦理问题从未被清晰定义，也未完全解决。它所表明的研究中的伦理关怀，和社会中更为普遍的伦理争论一样，要比各种规划所能覆盖的范围更广泛。“应用女性主义伦理学”（applied feminist ethics）聚焦于权力的一些核心议题，例如责任与义务，以及对中立专业知识的概念和伦理准则（ethical prescription）意义的质疑，这些伦理准则不考虑立场、个人经历、情感、培育和照顾（Edwards & Mauthner，2002；Simmons & Usher，2000）。

3.3 程序性要求：伦理规范的作用

围绕研究伦理的争论由来已久，只不过在 20 世纪变得更为激烈。这些争论被围绕伤害和剥削性研究的丑闻所推动，尤其是在医学研究领域，例如对于黑人男性的塔斯基吉梅毒（Tuskegee syphilis）研究，威罗布鲁克（Willowbrook）学校针对残疾儿童的肝炎研究，以及在第二次世界大战和冷战期间开展的许多可怕的人体实验。心理学研究和社会研究也加入论辩——例如，爱荷华的孤儿口吃研究、斯坦福的监狱实验，以及米尔格莱姆（Milgram，1974）的服从实验都备受争议。对此类实验的反应导致了研究伦理正式规范的建立，如 1947 年的纽伦堡法案（1947 Nuremberg code）、1964 年的世界医学协会赫尔辛基宣言（Helsinki Declaration）、1979 年美国的贝尔蒙特报告（Belmont report），以及世界范围内一系列的数据保护和人体实验的法案。这些争论中的许多问题，在当时富有争议，现在看来也都是不可接受的研究实践，与此同时，由于研究人员所能使用的技术手段更加复杂，一些新的疑难问题也在不断涌现。这导致了研究伦理新领域的发展（如地质工程、虚拟现实、干细胞或人类增强研究方面的伦理），也促进了过去公认具有挑战性的领域的发展（如残疾人领域的相关研究）。因此，研究伦理仍是一个充满活力的领域。

包括研究方面在内的职业规则与伦理规范，往往包括一些比支撑它们的哲学原则更明确的和范围更有限的具体规则。它们可能不均衡地利用不同的伦理传统，并且常常赞成道义论方法（a deontological approach）。它们为职业从业者制订了行为准则或“适当的”行为方式，并为其应用设定了一系列条件与程序。这些准则，如知情同意和保密，是在特定专业、职业、体制背景下关于可接受的实践行为协商一致的结果。它们在研究中增加了集体和制度层面的伦理决策。它们的作用有两个：一是提供资源，以预示研究人员做出道德上可以接受的决定；二是建构框架性共识，以供提议的和实际的行动方案与研究行为被相关主体（例如，一个给予或拒绝给予“道德许可”［ethical clearance］的委员会，一个判断论文中描述的方法在道德上是否可被接受的审查人员）评判和批准。在制度层面，伦理审查规范化机制的建立同样来自对诉讼的关注。

举例来说，专栏 3.2 描述了一些由教育研究领域的专业协会和资助机构提出的更为著名的准则。他们的有些对策非常严格，并且极富挑战性，研究涉及包括儿童在内的弱势群体（《联合国儿童权利公约》，*United Nations Convention on the Rights of the Child*，将“儿童”定义为“18 岁以下的所有人”）。

专栏 3.2

教育研究的伦理准则与规范

澳大利亚教育研究协会(Australian Association for Research in Education)的伦理准则(2005)从详细描述由一系列从伦理传统中综合得出的一些原则开始。这些原则包括:考虑研究成果提升整体福利的程度;承认关于“美好的生活是什么”以及“教育的价值是什么”的观点的多样性;相较于公共利益或研究者利益,优先尊重人的尊严、价值和福祉。然后,准则聚焦于研究的实施、报告、出版过程中的危害最小化、知情同意、自愿参与、保密性、完整性、社会责任等程序性问题。

美国教育研究协会(American Educational Research Association)的准则(2011)收入了专业才能、诚信、负责,以及尊重人权、尊严、多样性等原则。它旨在为研究的各阶段及背景制订标准,覆盖研究的计划、出版与应用全过程。这些标准包括学术实践(如技能与培训、合同问题、利益冲突、出版与审查、作者身份、学术诚信),并且对环境做了详细规定,以确保知情同意和保密性。

英国教育研究协会(British Educational Research Association)的伦理指南(2011)规定,协会承诺“尊重人、尊重知识、尊重民主价值、尊重教育研究的质量、尊重学术自由”。他们根据研究者的职责来描述程序性要求:研究参与者(如确保自愿的知情同意、隐私、撤销权,以及避免伤害);研究资助者;教育研究者团体(包括适当行为与身份识别);以及教育工作者、决策者及普通公众。

最后,各种资助机构都发布了高度规范的伦理标准,他们超越了专业价值,起到了道德规范的作用。英国经济与社会研究委员会(UK's Economic and Social Research Council)的伦理框架(2012)以一段关于六项“原则”的描述作为开头,所谓“六项原则”就是道德原则和程序要求的混合体。随后,它提供了关于受资助项目的道德程序和最低要求的详细技术说明。同样,欧盟委员会(European Commission)研发了一种伦理框架,这一框架将对尊重人的尊严、效用、预防措施、公正原则的关注,与详细的法律及技术要求结合在一起。

3.4 社会科学研究伦理的挑战

庞奇（Punch, 1994）总结了社会研究中的主要伦理议题，如危害、同意、欺骗、隐私、数据保密性。迈尔斯和休伯曼（Miles & Huberman, 1994: 290-7）有一个在定性研究之前、之中、之后通常需要关注的更广泛的伦理议题清单，共涉及 11 个方面，尽管许多问题同样适用于定量研究。这一清单包括如下内容：

- 研究项目早期的相关议题：该项目的价值；实施该项目所需能力；知情同意；效益、成本及相互关系。
- 研究项目实施过程中的相关议题：危害与风险；诚实与信任；隐私、保密与匿名；干预（例如，当发现错误和非法行为时）和拥护（例如，为了参与者的利益）。
- 研究项目后期或结束后的相关议题：研究的完整性和质量；数据及结论的所有权；运用和滥用结果。

最近，哈默斯利和特拉亚诺（Hammersley & Traianou, 2012）将他们的讨论聚焦于以下问题：伤害的风险；自主和知情同意；隐私、保密与匿名。同时，他们告诫要注意他们所观察到的研究中过度“道德主义”（excessive “moralism”）与“矫枉过正”伦理学（“overdoing” ethics）的危害性（p. 136）：他们将伦理视为外在于研究者核心任务的一套价值，生产知识即为核心任务之一，这些知识是通过“以所需的有效性水平来回答有价值的问题”这一方式生产出来的（pp. 1-2）。他们建议将主要焦点集中于“内在的”研究美德，例如客观性、独立性与奉献精神，将其作为解决道德价值与知识目标之间，或研究德性与研究实效之间潜在张力的一种方式（Figueroa, in Simmons & Usher, 2000: 82）。

本节讨论以高校为基础的研究所需要的一些最常见的要求，并重点介绍教育环境中开展研究遇到的一些伦理挑战。讨论将集中于对待参与者的要求和程序，这些要求和程序扎根于自主、保密、仁慈原则。进一步的要求，例如那些涉及学术行为与学术不端行为（弄虚作假、剽窃、剥削、歧视、不可接受的出版行为、利益冲突等）的要求在这里就不谈了，但最终会被专栏 3.2 中描述的那些伦理准则所覆盖。

自主

要进入一种研究情境和/或获得使用二次数据的权利，通常需要和相关“把关者”（gatekeepers）（例如，学校的校长）协商。负责把关包括理解研究、对环境敏感、照顾参与者。研究者们则需要意识到“把关者”身份的复杂性（Homan,

2004）。例如，校长在面对进入他 / 她的学校的申请时，可能不得不考虑诸多因素，以便在学生和老师相互矛盾的时间之间确定优先次序。

案例 3.1

访问和同意的挑战

Burgess, R.G. (1989) Grey areas: Ethical dilemmas in educational ethnography. In: R.G.Burgess (ed.) *The Ethics of Educational Research*. Barcombe: The Falmer Press.

我和校长就获准参加教师工作面试达成了一致，因此要么他将向所有面试者介绍我，要么由我自己在开始时做自我介绍。然而，我很快发现这种情况很少会有条理地发生。在第一个我旁听的工作面试中，校长给了我一个向应试者介绍自己的机会，并且询问他们是否反对我在场。毋庸置疑，既没有任何应试者表示反对，也没有任何应试者关注此事。然而，鉴于这一情形下的权力关系，这种情况是否能被视为构成知情同意，是值得怀疑的。如果有明显迹象表明我是被校长邀请参加面试的，那么应试者将我驱逐出面试现场将会承担怎样的风险呢？（P. 60）

参见：Burgess, R. G.（1983）*Experiencing Comprehensive Education.* A study of Bishop McGregor School.London: Methuen.

进入一种情境后，基于参与者的明确同意，原始数据采集将正常进行。至于在直接同意的可能性存疑的情况下，比如参与者为小孩，则要取得其法定代理人的明确同意。这项规定通常被称为"自愿知情同意"，这意味着参与者可以自由地参与研究，他们理解参与将会带来什么以及将会被如何报告，并且在研究的全过程中他们可以随时退出研究。"同意"能够通过选入程序（opt-in procedures）主动给予（例如，当参与者在研究过程中主动签署并返还同意书时，如一名教师同意参加一个面对面的采访，此时教师主动给予了"同意"）；"同意"也能通过退出程序（opt-out procedures）被动给予（例如，当参与者或其代理人拒绝参与时，他们就仅仅返还调查表而未作答，如家长在问卷发放到学校中所有孩子手中之前就退出了，此时，参与者被动给予了"同意"）。

有时要求对口头协议进行书面确认是不寻常、不可取、不可行的，在此背景下开展研究，其过程将更具挑战性。例如，在不同文化背景下进行研究，或者研究者的文化水平可能不允许签署同意书，或者在虚拟环境中进行研究（Eynon, Fry & Schroeder, 2008）。这种研究可能需要更有创意的记录“同意”的方法，例如口头协议的录音或者对“同意”进行电子标记。虽然记录“同意”是重要的，但更重要的是确保“同意”的真实性，并被持续不断地监测，而不是将其视为一个一次性事件，随后可能变成针对参与者的一种隐性约束形式。

在学校和其他教育机构里的研究有着自身的限制，这些限制围绕着自愿知情同意书的获取程序。有些困难源自教育关系的非对称性，其他困难则源自于在潜在的参与者中提供知情同意书的不同的能力。假定参与者收到了来自一位权威人士，比如学校校长的一封信或一条信息，此时，“同意”还是完全自愿的吗（案例 3.1）？人们还能觉得自己可以在任何时候自由地说“不”或退出，而他自己不用承担任何后果吗？如果一位教师只研究其自身的教学实践，那些不同意的学生将会怎样呢？

同样地，为了自信地断言参与者做了一个知情决定，需要提供给潜在参与者多少关于一个项目的年龄相关的信息，以及需要进行哪些类型的检查以确保参与者理解？在涉及儿童的研究中，这两个问题都被突显。在这种情况下，通常做法是向代表未成年人利益的父母或其他法定代理人请求“同意”；还有一些研究人员就参与研究获得了未成年人的同意，并为持续监测“同意”制订协议（尤其是针对非常年幼的儿童时），还制订了行动计划，以应对在任何节点他们撤回“同意”的状况。

案例 3.2

虚构的案例

校长准许研究人员在其学校开展一项关于晨会的观察研究（不录制音视频），因为她认为研究将有益于师生。然而，研究者意识到给父母写信很可能引起负面反应。为了开展研究，获得校长的同意就足够了吗？

更多关于负责任的“把关者”与特许访问的内容参见：霍曼（Homan, 1998）

一位研究者计划研究小学生为建构性别而使用的语言的情况。如果将研究目的告知被观察和采访的学生，她担心研究的有效性和真实性。因此，她决定征求教师的许可和家长的知情同意（向这两个群体告知项目目标和重点的全部信息），同时，将这项研究作为关于游戏与友谊的研究向孩子们提出。她的决定合理吗？

更多关于儿童同意及“知情”同意/同意限制的内容参见：奥尔德森和莫罗（Alderson & Morrow，2011，Chapter 8）。

计划在一个拥有强大的口头文化（oral culture）及传统的、紧密联系的共同体中开展研究时，一位研究者意识到，一旦主要权威人物（把关者）的同意被公开授予，那么从共同体成员那里获取个体同意很可能被视为对那种权威的破坏。此外，她意识到在口头同意之外再获取书面同意，可能被视为一种不信任的标志。这样的话，她还会坚持书面同意和个体同意吗？

更多关于不同文化背景下开展研究的伦理挑战的内容参见：戈姆（Gomm，2004）。

信任

在研究人员的工作中，参与者的信息托付给了他们，其中有许多都是个人信息和敏感信息。在英国，对于记录、存储、归档、使用个人资料的某些要素有非常明确的法律条文，如1998年的《数据保护法案》（Data Protection Act）。这些法律规定适用于出于研究目的收集的个人数据，也适用于最初出于其他目的而收集，但研究者希望访问并应用于新项目的那些数据。诸如欧洲科学研究理事会（ESRC）或欧盟委员会（European Commission）制订的那些伦理规范（专栏3.2），包括了依照现行法律来记录、存储、归档研究数据的详细建议。

案例3.3

信任和保密的挑战

Nathan, R. (pseudonym) (2005) An anthropologist goes under cover. *The Chronicle of Higher Education*, 9 July.

三年前，在终身教授公休期间，我通过注册为一名大一新生在我所在的大学开展了研究[……]。学期结束后，我完成了我的研究，我正从一栋楼里走出来，刚好我的一个新生任务组的一名学生正走进来。我们就“最近过得怎么样”这一话题热情地闲谈着。然后，我的朋友问我要去哪里，我告诉她我准备去上课。

“什么课？”她问道。

“哦，人类学课程……其实，这门课是我在教。”

“不要开玩笑！”她大声说。“你是怎么做到的？我也想做！”

“嗯，”我有点不好意思地回答，“那是因为我实际上还是个教授。去年我是个学生，并做了些研究，但现在我做回教授了。”

“真不敢相信，”她答道，并停顿了一下，“我感觉被愚弄了。”

参见：Nathan, R. (2005) *My Freshman Year: What a professor learned by becoming a student*. New York: Cornell University Press.

然而，隐私、匿名、保密等议题不能被减少到仅仅遵守预设的一系列法律和技术要求。案例 3.2 以接受道德审查（ethical clearance）的研究为基础，这一研究没有使用任何参与者的真实姓名和身份，并在最初用笔名发表，以保护参与者的身份。事实证明，这些措施是不够的：参与者经历了心理困扰，而从长期来看，匿名掩护被证明是站不住脚的。

隐私权（privacy）是指控制自己认为私人的或关于自身的非公开信息披露的个人权利。在许多国家对保护隐私权都有法律规定（如关于个人资料披露的法律法规）。隐私权可能被视为免受任何他们不喜欢的和烦扰的研究的干扰的权利，以及保留他们认为私人的或敏感的信息的权利。然而，在不同文化和不同时期，关于什么是“私人”的界限可能会不同，同样这一界限也与个人生活史及经历有关，此外在诸如互联网研究（Jones，2011）或视觉研究（Wiles et al.，2008）等领域来明确这一界限尤为困难。

研究人员需要警惕这一事实，侵犯隐私可能发生在研究的所有阶段，从选择主题到出版及其他阶段（如存储、归档、跟进和复制研究）。在关系到集体代理时，如团体、社区和组织，特别是在保密预期可能与公众问责要求发生冲突的情况下，“保密”（secrecy）的概念，而非“隐私”（privacy）的概念，经常被使用。

机密性（confidentiality）源自对隐私权的尊重，并起到“预防原则”（precautionary principle）的作用（Hammersley & Traianou，2012：121）。从问卷调查，到访谈和观察，研究互动都基于受访者选择向研究者透露信息，其中可能还有一些敏感信息。在大多数情况下，这种信息透露秘密进行：也就是基于研究者对受访者个人与披露的信息之间的联系将不会被第三方得知的保证，同时这种联系也不能从研究报告中推论得出。为了达到这一目的，研究者可能会决定仅提供总的（aggregate）、复合的（composite）（如“典型的”或“平均的”受访者）或虚构的（fictionalised）用户资料（accounts of the data）。他们还将确保在项目进行以及随后的时期内，数据被安全存储，其使用得到严格控制。

然而，保守秘密并非易事。“把关者”和共同体其他成员可能广泛使用语境线索去推断研究报告中涉及的人物身份。例如，一位校长可能会从她所在的学校教师中来推断这一名教师的身份。可能也存在这些情况，即对个人信息保密对于研究者来说是一个巨大的情感挑战，或者研究者遇到一个矛盾，这一矛盾涉及究竟是继续求知（因此保守秘密），还是由于研究者见到了参与者做出的道德上无法接受的一些行为，以致其无法纵容。在这些情形下向别人倾诉，也可能导致机密性的破坏。某些情况下，例如当研究者遇到关于犯罪活动与危险行为的信息时，她可能会依法向相关部门披露这些信息。

研究人员为确保机密性（以及确保参与者免受伤害）的策略之一是移除他们存储和分析的任何数据信息，因为这些信息可能会使得受访者非常容易被跟踪和识别。这一策略被称为**“匿名化”**（anonymisation）。常用的匿名化技术包括：从数据上删除个人信息（如姓名、职位、工作地点、学校名称、关键事件的日期和地点、详细的机构描述，以及研究者认为的其他相关信息）或者以别名（aliases）及更一般的类别取代之；运用数字标识符；将个人信息与数据完全分离开来加以存储。

然而，特别是在定性研究的一些形式中，匿名性往往是一个程度问题，而不是一个明确的问题（Hammersley & Traianou，2012）。例如，在一些向受访者收集非辨识信息的封闭式问题的调查研究中，匿名几乎可以完全实现。同时，如果可能的话，在面对面的深入访谈研究或视觉研究中，要保证匿名性又是非常困难的。在这些情况下，不可追溯性（non-traceability），而非完全匿名性，可能是一个更为现实的目标。当参与者实际上可能更愿意在研究报告中被提及，无论是作为个人提及还是作为机构提及时，更麻烦的事情就出现了。当他们对其创作的素材坚持一定的所有权时（如在一些在线研究或行动研究中，参见 Simons，2009），或当担心存在匿名的、集合的、虚拟的描述（accounts）而对参与者产生误解时（如在一些关于个人的、制度的、政治的敏感议题方面开展的民族志研究里，参见 Pendlebury & Enslin，2001 以及 Walford，2005），这一情形就会出现。

案例 3.4

虚构的案例

在对儿童及其家庭开展研究时，一位研究人员发现了家庭暴力的证据，遂决定打破保密协定，并告知相关部门。

更多关于揭发与披露的内容参见：McNamee & Bridges, 2002, Chapter 8 和 Holmes, 1998。

一项关于青年人空档年(gap year)的研究使用了博客数据。研究人员对此解释到，因为博客是公开可用的，无需经过同意程序，但研究人员忧虑的是有些博主可能会记录一些个人问题，提供一些个人细节，却并未完全意识到一旦上线，这些信息将是公开的。她决定在其论文中将不提供博客网址和博主姓名。然而，她怀疑是否引用不同特性的例子可能违背一些博主希望其博客所言得到认可的愿望。

更多关于在线公共数据与私人数据之间边界的内容参见：Snee, 2010。

仁爱

人们普遍希望研究能够将造成伤害的风险降到最低（**不伤害**），能够开展一些有价值的、潜在有益的工作（**仁爱，beneficence**），能够在研究过程中及以后平等分配任何利益和风险（**公平**）（对于理性主义和伦理实践的分配正义模型的批评，参见 Edwards & Mauthner, 2002）。然而，有时这些目标可能南辕北辙（pull in different directions），例如，一项干预设计可能同时扣留或推迟对照组的潜在利益，以及 / 或将干预组暴露在未知风险之下。要平衡这些风险可能需要一个详细的风险评估，外加确定另一组利益以提供给对照组。

有许多不同类型的**伤害**（或损害）可能与研究相关，例如在个人层面，包括生理的、心理的、社会的、声誉的、实践的、以及职业的伤害（Hammersley & Traianou, 2012）。暴露在伤害风险之下的可能是参与者个人及其同龄人、家人或熟人，也可能是研究者个人及其工作网络成员。组织、团队及行业同样可能面临风险：例如，研究及其成果的出版可能对一个组织造成经济上的威胁，或者使一个专业团队蒙羞。从历史的、文化的、语境的（contextually）角度来看，不同研究实践可接受的、严重的和持久的伤害阈值（threshold）可能不同。此外，并非所有与研究相关的伤害都由研究人员负全责，例如，伤害可能出现于随后的、难以预计的对研究的运用过程中。评估与监控风险、寻求持续的而非一次性的同意与保密，以及采取相关的预防措施可能会对减少伤害风险以及抑制其影响有所帮助。然而，没有一种策略是万无一失的；预见并扭转这些潜在风险是不可行的，而且对于包含在计划中的那些特定风险发生的可能性与危害的严重性还存在着意见分歧（案例 3.3）。

案例 3.5

预测伤害的挑战

Sikes, P.and Piper, H. (2010) '*A courageous proposal, but...This would be a high risk study*': Ethics review procedures, risk and censorship. In: Sikes & Piper (2010).

我们遵守伦理程序的主要目的在于保护潜在的研究参与者(及研究人员)。在我们的案例中，参与者是被指控性侵犯的特定教师，及其家庭成员、同事，以及与其学校相关的人。然而，我们正在进行的工作未能保护未知的，尤其是那些在研究过程中并未涉及的假定儿童。

虽然我们欣赏并认可尝试对一个实际项目开展过程中及其后续过程中产生的无可预见的后果进行预测的需求，但是我们觉得不得不尝试去预测研究对完全与研究无关或根本没参与研究的人造成的未来伤害则完全是另一回事。我们建议的对于问题的这般预测与预先防范(pre-empting)超出了大多数人的能力。同样地，寻求规避所有可能的风险可能导致这样一种情况，即只有最无关紧要的项目才能得到批准。

参见：Sikes, P.and Piper, H. (2010) *Researching Sex and Lies in the Classroom*: *Allegations of sexual misconduct in schools*. Abingdon: Routledge.

利益(benefits)的概念同样复杂。研究耗费时间和精力，其中一部分时间和精力属于参与者，无论他们是儿童还是年轻人、教师还是校长、管理者还是决策者。无论是就增进与验证知识而言，还是就实际的集体利益或个人利益而言，研究的预期成果能够证明施加于参与者的负担是合理的吗?

可以说，研究最大的好处就是创造有价值的知识(Hammersley & Traianou, 2012)。正如邓津(Denzin, 1997)所宣称的，关于民族志的写作行为本身，以及与他人分享写作成果，能够成为道德发现及社会与政治转型的强有力的行为。更多的潜在好处包括：学术及教育成果与支撑；研究的疗效(therapeutic effects of research)；愉悦感、归属感与赋权；关系及网络；或是由情境中(in the setting)的研究人员提供的服务，如在某些形式的参与式研究中(如语言教学、课外活动、记录和整理文档、驾驶)。旨在保护儿童及其他弱势群体的常见做法是避免为参与研究提供任何财务奖励(报销材料费不属于这一类)，并认真审视招募及留住参与者的其他刺激(inducements)的使用。视情况而定，一些参与后(post-participation)**报酬**(reward)的形式可能被认为是可以接受的，例如图书券或参与具有教育价值的活动。参与研究的证书或贴纸(对孩子而言)、感谢信或卡片，或者视保密协定酌情在出版物中予以承认，可能同样是非经济**奖励**（recognition）的可接受的形式。在儿童研究中，如果不考虑潜在利益，在一种“无害”（no harm）的理想状态下，实现风险和负担的最小化是值得期待的。

研究人员在其研究领域或相关领域内的定位同样十分重要。例如菲格罗亚问，研究者的个人价值观如何影响他们的研究方法，以及他们对研究行为伦理意涵的解释与判断？此外，去研究一个你无法理解的共同体（community）是道德的吗（Figueroa, in Simmons & Usher, 2000: 88）？个人价值观与缺乏同理心可能会使得研究者难避免对参与者的特定问题保持沉默和边缘化（marginalising）（McNamee & Bridges, 2002）。在分析、写作、参与者参与过程中进行反思可能有助于减轻这些问题。

依据所采用的研究方法，参与者可以参与校验数据解释、寻求替代性解释、探究其含义。有时候，比如在和弱势参与者进行研究或在弱势社区内开展研究的情况下，将研究人员的角色延伸到政治行为中，比如倡导和支持，这将会非常诱人，换言之，也就是将互惠和发声置于知识的阐述和交流之上。对于研究人员而言，这可能是一个非常令人满意的个人项目，但是这可能会使得在博士研究工作中，为获得博士学位而形成并出版一份报告变得更为困难，也会使得在项目结束后脱离这个领域变得更为困难。问题是如何在研究的严谨性与照顾参与者及其背景之间保持平衡。

案例 3.6

虚构的案例

一位研究人员正在与遭受虐待的少女合作。她致力于以一种真实、可信、富有说服力的方式来讲述参与者的故事。她将自身定位为确保这些年轻女孩的声音能被专业领域听到的角色。她的研究对象认为她富有同情心且值得信赖，和她开诚布公地交谈，访谈具有一种治疗性的基调。然而，尽管她倍加小心，但是当报告出版后，一些研究对象认为被暴露了，感受到心理困扰，产生了一种被背叛、伤害和愤怒的情绪。

更多关于行动主义与发声的内容参见：Thomson（2008）。

一项干预研究将一所学校的 7 岁儿童随机分配到实验组和对照组。实验组的儿童接受了 6 个月的强化辅助支持阅读，这一训练由一名受过训练的助手利用一个电子平台完成，而对照组一切照旧，并未进行辅助支持训练。研究人员将这一设计视为生成良好数据的高效方式，但是他们同样关心为了持续干预而不对对照组提供支持过程中的公平问题。

更多关于参与者的利益的内容参见：Eynon, Fry & Schroeder（2008）。

一位研究人员使用在社区拍摄的儿童照片。儿童及其家长同意参与这项研究，并将肖像权转让给研究人员，正式的理解是相片中的所有面孔在被存储在研究人员的电脑中之前都将模糊化（blurred）。研究人员希望在如下几种情境中运用照片以供其他研究人员使用：（a）在一个没有讲义的研究陈述中；（b）在出版的报告中；（c）作为一份定性数据档案的一部分。他们认为每一种情境下都会产生独特的伦理议题，并以基于（a）情境中的原始同意而使用照片，为（b）情境寻求进一步的、图像－图像的同意，以及决定反对情境（c）中的使用。

更多关于视觉研究中的伦理责任的内容参见：Wiles et al.（2008）。

3.5 根据情境审议的研究伦理

不同的伦理规范在结构和内容上存在差异，可能或多或少明确地与程序性要求的道德基础相关。在内容方面，可能会在如何平衡学术行为准则的一般规则与指导研究人员或研究机构与参与者和受益人之间关系的规则方面有所变动。没有一种规范是完美的，而且尝试将其应用到现实的研究情境中是相当困难的。

所以，伦理规范就为机构、团队及个体研究者去权衡在特定研究情境与背景中，何为伦理上可接受的行为留下了重要空间。抽象的普遍原则及标准与具体的特殊情况之间的联系就是研究人员的责任感。研究人员依据特定标准，将研究诠释为一种专注于生产知识的实践形式（Pring，2004）。哈默斯利（Hammersley）和特拉亚诺（Traianou）将研究伦理视为“一种职业道德，即作为研究人员（as researchers），什么是社会研究者应该做的，什么是不应该做的，以及/或者关于什么是做研究时（in doing research）的罪恶和美德”（2012：36）。

正如本章中解释的，思考研究中的伦理包括不断追问研究目标与研究手段，借鉴对于特定行动者及展现出来的研究状况的第一手理解。为伦理决策辩护是一个原则推理的问题，也是一个主动承诺的问题——这是一个持续不断的过程，在此期间，研究人员需要关注塑造其判断的情境与方式。套用麦克纳米（McNamee）的话（McNamee & Bridges，2002：13），在这种特定环境下，需要练习环境敏感判断（context-sensitive judgement）并将其嵌入实践的人正是这种特定的研究人员（或团队）。也就是说，研究人员必须识别出情境中道德方面的突出要素，并酌情将其与原则、规则、结果及其他方面联系起来，以便在一个研究项目周期中道德地开展研究工作。

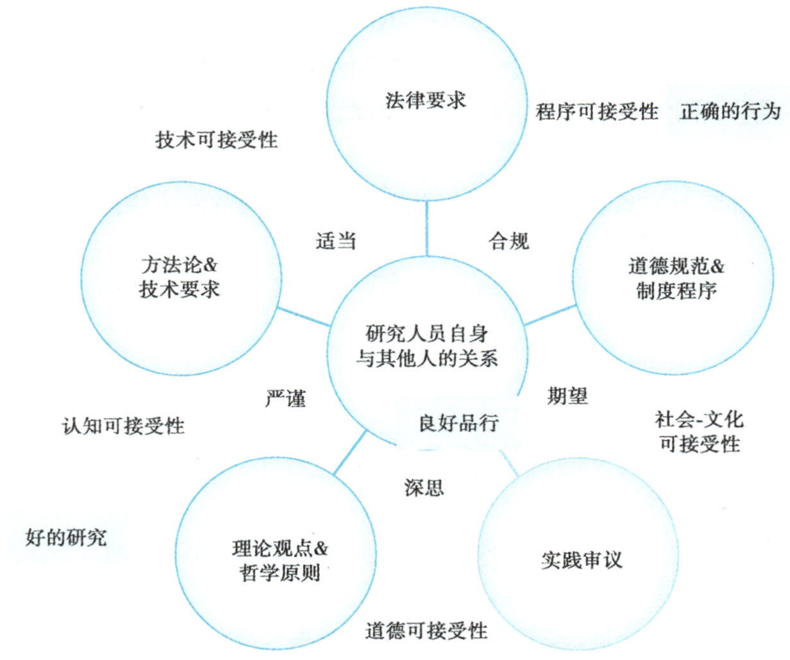

图 3.1　审议中的研究伦理

研究人员自身与其他人（包括相关研究团体）之间的关系处于伦理审议（ethical deliberation）的中心位置。一名研究人员可能带着一系列相互冲突的角色与目标进入一种研究情境，所以，在其研究实践中就需要进行协商。这种实践容易受到许多需求的影响，这些需求有时还会相互矛盾。图 3.1 显示了一些置于研究中的不同需求，可接受性标准塑造了研究，伦理传统建构了研究。首先，研究受法律要求支配；研究由道德规范、制度程序（如大学的伦理规范）以及方法论与技术性要求指引；就学生研究而言，它由课程要求塑造，包括成功的定义与评价标准。作为一种实践形式，它也有望与其他实践接轨，包括教育研究、教学、学习与决策。此外，凭借其作为研究的优势（virtue），而不是任何其他形式的专业实践，它拥有了认知目标（epistemic aims），借鉴了方法论方面的实质理论以及哲学方法。这些需求形成了一个特定于研究的价值空间，以区别于其他实践活动。如果能够成功协商好这些不同立场与需求，同时还保持着完整性，那么这种研究在一系列方式上都是“可以接受的”：程序上、技术上、认识论上、道德上以及社会文化上。

图 3.1 所示的背景和要求，以及引导他们的这些判断（包括道德）的复杂性表明，研究伦理并不仅仅是为走出困境与服从制度要求而设定的特定规则的线性应

用（linear application）。它涉及反思性审议（reflective deliberation），即凭借对于具体情况的丰富理解，并能够利用可能与多个伦理传统联系在一起的推理与实践方式。它也可以是一个饱含情绪（emotionally-charged）的过程，充满了犹豫、沮丧，有时或是一种负罪感。作为研究伦理，其不仅关心如何对待他人（从参与者和把关者到同行），也关心其自身，研究人员识别并了解这些情绪的方式正是研究项目整体伦理架构的一部分。

第 13 章将对伦理议题，尤其是聚焦研究与互联网方面的伦理议题，展开进一步讨论。

章节概要

- 研究中的伦理行为来自实践智慧、理论认知、原则推理的交叉点上的丰富的、对情境有敏感认识（context-sensitive）的审议。
- 哲学伦理中的不同传统，包括责任、结果、美德与情境伦理，可能帮助研究人员确认研究情境中道德问题突出的一些方面，反思提供给他们的不同行动方案的相关价值，并且在整个研究过程中道德地行动。
- 伦理规范与准则可能为伦理审议提供更多的资源，以及为研究人员选择的行动方案与实际行为实施的机构批准（institutional sanctioning）提供程序框架。
- 对于研究者个人而言，伦理不只是让他们的项目在技术上遵守如同列在清单、指南和表格上的伦理规范（如道德上“同意”或“许可”）及程序要求，还要深化他们对于伦理原则和情境的个人理解，信守他们对于道德地开展研究的承诺，提升他们在道德复杂的情形下明智行动的能力。

关键术语

伦理学：关于何为好、何为对、何为道德行为的研究；可以从不同视角切入。

道义论伦理学：强调出于职责而采取行动，而非娱乐、爱好或兴趣。在这种情况下，什么是正确的做法？

目的论伦理学：强调选择最佳行动方案，运用“最大幸福”原则或功利原则。在这种情况下，采取何种行动可能实现利益最大化？

德性伦理学：强调最有道德的生存及生活方式。在这种情况下，何种行为符合德性高尚者的品格和特质?

情境伦理学：强调伦理决策是与情境相关的，无法对其进行统一定义或完全解决。

伦理规范：是在特定专业、职业、体制背景下关于可接受的实践行为协商一致的结果；往往包括开展研究的详细规则。

自主原则：这是研究人员的义务，即尊重每一位参与者，将其视为有能力就参与研究做出明智决定的个体。

信任原则：这是研究人员的义务，即保护研究中参与者赋予他们的信息；包括保密、隐私、匿名原则。

仁爱原则：这是研究人员的义务，即试图将参与者个人和/或社会的利益最大化，同时将对个人的伤害风险降到最低。

作为情境审议的研究伦理：在特定研究情境下，研究人员需要解释伦理规范，这通常包括抽象的原则和标准。

练习与思考题

1. 解释以下词组：
   解决伦理议题的道义论方法
   解决伦理议题的目的论方法
   解决伦理议题的德性论方法
   解决伦理议题的情境论方法
2. 将以上四种方法应用到两个专栏中列举的 6 个虚构的案例中去。对于 6 个案例中的每一种情况，运用不同的方法将得到什么样的结果?
3. 你认为这 4 种方法有何相似之处? 有何不同之处?
4. 研究一下专栏 3.2 中提及的任意一种教育研究的伦理规范。在你即将开展的研究中，这一规范将如何就解决伦理议题提供帮助? 将带来何种困难?
5. 通读社会科学其他领域的研究伦理规范，例如英国社会学协会(British Sociological Association)，或者美国心理学会(American Psychological Association)。你认为这些规范能够提供多大程度的帮助? 它们可能导致哪些困难? 你阅读的这些内容给你带来了惊喜吗?

拓展阅读

Alderson, P. and Morrow, V. (2011) *The Ethics of Research with Children and Young People: A Practical Handbook*. London: SAGE.

Hammersley, M. and Traianou, A. (2012) *Ethics in Qualitative Research*. London: SAGE.

Jones, C. (2011) *Ethical issues in online research*. British Educational Research Association online resource. www.bera.ac.uk.

Simons, H. (2009) 'Whose data are they?' In: *Case Study Research in Practice* . London: SAGE.

Snee, H. (2010) *Using Blog Analysis*. NCRM Realities Toolkit 10.

Walford, G. (2005) 'Research ethical guidelines and anonymity' , *International Journal of Research and Method in Education* , 28(1): 83-93.

Wiles, R., Prosser, J., Bagnoli, A., Clark, A., Davies, K., Holland, S., and Renold, E. (2008) *Visual Ethics: Ethical Issues in Visual Research*. ESRC National Centre for Research Methods Review Paper. Southampton: NCRM. Online at: http://eprints.ncrm.ac.uk/421/1/Methods Review Paper NCRM-011.pdf.

World Medical Association (WMA) (2000) *Declaration of Helsinki*.

第 4 章

研究问题

本章内容

—学习目标—

在学完这章后，你应该能够：

- 为研究计划列举出 5 个不同层次的概念
- 将概念的层次性运用于研究问题的发展
- 说明研究问题在研究方案中的作用
- 说明假设检验研究，并指出假设与理论之间的关系

一项成熟的实证研究既要展现出概念的清晰性，又要展现出概念不同组成部分之间的契合，尤其是要展现研究问题和研究方法之间的契合。在报告业已完成的研究时，从事工作的先后顺序并不重要，重要的是概念的清晰性和契合性。可以用不同的方式来达成这一目标——可以是首先找好研究问题，再选择相对应的方法；或者是仅以与主题相对应的一般性方法开始，然后再在研究进程中发掘出问题和方法的重点；也或者是二者的混合，即研究者在问题、方论和某些原始数据上前后循环。

由于实证研究是由研究问题驱动的，接下来两章描述的是与完善的研究问题相对应的研究模型。这是一个有利于学习怎样研究的好模型，因为通过模型研究者很容易看到问题、概念和数据间的联系，也因此促进了概念的清晰性和契合性。作为一个模型，它值得受到重视——如果模型由于不恰当而被拒绝，那么被拒绝的理由亦有助于理解这一领域，也有助于制订出更合适的方法。这有助于研究者明了自己所需要的结构连续性在哪里。接下来，这一位置可以被清晰地表达出来，以此确保设计的方式和获取数据的方法与其相适应。

迈尔斯、休伯曼和萨尔达尼亚指出，发展研究问题能够有效抵御在研究早期阶段遭遇的可能困惑和信息过载（Miles，Huberman & Saldana，2013）。同时，在通常情况下，研究者能够在鉴别特定研究问题方面获得重大的进步，尤其是当专业知识被带入研究的时候。然而，当问题是在研究过程中而不是在研究开始之前出现的话，对概念的清晰性和契合性的需求也会出现，所以接下来两章所讨论的问题是相关的。它们没有消失，只是后来才出现。

4.1 概念的层次性

根据研究问题对研究进行计划的一个好处是它使得研究中抽象层次的问题变得更加明确。我们能够区分出 5 个不同层次的概念和问题，这些概念和问题的抽

象层次是不同的，构成了一个归纳－演绎的层次结构：

- 研究领域
- 研究主题
- 一般性研究问题
- 具体性研究问题
- 数据收集问题

说上述5个层次构成一个层级，也就是说它们在抽象性和普遍性水平上有着系统的不同。此外，各层次通过归纳和演绎在逻辑上彼此相关联。顶层是最普遍和最抽象的，底层是最具体和最具象的。

因此，从上到下，研究领域比研究主题更有普遍性，而研究主题比一般的研究问题更具普遍性，一般的研究问题比具体的研究问题又更有普遍性，照此类推，具体研究问题又比数据收集问题更具普遍性。从下到上，换一种说法，数据收集问题"源自"具体的研究问题，具体的研究问题又"源自"一般的研究问题，依此向上类推。

用这种方法思考、计划和组织研究的一个好处是，它能够表现和突出不同抽象层次之间的关联。为了使研究具有内在的一致性、连贯性和有效性，不同抽象层次之间拥有紧密的逻辑联系是必要的。这就是上文所说"源自"的内涵所在。这里所涉及的过程是演绎和归纳。我们通过演绎法在这个层级里下行，通过归纳法在这个层级里上行。这两个过程都由逻辑控制。

并非所有的研究项目都可以这样来组织或计划。尤其是对于那些有着缓慢发展过程的研究来说，这种程序化的步骤不适合它们。此外，在一项特定研究中，对于究竟是要将研究问题"一般化"还是"具体化"仍然还有些争论（Maxwell, 2012），[1] 还要考虑在这些类型的问题中有意识地强调哪一个。然而同时，这个方法适用于很多项目,并且在任何情况下概念的层次性都具有教学和实践的实用性。考虑这些因素不但能够帮助你组织和发展方案，还可以帮助你清晰地阐明你的研究内容，条理分明地撰写出报告（以及论文）。

4.2 研究领域和研究主题

研究领域一般用少量的词语来描述，有时甚至只用一个词。同样，描述主题所需要的词汇也较少，但通常要比描述研究领域的词汇多一些。研究主题隶属于研究领域。它是研究领域的一个方面、一个部分，它是研究领域从一般迈向具体的一个步骤。尽管研究主题被包含于研究领域中，但它仍然不是这个研究领域中唯一的主题。

表 4.1　从研究领域到研究主题

研究领域

青少年自杀

可能的研究主题

1. 不同群体之间的自杀率
2. 与青少年自杀率相关的因素
3. 应对青少年的自杀行为
4. 青少年文化和自杀的内涵

注：主题 1 和主题 2 主要是定量研究
　　主题 3 和主题 4 主要是定性研究

研究领域的例子有旷课、青少年文化、工作满意度、职场冲突、组织变迁、决策、情绪失调和青少年自杀等。在“青少年自杀”这一研究领域，4 个可能的研究主题如表 4.1 所示。本章将介绍如何在研究领域中确定研究主题和研究问题。让我们以“青少年自杀”这一领域作为例子。

首先确认研究领域，然后确认这一领域中的研究主题，这就为研究提供了第一层次上的聚焦，即首先缩小了可能的研究范围。当然，任何的研究领域都包含了许多主题，所以这里涉及两个决定——第一个决定是对研究领域的选取，第二个决定是在该研究领域里研究主题的选取。大多数情况下，学生对第一个决定也就是领域的选取并不费劲。他们对自己所感兴趣的研究领域有大致的了解。通常，他们在第二个决定上遇到的困难更多：面对该研究领域中众多的可选取的主题，我应该选择哪一个呢？

确定研究领域的一个有价值的结果是，它在第一时间促使作为研究者的你将你的工作同文献联系起来。它将文献的主体限定到了同此项研究相关的领域。在某一研究领域确定主题有助于提供更具体的文献阅读方向。它提供了同此项研究紧密相联的更具体的文献主体。

4.3　一般性研究问题和具体性研究问题

一般性的和具体性的研究问题将研究带入到具体性的另外一个层次上，即进一步缩小了所提出的研究重点。二者之间的差异体现在具体性程度方面。一般性研究问题更广泛，更普遍，更抽象并且（通常）不能被直接回答，因为它们过于笼统。

具体性研究问题更加特定、详细和具体。它们能够被直接回答是因为它们直接指向所需的数据。这一点将在 5.1 节中详细阐述。

表 4.2 从研究主题到一般性研究问题

研究主题：
与青少年自杀率相关的因素
一般性研究问题 1
家庭背景因素和青少年自杀率之间的关系是什么？
一般性研究问题 2
学校经历因素和青少年自杀率之间的关系是什么？

注：上述只是两个例子，可能还有更多的一般性研究问题。正如表 4.1 中所指出的那样，这一主题和这些一般性研究问题偏向于定量方向。

一般性研究问题不但能指引我们的思想，而且在组织研究项目时也很有价值。具体性研究问题跟随、适应于一般性研究问题。它们不但指导实证程序，而且它们就是可以由研究中的数据直接回答的问题。计划确定和区分一般性和具体性研究问题是很有用的。

正如某一研究领域里有许多研究主题那样，某一研究主题里也有许多一般性研究问题。而具体性研究问题进一步采取演绎方法，将一般性研究问题细化为由之带来的种种特定问题。

通常，一般性研究问题由于太宽泛而不能被直接回答，也由于太宽泛而不能满足研究问题的经验标准（参见 5.1 节）。由于它的概念太过一般性，所以它需要在逻辑上被细分——或者“拆分”——成几个一般性的研究问题。研究者通过累积和整合相应的具体性研究问题的答案来间接回答一般性研究问题。一项研究的一般性研究问题可能不止一个。这种情况下，每个一般性研究问题都需要被分析和细分成适当的具体性研究问题。表 4.2 和表 4.3 以“青少年自杀”这一研究领域为例来说明这个问题。

这种区分的确只是一个常识性问题，在计划研究的实际操作中也不难实现。并且，正如业已指出的那样，尽管区分已经用演绎的方式呈现出来了，但也并不一定需要完全按照那样的方式来进行。区分也可以用归纳的方式来进行，可能最常见的就是，将归纳方法和演绎方法循环性、重复性地混合起来使用。

就实际情况而言，将一般性研究问题与具体性研究问题相区分的一个好办法是，将经验标准运用于每个问题（参见 5.1 节）。这一标准所要提出的问题是：回答研究问题所需要的数据是否清晰明了？如果答案都是肯定的，那么我们可以再由问题向数据和方法前进。如果答案是否定的，我们可能需要做的事情是进一步的具体化。这个标准也有助于我们检验自己是否已经接触到了可研究的一系列问题。

表 4.3 从一般性研究问题到具体性研究问题

一般性研究问题
家庭背景因素和青少年自杀之间的关系是什么？
具体性研究问题 1
家庭收入与青少年自杀之间的关系是什么？
或者
青少年自杀率是否因家庭收入水平不同而不同？
具体性研究问题 2
父母离异与青少年自杀之间的关系是什么？
或者
父母离婚或者分居的家庭中的青少年自杀率与完整家庭中的青少年自杀率有何不同？

注：上述只是两个例子，还有更多可能的具体性研究问题。

讨论的核心在于，展现一般性研究问题的维度、方面、因素、成分或指标，也就是使之更加具体的过程。实际上，你在定义普遍性的概念“向下”到概念的数据指标的过程就是拆分的过程。在上述的几个术语中（维度、方面、因素、成分或指标），我宁愿使用“指标”这一术语，因为它在不同类型的研究中都有广泛的应用。它适用于定量研究，也适用于定性研究，而维度、因素和成分这三项却有更多的定量内涵。

在定性研究中更需要我们注意的是，研究有可能是从具体的指标上行到一般性的概念，而不是从一般性概念下行到具体指标。需要重申的是，用哪种方式来进行研究并不是重点。你可以用演绎的方法，即从一般性概念到特定概念再到具体指标这一下行的方式进行研究，你也可以用归纳的方法，即从具体指标到特定和一般性概念这一上行的方式进行研究。你甚至可以同时运用归纳法和演绎法。重要的是，作为研究方案并最终作为一项研究工作的研究成果，要在抽象的各个层次上展现出逻辑上的联系。

4.4 数据收集问题

数据收集问题在各层次中处于最底端。它们是处于最具体层面的问题。

之所以单独将数据收集问题列出来放在这里，是因为学生们有时候将研究问题和数据收集问题相混淆。研究问题是研究本身试图回答的问题。数据收集问题是用来收集数据以帮助回答研究问题的问题。在这个意义上，它比研究问题更加具体。也正是在这个意义上，集中回答某一个研究问题可能需要不止一个数据收集的问题，有时需要几个，有时需要许多个。[2]

概念的这种层级性对研究项目的发展有什么意义呢？我对此已经进行了详细的分析，因为它通常是经验研究在前期建立阶段的核心内容，也因为它清晰地展现了不同的抽象层次。理解概念的层次性是很重要的，但是它在项目发展中不像公式那样很适用。如前所述，问题的发展阶段很可能是凌乱的、重复的和循环的，它可以以任何方式来进行。[3] 但是如果你清楚了概念的层次性，你就可以用它来帮助自己理清和组织几乎在任何研究领域和主题中都会产生的需要谨慎考虑的很多问题。

4.5 提出研究问题

获得研究问题的一个方法是首先确定一个研究领域和一个研究主题，然后运用演绎的方法在这个领域和主题下从一般性到具体性发展出研究问题。另一种方法则具有归纳性——从一些具体的问题开始，然后基于这些问题回到一般性问题上来。

研究领域、研究主题以及一般性研究问题和具体性研究问题，其抽象概念有时不足以启动确定和发展研究问题的过程。那么接下来怎么办呢？聚焦于“我们试图找出什么”这一问题是一个很好的方式。把目光放在这个问题上几乎总是表明“现象背后有文章”。研究主题扩展了，许多问题也由此产生了。那些看起来简单、直白的问题变得更加复杂、多元和具有种种可能性。不管研究者是用归纳法还是演绎法，皆是如此。一方面，在任何研究领域，当你详尽分析它时，你就会收获许多研究问题，不管是一般性的还是具体性的。另一方面，对于任何研究问题，当你认真地思索它时，它们就会衍生出别的问题，通过思索这些别的问题反过来又会产生更多问题。

在发展问题阶段的工作又是什么呢？首先发展问题就是要产生所有可能性。在这个阶段，回答“我们试图找出什么”这一问题只是暂时的。我们不希望太快地得到一系列最终的问题，因为我们可能会忽视多种可能性。我们不可能用无休止的时间来挖掘所有可能性，但是我们确实需要足够的时间来看看可能性到底有哪些。其次，发展问题是细分问题的集合。在这里，我们将一般性问题分解成各个组成部分，发展问题也可以解开不同问题间的纠缠。再次，发展问题需要对这些问题进行排序并循序渐进发展出焦点问题。

发展问题通常是一个人在试图找到一个稳定观点时的反复的过程。和他人合作从事这样的工作很有益处，在这里他人包括学生，或者可能是由导师、同事和其他研究者所组成的小组。他人通常能够发现单个研究者或许会忽视掉的可能问题，和他人讨论也有助于将研究主题考虑得更加深入、更加与众不同。

一般而言，在一系列提出问题后，整个研究就扩展了，有时还是大幅扩展。这可能会引发焦虑，但对于大多数研究来说，这种焦虑是应该的。事实上，如果这种焦虑不发生，我们就应当小心了，因为这可能表明我们发展研究问题的工作做得还不够。考虑到这个原因，作为一个重要阶段，焦虑是值得被鼓励的。在找到项目的最终具体方向之前，在研究主题内探究、摸索以及寻求所有其他可能性极具价值。

当一开始少量的问题被扩展成大量问题的时候，就需要对问题进行分解和排序。分解问题是必要的，因为在一个问题里面通常还有别的问题。排序包括归类，将同一类问题放在一起。这将很快展现出层次性，一般性研究问题和具体性研究问题开始互相区分。

最后阶段涉及将项目细化，因为项目通常太大了。事实上，这表明到目前为止一个研究项目里面可能包括了几个小项目。那么如何化大为小呢？此时，在项目面临的实际约束中决定哪些问题是可操作的就变得很重要甚至是最重要的了。当然，任何项目都有限制——即便这些项目获得了资助且项目设立了一个研究团队。原则是，最好是深入地做一个小项目，而非仅仅在表面意义上做一个大项目。将项目化大为小是研究者的判断问题，此时研究经历扮演了重要的角色。因此需要再次强调，这一阶段最好与他人合作。

应该有多少个研究问题呢？如上所言，任何项目在实践中都有一些限制，最好是深入地从事一些细小的工作而不是仅仅在表面意义上宏大的工作。假定每个一般性研究问题能够被细分为 2 个或者 3 个具体性研究问题的话，那么一项研究里面最多能有 3 个或 4 个一般性研究问题。[4]

发展研究问题属于前经验阶段，某种意义上我们还没有真正地关注随后将要出现的方法问题。我们将尽可能地遵循将实质性或内容性问题放在方法论问题之前的准则。方法问题总是或多或少地提前出现，但在现阶段我们将方法问题抛开不论。“我该怎么做”或“我应该用这种方法还是那种方法”之类的问题很重要，但在现阶段它们出现得还是太早了。

在计划阶段，“缓缓推进”很有益处。因为研究问题通常不会在第一时间出现，所以几次反复通常是必要的，我们只有在深思熟虑之后才能触及到“我们试图发现什么”这一问题的答案。提出问题需要时间——需要时间来发现隐藏在研究领域内的潜在问题，需要时间来审视特定问题分析后伴随出现的相关问题。研究的开始阶段十分重要，因为在这里所做出的决定会影响到后续阶段的行动。这不意味着当项目的最终研究问题伴随早期经验阶段发展而发生变化时,决定不能改变。但如果在开始阶段为了做出这些决定已经耗费了大量的努力，那么这些决定还是不要轻易改变。

关注我们试图寻找的东西不仅在现阶段有用，而且在所有阶段都有用。它有助于我们在计划、设计和项目执行尤其是在数据分析时关注重点，同时它也有助于我们研究报告的撰写。

4.6 研究问题的作用

研究问题是核心。它们主要有五个方面的作用：

- 它们组织项目，使项目有方向性和连贯性；
- 它们界定项目，为项目设置边界；
- 它们让研究者在项目中保持专注；
- 它们为项目撰写提供框架；
- 它们为项目所需要的数据指出方向。

对于第三点，即在项目中保持专注，需要做出一点说明。研究可能很复杂，因此每个人在项目过程中很容易迷失。当新出现的难题或细枝末节的问题造成威胁，研究偏离正常轨道时，清晰明确地表述研究问题对于将研究带回正确的轨道极具价值。拥有从以上难题和问题中全身而退并重新回归研究问题的能力，可以给予研究极大的帮助。

上述最后一点，指明项目所必需的数据，其依据是经验标准，这一点我们将在第 5 章中加以讨论。主要观点是，一个恰到好处的问题本身就能指明回答该问题所需要的数据。这里再一次提出了研究问题和数据收集问题之间的区别。研究问题是用来指导研究并标明研究设计回答什么的问题。而数据收集问题更加具体，是被设计用来（通常存在于问卷或者访谈中）为相关研究问题提供数据的问题。

第 5 章也会讨论概念性框架。概念性框架展示了因素、变量或我们所研究现象的概念状态，这一框架通常以图表的形式体现。发展研究问题通常也包括发展概念性的框架。两者并不一定要同时具备，但二者同时兼备也不无益处。这是因为发展研究问题通常会使我们聚焦于那些我们在思考研究主题时使用的（潜在的）概念性框架。果真如此的话，将概念性框架明晰化是个好主意。研究问题之后将明确的概念性框架操作化，最终指向研究所需的数据。在定量研究中，这一点通常非常明确，在研究中展示概念性的框架是理所应当的。发展概念性框架在定性研究中也很有用，突出研究重点和设定研究范围从而指导研究所需的抽样决定。第 5 章给出了概念性框架的例子。

在这种意义上，本章目前已经讨论了确定研究问题、发展研究问题以及研究问题在项目中扮演的主要角色等方面。现在该是考虑假设以及假设在研究中扮演什么角色的时候了。

4.7 假设

在先前的社会科学方法论著作中可以找到假设的复杂定义（Brodbeck，1968；Nagel，1979；Kerlinger，1999），但在本章中我们不准备采用这些定义。相反，我会采用一个简单的定义,即关于某一研究问题的一个预设答案。说我们有一个假设，也就是说我们能够预测到某一研究问题的可能答案。这一预测发生在研究结果出来之前——先验。具体性研究问题表达了我们正试图寻找的对象。假设先验地预测了问题的答案。

我们凭什么做出这样的预测？为什么我们期望发现这个（我们所预测的），而不是别的什么东西？对此，通常答案只有两个。一个答案是，因为别的研究者做出了类似的研究，这是之前已经发现的。这样尽管可能回答了后一问题，但它并没有解释“为什么可以这样预测”的问题。第二个答案是，研究者提出了一些命题，这些命题解释了为什么预设答案（假设）受到期待。我们可以称这一系列命题为“理论”。它与第 2 章（2.2 节）中给出的关于实质性理论的描述相契合。

在这种情况下，我们有了对假设做出解释的一个理论，而假设以“如果 - 那么”的命题形式在理论中通过演绎而产生。因此，在实施研究和验证假设中，我们实际上验证了藏在假设背后的理论。这就是经典的假设 - 演绎模型。顺带提及的是，我们应该注意到，这也表明理论为什么只能被证伪而不能被证实。我们不能通过证明“那么”部分（假设）的有效性来证明“如果”部分（理论）。[5] 这就是为什么人们常常指出，科学知识通过证伪其理论得以发展（Popper，2002）。

观察知识的结构和调查研究的结构后，有两点结论可以得出。第一点就是要考虑假设在经验研究中所扮演的角色。我们只应当在需要作出假设的时候才作出假设。那么什么时候应该出现假设呢？在我们脑海中，假设背后确实出现理论解释的时候。果真如此的话，我们应该通过各种手段提出假设作为研究问题的预设答案，并对其进行检验。如果不是这样的话，我们就应当忽略这些假设，继续着手研究问题。总之，当涉及设计、数据收集和数据分析等经验操作的内涵时，研究问题和研究假设在逻辑上并没有太大的不同。

因此，有一个简单的方法可以决定在什么情况下适合作出假设。一旦我们有具体性研究问题时，我们应该习惯性地在实施研究之前问每一个人：“对于这一问题我们期望（预测）会有什么样的答案呢？”如果我们没有信心进行预测，就需要在假设问题上进一步下功夫，也可以改为着手研究问题。如果我们能够预测，接下来需要问：“为什么预测这个结果（而非别的结果）？”如果得到的唯一回答是“因为别的研究者发现就是这个结果”，那么我们就不需要提出这个假设。然而，如果我们在脑海中的确有一些理论解释，遵循这一解释会出现预测答案，那么提出假设、探索和分析假设背后的理论就是有价值的。在检验假设的时候，我们就是在检验理论。假设在检验理论中扮演了中心角色，它不应当偏离这一角色。这意味着如果我们不能提出假设背后的理论，提出假设本身是没有意义的。

用这一方法看待假设的第二个意义涉及科学知识的总体架构，让我们回到第 2 章图 2.1 所展示的图。该图所展示的结构说明了上面所提的观点，也就是假设源于理论并由更高一层的理论所解释。该图也表明了知识的层次结构，层次越往上，也就是越靠近图示的顶端，知识就越抽象和越概括。上述有关假设、假设与研究问题的关系、假设与其背后理论的关系的观点，在微观上也同样适用。这就突出强调了一点，在研究项目中存在抽象程度不同的概念和命题，而在这些抽象程度不同的概念和命题之间也因此需要逻辑关联。

在一些研究方法尤其是在定量研究方法的书籍里（比如，参见 Burns，2000），假设被置于一个很重要的位置，但在这里情况不是这样的。上面所阐明的一系列观点，有助于我们理解假设所扮演的角色和所处的位置，也有助于我们评判一项研究的假设是否合适。如果是合适的，我们就使用它们。如果不合适，那么最好把研究放在研究问题的层面。为了假设而假设没有意义。在所有情况下有用的是，遵循上述研究程序，一旦研究问题确定，就开始问自己每个研究问题是否可预测，如果可以，依据是什么（理论）。

4.8 一个简化的研究模型

无论假设是否合适，都要围绕研究问题组织研究，保证每个研究问题符合将在下一章中讨论的经验标准，上述研究步骤的简单模型在第 1 章已经展示了，但现在我们在图 4.1 中展现两种不同情况（无假设、有假设）的研究模型。

这一简化的研究模型强调：

- 基于研究问题来确定研究框架；
- 确定回答上述研究问题所必要的数据；
- 为收集和分析数据设计研究；
- 使用数据回答上述研究问题。

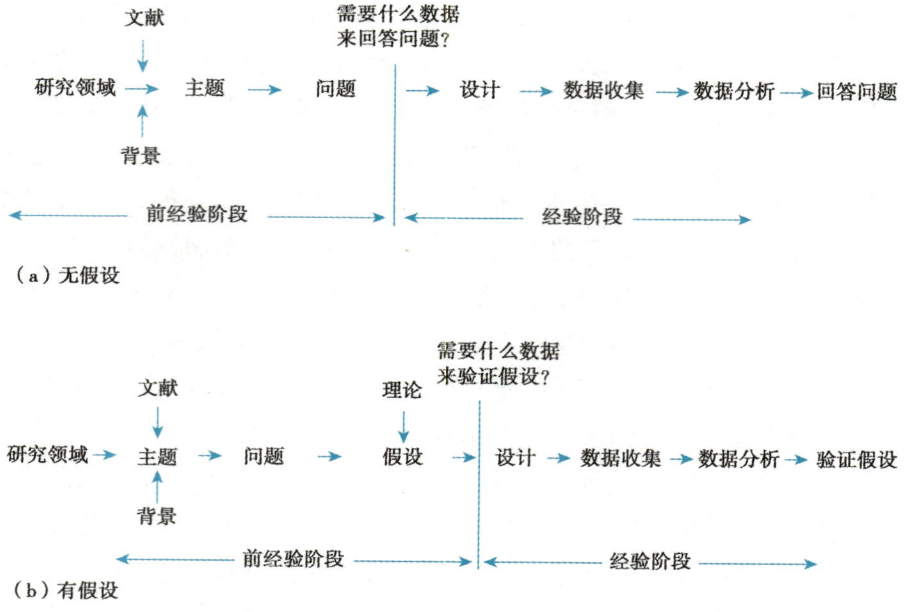

图 4.1　研究的简化模型

图中上半部分的模型展现了在没有假设情况下的研究问题。图中下半部分的模型表明了在有假设情况下的研究问题。模型在两种情况下基本是相同的。

基于这一研究模型，我们可以看到，主要有两个问题来引导研究计划进程（“需要什么数据来回答问题”或“需要什么数据来检验假设”）。研究计划书以及后面的研究报告，也可以围绕以下一些问题加以撰写，这些问题都明确指向：

- 是什么？（该研究试图回答什么问题？该研究试图发现什么？）
- 怎么样？（该研究将如何回答这些问题？）

本章和下一章主要回答“是什么”的问题。第 7 章到第 12 章将集中探讨“怎么样”的问题，其中先讨论定性研究，然后是定量研究。还有第三个问题：

- 为什么？（为什么这些问题值得回答？为什么这个研究值得进行？）

这个问题涉及从事某项研究的正当性（价值），这一内容将在第 15 章加以讨论。这一研究模型有助于我们计划和实施，也有助于我们撰写研究报告。尤其是在计划研究阶段，模型能帮助我们应对信息过载和可能的困惑。模型在定量研究、定性研究，以及混合方法研究中都有效。当预先设计的研究不可行或者不理想时，或当研究计划伴随早期经验工作中提供的焦点而不断发展时，这一研究模型就需要修正。在之前提及的那些情形里，记住模型并考察它哪里不合适，为什么不合适也是有价值的。随着研究的深入，研究问题得以发展，本章所描述的分析过程就被推迟了。分析过程发生在经验研究之后，而非之前。当这一情形发生时，问题的发展将受到原始数据的影响。否则，研究的步骤就是相似的，它和确保研究各个部分相适应同等重要。

4.9 文献的作用

计划过程中集中于文献的合适时间点因研究风格的不同而不同。在传统研究模式中，文献综述是（通常全面的）研究计划和问题发展阶段的一部分。这一阶段文献本身成为分析和计划的切入点。这一方式为许多研究情形所推崇，它也成为定量研究和一部分定性研究所遵循的典型模式。在另外一种极端情形下，比如说扎根理论研究，我们刻意推迟文献回顾工作，直至早期数据分析确立了方向。这些文献会在晚些时候出现，并被视为进一步分析的材料。正如第 7 章所解释的那样，这样做的原因是，研究者希望范畴和概念源自扎根中的数据，而非源自文献中的数据。如果上述两个例子代表了两种极端的情形，那么很显然中间还有能够结合两种方式的元素的折中情形。

何时专注于文献回顾需要做出判断。影响判断的因素包括研究的风格、研究的总体策略、研究所要达成的目标、实际问题的本质、研究的知识储备、这一领域既有文献的发展程度，以及研究想要在多大程度上遵循既有文献所设定的方向。还有一个重要因素是，研究者所拥有的专业知识或者实践知识，尤其是当研究主题源自实践或者经验的时候。

在社会科学研究的不同领域，许多研究主题和研究问题都源自专业领域的实践，通常是基于组织、机构、社区或者公共场所的现象或问题。同样，研究人员通常是这些机构中的职业实践者，或与职业实践紧密相关。在这种情形下，研究者在实施研究前就已经拥有关于该研究主题的大量专业知识。这种专业知识能够服务于早前讨论了的发展问题工作的起始点。这包含了探索和阐明那些知识，而探索和阐明知识通常对于促进该领域的个体反思某些议题价值非凡。就研究本身而言，这种知识对于研究计划进程是一个极具价值的投入。马克斯韦尔（Maxwell, 2012）就怎样处理这种“经验知识”提供了一些具体建议，而且就多样性主题提供了“经验备忘录”的案例（pp. 32-34）。

在这类情形中，在问题发展阶段推迟一段时间使用文献通常是有好处的。换句话说，在参考相关文献前从事一定的发展问题的工作（也可能是概念性的架构）不无益处。这是因为文献通常会影响问题的发展，我们需要最小化或者延缓这种影响。当然，对于研究主题来说，文献可以成为概念、理论和证据的丰富来源，但是文献同样也影响着我们对研究主题的看法，从而妨碍了某些新方法的发展。第6章主要讨论如何检索和回顾文献，在此之前，第5章将讨论研究问题和数据之间的关系。

章节概要

概念的层次性有助于计划和组织研究。从最一般到最具体，概念的层次性表现为：

- ○ 研究领域
- ○ 研究主题
- ○ 一般性研究问题
- ○ 具体性研究问题
- ○ 数据收集问题

- 研究设计可通过向下的演绎逻辑进行，也可以通过向上的归纳逻辑进行，或通过两者进行。好的研究展示了不同层次之间紧密的逻辑联系。
- 发展研究问题通常是一个提出可能的问题、分解问题，然后细分并对这些问题进行排序的过程。这种前经验阶段的细心工作有助于建立内部一致性较高的研究。
- 假设可以被定义为某个研究问题的预设答案。它代表着解释性理论的“如果－那么”的关系。这会有助于建立一个简单明了的提问顺序，以便确定假设检验研究在什么情况下合适。
- 一个简单而可靠的研究模型可以建立在2个关键问题上：研究试图回答什么问题？它将如何回答这些问题？
- 文献综述通常先于研究问题的提出，并会成为研究问题发展的一部分。在另外一种情形下，推迟文献回顾至更合适的研究计划阶段或许更好。

关键术语

概念的层次性：研究领域；研究主题；一般性研究问题；具体性研究问题；数据收集问题。

抽象程度：一般性和具体性的不同程度——越一般意味着越抽象，越特殊意味着越具体。

演绎：从更一般到更具体。

归纳：从更具体到更一般。

数据收集问题：为收集数据而设计的调查和访谈的问题。

假设：研究问题预设的答案。

假设检验研究：旨在检验假设的研究，这一假设理想地取自一个解释性理论。

练习与思考题

1. “概念的层次性”中的“层次性”意味着什么？归纳与演绎之间的关系是什么？
2. 在你所属的社会科学领域中识别出 4 种不同的研究领域。
3. 本章就青年自杀研究领域展示了怎样发展主题和研究问题。遵循这一示例，就你在上述第 2 个练习题中的研究领域，发展出主题和研究问题。
4. 识别出下列这些一般性概念的具体维度：教育成就、工作满意度、职场异化、自尊、领导风格。
5. 什么是数据收集问题？它与研究问题有什么不同？
6. 选取上述练习 4 中的某个一般性概念，运用你确定的维度，为每个维度制订出一个或多个研究问题，然后为（a）定性访谈和（b）定量问卷调查发展出一些有助于回答你的研究问题的数据收集问题。
7. 研究问题在研究方案中为什么重要？
8. 什么是假设？假设与理论之间的关系如何？描述假设检验研究的步骤。
9. 在你所属的社会科学领域中，你能找到什么假设检验研究的例子吗？

拓展阅读

Babbie, E. (2012) *The Practice of Social Research*. 13th edn. Belmont, CA: Wadsworth.

Brewer, J. and Hunter, A. (2005) *Foundations of Multimethod Research*: A Synthesis of Styles. Thousand Oaks, CA: SAGE.

Campbell, J.P., Daft, R.L. and Hulin, C.L. (1982) *What to Study: Generating and Developing Research Questions*. Beverly Hills, CA: SAGE.

Clark, A.W. (1983) *Social Science: Introduction to Theory and Method*. Sydney: Prentice-Hall.

Marshall, C. and Rossman, G.B. (2010) *Designing Qualitative Research*. 5th edn. Thousand Oaks, CA: SAGE.

Maxwell, J.A. (2012) *Qualitative Research Design: An Interactive Approach*. 3rd edn. Thousand Oaks, CA: SAGE.

Miles, M.B., Huberman, A.M. and Saldana, J. (2013) *Qualitative Data Analysis*. 3rd edn. Thousand Oaks, CA: SAGE.

Neuman, W.L. (2010) Social Research Methods: Qualitative and Quantitative Approaches. 7th edn. Harlow: Pearson.

Punch, K.F. (2006) *Developing Effective Research Proposals*. 2nd edn. London: SAGE.

注释

1. 一般性的问题寻求通则式的知识，像是普遍应用于一类人、情形、事件或现象的规则。具体性问题寻求表意的知识——局部的、以个案为基础的、具体的命题。
2. 这并不适用于所有可能用于研究的数据收集问题。因此，一些数据收集问题本身或许是很概括性的问题——比如，定性研究中访谈的开场白问题。但需要指出的一点是，大多数数据收集问题所扮演的角色多出现在具体操作层面。正如马克斯韦尔所言（Maxwell, 2012），研究问题确认出你想要理解的问题；作为数据收集问题的访谈问题，提供了你理解这些事物的材料。问卷调查中的问题也是如此。作为问题的最具体层面，实际的数据收集问题可能不会出现在方案中。
3. 洛克等人（Locke et al., 1993: 99）给出了问题发展过程的例子，包括归纳和演绎。马克斯韦尔（Maxwell, 2012）在定量研究的著作中对诸多研究问题给出了区别。他还给出一个研究问题发展的例子，并提供了有助于研究问题发展的练习。
4. 迈尔斯和休伯曼更加雄心勃勃：他们提出，询问超过12个的一般性问题是在“自找麻烦”（1994: 25）。
5. 这样做就会犯“肯定后件”的逻辑谬误。

第 5 章

从研究问题到数据

本章内容

学习目标

在学完这章后，你应该能够：

- 说出经验准则对于研究问题而言包含哪些意思
- 对一个价值判断做出界定，并描述"事实－价值"鸿沟
- 描述关于因果关系的两个主要观点，并解释为什么因果关系在经验研究中是一个较难操作的概念
- 指出原因和结果的替代术语
- 描述测量的过程及其与尺度化的关系
- 讨论在研究中通常什么时候进行测量是合适的，什么时候是不合适的

5.1 经验准则

研究问题的经验准则的基本思想是，一个表述清楚的研究问题能够说明回答这一问题需要什么数据。在发展研究问题的过程中应用这一准则益处颇多。另一种说法是"一个成功的问题是已经回答了一半的问题"——好的问题在其表述中就已经言明了哪些数据是回答问题所必备的。由于经验研究意味着数据的收集，如果研究问题没有对回答问题所需要的数据给出明确的指示，我们便无法开展研究工作。

这一准则应用于已经预知的研究问题时最为清晰明确。而当研究问题没有被预先确定，研究策略反而以发展研究问题为取向时，该怎么办呢？在这种情况下，问题与数据仍然需要紧密的契合，但是，不同于问题引导数据，我们可能需要以数据来引导问题。实际上，问题与数据之间的关系更像是一种"互惠性交互关系"。在这种展开式的情境中，问题识别和问题发展的过程被延迟，不是先于研究而存在，而是在研究开展之后才出现的，在这样的过程中数据会影响研究问题的识别和发展。尽管如此，问题与数据间的相互配合仍然非常重要。

5.2 建立概念和数据之间的联系

经验研究需要数据与概念的连接，这意味着将一个概念与其经验指标对应起来。在定量研究中，概念以变量的形式存在，这一思想被称为操作主义。变量具有概念化的定义，即以抽象的概念做出界定，然后它们还需要有操作化定义，即通

过经验化的处理与一系列数据指标联系起来。同样的思想也适用于定性研究，不过一般出现于数据分析环节之中。

经验准则强调研究问题与数据之间以及概念与经验指标之间的联系。这种联系是一个研究项目中不同部分相互契合的重要内容，也是一项研究中总体逻辑链的一部分。在这一链条中，所有抽象层次之间的紧密逻辑联结不可或缺。第 2 章的图 2.1 显示了理论、经验归纳和一阶事实的不同层次。一阶事实非常具体，经验归纳使用抽象的概念，理论则采用更为抽象的概念。在这个层级结构中，每一抽象层次的概念之间都必须具有稳固的连接。

对此，我们可以运用查特斯（Charters）在其关于假设的讨论中所采用的例子加以说明。记住，假设是对于某一研究问题的预期回答。查特斯（Charters，1967）提出了基于不同归纳层次的假设，并且说明了这些层次之间逻辑关联的必要性。[1]

理论命题：攻击发生在一个人对目标的追求受挫之时。也就是说，当一个人被阻止得到某些他希望获得的东西时，一种攻击性冲动就会在他身上产生，从而引发他向致其受挫的一方做出攻击性的举动。

概念假设：在阳光明媚的日子里，被老师阻止课间休息的小学生会比那些没有被老师阻止休息的孩子在当天剩下的时间里对老师的评论表现出更强烈的敌意，假若其他条件都相同。

操作假设：基于受训观察员在一个天气明媚的下午的 2：00 到 3：30 之间对教室互动的观察，由学生做出的被归类为“针对老师的”的“敌意”评论和“非敌意”评论的比率，在条件 A 下（27 个霍桑小学二年级的学生，他们的老师说了“你们现在可以去休息了”）显著低于在条件 B 下的比率（36 个霍桑小学二年级的学生，他们的老师说了“我想我们今天不能休息，而是要多做一些拼写练习”）。

在具有严格预设的定量研究中，如上述例子，概念和数据之间的关联是先于收集数据的经验工作而完成的。用定量研究的术语来说，就是对变量进行操作化定义。这一关联是**从概念到数据**而建立的。在更为“开放”的定性研究中，如扎根理论研究，这种联系则是在经验工作的过程中形成的。事实上，这类研究的一个目的就是去发展能够与数据产生关联或者扎根于数据的概念。在这类研究中，关联是**从数据到概念**而建立的。此前，在对理论验证研究和理论生产研究的比较中，我用了沃尔科特关于理论在前还是理论在后的描述。在这里，则是概念在前还是概念在后的问题。不管何时，在研究的经验部分之前还是在其之中，小心处理概念和数据的关联都是必要的，其基本原则是相同的。关于这一点，卢因斯（Lewins，1992）也曾在其书中做出过强调。

将经验准则应用于所有的研究问题非常有用。当每一个问题都满足这一标准时，我们就可以准备从内容迈向方法了。当研究问题不能通过这一准则的检验时，通常是以下两种情形中的一种。要么我们仍有概念分析和问题发展方面的工作尚未完成，这意味着问题可能还不够具体，这在以演绎法——从一般到具体——发展研究问题的研究中非常典型；要么是我们的研究问题在某些方面出现了差错。这就引出了关于好问题和坏问题的话题。

5.3 好的研究问题与不好的研究问题

接着第 4 章的讨论，好的研究问题具有以下特征：

- 清晰——容易被理解并且清晰明确；
- 具体——概念足够具体并能与数据指标发生关联；
- 经验取向，从其可被数据回答的意义上而言——我们能够判断出什么数据是回答问题所需要的以及这些数据应如何获得；
- 相互联系——问题之间存在有意义的联系，而非相互独立；
- 实质相关——对于所投入的研究努力而言是有趣和有价值的。

不好的研究问题不能够满足这些标准的其中一项或多项。这常常是因为它们不够清晰或不够具体，再不然就是不能通过经验准则的检验，本章第二节和第三节已对此做过讨论。如果我们说不出来要如何回答每一个研究问题，以及要收集什么数据来回答这些问题，我们的研究工作就难以进行下去。

尽管研究问题不够恰当或是不够令人满意的情形五花八门，有两类问题是最为常见的。第一类涉及价值判断，第二类涉及因果关系。两类问题都引出了重要的哲学议题，都会给经验研究造成麻烦，都在前文述及的范式讨论中特别引人注目。

5.4 价值判断

价值判断是关乎道德（或伦理）的评判或论断，是基于终极价值（目的）而非工具价值（手段）的关于何为好或坏、对或错（或这些词的近义词）的陈述。它们常被描述为涉及“应该（如何）”的表达，与关于“是（什么）”的表达形成对比。[2]“是（什么）”的语句是对事实的陈述，而“应该（如何）”的语句则是对价值的声明。问题是我们怎样（或是否）能够利用经验证据（即事实）来做出这些价值判断还并不清楚。在这一重要议题上主要存在两种立场。

一个主要的立场是我们在进行价值判断时不能使用经验证据，因为存在所谓的"事实－价值"鸿沟。这一说法认为事实与价值之间有着根本区别，并且由于这一区别，并不存在一条合乎逻辑的路径使得事实陈述能够过渡到价值陈述。如果真是如此，就意味着证据与价值判断无关，价值判断不能够通过证据来证明其合理性，而是需要其他一些依据。在持此观点的人看来，科学必须在价值判断的问题上保持缄默，因为基于经验数据的科学研究只能处理事实。这并非小事，因为价值判断是人们（个体或集体）必须做出的最为重要的判断之一。在这一视角下，科学在价值判断中是没有用武之地的；同样，价值判断在科学探索中也没有立足之处。这是一种传统的、实证主义的、"科学无涉价值"（science-as-value-free）的看法，并且这一观点由来已久（例子参见 O'Connor［1957］，特别是第 3 章）。

另一种主要观点是，所谓的"鸿沟"是基于一种错误的二元论思维，将事实和价值视作截然不同的东西。从这一视角来看，这种区分是无效的，因而"事实－价值"鸿沟也是一种误导性的谬论。隐藏于这一观点背后的逻辑论证不太容易概括，但林肯和古巴（Lincoln & Guba，1985：Ch.7）曾对此做过讨论。他们在著作中指出了价值的多种可能含义，说明了"事实－价值"二元论不足为信，强调了所有事实都承载着价值，并且提出了价值直接影响科学研究的 4 种主要方式。在那一章的最后，他们呼吁研究者们不要再坚持事实与价值之间的二元对立，不要再试图将价值排除于研究之外：

> 在这一点上，至少，我们应该准备承认价值在探究中发挥了重要作用，尽我们所能在每一种情形下去揭示和阐明它们……并且，最终纳入我们的考虑，无论我们能做到何种程度。相较于继续沉溺于方法论能够并且确实保护我们免受不良价值侵蚀的自我陶醉，这种做法才是我们所无限推崇的。（1985：186）

这种对实证主义观点的反对来自几个阵营。例如，女性主义学者曾多次对坚持科学无涉价值的"持久的实证主义迷思"（Haig，1997）发起挑战，批判理论家和女性主义者都同样认为将事实与价值割裂开来不过是许多社会科学研究中用以掩盖保守主义价值观的手段而已。批判理论家特别强调研究应该用来服务于受压迫群体的解放，而不是要保持价值无涉——换句话说，它应该是一种公开的意识形态（Hammersley，1993）。

> 试图在社会科学研究中保持价值中立的做法正日渐被摒弃，因为往好了说这是徒劳无功，往坏了说这是自我欺骗。眼下这类研究正在被那些在意识形态上旗帜鲜明的社会科学研究所取代。（Hesse，1980：247）

尽管实证主义的价值中立观点有着悠久的历史，反对之声在过去三十年来也愈加强烈。讽刺的是，实证主义的立场本身就是一种价值陈述，许多人对其关于研究可以保持价值中立的主张嗤之以鼻。然而，拒绝价值中立可能面临的一个问题是我们并不清楚接下来该何去何从。这会使研究问题的确立过程复杂化，因为价值判断领域一直充满争议。对于这些困难，我建议在制订研究计划的时候牢记三点。首先，我们应该明白在价值判断的议题上存在着多种不同立场，因而当我们遇到不同的反应时也无须惊讶。第二，我们必须认识到在进行价值陈述的时候，必须对研究问题中涉及价值判断的表达小心措辞——承认事实承载着价值并不能成为做出笼统价值判断的依据。我们应该学会辨识“好 – 坏”和“对 – 错”的同义词，这些词可能会使价值判断被掩饰，但却无法抹杀问题的存在。[3] 第三，如果涉及价值判断的词语被用在研究问题中，我们可以首先确定它们是在工具性还是终极性的意义上被使用的。如果是工具性的，我们可以对研究问题进行重新措辞，去掉那些价值判断的用词。如果是终极性的，我们应该说明经验证据将如何与价值判断建立关系。

5.5 因果关系

科学研究历来寻求结果（或事件或现象）的原因。事实上，对因果关系的探寻在任何领域中都可以用来对科学研究进行定义。在这个意义上说，科学反映日常生活。因果概念深深扎根于我们的文化，并且渗透在我们尝试理解和解释世界的努力之中。在日常生活层面上，我们发现因果关系是一个能够帮助我们整理思维的非常有用的方式——例如，“因为”这个词是我们的语言和世界观中最核心的词汇之一。正如林肯和古巴（Lincoln & Guba，1985）所指出的那样，我们对因果的专注与我们对预测、控制和权力的需求密切相关。无论这种说法正确与否，因果的概念是根深蒂固的，并且可能嵌入于我们思考世界的方式之中。

不过因果关系也是一个复杂的哲学概念。什么是因果关系？当某种结果的原因（或唯一原因，或全部原因）出现时我们如何才能知道？关于因果关系界定的问题没有简单的答案。例如，林肯和古巴（Lincoln & Guba，1985：Ch. 6）回顾了因果关系概念的 6 种表述。类似地，布鲁尔和亨特（Brewer & Hunter，2005）也对不同类型的原因做了讨论。抛开对定义的细节纠缠，一个能够使这一复杂问题简化的办法就是只去关注因果关系两种主要观点之间的差异——恒常联系观（constant conjunction view）和必然联系观（necessary connection view）。

因果关系的恒常联系观

从恒常联系的观点来看，说 X（例如，看到电视中的暴力）导致 Y（例如，反社会态度的形成）就是说每一次 X 发生，Y 都会发生。这只是说 Y 始终跟随 Y 发生，二者之间存在一个恒常的关联。这一观点足够清楚，但却存在一个问题。黑夜总是跟随白昼到来，似乎它们之间也有这种恒常的联系，然而我们却并不想说是白天导致了黑夜。因此，恒常联系本身似乎并不足以作为因果关系的定义。

因果关系的必然联系观

另一方面，以必然联系的观点来看，说 X 引起 Y 不仅是说 Y 跟随 X 发生，并且 Y 必定随 X 的出现而出现。在此观点下，因果联系意味着变量之间是必然相联的。这一观点的问题在于我们无法观察到 Y 必然跟随 X 出现，我们只能观察到 Y 有没有在 X 之后出现。我们捕捉不到其中的必然性。既然无法观察，我们便只能去推断。因而基于这一观点，因果关系不能被观察，而只能被推断；换言之，它是一种形而上学的概念，而不是经验概念。

因果关系的必然联系观引出了这样一个问题：在什么条件下我们可以合理推断某种观察到的关系是一种因果关系？这是一个很难回答的问题，正是因为这个世界充满着各种我们可以观察到的关系，而其中大多数都并非因果关系。对于这个问题，已经有许多学者给出了他们的答案（例如，Rosenberg，1968；Lincoln & Guba，1985；Brewer & Hunter，2005）。我们并不试图去给出这一问题的完整答案，不过这里仍能提供一些 X（看到电视上的暴力）引起 Y（形成反社会态度）的主要条件：

- 变量 X 和 Y 必须相关，并且这种关系必须能够被经验证明。
- 变量的时间顺序必须能被证明，即原因 X 要在结果 Y 前出现；如果时间顺序不能被确定，那么变量的“相对稳定性和可变性”（relative fixity and alterability）必须支持拟作出的因果推论——参见罗森伯格（Rosenberg，1968）。
- 必须要有一个合理的理论能够说明变量间的因果性关联，也就是说，因果关系背后所隐藏的那些联系必须要详细说明。
- 那些有关原因的看似合理的竞争性假设必须要被排除。

在定量研究中或许没有比因果关系更受关注的话题了。长期以来，乃至在现今的一些学术阵营中，实验法是备受推崇的经验研究设计，正是因为通过系统排除竞争性假设，它为我们提供了推断变量间因果关系的最安全的基础。在第 10 章中我们将会对此做出讨论。近年来，在推断因果关系的研究设计上出现了一些新进展，既体现在定量研究领域，主要是通过发展准实验设计和非实验设计，也体现在定性研究领域（例如，Miles，Huberman & Saldana，2013）。

对于因果关系，学者们可谓是众说纷纭（Huberman & Miles，1994：434），而因果性论述是否可信取决于个人所持的观点。尽管一些定性研究者抵制因果关系的有关概念和术语，尽管林肯和古巴（Lincoln & Guba，1985）认为这一概念超过了其实际用处，我们似乎仍可以断定有许多研究者依然热衷于以因果思维来认识这个世界。不过，在使用“原因”这一词时保持谨慎非常重要。我们尤其需要牢记，因果关系只能被推断，这是前文述及的必然联系观所强调的。这是为什么有经验的研究者较少使用“原因”（cause）一词的一个因素。通常我们可以使用其他词来替代。因此，在一份研究计划中我们要对这样的句子十分小心，如“在这项研究中我们将找到……的原因”，而在一份已经完成的报告中，对于“在这项研究中我们已经找到了……的原因”这样的陈述我们则要更加警惕。[4]

表 5.1　原因和结果的替代用词

原因	结果
自变量	因变量
处理变量	结果变量
预测变量	效标变量
前置因素	后果
决定因素	

注：“相关”有时被用于原因和结果间的关系描述。“因－果关系”有时被“功能关系”所代替。

假设我们仍持有因果关系的概念，建议可以采取如下的做法。首先，当我们进行因果思考时，尤其是在定量研究中，使用如表 5.1 所列的其他词语来代替原因和结果的说法。第二，不论我们采用哪种研究设计，都应努力去探索事物之间和变量之间在何种程度上，以及以何种方式发生关联。第三，对于任何已察觉到的关系，我们都不要急于对其做出因果描述，直到能够对此给出合理解释。观察、描述和报告一种关系是一回事，而解释这种关系从何而来则是另一回事。如果我们希望将其解释成一种因果关系，那么说明这种解释是一种推论，并基于前文说明的各种条件加以论证将会是一种比较稳妥的做法。

以上第三点所指出的这种区别很重要,本书将会在后面的章节中再进行讨论。

这种区别强调的是观察和描述变量间的某种关系（或者事物间的某种关联），与解释或说明关系、指出关系的来龙去脉是两码事。做研究的困难通常不在于指出某种关系的存在，更可能在于如何解释这一关系（一个众所周知的例子就是，“相关不等于因果关系”。相关表示关系的存在，而因果关系则是对关系的解释）。后面的章节将会说明在定量研究和定性研究方面都已经围绕这一议题完成了大量工作。而此刻，更为重要的是认清关系描述与关系解释之间的区别。

我们可以使用哪些词语来代替原因和结果？在定量研究中，我们可以使用“自变量”代替原因，使用“因变量”代替结果。这是研究中最为常见的表达方法。其他同义词还包括指代自变量的“处理变量”或“预测变量”，指代因变量的“结果变量”或“效标变量”。在另一些情况下，“前置因素”和“决定因素”可用来代替原因，“后果”可用来代替结果，而“相关因素”用于两者皆可。使用这些词语主要是为了避开“原因”一词带有的形而上学色彩。在结束因果关系的话题之前，还有两点需要说明。第一点更适用于定量研究，第二点更适用于定性研究，两者都对研究设计和数据分析有所启示。

多重因果关系

本节到目前为止所做的讨论基本只涉及一个原因和一个结果，是一种简化的讨论。在如今的社会科学研究中，特别是定量研究中，单因单果的思维其实并不常见，多重因果关系被认为更加符合实际。多重因果关系意味着对于任何一个特定结果来说，其原因都不止一个，可能有多种原因并存，它们以不同的方式共同运行，对结果的影响程度也有所差异。“多重原因”和“多重因果关系”这两个词表达了同样的意涵。尽管本章的讨论做了简化处理，并且是在单因单果的意义上而言，但所有关于原因性质以及因果逻辑的论述放到更为复杂的多重因果关系情境下都是成立的。

对结果而言亦是如此。许多研究将对单一结果的追求转向了对多重结果的探索。多重结果意味着任何既定的原因都会带来数个结果，或是一组结果。这种由单因单果向多因多果的转向对研究设计产生了重要的影响，如图 5.1 所示。这张图显示了单一因果和多重因果的各种组合。在左上单元格是单一原因 / 单一结果设计，在社会科学研究中已经相当过时。右上单元格是多因 / 单果设计，在定量研究中最为常见，并且是第 10 章和 12 章将会介绍的重要方法——多元回归法的基础。左下方单元格显示的是单因 / 多果设计，而右下方则是多因 / 多果设计。[5]

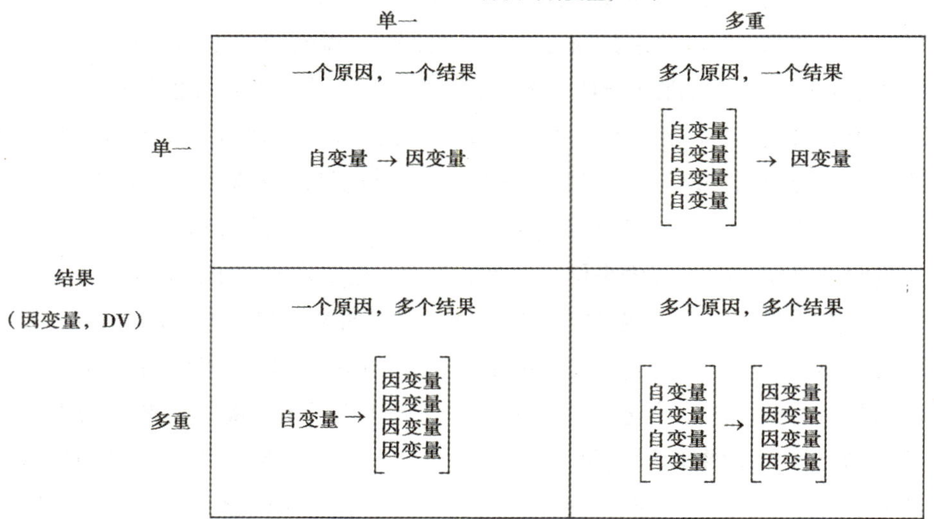

图 5.1　因 - 果组合与设计

定性研究中的因果关系

第二点是关于定性研究中的因果关系。因果关系这一概念本身具有实证主义的内涵（Hammersley & Atkinson，2007），再加上评估因果性论断的困难，使得一些定性研究者回避使用这一概念。例如，如纽曼（Neuman， 1994）所说，一些后现代主义者不愿去探寻因果关系，因为他们认为社会生活过于复杂且变化迅速。这样一来，因果关系就成为定量研究的一种典型标签。

然而，如哈默斯利和阿特金森（Hammersley & Atkinson，2007）所指出的那样，尽管应用得十分含蓄，因果理论和模型在民族志研究中颇为常见。类似地，迈尔斯、休伯曼和萨尔达尼亚（Miles，Huberman & Saldana，2013）也强调了因果关系在定性研究中的重要性。实际上，他们甚至认为定性研究尤其适合用来找出因果关系。定性研究可以：

> 通过直接和纵向的视角去认识潜伏在一系列时序性事件和状态背后的局部进程，说明这些进程如何带来特定结果，并排除竞争性假设。这就像我们钻进了黑匣子中，不仅能够获知某件事如何发生，还能够了解它怎样发生和为何发生。（Huberman & Miles， 1994：434）

更进一步来说，

> 我们认为定性分析是一种强有力的评估因果关系的方法……定性分析，通过其特写式的观察，能够超越纯粹关联而辨识其中的机制。这一方法凭其严苛的局部视角，能够很好地应对特定情境下由各类事件和进程构成的复杂网络。定性分

析法通过直接观察或回顾（retrospection），能够有效梳理时间维度（temporal dimension），清楚说明孰先孰后。它可以自由介入各种变量和过程，说明故事并非变幻莫测，而是潜藏着一系列的因素，并且这些因素并非虚无缥缈，而是有着时间上的联系。（Miles & Huberman，1994：147）

在《质性资料的分析》（*Qualitative Data Analysis*）一书中，迈尔斯和休伯曼展示了如何将因果关系网络发展为定性数据模型的方法，就像对定量数据建立因果关系路径图模型一样。

5.6 概念框架

概念框架是以图形或文字形式对主要概念或变量及其预设关系的一种表述。通常而言，图形表达最为理想。当我们处于研究问题的发展形成阶段时，这类概念框架常常是隐含在其中的（如本书第 4 章所述）。这能够帮助我们确立研究问题，并使得这一概念框架明晰化。在这类情形中，发展研究问题和发展概念框架是并驾齐驱的。思考的方向可能是从研究框架到研究问题，抑或相反，也或者是以某种交互方式彼此作用。同时发展研究问题和概念框架，正如问题本身一样，通常是一个迭代循环的过程。

预设概念框架是否合适取决于该研究涉及多少先验知识和理论推测。在本书前面讨论研究问题的形成时，曾指出这一过程往往包含大量的先验知识，对于建立概念框架来说也同样如此。将先验知识和理论推测提取出来并在发展研究问题时将之建构于概念框架中的做法可以带来以下几方面的好处：

- 使研究清晰和焦点明确，有助于我们更好地认识和组织研究问题；
- 帮助我们明确相关领域和相关议题的已有知识和观点；
- 对于传达研究思路来说助益颇大，因而有助于简化研究计划的筹备工作，同时增加其说服力；
- 鼓励我们做出选择，并且使计划阶段的思路焦点明确和界限清晰。

定量研究大多包含精心设计的研究问题，在这类研究中，概念框架非常常见，并且往往以图示呈现。概念框架图通常能够反映出主要变量、变量之间的相对概念状态，以及变量间的关系假设等内容。而定性研究通常有着更广的研究范围，概念框架总的来说并不多见，不过如迈尔斯、休伯曼和萨尔达尼亚（Miles, Huberman & Saldana，2013）以及马克斯韦尔（Maxwell，2012）所指出的那样，我们有充分的理由能够说明概念框架在定性研究中的作用。案例 5.1 展示了定量研究和定性研究中使用过的概念框架。

案例 5.1 概念框架

定量研究

- 纽曼（Neuman，1994：47）展示了 5 个能够反映变量间因果关系的概念框架。
- 罗森伯格（Rosenberg，1968：54-83）展示了大量反映中介变量和前置变量关系的概念框架。
- 考尔德和萨普斯福德（Calder & Sapsford，1996）展示了多种多变量概念框架。

定性研究

- 迈尔斯和休伯曼（Miles & Huberman，1994：18-20）展示了他们关于教育创新传播和学校改良研究中所应用的概念框架。
- 迈尔斯和休伯曼（Miles & Huberman，1994：21）还展示了其他定性研究者曾使用的两个概念框架：一个见于少数民族儿童学校经历的民族研究，另一个是一项新学校创建研究采用的新兴概念框架。

5.7 从研究问题到数据

一旦我们确定了研究问题，并且这些问题满足了 5.3 节所列出的经验准则和其他相关标准，我们就可以从内容转向方法了。由内容向方法的过渡是由数据来衔接的——我们需要哪些数据以及如何收集和分析这些数据。因而，在我们进入方法的细节部分之前，需要进一步考虑数据的性质。

到底什么是数据？如前所述，数据的同义词包括证据、信息和经验材料。其基本思想是对现实世界的一手观察和信息，或是实践经验。那么显然，各种事物都可以被纳入其中，所以数据是一个非常宽泛的概念。它可以被进一步分为定量数据和定性数据，二者都是经验性的。

5.7.1 定量数据

这里的关键概念是数量，而数量是用数字来表达的。因此定量数据是数值化的——它们是以数字形式存在的有关经验世界的信息。

经验世界的信息并非天然以数字形式存在，而是由作为研究者的我们将这些数据信息转化为数字的。是我们对数据资料进行数制（number system）的建构，从而获得这种结构的。也就是说，我们所赋予的这种数量结构并非是“天赐”的——恰恰相反，在很大程度上是“人造”的。所以，我们对经验数据进行量化整理既不是必然的，也不是必要的。问题在于我们是否认为对数据进行这种建构是有益的。如果我们觉得有益（并且可行），我们就应该去做。如果无甚益处，我们就没必要这样做。

测量是我们将数据转化为数字的过程，主要是按照一定原则对事物、人、事件或其他任何对象赋值，本书将于第 11 章进行相关讨论。因此，收集定量数据就是进行有关测量。通过测量工具得到的定量数据会按照定义被预设一定的结构，从而落入第 2 章所介绍的结构连续统的左区间。对数据赋予量化结构是在展开研究之前完成的。

两种类型的操作可以产生数字——计数（counting）和尺度化（scaling）。**计数**是我们的日常生活里极为常见的一件事，我们甚至不用经过二次思考就能完成。我们通常本能地去完成这件直截了当、毫无疑问的事情，而它对于我们处理日常事务而言却极其重要。当我们计数时，我们是意有所指的。我们心中关于兴趣偏好、规模或数量的维度使得计数具有意义。

而**尺度化**则相当不同，[6] 尽管我们也天天与它打交道。尺度化的基本思想是，我们怀有关于特征、属性或特质的看法——后面我们将使用特质一词——并且想象出一个反映这一特质的、从极大值（或为 100%）到极小值（或为 0%）的连续统或尺度。接下来，我们再想象处于连续统上的不同位置，从而对应这一特质的不同数量。在日常生活中我们常常会采用这种思维方法或描述方法，这样的例子比比皆是。因而，尺度化对于我们来说也不足为奇。换言之，尺度化的概念已经深深植入我们的世界观和我们的语言之中。这里必须要做出一点强调，因为这一操作如果放到研究的情境中则可能会引起一些争议。在实际生活中，通常我们不会去做最后一步的设想，这似乎就是争议所在。尺度化的概念有益于我们的日常生活，因为它能够使我们进行系统的思考，能够使我们以某种标准化的方式对事物（或事件或人）进行比较。我们常常希望去做出标准化的比较，而测量能使其规范化，从而使之更为精确和系统。

总之，定量数据——无论是由计数还是尺度化，或是二者结合而得到——都是数字形式的数据。测量使数据转化为数字，其功能在于帮助我们做出比较。尽管测量是一种技术工具，但这一工具却与我们的日常行为有着很多相似之处。强调这一点非常重要，因为测量过程本身是定量研究者和定性研究者争论的中心议题。其中一方盲目推崇测量在研究中的地位，认为只有基于定量数据的研究才足以可信。而另一方则盲目反对测量，对所有的定量研究都持不信任态度。在本书中，我不想就这一争论投入某一方的阵营，换种做法，我们可以通过提出两个问题来帮助我们加以判断。一是，测量能否为我们提供帮助，也即，能否帮助我们去做出我们希望进行的比较？二是，如果测量是有用的，在特定情形中做出这种测量是否可行？关于第二个问题，本书将在第 11 章进行论述。

计数和尺度化构成了测量的一部分，变量则是测量的对象。变量（发生变化的事物）的概念对于研究来说至关重要。定量研究设计及其相关概念框架显示了变量相对于彼此而言如何被理解和组织。定量数据收集是关于变量如何被测量的，而定量数据分析则是关于变量的测量结果如何被分析的。因此，变量的概念和变量测量的概念对于开展定量研究来说都是不可或缺的。

5.7.2 定性数据

前面我们将定量数据定义成数字化的经验资料。因而，定性数据便可被界定为关于这个世界的非数字形式的经验资料。如前所述，在社会科学研究背景下，定性数据往往指的是文字。

这一定义非常宽泛，不过定性数据确实需要涵盖多种形式的资料。邓津和林肯（Denzin & Lincoln，2011）曾使用“定性经验材料”这一概念并指出其包括访谈记录、录音和笔记、观察记录和笔记、文件以及物质文化产品和记录、视听材料和个人经历材料（如实物、日志和日记、叙事等）。因此在经验材料方面，定性研究者比定量研究者拥有更为丰富的选择，并且他们通常会在一项研究中同时使用多种数据源。对于一些定性研究者来说，几乎任何东西都能成为数据资料。本书关注的定性数据主要包括观察（和参与观察）、访谈和文件——或者如沃尔科特（Wolcott，1992）所说——包括经由“看、问和检视”而获得的定性资料。在这种情况下，并不存在什么预设的类别或编码。相反，数据的结构是在分析的过程中生成的。如第 9 章所述，编码和数据是这种结构的基础，通常都形成于数据分析的初始阶段。

此前，我们比较了理论在先和理论在后，概念在先和概念在后，以及研究问题在先和研究问题在后的差异。这里，我们遇到的是数据的结构在先和结构在后的问题。但是，有关数据的另一个问题却出现了。“结构在先”意味着研究者对数据进行编码、分类或概念化的处理——这里指研究者赋予的概念。定量研究中的测量就是一个明显的由研究者向数据施加概念和结构的例子。相反的，“结构在后”则允许研究中的受访者在更大程度上“以他们自己的语言来诉说”。对预设数据结构的批评也通常集中在这一点上——不允许人们以他们自己的词语、意义和理解来提供信息。而另一方面，当我们基于受访者自己的话语和意义来收集数据时，进行标准化的比较就变得困难了。就像选择任何其他方法一样，我们需要加以分析，而每一种选择都各有优劣。因此，以受访者自己的语言和概念作为数据的初始形态似乎显得比较理想。不过，基于结构和测量的系统比较同样具有价值，它要求同样的词语和概念可以被不同的受访者所使用——它们是标准化的。这就表明了两种方法可相互结合以保留各自的优势。与此相关的一些方法请参考第 14 章。

开放式的定性数据常常能够吸引那些热衷于直接捕捉人们“生活体验”的研究者。但是无结构的数据往往需要进行一些处理，作为数据分析的准备。体验世界（某些方面）是一码事，而用文字描述这种体验又是另一码事。一旦数据资料被转化为文字，那么进入分析的就是研究者创造的文本。我们用于记录实地数据的文字不可避免地会在某种程度上反映出我们自己的观点。因此，如迈尔斯、休伯曼和萨尔达尼亚（Miles，Huberman & Saldana，2013）所说，在看似简单的定性数据的背后存在着很多复杂的东西，[7] 需要研究者保持谨慎和自觉。从这个意义上讲，定性数据与定量数据也是相似的——研究者都在数据中带入了某些东西。

5.8 定量数据与定性数据结合

现在，我们可以就数据的性质对这些内容做一些总结。定量数据是以数字为形式的关于世界的信息，而定性数据（从本质上说）是以文字为形式的关于世界的信息。定量数据必须要根据数制进行结构化处理，并且要能反映研究者赋予的概念。定性数据既有结构化形式也有无结构化形式，可能关乎研究者赋予的概念，也可能与之无关。这两种数据类型的区别在于测量过程，正是这一点常常使人们形成关于研究的刻板印象，也成为两大研究阵营辩论的焦点。

要去除这些争论中双方常常固守的观念，并不意味着我们必须要将两种类型的数据相结合——只有当条件适合时才可以这样做。因此，对于任何经验研究来说，都存在以下三种可能：

- 可能全部是定量数据；
- 可能全部是定性数据；
- 可能是定量数据和定性数据以任一比例的结合。

应该采用哪种选择并没有所谓的规则。我们所获得的数据形式应该主要由我们希望获得哪些发现来决定，并且受到特定研究项目的背景、情境和具体状况的影响。要首先考虑我们希望发现什么，这说明实质性问题能够支配方法的选择。

是“实质性的狗”摇着“方法论的尾巴”，而不是相反。

关于定量与定性数据相结合的话题会在第 14 章混合方法研究中再进行讨论。在这之前,我们需要分别对两类数据进行具体了解——产生该类数据的研究设计、收集该类数据的方法，以及分析该类数据的方法。为了便于说明，我们现在将定性方法和定量方法分开并单独加以阐述。这样，第 7—9 章主要讨论定性研究，而第 10—12 章主要讨论定量研究。对于每一类研究，我们都会从研究设计开始，然后到数据收集，最后到数据分析。第 14 章会将两类方法同时纳入进来讨论。在这些内容之前，第 6 章将会介绍文献的检索和回顾。

章节概要

- 经验准则背后的思想是一个完善的研究问题会指出要回答这一问题需要什么数据。
- 谨慎建立概念与数据的关联对于研究内部一致性来说非常必要。这与研究在不同抽象层次上做到逻辑关联的重要性是一致的。
- 价值判断是一种道德判断或陈述，是对价值的陈述。它们往往与事实陈述相对应。一些作者认为“事实－价值”的鸿沟无法实现逻辑弥合，因而经验证据对价值判断而言毫无用武之地。另一些研究者则认为“事实－价值”鸿沟是一种误导性的谬论。
- 因果关系的必然联系观通常比恒常联系观更受欢迎。然而，其中蕴含的一个思想是因果关系只能被推断而无法被观察。这使得在研究语言中一些关于原因和结果的替代词被广泛使用——“自变量”和“因变量”是最为常见的替代术语。
- 概念框架显示了研究中的主要概念或变量及其关系假设。概念框架在定量研究中非常普遍，对定性研究来说也很有用。
- 定量数据是数字，由测量得来——通过计数或尺度化。定量研究者需对数据赋予数制框架。
- 定性数据基本都是文字，由看、问或检视获得。定性数据在结构水平上差异很大，不过往往更具开放性。
- 是否在一项研究中进行测量，应该根据特定研究情境中测量的有用性和可行性来做出判断。有用性和可行性还应被用来决定是否要在一项研究中使用定量和定性相结合的数据。

关键术语

经验准则：一个完善的研究问题会说明回答这一问题需要什么数据。

价值判断：关于何为好或坏，何为对或错等的道德或伦理判断。

“事实－价值”鸿沟：认为事实陈述与价值陈述有着根本的不同，两者之间不存在逻辑关联的观点。

作为恒常联系的原因：说X导致Y就等于说每一次X出现，Y都会跟随其出现。

作为必然联系的原因：说X导致Y就等于说不仅Y跟随X出现，而且Y必定会跟随X出现。

自变量：最常见的原因替代词。

因变量：最常见的结果替代词。

多重因果关系：社会科学研究所关注的现象常常包含多种原因。

概念框架：通常采用图示形式，概念框架展示了研究中的概念或变量及其相互关系。

测量：将数据转化为数字的过程；包括计数和尺度化。

练习与思考题

1. 什么是研究问题的经验准则？我们如何知道这一标准是否被满足？
2. 什么是价值和价值判断？“事实－价值”鸿沟是什么意思？在你看来，它是一个重要的差异还是一个误导性的谬论？
3. 以下问题是经验问题吗？如果不是，我们怎样才能把它们转化成经验问题呢？（提示：重点在“应该”一词）
   - 教师是否应该知道学生的智商？
   - 教师是否应该对学生的偏差行为进行体罚？
   - 护士是否应该穿着白色制服？
   - 管理者应该采用民主式、集权式，还是放任式的领导风格？
4. 在经验研究中使用“因果关系”和“原因”的表达存在什么困难吗？
5. 原因的三个替代词和结果的三个替代词分别是什么？哪一对替代词最为常见？
6. 列出几个学习成绩差异（作为因变量）的可能“原因”（即自变量）。列出几个将男女同校教育（作为自变量）引入单一性别学校制度的可能结果（即因变量）。

7. 什么是尺度？对一个变量进行尺度化是什么意思？在对以下变量进行尺度化时涉及的问题有哪些：学生对学校的态度；对移民的态度；教师的提问；管理者的领导风格？
8. 总的来说，什么时候在研究中采用测量是适当的？什么时候是不当的？

拓展阅读

Blalock, H.M., Jr (1982) *Conceptualization and Measurement in the Social Sciences*. Beverley Hills, CA: SAGE.

Brewer, J. and Hunter, A. (2005) *Foundations of Multimethod Research: Synthesizing Styles*. 2nd edn. Thousand Oaks, CA: SAGE.

Charters, W.W., Jr (1967) 'The hypothesis in scientific research'. Unpublished paper, University of Oregon, Eugene, OR.

Davis, J.A. (1985) *The Logic of Causal Order*. Beverley Hills, CA: SAGE.

Guba, E.G. and Lincoln, Y.S. (1989) *Fourth Generation Evaluation*. Newbury Park, CA: SAGE.

Hage, J. and Meeker, B.F. (1988) *Social Causality*. Boston, MA: Unwin Hyman.

Lieberson, S. (1992) *Making It Count: The Improvement of Social Research and Theory*. 2nd edn. Berkeley, CA: University of California Press.

Miles, M.B., Huberman, A.M. and Saldana, J. (2013) *Qualitative Data Analysis*. 3rd edn. Thousand Oaks, CA: SAGE.

Rosenberg, M. (1968) *The Logic of Survey Analysis*. New York: Basic Books.

注释

1. 这篇由查特斯所作的文章是在假设的功能、剖析和病理方面很有价值的讨论。不过，据我所知这篇文章未曾发表。
2. 终极价值本身就是终点。工具价值是到达这些终点的手段。关于科学中价值判断的讨论，见 Broudy et al.（1973: 502-8）和 Brodbeck（1968: 79-138）。
3. 例子有“值得—不值得”“有效果—无效果”“有效率—无效率”。
4. 有时研究没有使用“原因”一词，但仍然具有因果内涵。这些表达有“由于”（due to）、“影响”（affects）、“有助于”（contributes to）、“造成影响”

(has an impact on)、“是……的一项功能”(is a function of)、“决定”(determines)。

5. 在因果影响存在不止一个方向时也可以采用定量研究。交互因果和相互影响的思想可以通过因果路径模型来反映，这一模型能够显示一组变量之间的因果影响网络（例如，Asher, 1976; Davis, 1985）。
6. 这里的尺度化指的是位于标尺或连续统上的某一位置。第 11 章会使用一个更广的概念——“测量”。这里的尺度化和计数被视作测量的一种类型。总体而言，“尺度化”在心理学中应用更广，而“测量”在教育学研究中更为常见。
7. 这种复杂性还包含另一个方面，主要是关于语言的使用以及定性资料的分析状态，第 8 章会对此做出讨论。

第 6 章

文献检索与综述

本章内容

学习目标

在学完这章后，你应该能够：

- 阐述经验研究文献和理论文献的差异
- 阐明经验研究文献回顾的核心目的
- 确定并解释学位论文中文献回顾的目的
- 阐述文献回顾的五个重要步骤
- 解释文献回顾中批判性的含义
- 鉴别系统性文献综述的不同类型，并对其加以批判性评价

较高学位的论文，尤其是博士论文，要求作者展示对相关文献的掌握情况。本章首先介绍经验研究文献和理论文献的区别，然后说明学位论文中文献回顾的目的，接着描述文献回顾的五个主要步骤——检索、筛选、总结与记录、组织－分析－综合和撰写，并阐述文献回顾中的批判性和撰写文献回顾时常见的一些问题，之后讨论系统性文献回顾，并在最后部分介绍学术期刊文献。

本章（和第 2 章一样）将再次对研究方法和研究内容或题材加以区分，前者涉及研究中所运用的方法，后者涉及研究的内容和主题。对研究方法的评价适用于经验研究文献，而对内容相关性的评判同时适用于经验研究文献和理论文献（相关内容将在 6.1 节和 6.4.2 小节加以讨论）。在学位论文的文献回顾中，关注的焦点是内容相关的文献。文献回顾应该集中在那些与研究主题和研究问题关联性最强的文献上，对那些只是略微相关的文献不要给予较多的关注。因此“文献回顾”其实就是“对相关文献的回顾”。

前面的章节（特别是第 4 章）集中探讨了研究问题的核心作用，并将其置于一个五层次体系中：研究领域、研究主题、一般性研究问题、具体性研究问题、资料收集问题。在某些类型的研究中，对文献的阅读和评论要先于研究问题的形成。对于在一个研究领域中确定研究主题并形成研究问题，文献具有非常重要的作用。在此情况下，对文献的最初阅读通常更多是探索性的。然而，在学位论文中更为需要的是正式的文献回顾。为了把这个问题阐述清楚，本章写作的前提假设为研究者已确定研究主题和一般性研究问题。运用以上的分层系统，本章首先在一般性研究问题的层面上来探讨经验研究文献回顾，然后在研究主题的层面讨论理论文献回顾。现在我们先对经验研究文献和理论文献的概念加以界定。

6.1 经验研究文献

经验研究文献是指发表经验研究成果的文献。一旦确定了研究主题和一般性研究问题，我们就可以将它们作为鉴别相关经验研究文献的指南，然后再从研究方法上对这些文献加以审查（这部分内容将在 6.4.2 小节加以介绍）。

在回顾与研究问题相关的经验研究文献时，应重点关注以下问题：

前人的经验证据中有哪些和该研究问题有关？它们对于我们回答该问题提供了哪些信息？换句话说，在前人研究的基础上，对于该问题我们知道了什么，还有哪些是未知的？

解决这一问题的过程就是去收集前人的研究证据,再经过研究方法上的审查，来确定这些证据可以在多大程度上对研究问题做出回答。通常，从研究文献中得到的答案不是特别连贯一致，并且会表现出各种分歧、对立和矛盾，而这种情况为你处理自己的研究与文献之间的关系提供了便利：你可以把解决前人研究中的分歧与矛盾作为自己的研究目标。因此对经验研究文献的回顾集中在前人的经验证据方面，而大多数的经验研究证据通常发表在学术期刊文献中。

6.2 理论文献

当我们把关注的焦点从研究问题上升到研究主题，就会面对理论文献回顾的问题。经验研究文献的重点是从经验研究中得到的研究成果，理论文献则涵盖了相关的概念、理论与理论背景，以及含有与研究主题相关的思想和知识的论证性和分析性文献。这里所说的"理论"一词含义较为宽泛，它同时包含了实质性和方法论的成分。

在社会科学研究中，要找到大量的与研究主题有关的系统化的经验证据有时是比较困难的，因此有时相关的经验研究文献数量非常少。然而，不同的作者和研究者从不同的视角探讨某个社会科学研究主题却十分常见。这种不同有时表现在概念体系方面，有时表现在实质性理论方面，有时表现在研究方法和研究范式方面。这类文献成为与某一主题相关的理论文献的一部分，也是学位论文中要涉及的内容。因此对大多数社会科学研究主题来说，理论文献的范围通常是非常广泛的，下面对于文献回顾的定义就反映了这一特点：

（文献回顾是）对查找到的与研究主题相关的文献（包括已出版的和未出版的）进行选择并对其参考作用加以评估。这些文献包含了知识、思想观点、数据和证

据（它们从特定的视角来达成某些目标或对研究主题的性质表达某些观点）及其研究方法。（Hart，1998：13）

因此理论文献回顾比经验证据的回顾范围更广，它包含"知识"和"思想观点"，还要对各种"特定视角"加以述评。

概括来讲，我们可以这么说：

理论文献回顾是对与研究主题或研究问题相关的观点、思考和讨论的回顾，而经验研究文献回顾是对与研究主题或研究问题相关的证据的回顾。

这一表述对经验研究文献和理论文献做出了明确的区分，而两者都是学位论文中必不可少的部分，但在撰写文献回顾时把它们分开写还是合在一起写，是我们需要考虑的一个问题。

6.3 文献回顾的目的

在学位论文中，文献回顾的目的有三个，其中一个和经验研究文献有关，一个和理论文献有关，最后一个则涉及你自己的研究和所有这些文献之间的关系。

经验研究文献

这部分文献回顾的目的在于通过汇总和总结与研究问题相关的经验证据（无论前人的经验证据可能有多么不完整或不一致），来描述目前人们对该问题的认识状况。如前所述，指导这部分文献回顾的要旨是：与研究问题相关的经验证据积累到了什么程度？可以在多大程度上对这些证据加以整合和统一？此外，已有研究的质量和开展新研究的必要性（Fink，2005：227），以及与该研究问题有关的研究运用了哪些研究方法、引起了哪些方法论上的争议和在方法论方面存在的分歧等方法问题也是在文献回顾中要考虑的问题。

理论文献

这部分文献回顾的目的范围更为宽泛——对有关研究主题的整体认识状况以及与该研究主题相关的研究、思考和理论化状况进行批判性评估，其中包括了解与该主题相关研究的历史发展过程。按照哈特（Hart，1998：14）的说法，指导这部分文献回顾的问题有：

- 在对该主题进行讨论时，学者们的理论和哲学来源主要有哪些？
- 关于该主题主要的议题和争论有哪些？

- 有哪些政治立场？
- 该主题的缘由和界定是什么？
- 有哪些重要概念、理论和观点？
- 该学科的认识论和本体论基础是什么？
- 引起争议的主要疑问和问题有哪些？
- 有关该主题的知识是如何建构和组织的？

总的来说就是：

- 我们对这些问题的探讨如何提升了我们的理解和认识？

你的研究与文献的关系

这里的目的是确定你的研究与文献之间的关系，其中心问题是：我的研究与回顾的文献是什么关系？关注这一问题有助于你把文献回顾融入到论文之中。对学位论文中的文献回顾，一个常见的批评是它们与论文其他部分脱节——我们可以把文献回顾部分删去而对论文没有任何影响。关注这一问题可以使文献回顾与你目前的研究进行整合和联系。把自己的研究与文献相联系，可以在学位论文的前面章节中用来证明研究的合理性，在后面章节中（即对研究结果的报告部分）通过与研究文献的比较来解释和讨论研究结果。这两个策略都有助于学位论文的内在连贯性和一致性。

6.4 如何进行文献回顾

文献回顾可以分为五个重要步骤：检索、筛选、总结与记录、组织－分析－综合和撰写。

6.4.1 检索

了解科研世界的构成和科研文献的产生过程，有助于你查找那些和自己的研究主题与研究问题相关的经验研究文献和理论文献。对某些主题来说，政策文献也属于相关文献（Wallace & Poulson, 2003：21）。哈特（Hart, 1998：4）对科研信息的产生与交流范式做出了总结（图 6.1）。

很显然，大学图书馆是查找文献回顾所需文献的主要场所。目前大学图书馆一般有三个主要检索领域——重要图书目录、期刊目录和电子资源索引。研究生必须熟悉这三个领域，并对学术期刊文献给予特别的关注。社会科学方面的学术期刊数量巨多，了解与自己的研究领域和研究主题有关的主要期刊是对研究生的基本要求。

顶级的国际性学术期刊通常是学术领军人物发表研究成果的主要场所，也是经验研究成果和重大理论探讨极为重要的发源地。电子数据库也非常有用，因为在网上发布的学术期刊越来越多。例如，通过查找某篇文章中引语的出处或引用的最新文本等方式，引文索引（如 Scopus 和 Web of Science，以及如 Google Scholar 之类的工具）能使你找到并延伸出一系列相关文献（其中包括书籍）。

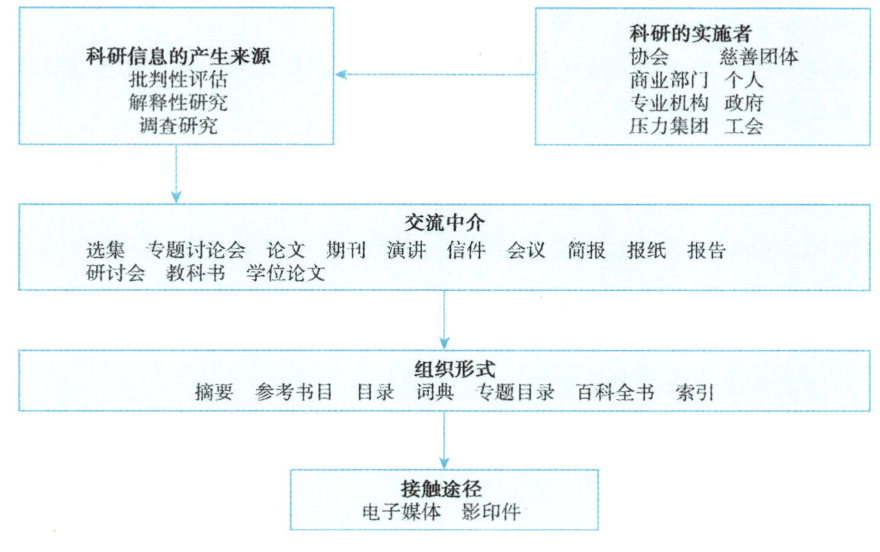

来源：Hart，1998：4。

图 6.1 科研知识和信息的产生与交流

虽然社会科学学术期刊对文献回顾非常重要，电子数据库中那些面向不同国家的论文和学位论文汇编以及摘要汇编也是很有价值的。学位论文汇编方面的数据库有：加拿大学位论文（Theses Canada）、国际学位论文摘要（Dissertation Abstracts International，面向北美）、学术论文电子访问系统（Digital Access to Research Theses，面向欧洲）、英国图书馆电子论文在线服务（British library Electronic Theses Online Service，面向英国）和教育研究论文（Education Research Theses，面向澳大利亚）。摘要汇编通常按照学科集中编排，这方面的数据库主要有：教育信息资源中心（Education Resources Information Center，ERIC）、英国教育索引（British Education Index）、教育摘要（Education Abstracts）、社会科学摘要（Social Science Abstracts）、心理学摘要（Psychological Abstracts）、社会学摘要（Sociological Abstracts）和应用社会科学索引与摘要（Applied Social Science Index and Abstracts，ASSIA）。此外，各个社会科学领域的重要学术会议（通常每年召开一次）会根据投递的论文发布会议议程表，一些特别重大的会议会发布详尽的会议论文汇编。

简而言之，查找相关文献的来源非常多，并且科技为文献检索提供了很大的便利。在检索过程中，我们可以用研究问题来判断经验研究文献的相关性，对较为宽泛的理论文献则可以用主题作为判断相关性的指南。

文献来源的多样性可能让人望而生畏，但是我们可以运用周密的归档完备的检索方略来对检索过程加以管理。根据菲尔普斯、菲舍尔和埃利斯的总结（Phelps, Fisher & Ellis, 2007），这一检索方略包括：

- 弄清检索的目的和时间安排；
- 确定检索中的概念：确定主要概念（和它们的同义词、词形的变体，以及有交叉和联系的概念）；
- 确定如何对主要概念加以结合和运用。专栏 6.1 中列出了效果各异的基本技巧，可以在检索中尝试一下各种技巧；
- 对检索加以记录，这样在以后就可以把它复述出来，但也要注意避免偏离主题或不必要的复制。另外，高效的记录有助于你根据自己的研究目的对各个数据库的价值加以评估，对参考文献加以管理，并在学位论文中清晰地描述查找相关文献的方法；
- 保存检索结果：对参考文献要进行良好的管理（如利用 Mendeley、RefWorks 或 EndNote 之类的软件），并拥有一个清晰的、有备份的和易于操作的归档系统；
- 跟踪数据库中的新文献：这一工作可以手动完成，如在后面的阶段重复某些检索，或通过订购期刊目录追踪服务、目录一览表服务或网站消息推送等方式自动完成。

专栏 6.1

电子检索：合并与输入检索词的基本技巧（改编自 Phelps, Fisher & Ellis, 2007）

1. 运用布尔逻辑运算符：用连接词 AND、OR 和 NOT 来合并检索词。
2. 运用短语检索：在检索词中运用特殊的字符串，如给短语加上引号。
3. 运用临近运算符：根据数据库的功能，运用 NEAR、SAME 或 WITH 输入关键词。
4. 运用缩略符和通配符：加上如 * 之类的包含不同拼写、后缀、同一词根的词语等特殊字符来重组检索词。
5. 确定数据库中的检索范畴：大多数数据库会为检索者提供几个选择范畴，包括作者、篇名、摘要、出版日期、主题或全文。
6. 运用出版日期、语言、发行国家或资料类别（会议论文、期刊文章等）来限定检索的范围。

6.4.2 筛选

在查找和阅读经验研究文献和理论文献时有两种筛选方式——实质性或内容筛选与研究方法筛选。

实质性（或内容）筛选

内容筛选适用于两类文献，并且非常重要，因为学位论文中文献回顾的重点是那些与研究主题和研究问题高度相关的文献，而那些略微相关的文献通常不需要给予这么多的关注，只是一带而过。研究主题和研究问题就是进行这种实质性筛选的参考依据。

研究方法筛选

这种筛选适用于经验研究文献，其目的是对产生证据和研究结果的研究所运用的研究方法的质量进行批判性评估。其议题为：在一篇已发表的研究报告中所公布的证据和研究结果有多大的可信性？在研究中对质量检测的忽视有多种表现形式，第 14 章将详细阐述对研究质量的评估。但在这里有两点非常重要：一是在国际顶级杂志上发表的研究报告会经过严格的同行评审，这意味着它的研究方法已经过该领域专家的仔细审查（参见 6.8 节），其隐含的一个意思就是在国际性期刊上发表的研究报告的质量是可信的，另一个含义是在期刊或学术会议上发表的“研究结果”没有经过同行专家的审查，必须对其所使用的研究方法给予非常谨慎的评估；二是对研究方法质量加以评估的主题就是那些贯穿本书其余章节，对我们讨论研究方法起指导性作用的内容，特别是：

- 研究设计——研究设计是否与研究问题相契合？研究设计中的缺陷是否被发现并得到控制？有没有伦理问题？
- 抽样——样本或个案是否适合本研究？基于该样本的研究结果可在多大程度上进行推论（或可转移［transferable］）？该个案的典型性或独特性程度有多大？
- 资料收集——收集到的资料质量是否可以保证研究结果的可信性？对资料收集的质量控制是本书第 8 章（针对定性研究）和第 11 章（针对定量研究）的一个重要主题。
- 资料分析——同样地，对资料的分析是否恰当和缜密？其分析能否保证研究结果具有可信性？

在阅读文献时系统地运用这些一般性评估问题（更为具体的评估问题见第 14 章）可以使你对文献中发表的证据和研究结果的可信性加以判断。另外它还有两点好处。首先，它表明你在回顾文献时正在按照要求对经验研究文献进行严格的评估（参见 6.5 节），同时它还能使你对与研究主题和问题相关的研究中所运用的研究方法进行分析性评价。这两点都有助于证明你对相关文献的熟练掌握。

6.4.3 总结与记录

总结是文献回顾中的一项基本工作，也是文献管理的一个基本组成部分，它为随后的组织、分析和综合打下基础。然而，尽管总结非常重要，但文献回顾要求的远远不止是单纯的总结，即文献回顾不只是对别人所做工作的连载式或流水账式的总结，换句话说，它不是一份加了注释的参考书目。在这层意义上，文献回顾要求根据主题对文献加以讨论，并对文献加以组织和建构、分析和综合（这些内容将在后面加以论述）。文献总结是组织、分析和综合的基石。

文献总结着眼于抓住论文的主要观点（包括内容和研究方法两个方面），其任务就是在信息没有明显减损的前提下对文献内容进行大幅度的缩减。对于研究报告来说，对内容要点的总结可以集中在每项研究的主题和研究问题、背景、资料和研究结果方面，对研究方法要点的总结可以集中在每项研究的设计、抽样、资料收集、资料分析以及理论基础和取向方面。

在总结过程中，建立一个记录、索引和归档系统是非常重要的。这一工作是组织的一部分，不仅要记录对内容和研究方法要点的总结，还应该含有一个完整的参考书目明细。对阅读的文献加以总结是文献回顾重要的第一步，系统地做好这一工作，并加上完整的参考书目明细和有组织的归档，将为后面的工作提供很大的便利。完善的文献回顾要求所有附加的参考资料和文献目录细节正确无误，如果这些细节在回顾过程中没有加以记录，它将变成一项特别繁重的任务。

6.4.4 组织、分析与综合

这些工作不分次序，而且相互重叠，与阅读和总结文献几乎是同时进行的。它们和总结一样都有助于对阅读的文献进行管理。通常，人们会根据主题形成一个处理文献的组织框架，这是批判性和分析性阅读的一部分，有助于让你对自己的研究形成一个概念框架，还可以使你撰写的文献回顾具有明确的主题（而不只是总结别人做过什么），并与自己的研究相结合。只有把你的研究和参考文献联系起来，才会使文献回顾具有某种指向性。

在文献总结中对材料加以**组织**有助于形成一个框架结构。完整的文献回顾需要有一个结构，因为杂乱无章的无结构的文献回顾会让读者难以理清头绪并造成理解困难。文献回顾中的结构通常是通过主标题和副标题建构起来的，并在写作中用节和小节呈现出来,它们可以通过短小的导语和相互关联的概述结合在一起。对文献的整合和综合通常会对文献回顾的撰写提纲具有启发作用。

分析在这里指的是把文献分成几个部分并说明它们之间的相互联系（Hart，1998：110）。当你用前面所述的文献筛选问题对一项研究的研究方法进行考察时，你就是在对它进行方法分析。同样地，当你对大量学术文献中研究方法的发展趋势、矛盾或分歧加以评论时，你就是在进行分析性讨论。对文献的内容分析指的是对它的组织性、完整性、连贯性和一致性进行批判性的反思，在前面 6.3 节的理论文献部分列出的由哈特所提出的那些问题可以帮助我们对文献进行实质性或内容分析。

和分析相反，**综合**是把不同的部分联系在一起，并揭示它们之间新的关系模式和组合方式（Hart，1998：110），因此综合要对文献中的研究结果、理论和研究方法方面的趋同和分歧，有时是隐含的意义加以考虑。伯顿和斯特恩（Burton & Steane，2004：131-2）提出了一个辩证的正—反—合的文献回顾综合框架，他们运用织锦的比喻来说明文献回顾中的综合，强调要把包含在前人相关研究中的主线编织和整合在一起。这一过程与论点的建构密切联系——事实上综合就是建构论点的一种重要方式。这样的一个关注焦点确保了所撰写的文献回顾不仅仅是一个总结或加注释的参考文献。对文献内容的综合也有助于对文献的质量加以评估，而在整个文献回顾中始终坚持批判态度则保证了对文献的持续性评估。此外，一些总结评价性陈述也是完成综合的一种有效方式，同时它们为你阐明自己的研究与文献之间的联系提供了又一个机会。当然，在综合时必须阐述清晰，于是就引出了文献回顾的下一个环节——撰写。

6.4.5 撰写

撰写文献回顾是一个汇总的过程，这项工作常常让研究生望而生畏，但它也是一个展示你对文献掌握情况的机会。经过实践检验，一个行之有效的文献回顾撰写计划包括 3 个主要步骤：

- 构建一个框架结构；
- 撰写初稿；
- 修订并写出修改稿和终稿。

在撰写文献回顾时必须有框架结构，这意味着其中的节和节标题是很重要的。有时候还需要有小节，但是不宜过多。把文献回顾分节的一个很大好处是写作变得模块化，把它分成一系列可以控制的部分（撰写每一节），撰写文献回顾便不再是一件令人畏惧的任务。在撰写的后期阶段，再添加把文献回顾结合在一起的连接段落。

还有一个有效的方法（通常在最后阶段撰写），就是运用安排恰当的导语，简要概述文献回顾的框架结构和后面文献资料的内容提要，为读者阅读文献回顾提供导航的“路线图”。最重要的导语放在文献回顾的开头，在这里陈述文献回顾的目标并概述其结构。随着框架结构的展开，对文献回顾目标的陈述不断完善，于是对目标的最终陈述就自然地引出框架结构并与其完美地结合在一起。在目录中节和小节标题的排列应该有逻辑顺序，让人能够看出把文献回顾整合起来的主题思想是什么。

引证是文献回顾写作的一个重要部分。学术写作是由原创观点及其表述方式构成的，但是从根本上来说也是建立在他人观点基础上的，必须恰当地指出这些观点（不仅仅是引用的特殊短语和句子）的提出者和出处。引用方式可以是直接引用、转述或间接使用。

在撰写文献回顾时，注意以下 4 个要点：

- 认识到所有的研究都有一个历史发展过程（包括研究方法和理论－实质两个方面），这一历史发展过程构成了文献回顾的主体内容。
- 不仅用文献回顾来说明你对文献的掌握情况，还用以证明你的研究和研究方法的合理性，特别是把文献回顾作为对研究的实质和研究方法进行合理化的方式。这意味着要借助文献回顾来建构你的论点并加以超越，从而在你的研究和文献回顾之间建立令人满意的联系。
- 从文献回顾中获取的观点要注明来源，并把它们和自己的观点区分开来。
- 具有批判性。

6.5 文献回顾中的批判性

在较高学位的论文中，文献回顾尤其应该具有批判性，而不能只是单纯的描述。其中，批判性的一个含义是不要只接受它的表面意思，而是要对它进行仔细的分析和评价。因此从文献回顾的开始阶段，即在对文献的阅读和总结过程中就采取批判的立场是非常重要的。华莱士和波尔森（Wallace & Poulson，2003：6）对批判性进行了详细的界定：

- 采取怀疑论或理性怀疑的态度；
- 习惯性地质疑论断的性质；
- 仔细审查论断的可信程度；
- 始终保持对他人的尊重；
- 具有开放的心态；

- 具有建设性。

如果你面对的文献是一篇学术期刊上的论文，除了前面所述的几点（参见 6.4.2 小节），下列问题将有助于你在阅读和评述文献时获得并保持批判性的取向：

- 研究主题是否明确？或作者对问题或议题（包括对研究起指导作用的研究问题）的阐述是否确切？
- 定义是否清晰？研究意义是否明确？
- 作者的研究取向或视角是什么？能否从另一视角更有效地探讨这一问题？
- 作者的理论框架是什么？主要概念的定义是否清晰？这些概念在运用中是否一致？
- 对与研究问题相关的文献作者是否进行了评估？对文献的评述是否严谨和恰当？
- 如果是一项经验研究，其基本组成部分——设计、抽样、收集的资料质量、资料分析等工作的水平如何？其结论是否被资料证实？
- 作者是如何建构对研究起支撑作用的论点的？你能否对论点的形成过程加以剖析并看它在逻辑上是否连贯一致？
- 论文的撰写是否恰当？
- 该论文在哪些方面有助于我们理解问题？在哪些方面对实践有应用价值？有哪些优点与不足？
- 该论文与我着手要做的研究在多大程度上相关？

用这种方式对文献加以审查有助于你形成并保持一个适当的批判焦点。另外，就像前文指出的，14.5 节描述的评价标准可用于对经验研究报告的评估。总的来说，华莱士和波尔森（Wallace & Poulson，2003：27-8）认为，一篇高质量的文献回顾应该是重点突出、条理分明、具有批判性、引用准确、表达清晰、易于理解、信息丰富以及全面公正的。

6.6 文献回顾中常见的问题

在学位论文中，对社会科学文献进行回顾时经常出现的一个问题是：是否要无所不包地对所有的文献加以评述？或者是，选择的范围有多大？要回答这个问题，首先要再次强调这里所说的“文献”是“相关文献”，在阅读和总结文献时，把它按照密切相关、略微相关或仅背景相关进行分类是很有帮助的。其次是认识到，对于某些主题来说，相关文献的数量是如此庞大，以至于在一篇学位论文的文献回顾中无法做到面面俱到（特别是那些有不止一组文献与其相关的主题），而这一情形通常出现在应用社会科学领域。在这种情况下，研究者不得不做出选择。在选择时，作者应该指出选择的依据是什么，以及为什么这样做。这时如果能找到前人所做的文献回顾，并且是近期的，那将非常有价值。如果找到了一篇好的文献回顾，你可以对它加以利用（当然要给予恰当的致谢）。请记住，完整的学位论文通常包含文献回顾，找到一篇近期的与你的研究主题相同（或接近）的学位论文可以为你省去大量的时间与工作量。

另一方面，不要轻易断言没有与你的研究问题相关的文献。提升抽象的层次——从具体性研究问题到一般性研究问题，有时是从一般性研究问题到主题——可有助于显现它与文献的关联。示例见专栏 6.2。

专栏 6.2

文献的运用：抽象层次

假定研究的具体问题是澳大利亚西部纳罗金土著居民孩子的学业成就，关于这个特殊主题很可能没有文献或前人没有做过相关研究，然而考虑到土著居民的孩子是土生土长的少数民族群体，纳罗金是一个农村地区，于是对相关文献的检索范围就扩大了：农村社区土著少数民族儿童的学业成就。

另外六个常见的问题见专栏 6.3 中“禁忌事项”。

专栏 6.3

文献回顾中应避免的问题

在文献回顾中，应注意避免犯以下错误：

- 过度引用。判断力、经验和导师对引用量的反馈意见是很有帮助的，而过多或过长的直接引用，会使人质疑你对文献的掌握情况。鲁德斯坦和牛顿对此有很好的建议：“把引用限制在那些有特殊影响的或因陈述方式比较独特而很难重述的内容上。”（Rudestam & Newton, 2000: 59）
- 过度依赖二手资料。在文献回顾中，应该尽可能地研究原始资料，在无法获得或接近原始资料，或二手资料对原始资料做了进一步讨论的情况下可以使用二手资料。而过度依赖二手资料也会让人质疑你对与研究主题相关文献的了解和掌握情况。

- 忽视实践取向的文献。与研究主题相关的学术性文献无疑是很重要的，但有些相关的实践取向的文献常常也很有用处。
- 囊括和报告所有你知道或看过的文献。文献回顾要有适当的选择性，就像鲁德斯坦和牛顿所说的："你要建立一个论点，而不是一个图书馆。"（Rudestam & Newton, 2000: 59）
- 过于依赖"老旧"文献。这里有两个问题：第一，多老算太老？第二，如何对待非常重要的比较老旧的文献？这两个问题是相互关联的。对于经典的文献或研究来说，其年限是不重要的，如皮亚杰的研究（起始于 20 世纪 50 年代甚至更早）或科尔曼的研究报告(Coleman et al., 1966)，尽管年限很长，在今天仍然是很有价值的，引用它们完全没有问题。但是对于绝大多数不属于"经典"的研究文献来说，超过 15 年或者 20 年就会存在问题。归结起来的建议就是：在学位论文的文献回顾中，不要让大多数参考文献的年限超过 15~20 年。
- 不能从文献中恰当地引用其观点。精确的引用不仅是一项技巧，也是学术研究的一个基本素养，是对知识进行建构和批判性检验过程的一部分。因此，无论你是逐字引用、转述或只是一带而过地提及，都一定要对引用的观点恰当地注明其来源。

6.7 系统性文献综述

所有的文献回顾在对文献进行检索、记录和总结以及分析、综合和陈述中都必须具有系统性。然而，"系统性文献综述"这个词具有另外的、更专门的含义，它指的是一种特殊的调查方法，是在专业实践和政策中的循证运动（evidence-based movement）的强有力推动下形成的。在这个意义上，对文献的系统性回顾本身可以说是一个研究项目：它们运用明晰严谨的方法解答特定的研究问题，把自己的研究结果和众多读者交流。高夫、奥利弗和托马斯（Gough, Oliver & Thomas, 2012）把系统性文献综述定义为"运用系统的、明确的、可解释的方法"（P. #5）对搜集到的研究文献加以识别、描述、评估和综合的一种研究方式。他们认为，回顾的目的介于聚合式综合（即把有关某一问题的原始研究资料汇总或集中起来）与构型式综合（即不必把资料汇总起来而对它们进行组织和阐释）之间。如在教育研究方面，一些数据库就是由这样的系统性文献综述组成的；有些数据库，如有效教育策略资料中心（What Works Clearinghouse）和坎贝尔协会（Campbell Collaboration），可能更重视定量研究（特别是随机控制的实验研究）的聚合式文献综述，以说明在特定的干预方面发挥作用的因素是什么。在这些数据库中，系统性文献综述的主题是非常多样化的。

专栏 6.4

近期教育研究中的系统性文献综述范例

- 儿童肥胖和受教育程度——EPPI 中心（EPPI-Centre）一项对经验研究文献的叙事性综合 （Caird et al., 2011）。
- 对提高经常性逃学学生上学出勤率的介入研究——坎贝尔协会的一项批判性元分析（meta-analysis）（Maynard et al., 2012）。
- 教师能力与学生成绩——丹麦教育研究交流中心（Clearinghouse of Educational Research）的一项文献图谱和叙事性综合研究（Nordenbo et al., 2008）。

从严格意义上讲，系统性文献综述就是了解和解决实质性研究问题的独特方式，其主要目标不是为某一特定的经验研究或理论研究项目提供选题和理解的背景，而是把收集到的关于某一特定问题的所有高质量研究证据汇集和整合起来。达到这一目标需要大量的时间、人力（通常由一个富有经验的研究团队承担，其成员能够相互审查对资料的解读）和财力。这一点可能会使学生个人很难独自完成这种系统性文献综述，虽然作为一个研究课题来说，原则上用系统性文献综述的方法写出一篇学位论文是有可能的。然而，大多数学生可以运用系统性文献综述的一些技巧去对与其学位论文相关的文献进行初步的了解。

不管采用的研究方法是什么，这种系统性文献综述都有一系列共同的步骤和原则。它们运用预先确定的方案和模式化的工具来对文献进行检索、筛选、编码、评价和整合。它们非常强调所有程序的可重复性和可靠性，其目标是所做出的证据综合不仅在学术意义上是严格缜密的，并且对实际工作者和政策制定者也是有价值的。为达到这一目标，它们可能在研究的开始阶段，即在对被综述的问题加以界定和详细说明时，就把“使用者”考虑在内了。综述的步骤是事先确定的，虽然对这些步骤的命名和描述可能因采用的研究方法不同而有所差异，但在某种形式上，它们包括了专栏 6.5 所列的几个步骤。

专栏 6.5

系统性文献综述的步骤

1. 开始进行系统性文献综述，包括创建一个团队、与利益相关方订立协议，以及详细说明文献综述的目标与背景。
2. 构想文献综述的问题，构建一个概念框架和实施方案。
3. 确定文献综述的性质和方法，制订包含/排斥的标准和检索的策略（包含和排斥标准针对的是文献的相关性和可接受性；它们可能包括研究的类型、总体、关键变量、研究方法、文化与语言类别、时间范围、出版物类型）。
4. 进行全面检索，运用包含标准来记录和筛选检索结果。
5. 开发对资料进行提炼和编码的工具或采用/改编标准化的工具，从收录的研究中提炼资料。
6. 运用质量标准对收录的研究加以评价。
7. 对提取的资料进行分析和综合，并对文献综述本身的质量加以审查（如按照信度、偏好、每项汇总技术的适当性等进行审查）。
8. 运用报告或其他方式向有关读者解释和交流研究结果。

虽然这种预先设定的系统性文献综述方法更适用于定量的经验研究文献，但也可以通过改进应用于定性研究文献和理论文献，如专题性文献综述和叙事性文献综述以及对定性研究文献的其他综合形式（如元民族志），其目的是把文献中的见解整合成为比单个研究信息量更大和结构性更强的报告。由诺布利特和黑尔（Noblit & Hare，1988）提出的元民族志，就是试图把来自民族志研究或更广泛的定性研究中的概念转换成另一个概念，并对其加以进一步的阐释，以把各种不同的论点组织进一个“更广大的叙事”中（Gough，Oliver & Thomas，2012：199）。

在定量研究中，有一种被称为元分析的特殊的系统性文献综述，它是一种提取文献中的研究成果的专业化分析方法，在教育研究中被首次提出来（Glass，1976），现在广泛运用于其他研究领域。它把那些经过研究方法筛选的定量研究成果作为研究资料，运用规范的统计技术把那些零散的研究组合成一个更大的“元”研究。关于元分析的说明可见于格拉斯、麦高和史密斯（Glass，McGaw & Smith，1981）、沃尔夫（Wolf，1986）以及亨特和施密特（Hunter & Schmidt，2004）的文章。在《教育研究评论》（*Review of Educational Research*）期刊上可以看到教育研究方面大量的元分析范例，而《看得见的学习》（*Visible Learning*）（Hattie，2008）一书综合了有关学龄期学生学业成绩影响因素的 800 多项元分析（参见专栏 6.6）。

专栏 6.6

定量综合范例："看得见的学习"

《看得见的学习》(Hattie, 2008)是教育领域中一项著名的对研究证据的综合性研究，它是对教育研究方面 800 多项元分析的定量综合，也就是说，它是对有关各种教学方法和策略效果方面的资料加以汇总的一项定量研究。2012 年，作者出版了一部面向学生和教师的姊妹篇著作，书中把研究结果和日常教学实践中面临的挑战结合起来，并运用通俗易懂的语言和图表加以表述。

除了定量与定性的区分，系统性文献综述还可以分为历史性、概念性和 / 或理论性三种，这些方面的范例（仍以教育研究领域为例）可以在美国教育研究协会出版的《教育研究评论》上找到。这个期刊每年出版四期，已经有 80 年的历史，是由国际性专家担任评审的顶级期刊，发表的是有关教育研究中重要课题方面的文献综述。这一期刊发表的文献综述种类多样，包括定量的元分析和定性的叙事性或元叙事性综述，同时还有对理论文献的批判性文献综述以及概念性和解释性综合研究，专栏 6.7 列出的就是在《教育研究评论》上发表的几个批判性和理论性文献综述的范例。另一个系统性文献综述的专业性期刊是英国教育研究协会主办的《教育评论》（*Review of Education*）。

专栏 6.7

批判性、历史性和概念性——理论性文献综述范例（摘自近期出版的《教育研究评论》）

- 高等教育中的学术发展（概念性文献综述，Amundsen & Wilson, 2012）。
- 学生的无家可归现象（批判性的主题文献综述，Miller, 2011）。
- 关于教育中学生逆反行为的阶级分析理论（理论性文献综述，McGrew, 2011）。
- 科技对学习的影响（批判性的二阶元分析，Tamim, Bernard, Borokhovski, Abrami & Schmid, 2011）。
- 远程和网络教学（教学技术的历史性文献综述，Larreamendy, Joerns & Leinhardt, 2006）。

6.8 学术期刊文献

社会科学研究者必须了解社会科学学术期刊上的文献，它们是专业研究人员发表研究成果的主要途径。这类期刊数量非常庞大，而在任何一个学术领域，最有权威的是由国际性专家担任评审（即同行评审）的期刊，它们发表的是学术水平最高的研究成果。获得和维持这一地位的关键是严格的同行评审，在顶级国际性期刊上发表的论文都经过了该领域专家审阅，审阅后通常要修改一次或多次。

除了运用同行专家评审以及对评审过程公开透明的说明，顶级的国际性期刊还有一些其他的识别标志，如：

- 通常由一流的出版机构出版，并且通常是以大学为依托的；
- 有一个国际性的编辑和顾问委员会；
- 投稿者和读者都是国际性的；
- 在每一期都有关于论文发表和评审规定的说明；
- 为作者提供清晰的指南。

章节概要

- 经验研究文献是指发表经验研究成果的文献。指导经验研究文献回顾的中心问题是：关于该研究问题前人有哪些经验证据，以及对于回答该问题这些经验证据可以告诉我们什么？
- 理论文献是指与研究主题相关的理论和概念以及论证性和分析性的文献。如果说经验研究文献回顾是对证据加以回顾，那么理论文献回顾就是对关于某一主题的思考、理论化和讨论的回顾。
- 一篇学位论文需要同时对相关的经验研究文献和理论文献加以回顾，并且把目前的研究和这些文献联系起来。
- 文献回顾有 5 个步骤：检索、筛选、总结、组织 - 分析 - 综合和撰写。
- 在文献回顾中所有的步骤都应具有批判性，对相关文献加以仔细分析和评估。
- 在文献回顾中存在一些常见的问题，本章列出了一些注意事项。
- 作为一种调查方法，系统性文献综述是在响应专业实践和政策中的循证运动的过程中形成的，本章介绍了实施系统性文献综述的大致步骤。元民族志（定性研究）和元分析（定量研究）是系统性文献综述的特殊范例，此外还有历史性文献综述、概念性文献综述和理论性文献综述。

关键术语

经验研究文献：发表与研究主题或研究问题相关的经验研究成果的文献。

理论文献：与研究主题相关的概念、理论、讨论和分析性文献。

实质性筛选：在经验研究文献和理论文献中筛选出与研究主题和研究问题最为相关的文献。

研究方法筛选：对文献中研究方法的质量进行批判性评估。

总结：抓住实质性的和研究方法上的要点对文章进行大幅度压缩。

组织：对回顾的文献构建一个框架结构；内容包含主题、节和小节。

分析：把文献的组成部分分解出来，并阐明这些部分是如何相互联系的。

综合：把文献的各个部分联系起来，并说明它们之间新的联系模式和组合。

批判性：对文献进行仔细的分析和评估，而不是简单地接受其表面意思。

系统性文献综述：一种特殊的调查方法，其本身可以被看作一个研究项目；由专业政策和实践领域中的循证运动促发产生。

练习与思考题

1. 为什么在博士论文中导师们特别看重对相关文献的回顾？
2. 指导经验研究文献回顾的中心问题是什么？
3. 在学位论文中文献回顾的三个目的是什么？
4. 文献回顾中的批判性是什么意思？为什么说它很重要？
5. 国际性顶级学术期刊有哪些特征？
6. 在你所属的社会科学领域近期出版的任意一本评论期刊上，找一篇你感兴趣的关于某一主题的文献回顾，重点从其结构、批判性评估的层面、分析和综合的深度以及对该领域研究者的作用几个方面加以分析。
7. 从你的大学或系图书馆中找一篇近期的学位论文，对其中的文献回顾进行批判性的评价。
8. 在图书馆的相关社会科学学术期刊摆放区，花时间浏览：
   - i. 那里放置的期刊名称；
   - ii. 对期刊规定的说明；
   - iii. 期刊文章题目；
   - iv. 文章摘要。

讨论你从这一活动中学到了什么。

拓展阅读

Gough, D., Oliver, S. and Thomas, J. (2012) *An Introduction to Systematic Reviews*. London: SAGE.

Hart, C. (1998) *Doing a Literature Review: Releasing the Social Science Research Imagination*. London: SAGE.

Hart, C. (2001) *Doing a Literature Search: A Comprehensive Guide for the Social Science*. London: SAGE.

Ridley, D. (2012) *The Literature Review: A Step-by-Step Guide for Students*. London: SAGE.

Wallace, M. and Poulson, L. (2003) *Learning to read Critically in Educational Leadership and management*. London: SAGE.

第 7 章

定性研究设计

本章内容

学习目标

在学完这章后，你应该能够：

- 描述研究设计的主要组成部分，以及问题、设计和资料之间是怎样关联的
- 描述和解释个案研究、民族志、扎根理论以及行动研究背后的策略
- 讨论个案研究、民族志、扎根理论以及行动研究各自的优劣
- 讨论个案研究、民族志、扎根理论以及行动研究各自的潜在贡献
- 比较作为定性研究设计的个案研究、民族志、扎根理论以及行动研究

为本章定性研究设计和第 10 章的定量研究设计确立一个背景，本章一开始我们先从总体上考察一下研究设计。接下来，我们重点关注定性研究中常用的 4 种设计方法：个案研究、民族志、扎根理论以及行动研究。

7.1 什么是研究设计

“研究设计”这一术语的三种用法在文献中可以被区分，大致接近于从一般到具体的过程。广义而言，研究设计意味着包含从研究计划到执行研究项目的所有事项——从明确问题、研究报告到著述发表，比如阿科夫（Ackoff，1953）以及米勒和萨尔金德（Miller & Salkind，2002）就是在这一层意义上使用研究设计。相反，在狭义上，研究设计指的是研究者证明结果并竭力排除其他可能解释的方式。在广义和狭义之间，研究设计通常指的是研究者立足于经验世界，并将研究问题与资料相连接（Denzin & Lincoln，2011）。对于本章我们要达到的目标，第一种释义过于宽泛，第二种释义在本章和第 10 章的考察中会偶尔出现。考虑到设计中我们需要一种思维方法既能兼顾定性研究又能照应定量研究，这里我们将重点关注这一术语的第三种使用方法。

从这层意义上来看，如图 7.1 所示，研究设计将研究者置于经验世界，并将研究问题与资料相连接。研究设计是一项研究的基本规划，包括四个方面的主要内容。第一是研究策略，第二是概念框架，第三是关于谁和什么会被研究的问题，第四涉及被用于收集和分析经验材料的工具和技术。与这些内容相对应，研究设计要回答四个问题：

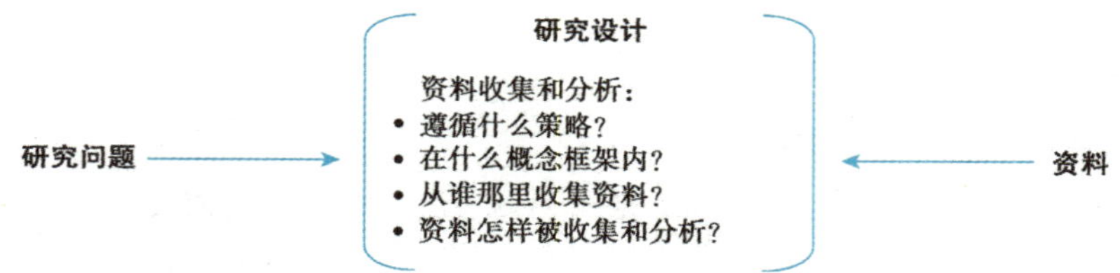

图 7.1　研究设计将研究问题与资料相连接

资料收集和分析：

- 遵循什么策略？
- 在什么概念框架内？
- 从谁那里收集资料？
- 资料怎样被收集和分析？

这四个问题有所重叠，特别是前两个问题。尽管在一些定性研究中也会运用到，但第二个问题在定量研究设计中更为典型。下面我们就对上述每一个问题简要地展开分析。

遵循什么策略？

研究设计的核心是其逻辑或其合理性根据——本研究为回答研究问题拟进行的推理或一系列想法。这就是术语“策略”的含义。因此，在定性研究中，多个案研究设计涉及一个策略（比如，受关注于个案之间比较的研究问题指引、使用多种资料来源、对少量特定选择的个案的详细调查）。民族志和扎根理论是定性研究者可能采用的不同策略，这一点会在 7.4 节和 7.5 节中探讨。同样，在定量研究中，实验研究设计旨在获得某种比较。相关调查研究也是如此。对“遵循什么策略”这一问题的回答，将会取决于采用定性研究方法还是定量研究方法，或是二者的混合。如果是定性研究，策略是个案研究、民族志、扎根理论、行动研究，或是这些策略的混合？如果是定量研究，策略是实验、准实验或非实验？如果是定性与定量的混合，策略的混合体又是什么呢？与策略问题相联系的另一个重要问题是，同自然情况相对应，研究者可以在多大程度上操控或组织研究情境？换句话说，同自然发生的情况相对应，为了研究目的，研究者在多大程度上会干预、设计并构建研究情境呢？定性研究设计一般奉行的是不干涉主义，而定量研究设计可以从过度干涉到不干涉。

策略很重要，因为其引导了设计。换句话说，设计背后隐含着一个回答研究问题的逻辑基础——这就是策略。在第 14 章的 14.4 节中，一篇论文里有一段涉及策略和研究设计的描述。这一建议同样适用于所有定性和定量研究。

在什么概念框架内？

这里的框架指的是概念框架——被研究对象的概念状态及其相互关系。定量研究设计通常有充分预设的概念框架以展示变量以及变量之间的关系，而定性研究设计则展示出更大的变异性。迈尔斯和休伯曼（Miles & Huberman，1994：18-22）举例说，尽管有很多定性研究在没有概念框架的情况下也得以进行，但在定性研究中概念框架通常也扮演了一定的角色。概念框架可以在研究之前进行，也可以在研究展开时出现。连同策略一起，概念框架在很大程度上决定了一项研究的预设结构。

从谁那里收集资料？

这一问题涉及研究的抽样。定性研究的抽样往往存在偏见。更为一般性的问题是："谁和什么被研究？"（Denzin & Lincon，2011）这一问题覆盖了定性研究、定量研究以及混合方法研究。

资料怎样被收集和分析？

这一问题回答的是在资料收集和分析中运用的工具和程序，也是第 8 章和第 9 章定性研究以及第 11 章和第 12 章定量研究所处理的主题。

研究设计的四个组成部分一起决定了经验世界中研究者的位置。设计处在研究问题和资料中间，展示了研究问题怎样和资料相连接，以及回答研究问题中所使用的工具和程序。因此，设计需要遵循研究问题并与资料相一致。设计必须受策略指导。起点是策略——运用资料回答研究问题的方法逻辑。设计实现了策略或使策略正式化。

本书中,定量研究方法和定性研究方法都展示了三个同样的大标题——设计、资料收集、资料分析。在考虑定性研究的这些标题之前，下一节将考察定性研究这一大领域，强调多样性的复杂类型。

7.2 定性研究的多样性

7.2.1 相对定量研究的特征：多样性

尽管其内部存在技术争议，定量研究在方法上似乎显示出相对的一维特征。与定量研究形成鲜明对比的是，目前定性研究的主要特征是它的多样性。邓津和林肯（Denzin & Lincon，1994：ix）早期在他们的手册中这样写道：

我们不需要花太多时间就会发现，定性研究“领域”远没有形成一套广大学者群体公认的原则。事实上，我们已经发现，定性研究领域由一系列必不可少的张力、矛盾和疑虑所定义。这些张力在相互矛盾的定义和概念之间来回作用。

定性研究方法是一个复杂、多变和充满争议的领域——一整套的多元方法和研究实践。因此，“定性研究”不是一个整体，而是包含着一系列巨大差异的概括性描述术语。

这种多样性表现在范式、策略和设计、资料收集方法以及资料分析方法等四个方面。后三个方面将在第 7、8、9 章中分别涉及。本节对定性研究中范式和视野的多样性作出评论。我们需要意识到定性研究和定量研究在这一问题上的区别。

范式的争议和多样性不是定量研究的典型特征。一般情况下，定量研究主要基于实证主义——正如特希（Tesch，1990）所指出的那样，构建概念和测量变量的整个方法本质上是实证主义的。[1] 定性研究则完全不同，同时存在几个不同的范式，范式之间有很多的讨论和争议。与定量研究形成对比，定性研究领域存在多维和多元的范式。定性研究中可供选择的范式主要包括实证主义、后实证主义、批判理论以及建构主义，还有一些比上述划分更细微、差别更详细的分支。不仅如此，定性研究的范式发展还在继续，尽管范式之间的融合似乎正在发生（参见 2.1 节），但我们还没有一个范式发展的最终图景。重要的是我们要意识到定性研究中范式的各种可能性，特别是在阅读文献时。

定性研究方法发展的后果之一就是，更多的社会科学研究突出其政治属性——承认社会科学研究与人们从事的其他事情一样，也是人类建构、设计、在一整套特定话语体系（有时是意识形态）内展现，并且是在某种社会安排的背景下研究出来的，而在涉及资助、认知权威和权力时更是如此。研究使用的大量概念和方法都是为了特定的目的去描述社会世界的方式，而不仅仅是抽象和中立的学术工具。换句话说，社会科学研究在某种程度上是一种政治过程，而且一直以来都是。因此艾普尔（Apple，1991，in Lather，1994: Ⅶ）强调我们说话和工作中那种不可避免的政治语境，并指出我们所有的话语都具有政治意义。或正如庞奇（Punch，1994）所说，政治弥漫在所有社会科学研究中，从某个研究项目中个人关系的微观政治学，到涉及大学和大学部门的问题，最终乃至于政府及其机构。

萨普斯福德和阿博特（Sapsford & Abbott，1996）以及《方法之外》（*Beyond Methodology*）（Fonow & Cook，1991）的不同作者，都讨论过研究的政治特性和研究背景的某些方面。由哈默斯利（Hammersley，1993）编辑的读本提出，研究的政治特性既与第三世界的发展研究、女性主义、批判理论、评估研究相关，又与方法论和资料本身相关。哈默斯利（Hammersley，1995）也对社会研究理念性质的变迁进行了全面回顾。在那本书第 6 章中，他对“社会研究是政治的吗”这个问题进行了详细的分析。

研究方法和风格本身可以从这种“政治化”的角度中看出来。萨普斯福德和阿博特（Sapsford & Abbott，1996）注意到这种观点，即有关研究风格的选择的确包含了政治元素的选择。研究风格不是中立的，而是体现了社会世界是什么样的或应当是什么样的、什么是知识和怎样获得知识的内在模式。如此一来，其后果便是，大量知识受到主流研究方法的局限而被压制为“非科学的”。研究方法本身，作为一个研究领域，可以使用这一领域业已发展的用来研究其他事物的方法和技术来分析和理解。贾亚拉特纳、斯图尔特（Jayaratne & Stewart，1991）以及艾斯纳（Eisner，1991）讨论了研究方法的政治性，也讨论了有关方法选择经常发生的大学背景。

从女性主义和后现代主义两个角度观察研究的政治方面已经受到了大量关注。前者强调权力在研究中的角色，特别是研究者和研究对象之间传统等级关系中的权力角色。同批判性分析和一些阶级、种族、民族研究一样，女性主义通常也将解放作为其研究目标。后一视角通常直接“突出”权力，坚持认为研究不再受任何其他人类活动相关的权力知识的影响（Lather，1991）。这一视角几乎适用于研究过程的每一部分——研究概念本身、研究目的、研究者的角色、设计方式、资料收集和分析方法、伦理关切以及评价标准。

7.2.2 多样性中的共同主题

尽管定性研究比定量研究更为多样化，定性研究中同时也存在重要的重复性特征。

首先，定性研究的一个重要特征体现在定性研究的策略和设计中，即强调自然主义，想研究的是发生在自然情境中的人、物和事件。尽管很多定量研究（比如实验研究）根本不是自然主义的，但不排除定量研究也可以是自然主义的，即在人们的自然环境中做研究，而不是为了研究目的而人为地制造一些情况。一些观察性研究和相关调查研究即属于此类，但它们往往有预设的概念框架、设计和预设的结构化的数据。定性研究更有可能推迟概念化和数据的结构化。它们不大可能创造出用于研究目的的某种情境。

除了这一主要特征外，也有一些其他分类的尝试，以便确定富有差异的定性研究的共同特征（比如，Tesch，1990；Wolcott，1992）。迈尔斯和休伯曼（Miles &

Huberman, 1994: 6-7）总结了定性研究的重复要素，如下所示。

- 定性研究是通过密集和（或）持续地接触“实地”或生活情境而进行的。这些情境通常是“平庸的”或正常的，反映了个体、群体、社会和组织的日常生活。
- 研究者的角色在于获得一个“整体的”研究背景的概览：它的逻辑、它的安排、它明确的或内在的规则。
- 研究者通过深入观察、移情式理解、搁置有关正在讨论主题的成见的过程，“从内部”以一个当地行动者的眼光试图获得资料。
- 通览这些材料，研究者可能会分离出某些主题和表述，可与信息提供者一起审查，但这些材料自始至终都应保持其原来的形式。
- 一个主要任务是阐明特定情境中的人们理解、解释、行动和管理他们日常情境的方式。
- 对这一材料的很多解释都是可能的，但其中一些解释因为理论上的内部一致性而更有说服力。
- 从一开始就相对较少地使用标准化工具。研究者在研究中就是最根本的“工具”。
- 大多数分析以文字的方式进行。文字可以被组合、分类、拆分成符号片段。文字可以被组织起来，以允许研究者对它们进行对比、分析和总结模式。

本章以及接下来的两章会以不同的方式讨论这些特征。它们为考察主要定性研究设计提供了良好背景。依托这一背景，本章现在把个案研究、民族志、扎根理论、行动研究作为定性研究的常用策略和设计加以描述。这四个部分经常会有重叠——任何特定的定性研究不一定只涉及唯一的策略和设计。意识到这一点的同时，分别考察每一个策略和设计依然是有用的。

7.3 个案研究

下面讨论个案研究，包括四个标题——个案研究的总体思路、个案研究的主要特征、个案研究和普适性、个案研究准备。社会科学中的一些经典个案研究如案例 7.1 所示。

案例 7.1

个案研究的例子

《海滨综合中学：一个中学教育的案例研究》(*Beachside Comprehensive: A Case Study of Secondary Schooling*)(Ball, 1981)，在一所综合性中学对混合能力教学进行的研究，运用研究者的课程观察与教师提供的课程观察二者之间的比较。

《街角社会：一个意大利贫民窟的社会结构》(*Street Corner Society: The Social Structure of an Italian Slum*)(Whyte, 1955)，是一个经典的描述性个案研究的例子。它描述了 20 世纪 40 年代一个位于波士顿的意大利裔美国人社区(科纳维尔)的亚文化。该项研究讨论了低收入青年以及他们能够(或无法)打破邻里关系等问题。

《追求卓越：美国企业成功的秘诀》(*In Search of Excellence: Lessons from America's Best-Run Companies*)(Peters & Waterman, 1982)，该书建立在作者对美国 60 多家成功的大型公司的个案研究基础上。该书包含了跨案例分析，每章都涉及与卓越组织相关的特征。

《田纳西河流域管理局和草根组织：一项政治和组织的研究》(*TVA and the Grass Roots: A Study of Politics and Organization*)(Selznick, 1949)，是对田纳西河流域管理局(TVA)进行的经典研究。该研究描述了《田纳西河流域管理局法案》实施后发生的政治行为和组织权力的下放。这一法案颁布后，田纳西河流域管理局被指有责任计划合理使用、保护与开发田纳西河流域及其毗邻地区的自然资源。

7.3.1 总体思路

什么是个案研究？其基本思路在于，采用任何似乎是合适的方法和资料，详细地研究一个或少量个案。尽管会有具体的目标和研究问题，个案研究的一般目标是尽可能充分理解个案。我们或许仅仅对一个个案感兴趣，或者我们不仅仅留意于正在研究的这一个案，而且关心其他类似的个案。这就提出了后面我们将考察的研究的普适性问题。

与定性研究的其他方法相一致，个案研究意识到情境的复杂性和情境所处的背景，目标是在自然情境下深度理解个案。个案研究有一个整体的眼光，旨在维护和理解个案的整体性和统一性。因此，个案研究与其说是一个方法，倒不如说是一个策略。正如古德和哈特(Goode & Hatt, 1952: 331)多年前指出的那样："个案研究并不是一项具体的技术，而是社会资料的组织方法，以便保持被研究的社会客体的统一性特征。”个案研究的这种理解策略，与还原主义的一些定量研究形成鲜明对比。

那么，什么是个案呢？很难对这个问题给出一个完整的答案，因为几乎任何东西都可以成为个案，个案或许既是简单的又是复杂的。参考迈尔斯、休伯曼和萨尔达尼亚（Miles，Huberman & Saldana，2013）给出的解释，我们可以把个案定义为，在一个有界限的范围内发生的某种现象。因此，个案可以是个人、角色、小型群体、组织、社区、国家，也可以是决策、政策、过程、小的事件或大的事件，还可以是其他的可能性。布鲁尔和亨特（Brewer & Hunter，2005）列举了六种可以被研究的个案单位——个体、个体属性、行动和交互行动、行为产品和行为实物、情境、小的或大的事件、集体。以上任何一个都可以成为个案研究的目标。

有多少类型的个案，就有多少类型的个案研究。斯塔克（Stake，1994）区分了三种类型的个案研究：

- 内在的个案研究，由于研究者需要获得对特定个案的更好理解而从事的研究；
- 工具型个案研究，考察一个特定个案旨在洞察一个问题还是提炼出一个理论；
- 集体型个案研究，工具型个案研究扩展到覆盖几个案例，旨在了解更多的现象、总体或一般性情况。

前两个是单一的个案研究，重点在于个案内部。第三个涉及多个案例，重点既在个案内部，又在个案之间。因此，第三种类型又被称为多重个案研究，有时也被称为比较个案研究。

考虑到个案研究之间巨大的差异性，对它进行界定不是一件容易的事情。斯塔克给出了一个“相当宽松的定义”（Stake，1988：258）——个案研究是“对有界限系统的研究，强调这一系统的统一性和完整性，但将重点局限在与当时研究问题相关的那些方面”。殷（Yin，2013）强调个案研究是一项经验研究：

- 研究现实生活背景中的即时现象；
- 在这样一种现实生活情境中，研究现象本身与其背景之间的界限并不十分明显；
- 研究中需要运用多种资料来源。

社会学术语词典把个案研究定义为：

一种通过对单独个案的彻底分析来研究社会现象的方法。个案也许是一个人、一个群体、一个事件、一个过程、一个社区、一个社会，或任何社会生活的其他单位。有关这一个案的所有资料都被搜集，所有有价值的东西都被组织起来。藉由使单独个案的多种事实之间产生内在相关，个案研究方法让研究的资料具有一种单一性质。它也提供一个机会去深入分析其它方法常常忽略的许多特殊细节。(Theodorson & Theodorson, 1969)

这些定义突出了个案研究的四个主要特征。

7.3.2 个案研究的四个特征

- 个案是一个“有界限的系统”——它有界限。殷指出，个案与其背景之间的界限并不必然清晰。尽管如此，研究者需要尽可能清楚地确定描述个案的界限。
- 个案必须是某件事物。这也许看起来很明显，但需要强调，给研究以焦点，使研究的逻辑与策略足够清晰。在决定分析单位时，确定这一个案到底是什么也是重要的，这也是分析资料时的重要概念。
- 有一个明确的保持个案的整体性、统一性和完整性的尝试。就这点来说，“整体”这个词经常被使用。同时，既然并非每件事都可被研究，即使只有一个个案，也需要特别的焦点和内部的抽样。研究问题有助于定义这一焦点。
- 在自然情境下，很可能使用多重资料来源和多重资料收集方法。许多个案研究会使用社会学和人类学领域的方法，例如在自然情境中观察、访谈和进行叙事报告。但也可能使用问卷和数据资料。这意味着个案研究不一定完全是定性的技巧，尽管大部分个案研究是相当定性的。

7.3.3 个案研究和普适性

对个案研究的普遍指责是它的普适性问题：“这一研究仅仅建立在一个案例基础上，因此我们能推而广之吗？”由于这种反应很常见，我们需要严肃对待这个问题。

第一点需要回答的是，我们是否需要推广一个特定的个案研究。有两种类型的个案研究，普适性并不是其目标。首先，个案或许如此重要、有趣或被人误解，以至于这一个案本身就值得去研究。或者这一个案在某些很重要的方面十分独特，因此也值得去研究。这可以作为斯塔克所说的“内在个案研究”的例子。这一研究的意图不在于普适性，而在于理解这一个案的复杂性、整体性以及这一个案所处的背景。其次，强烈的争议往往发生在对“负面案例”的研究上。这是因为一个特殊的案例似乎完全不同于其他通常模式的案例，甚至与其他案例截然相反，这就提出了对这一个案为什么如此与众不同的理解需要。这里的逻辑是，我们通过研究非典型而获得典型的知识，如同我们为了学习健康知识而去研究疾病一样。这就是斯塔克提出的第二种个案研究，工具型个案研究。因此，个案研究是否应当寻求普适性或声称具有代表性，取决于特定项目的背景和目的。普适性并不必然应该是所有研究项目的目标，不管它是不是个案研究（Denzin，1983）。

然而，除了以上两种情况，在很多个案研究中，我们的确存心寻求更多被研究的个案本身，我们的确想发现更广泛适用的东西。个案研究怎样才能产生或许更具普适性的东西呢？个案研究产生潜在普适性结果有两大方法。两种方法都取决于个案研究的目的，特别取决于资料分析的方式。第一种方法是概念化，第二种方法是发展命题。两种情况下，个案研究的结果可潜在适用于其他个案。

概念化意味着，在训练有素的、深入的个案研究基础上，运用关注概念化而不是描述（比如在第 9 章扎根理论分析中描述的那样）的资料分析方法，研究者发展出一个或几个新的概念，去解释所被研究个案的某些方面。事实上，提出这样的新概念正需要那种深入研究，而这种深入研究也只有在个案研究中才有可能。发展命题意味着，基于被研究的个案，研究者提出一个或多个案例内概念、元素或因子的命题（可以被称为假设）。上述新概念或命题受到评估后，再观察其适用性以及转换到其他情境的可能性。这就转变了传统的研究模式。在传统的定量研究中，我们通常从命题和假设开始——它们是研究的输入信息。以此来看个案研究，我们以提出概念和发展命题而结束研究——它们成为研究的输出产品。

上述不管哪一种情况都已经证明了个案研究结果的普适性。但是可以肯定的是，提出概念和发展命题这样的普适性需要在进一步研究中加以检验。显然，每一个可能被研究的个案在某些方面都是独特的。但每一个案在某些方面与其他个案也是相似的。问题是我们想聚焦于特定个案的独特性还是关注这一个案与其他个案的共性。时机不同，我们需要侧重于其中一个，需要意识到什么时候该侧重于什么方面，这是一个在研究目的和研究问题中需要解决的问题，只有解决好这个问题，才能指引好个案研究。当普适性成为目标时，我们应关注个案中潜在的共性要素，以足够抽象的层次去分析个案研究的资料是必要的。概念越抽象，其普适性越强。提出抽象概念、发展出命题提升了分析，让它不再仅仅是简单的描述。个案研究能以这种方式对潜在普适性结论做出贡献。

尽管在定性研究中比在定量研究中得到更慷慨的认可，概括的过程也不是机械性的。一直有一些打量定量研究中概括的复杂性的尝试，比如布拉克赫特和格拉斯（Bracht & Glass，1968），但它仍被视为从样本到总体的概括。然而，事实上，正如费尔斯通（Firestone，1993）所指出的那样，有三种层次的概括——样本到总体的概括、分析性的或与理论相连接的概括、个案到个案的转换。同样，斯塔克（Stake，1988：260）区分了科学概括和自然主义概括二者之间的区别。前者通过实验法和归纳法获得，对于后者，一般意义的理解则通过个案研究和个体事件中的实验加以推动。[2]

个案研究面临着缺乏普适性的批评，这通常是对个案研究"膝跳式"的反应。尽管如此，我们应当注意到在商业、医学和法律，以及护理、公共管理、社会工作和精神分析等职业学校中，个案教学方法所扮演的中心角色（Reinharz，1992）。在这些培训情况下，历史案例被详细地加以研究以训练经理、医生、律师等，从而让他们能够处理未来可能面临的情形。这就清晰地凸显了从个案研究中构建知识的潜在普适性。假如每一个个案都是完全独特的，从一个案例到另一案例的知识不具有转换性，那么培训过程中的案例教学就没有什么意义了。

个案研究在社会科学研究中的位置模棱两可（Reinharz，1992），历史上对个案研究通常也持否定的态度。这种态度通常基于普适性的批评，并以居高临下的口吻加以表达："那只不过是个案研究。"本书对此持不同观点。特别是在我们的知识肤浅、零碎、不完整或不存在的情况下，正确进行的个案研究对社会科学研究有着宝贵的贡献。这种贡献主要体现在以下三个方面：

首先，我们能从特定的个案研究中获得很多。被研究的个案或许是不寻常的、独一无二的，或是不被理解的，因此建立对这一个案的深度理解是有价值的，这或许包含了斯塔克所描述的所有三种个案研究。

其次，对于一个新的持续的问题研究领域的重要方面，只有深入的个案研究才能提供理解。这不仅在很多的社会科学研究中都是如此，在涉及复杂的社会行为时更是如此。揭示个案的重要特征、发展对个案的深入理解、为进一步研究对个案进行概念化，藉由个案研究策略往往最为成功。按照这一观点，有着太多的研究在没有充分理解所涉现象和过程的前提下，就直奔测量和定量测绘，而这种探究最好通过个案研究来实现。

再次，个案研究方法与其他研究方法相结合，能够做出重要的贡献。

例如，调查之前的个案研究能够为调查提供方向，但调查需获得建立自个案研究的充分理解。类似地，调查研究可以从一个或更多个案研究中加以延续，或与后者一起协力进行。由于调查研究的局限性，个案研究不可能使用更多的表面技术，以一种对我们的理解极为关键的方式，"充实"研究图景，使之"有血有肉"。此外，个案研究或许特别适用于学生项目和论文，因为他们的资源和时间有限。

个案研究的这些潜在贡献反驳了上述对它的否定态度。同时，这种批评性态度也不无道理，特别是在个案研究没有与其他方法整合而单独进行的时候，或者研究结果超出了资料能够支撑的时候。因此，考虑到上述对个案研究的批评，考虑到个案研究内部的多样性，明晰个案研究背后的合理性依据、明确个案研究的目的似乎特别重要。那就意味着澄清个案研究的策略，以及发展研究问题从而指引研究，不管是提前完成还是作为个案研究的焦点，必须足够清晰明白。

7.3.4 个案研究准备

我们现在总结一下已被说成是个案研究准备的一套指南。个案研究的方案需要包括以下几个方面：

- 以一种预测并连接研究背后策略的方式，明确个案是什么以及个案是有关什么的问题；
- 明确这一个案研究的需要以及这一个案研究的一般性目的；
- 将这种一般性的目的转换成具体目的和研究问题（这些或许出现在早期经验性工作期间）；
- 确定个案研究的总体策略，尤其是单一个案或多个个案，为什么采取这一策略；
- 展示上述策略怎样导向所选研究个案；
- 展示资料怎样被收集，从谁那里收集以及怎样收集；
- 展示资料怎样被分析。

最后一点会在第 9 章中被再次提及，尤其是在讨论定量资料分析中抽象的程度时会再次涉及。同样，关于确定个案并对个案划定边界的第一点，对研究中的分析单位和研究资料的分析有影响。

7.4 民族志

这一节包含三部分。首先，本节总结了哈默斯利和阿特金森对民族志的介绍，这一介绍出现在他们有关这一主题的著名教科书中。其次，本节确认了运用民族志方法进行研究的一些重要特征。再次，本节对民族志在社会科学研究中的位置做出一般性的评论。民族志研究的例子在案例 7.2 中得以展示。专业术语“民族志”本身出自文化人类学。“ethno”意味着人或民族、种族，而“graphy”是指写、描绘、记录或描绘性的学科。因此民族志即意味着从参与者角度描述某种文化、理解某种生活方式——民族志是描述某一群体或文化的艺术和科学（Fetterman，2010；Neuman，1994）。菲尔丁（Fielding，2008）讨论了民族志的起源，回顾了民族志在英国殖民地和美国研究中的运用历史。

7.4.1 引言

哈默斯利和阿特金森（Hammersley & Atkinson，2007）采取一种“相当自由”的观点看待民族志：民族志的研究者公开地或隐秘地在一段延续的期间参与到人们的日常生活，看看发生了什么事、听听他们说了什么，提出疑问并且搜集任何其他相关的资料。他们指出了民族志与自然主义之间的关联，它是民族志研究者为了因应实证主义的困难所发展出的一种社会研究方法。不像其他方法，在自然主义研究中，被研究的社会世界没有被研究者干扰，尽可能保持在一种自然状态。民族志研究使用对情境的性质敏感度高的研究方法，主要目的是要描述情境中发生了什么事，相关的人如何看待自己和别人的行为，以及事件的脉络（背景）。

特别借鉴自符号互动论（专栏 7.1），但也受到现象学和解释学的启发，自然主义认为社会现象与物理现象有着很大的不同。其基本思想在于，人类行为是建立在人们赋予或带给情境以意义的基础上的，其行为不是任何机械方式的“结果”，而是在对他们所处情境进行解释的基础上不断建构和重构的。

专栏 7.1

符号互动论

符号互动论与民族志之间有着自然的亲和力。但符号互动论在定性研究中也有着非常普遍的重要性，甚至超越了民族志。符号互动论是关于人类行为的一般理论，这一理论主要强调人们对其所生活的情境进行定义、解释并赋予意义，然后采取行动以回应这些定义、解释和意义。在解释人类行为方面，重要的是行动者对情境的定义或知情人的观点，而不是某些情境的客观真实性本身。知情人的观点以及情境和行动对于参与者的意义是最为重要的，符号互动论研究者希望获得这一观点和这些意义。布鲁默（Blumer，1969）和伍兹（Woods，1992）给出了符号互动论的理论处理方法。关于符号互动论用于教育研究的例子可以在范登伯格、埃文斯以及奥多诺休那里找到（van den Berg，2002；Evans，2007；O’Donoghue，2007）。

因此，为理解人类行为，我们需要一种方法以便获取指导行动的意义的途径。正是我们作为社会行动者所发展出来的所有能力——参与观察的能力（参见第8章）——能为我们提供这种途径。作为参与观察者，我们可以了解我们研究对象的文化或亚文化，并学着理解他们所生活的世界。经典的民族志研究展示了怎样应用这一方法去研究我们自己以外的社会，但其可以被用于对所有的社会进行研究，甚至包括我们自己所在的社会。这是因为在任何社会中都有许多不同层次的文化知识，特别是在现代工业社会。

因此，民族志：

利用任何社会行动者拥有的能力去学习新的文化，其客观性在这一过程中产生。即使他或她正在研究一个熟悉的群体或情境，参与观察者也需要把这视之为人类学意义上的陌生物，努力清楚地说明他或她理所当然地作为某文化成员的假定。如其所愿，文化以这种方式成为可供研究的一种客观存在物。自然主义提出这样一种观点：通过社会位置和视角的边缘性，既从内部进行理解，又从外部独立于研究者：换言之，作为一种自然现象进行采集（捕捉），以这样的方式构建一种文化的说明是可能的。因此，文化的描述成为首要的目标。（Hammersley & Atkinson，2007：9）

文化概念是民族志的中心。文化可以被认为是一套共享的意义系统，或共享的意义认知地图（Spradley，1980）。任何群体的文化知识都是关于这幅认知地图的知识。民族志在人类学学科中发展，并已成为研究文化的中心策略。许多人类学家认为文化阐释是民族志的主要贡献。对文化概念的全面论述超出了我们这里的范围，具有参考意义的是基辛（Keesing，1976）和哈维兰等（Haviland et al.，2013）以及霍华德（Howard，1997）等人的研究。源于文化的亚文化概念在社会科学研究中有很广的应用范围。任何一个稳定的群体都随着时间的推移而发展出共享的意义系统，同时通过这种方式，亚文化也得以发展。由此得出这样的结论，对于任何稳定群体的亚文化，无论儿童还是成人，都可以进行民族志意义上的研究。

我们可以采用杰出的教育民族志学者的话来总结这一节：

民族志字面上的意思是一些可识别的人群生活方式的写照。可以想象，这些人在任何时间、任何地点都可能是孕育文化的群体。在过去，群体通常是一个小的、完整的、基本上自给自足的社会单位，对于观察者来说它总是一个特别“陌生”的群体。作为民族志学者的人类学家，其目的就是了解、记录并最终描述这一“陌生”群体的文化。人类学家总是依据文化背景研究人类行为。特定的个人、风俗、机构，或事件都是人类学家的兴趣点，因为它们与社会互动群体生活方式的概括描述具

有相关性。然而文化本身总是抽象的，不管其是否涉及一般文化或特定社会群体的文化。(Wolcott, 1988: 188)

7.4.2 一些主要特征

民族志方法的首要特征是致力于文化阐释。民族志的关键是研究和理解行为及行为背景的文化及符号方面，无论研究关注的具体焦点是什么。典型的具体焦点要么是一群人，要么是一个案例（或一些案例），专注于文化上重要的行为。除了这一主要特征外，我们可以确定六个重要且相互关联的民族志研究方法特征。

1. 当研究一组人群时，人群有着共享的文化意义对理解其行为至关重要，民族志从这一假定开始。这是致力于文化阐释的一部分。正如戈夫曼（Goffman, 1961: ix-x）所说："任何群体的人——囚犯、原始人、飞行员或病人——创造了一种属于他们自己的生活，一旦你走近它，这种生活就变得富有意义、合理且正常……"民族志学者的任务就是揭示这一意义。
2. 在人们眼里，民族志学者对行为、行动、事件和背景所具有的意义很敏感。我们需要的就是以局内人的眼光打量这些事件、行动与背景。正如斯普林德（Spindler, 1992: 73）指出的那样："社会参与者所拥有的社会文化知识使得社会行为及沟通合情合理。因此民族志的一个主要任务便是从知情参与者那里获取那些知识。"民族志研究的设计及其资料收集技术的组织都与此一致。
3. 群体或个案将在其发生的自然情境中进行研究。一个真正的民族志研究因此包括了成为自然情境一部分的研究者（Fielding, 2008）。这就解释了第8章中探讨的参与观察为什么成为民族志研究所青睐的方法。要理解任何群体，或任何具有重要文化意义的行为、事件或过程，在其发生的自然情境下进行行为研究是必要的，尤其是与这种行为相联系的符号世界。
4. 民族志可能是一种不断发展和演变的研究，而不是一种预先结构化的研究。作为发展研究焦点的一部分，研究者通常不清楚需要深入研究什么，直至一些实地调查完成后才会逐渐清楚。虽然具体的研究问题和可能的假设将被用于研究，但它们更可能伴随研究进展而发展，而不是在研究前制订规划。这一点也适用于资料收集过程。民族志资料的收集可以采用几种技术，但任何资料结构或任何资料收集工具的结构都在现场伴随研究的开展而产生。
5. 从资料收集方法的角度来看，民族志不拘一格、不受限制。任何方法都可使用，但田野工作始终是最重要的。一项民族志田野调查工作的连续性范围，从直接的非参与观察到参与观察，再到对一个或多个信息提供者的民族志采访，然后到人们自己的言词（在民族志著作中经常被称为“本地人的声音”）。民族志资料收集或许很好地囊括了上述所有范围，并可通过提供现场资料的全面图景的东西进一步补充，比如电影或音频记录、文件、日记等。也可以采用附有测量变量的结构式定量问卷，虽然这些资料将会随着研究发展。

6. 民族志资料收集通常延续很久且会反复进行，既有一般性的原因也有特殊性的原因。一般性原因在于被研究的现实、意义、象征意义和文化阐释都存在于数个层次。研究者要获得更深和更重要层次的这种现实都需要花时间（Woods，1992）。特殊性原因在于民族志的记录需要全面而详尽，通常聚焦于一再发生的事情。民族志学者因而需要有足够多的时间对此进行观察。当意识到文化意义上没有新的事物可供学习时，研究就可以结束了。

7.4.3 一般性评论

虽然民族志是一种与众不同的策略，没有一种设计是为了民族志的研究。它的设计可能与其他设计部分或完全重复。因此，例如，它或许采用与其方向一致的个案研究或扎根理论研究中的要素，它也可能被用于与田野实验或问卷调查结合的研究中。不论什么具体设计，民族志一贯采用相对无结构式的实证资料、小部分的案例以及一种强调描述和解释的分析和写作风格（Atkinson & Hammersley，1994）。民族志研究既是过程也是结果。“过程”意味着民族志作为一种特别的研究方法，具有一种与众不同的处理方法。“结果”指的是某一类型的研究报告（有时被称为民族志记录或民族志的一个完整叙述）将会产生。术语“民族志”也阐明了民族志作为一种结果的观点。

全面意义上的民族志研究，意味着执行起来要求详尽且苛刻，需要花费很长一段时间进行田野调查和资料收集工作。尽管这些要求可能会超出项目所提供的时间和资源，但将民族志方法引入主题意义依旧非凡。因此，民族志方法的元素，或“从民族志中借鉴的技术”（Wolcott，1988）往往被用于一些社会科学研究项目，而不是生产全面意义上的民族志。正如前面所说，借鉴民族志方法对于亚文化的定性社会科学研究不无裨益。

什么时候运用民族志方法最为合适？通常，当我们需要理解行为的文化背景，以及这一背景下行为的象征性意义和重要性的时候，民族志方法是不错的选择。民族志研究作为一种发现的方法，尤其是在我们处理一些新的、不同的或未知的事情时特别有用。民族志方法是一种洞察文化、亚文化或社会过程的极好方法，尤其是在复杂行为背景下，特别是在包含其他文化、亚文化，包括现代世界的组织和机构的时候。民族志方法能够使我们对我们需要理解的行为的文化背景和象征意义变得敏感，在某种程度上其他研究方法却做不到。正如菲尔丁（Fielding，2008：265）指出，这常常是开创性的，“作为获得某种文化或社会过程的基本洞察方法，作为采用其他方法进行详尽调查的一种假设来源，民族志方法是无与伦比的”。

民族志方法对于不同群体、不同机构和组织的文化和亚文化有着广阔的应用空间，对社会科学研究有着重要的贡献。案例 7.2 向我们展示了一些卓越的民族志研究案例。

案例 7.2

民族志

《被转述的妇女：带着埃斯波兰莎的故事穿越边境》（*Translated woman：Crossing the Border with Esperanza's Story*）（Behar，1993），讲述的是一位墨西哥印第安女性的生命史故事。人们认为这位妇女对她的前夫施了魔法，因为前夫虐待她，且为了别的女人离开了她。当她的前夫突然失明时，她拥有魔力的谣言则更加深入人心。

《当预言落空：一项预言世界毁灭的现代群体的社会心理学研究》（*When Prophecy Fails：A Social and Psychological Study of a Modern Group that Predited the Destruction of the World*），为由费斯汀格等（Festinger et al.，1964）在 1964 年进行的参与观察的研究成果。本项研究在宣称接收到来自一个叫做“Clarion”行星上的信息的两个小组中择机进行，小组成员收到的信息预测三个月后将会发生灾难性洪水。研究者和一些受雇的人员加入到小组中，对预测灾难之前和之后的整个过程进行了深入的调查。

《国民阵线》（*The National Front*）（Fielding，1981），这是一本关于极右种族主义组织的民族志。研究者作为其成员加入组织，对该组织官员及其反对者进行了会见和访谈，对该组织的文件进行了内容分析。

《作为一种仪式表演式教育：对教育符号和手势的政治经济学分析》（*Schooling as a Ritual Performance：Towards a Political Economy of Educational Symbols and Gestures*），为麦克拉伦（McLaren，1986）的民族志研究。该书以一所位于加拿大多伦多市中心的天主教学校为研究地点，该所学校学生多数由葡萄牙裔和意大利裔组成。作者分析了学生的身体姿势和手势，并为象征意义和象征力量的概念化提出了一个理论框架。

在沃尔科特(Wolcott,1973)的《校长办公室里的那个人：一项民族志探究》(*The Man in the Principal's Office: An Ethnography*)中，研究者对一个具有典型意义的小学校长上班期间的所有活动以及业余期间的许多活动，进行了长达两年的跟踪式研究。

7.5 扎根理论

作为一种研究策略，扎根理论是独特的。同时该理论超越了本章中所讨论的其他策略和设计，成为广泛学科和学科领域内应用最广泛、最受欢迎的研究方法（Bryant & Charmaz, 2007a: 1）。本书有两章内容涉及扎根理论，分别在本章和第9章中。这是因为扎根理论不仅是一种研究方法，也是一种资料分析方法，第9章（9.5节）涉及了扎根理论的分析方法，而本章我们将从六个部分来具体分析扎根理论。

- 什么是扎根理论？
- 扎根理论简史
- 理论生成研究和理论验证研究
- 理论抽样：资料收集与资料分析之间的关系
- 扎根理论中文献的使用
- 扎根理论研究的位置

下面案例7.3展示了扎根理论研究的案例，更多案例将在第9章中被提到。

案例 7.3

扎根理论研究的例子

克雷斯维尔和布朗(Creswell & Brown, 1992)以对33名系主任访谈的资料为基础，完成了《系主任如何提高全体教员的研究水平：一项扎根理论研究》(*How chairpersons enhance faculty research: a grounded theory study*)，该研究发展了系主任影响力与教员学术业绩之间相关类型的扎根理论。

考哈佩《崭新的开始：离婚后的男人和女人》（*Fresh starts*: *Men and Women after Divorce*）（Cauhape, 1983），此书描述了男人和女人在中年离婚后重建社交圈的过程。参与调查对象最初来自非专业背景但都具有向上流动机会的职业男性和女性。

格拉泽和斯特劳斯《死亡认知》（*Awareness of Dying*）（Glaser & Strauss, 1965）是第一部报告扎根理论研究的作品。该书聚焦于死亡的过程：人们在医院死亡的时候究竟会发生什么，医院如何应对死亡情形以及医护人员与病人之间如何互动。该研究在旧金山的6所医院中展开。

格拉泽和斯特劳斯《死亡时间》（*Time for Dying*）（Glaser & Strauss, 1968）是两位作者报告扎根理论研究的第二篇作品。该书的材料来自以观察和访问相结合的方式对6所医院进行的深入实地调查。该书又一次聚焦于医院中如何组织临终关怀，目的就在于描述死亡的时间特征，将死亡本身视作一种社会过程。

切尼茨和斯旺森《从实践到扎根理论》（*From Practice to Grounded Theory*）（Chenitz & Swanson, 1986: Chapter 14 to 19）描述了6种扎根理论研究，内容涉及如"患上肺气肿"和"进入疗养院"等主题。

戴维斯《学会与多发性硬化症共处：一项社会心理学分析》（*Living with Multiple Sclerosis*: *A Social Psychological Analysis*）（Davis, 1973），该书基于多发性硬化症患者，指出在特定情况下，这些病人拥有推进他们治疗连续性的主动权。

7.5.1 什么是扎根理论

首先要说明的是，扎根理论不仅仅是一种理论。它是一种研究策略，或者从一些观点来看，是一种研究途径或方法。扎根理论是一种以从资料中生成理论为目标的研究策略。"扎根"意味着理论的建立要基于材料，理论因此要"扎根"于资料之中。"理论"意味着研究资料的收集和分析的目的便是生成理论以解释资料。扎根理论的基本理念就是解释性理论从资料中归纳发展而来。扎根理论是一种系统的从事研究的策略。为了实践这一策略，扎根理论有一系列特定的技术和程序。如同扎根理论作为一种研究策略一样，我们也因此可以谈论扎根理论分析——其分析风格是运用程序来发展扎根于资料的理论，内容会在第9章中加以描述。

7.5.2 扎根理论的简史

对扎根理论发展历史的简要了解可以帮助我们理解它，并且见证它在社会科学研究领域中的现有地位。其早期的历史可以从五本重要的著作加以追溯。20世纪60年代，格拉泽和斯特劳斯开始在医学社会学领域协同工作，并且出版了两部具有代表性的关于死亡的作品（Glaser & Strauss，1965，1968）。这两本书有着十分重要的影响，代表了一种基于社会经验研究的不同风格。《死亡认知》出版后，在回答数不胜数的“你怎么做到的”的读者问题时，两位作者写了一本书，详细描述了他们在死亡研究中发展和使用的方法。这本在1967年出版的书以“发现扎根理论”（*The Discovery of Grounded Theory*）命名，第一次描述了扎根理论方法，也是关于扎根理论的第一部重要出版物。据斯特劳斯和科尔宾（Strauss & Corbin，2008：326）所说，《发现扎根理论》有3个目的：为扎根理论提供理论基础、展示扎根理论的逻辑特性、使细致的定性研究更加合规。在它出版之后的许多年里，首先是格拉泽，继而是斯特劳斯在旧金山的加利福利亚大学，教授定性研究方法中的扎根理论。

在此期间，有大量参加项目的毕业生，运用扎根理论调查了形形色色的社会现象并发表了大量作品。尽管如此，接下来关于研究方法的著作，也是第二本重量级的出版物，出现在《发现扎根理论》这本著作11年之后，1978年由格拉泽发表了《理论敏锐性》（*Theoretical Sensitivity*）。此书的意图在于完善扎根理论中的方法论研究，并帮助分析人员培养更好的理论敏锐性。尽管报告扎根理论研究的作品持续发表，但却时隔9年之后才出现了新的方法论论述。这就是斯特劳斯于1987年出版的《社会科学家的定性分析》（*Qualitative Analysis for Social Scientists*），该书是第三本关于扎根理论的重要著作。这本书的关注点拓展到了一般的定性分析，但扎根理论仍然居于主导地位。这本书被描述为“通过特定形式的定性资料分析方法（扎根理论）来更好地理解社会现象的手册。该种分析模式……是特意为了生成和验证理论而设计的”。

第四部重要著作在1990年出版，是斯特劳斯和科尔宾联合撰写的《质性研究的基础》（*Basics of Qualitative Research*），副标题为“形成扎根理论的程序与方法”（Grounded Theory Procedures and Techniques），它向不同学科的研究者，阐述了通过定性资料分析创建理论的方法。该书展示了扎根理论的分析范式，并强调这种分析方法中的技巧可以为任何不怕麻烦学习其程序的人所获得。这也反过来推动了第五部著作的诞生——格拉泽对斯特劳斯和科尔宾著作的批判性文章——题目为《扎根理论分析的基础——自然呈现与生硬促成》（*Basics of Grounded Theory Analysis*：*Emergence vs Forcing*）。在此书中，格拉泽试图纠正在斯特劳斯和科尔宾书中他所认为的关于扎根理论的错误观点。

以上五部著作的发表构成了扎根理论的早期发展史。它们不是那个时期关于扎根理论方法的仅有的论述，但构成了这一时期的主要论述。然而，从 20 世纪 90 年代早期开始，扎根理论的途径和方法有了相当程度的进一步发展，变得多元化。最近以来扎根理论的主要特征体现在建构主义扎根理论（Charmaz，2006）以及 2007 年出版的《扎根理论手册》（*The Sage Handbook of Grounded Theory*）（Bryant & Charmaz，2007b）中。正如布赖恩特和卡麦兹在《手册》第 1 章中所指出的那样，目前扎根理论方法似乎有了自己的生命力。在当前多元化的扎根理论中，主要有 3 种分类方法：（a）“传统的”或“经典的”扎根理论，如格拉泽和他的追随者们；（b）斯特劳斯和科尔宾论述的追随者；（c）卡麦兹建构主义扎根理论的追随者。另一方面，在更为细致的程度上，邓津（Denzin）将扎根理论分为七种类别。因此，扎根理论如今与其被视为一种方法，倒不如说是一种方法的总和（Bryant & Charmaz，2007a：10）。

7.5.3 理论生成与理论验证

扎根理论有从资料中生成理论的明确目的。这就提出了理论生成研究和理论验证研究之间的对比。正如第 2 章所提到的那样，这种对比代表着研究风格上的差异。在传统意义上，很多研究特别是定量研究都遵循着理论验证模式，这一点可以从假设在传统研究中扮演的重要角色所体现。许多研究方法教科书坚持认为假设对研究至关重要，因为假设是从一般性理论演绎而来的，研究的意义就在于检验理论。

正如第 4 章所述，本书采取了一种针对假设的不同观点，即建议只有在合适的时候才使用假设。在旨在生成理论的扎根理论研究方法中，没有先前理论可供参考，无需在研究之前提出假设以检验相关理论。研究不必从某个理论开始，然后从这一理论演绎出若干假设以供检验。扎根理论研究方法从一些研究问题和开阔的思路出发，之后再关注资料，最终旨在生成一项理论。扎根理论研究方法的重点由格拉泽和斯特劳斯刻意发展出来，以回应理论验证研究的排他性坚持，这一坚持特别在 20 世纪 50 年代的美国社会学领域尤其突出。

对理论生成和理论验证做出鲜明的对比是很有意义的，可以更好地突出研究风格上的差异。但事实上，实践中二者的区分并不是如此明显。尽管一开始我们可能没有理论就着手研究，有创建一个理论的目标，但在我们想要检验现有的理论观点之前，创立理论的过程并不是很漫长，因此，实际上理论创建也依赖于理论验证的不断完善。换种说法，扎根理论本质上是一种归纳性的技术，但它也运用了演绎方法。它强调归纳是理论发展的主要工具，但演绎对于发展理论也往往是必不可少的。

7.5.4 理论抽样：资料收集与资料分析之间的关系

扎根理论对于研究主题有一种不同于其他方法的特定方法（然而它不是独一无二的，参见休斯［Hughes，1958］和贝克尔［Becker，1971］）。

在传统的研究观点中，资料收集是研究中的一个独立阶段，通常在资料分析开始前就已完成。而在扎根理论中，模式有所不同。在最初的一些研究问题的指引下，研究人员会首先收集第一组材料，其规模通常很小。此时，资料的分析即开始，采用第9章中描述的程序。第二组材料将在第一组材料分析后进行，因为正是这种分析才提供了后续研究方向的指引。这就是理论抽样的原则——后续资料的收集应该以前述资料分析基础上的理论发展为指引。资料收集和资料分析的交替循环往往不会停留在上述两次重复上。它一直持续到理论饱和状态的实现，也就是说，直到新的资料不再显示出新的理论元素，而是证实了业已发现的结果。这一模式如图7.2所示。

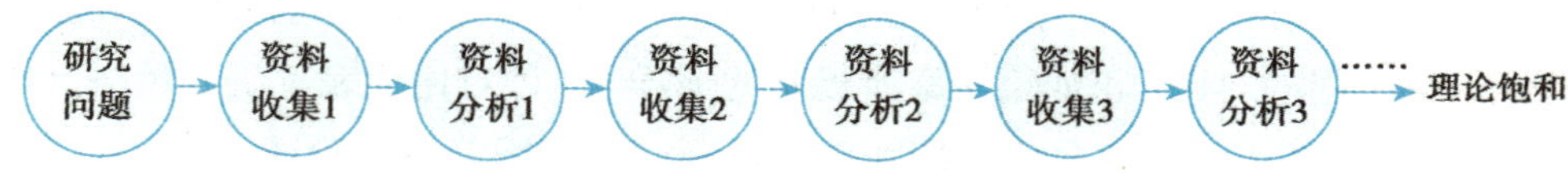

图7.2 理论抽样：资料收集与资料分析之间的关系

当今，在定性研究中，寻求资料收集与资料分析之间的关系变得越来越普遍。它不同于传统研究，却更像我们在日常生活中在遭遇令人迷惑情形时的通常所为。就像扎根理论中的其他什么东西一样，塑造着人们一直以来的学习方法。在这方面，扎根理论是忠实于其实用主义哲学根源的（Glaser & Strauss，1967）。

7.5.5 文献在扎根理论中的运用

在这个问题上，扎根理论与别的研究方法也有不同的角度。不同之处在于文献是如何处理的、文献是何时被引入的，以及强调扎根理论对理论生成的作用。

如果在某一个特定的研究主题上已经有了令人满意和信服的理论，那么在这个主题上进行研究并生成一个新的理论是毫无意义的。从事扎根理论研究的逻辑在于，我们在该主题上还没有一个令人满意的理论，在开始理论化时我们对该主题还没有足够的理解。在这种情况下，我们想要在研究问题的指引下尽可能虚心开放地获取资料。尽管文献资料里的一般性结论在确定研究方向以及展现一个令人满意的理论的缺陷时是必须的，在实施研究之前浏览大量详尽的文献资料的问题在于，当我们开始处理资料时这些文献资料会强烈影响到我们。

正如第 9 章将要详细展开的那样，我们通过在资料中找到分类和概念来开始分析工作，而非将文献资料或者别的什么带到调查资料中去。在这一情形下，将文献梳理工作推迟到资料中概念性的方向变得明朗时再去进行是明智的。在扎根理论研究中，我们引入文献资料比通常方法所做的要晚，此时将相关文献视为进一步研究的资料参考。这是在扎根理论中文献资料运用的最关键概念——尽管文献资料被视作支撑分析的进一步材料，但它应出现在理论方向变得清晰明朗的资料分析阶段。文献资料的运用与扎根理论研究的总体逻辑是一致的。理论发展扎根于资料中，整个方法都是围绕这一原则而组织的。

7.5.6 扎根理论研究的运用

扎根理论在定性研究中有着广泛的应用，这点并不令人惊讶。我认为其中有五个主要原因：

1. 尽管有很多方法论的文献提到了需要在研究中概括出理论，但很少有方法提到如何做到这一点。扎根理论明确地致力于解决这一问题。
2. 扎根理论代表的是一种协调的、系统的但又灵活的总体研究策略，与那些临时的、不协调的有时被描绘成定性研究的方法形成对比。
3. 扎根理论提供了一个有规范的、有组织的定性资料的分析方法。考虑到在定性研究背景下，由于历史上缺乏完善的资料分析方法，这一点有很大的吸引力。
4. 在某个研究领域中基于扎根理论产生的研究成果案例令人印象深刻。扎根理论成果最初展现在医学社会学领域，如格拉泽和斯特劳斯的死亡研究，现在应用领域更为广泛（Bryant & Charmaz，2007b）。
5. 第五个原因与从专业实践、组织和机构背景中识别研究问题相关。在这些情境中，传统的假设检验方法不再适合。社会科学研究工作者，特别是应用领域里的社会科学研究工作者面临着许多实质上全新的问题，因为这些问题来自专业实践中的新发展，和（或）来自新发展的组织背景。大多数是定性的经验研究，在这些领域中大有用场，理论验证的方法在这些领域中是不恰当的。在这些实质上是全新的领域中，扎根理论的很多理论生成方法受到推荐，因为这些领域对正在发生的事情缺乏描述性和解释性的扎根概念。扎根理论的吸引力在于它重点关注发现概念、假设和理论。

7.6 行动研究

里森和布拉德伯里所编辑的《行动研究手册》(*The Handbook of Action Research*)(Reason & Bradbury, 2007: 1)早就告诉我们,"什么是行动研究"这一问题的答案不简单。相反,该术语被用于共享某些重要观点的一系列相关策略中,尽管这些策略在研究方法的细节上有所不同。这些不同导致这些研究者取了各种各样不同的名字来描述他们的方法——技术性行动研究、实践性行动研究、解放性行动研究、参与式行动研究、合作式行动研究以及女性主义行动研究等就是这样的例子——但是行动研究这一通用术语可能包含了大多数上述研究方法(Kemmis & McTagart, 2000: 567)。本节将重点放在不同行动研究分支后面主要的共同理念。[3]

行动研究中心理念可通过"行动研究"这一术语本身加以表达。把行动和研究放在一起:行动研究者"沉浸于细心持续的探索,不是为了发现新事物或者推翻业已被接受的法则或理论,而是为了获取用于解决与其工作相关的特定问题的实际应用信息"(Stringer, 2004: 3)。行动研究将行动(或所做的)与研究(或探索)结合在一起。与仅仅是为了调查而调查,为了构筑知识而构筑知识相比,行动研究旨在将调查设计和知识构筑服务于解决实际问题的行动。因此,在行动研究中,调查特意从一项具体的实践性或应用型问题开始。它所有的目的就是引导行为来解决或回答这一特定的实践性问题。正如里森和布拉德伯里(Reason & Bradbury, 2008: 1)所说,行动研究"致力于把行动和反思结合起来,把理论和实践结合起来,在他人的参与下,寻求人们迫切关心问题的实际解决办法"。他们又曾这样说过:"行动研究的一个主要目的是生成实践性知识,这一知识对于人们日常生活的行为很有用。"(2008: 2)与此类似,斯特林格的五步骤行动研究展现了四个方面的"基本研究"(研究设计、资料搜集、资料分析、沟通),而行动本身补充了行动研究的第五部分。

斯特林格的五步骤行动研究法,清楚地表明了研究本身处于这五个步骤的中心。也就是说,系统的、规范的调查——研究——被用来支撑需要解决方案的实际问题——行动。这些都是在一个精心组织的框架中完成的。这一系统、规范的调查——这一研究——当然是经验性的。因此,它也借鉴本书所涉及的研究方法。因此,行动研究可能既包含定量数据方法和设计,也包括定性资料方法和设计,或者是混合二者的方法和设计。尽管行动研究通常被认为是定性研究方法,在这里也被包含在定性研究设计中,但它并不仅仅依赖于定性资料。相反,只要适当和可用,它也能运用定量数据。在这个意义上,它与个案研究类似。

行动研究一个重要的特征,一个将它与别的设计相区分的特征是,它通常是周期性的，这反映出人们通常以周期性、循环式的方式去寻求其问题解决方案的事实。“周期”“螺旋”等词汇被行动研究学者用来表述这一特征。这些词汇表达了这一理念，即一项研究导致一组行动不是研究的结束，而是一个周期或螺旋的开始。研究产生了指引研究者采取行动的结果，但这又反过来产生了进一步加以研究的问题，以此类推。凯米斯和麦克塔格特（Kemmis & McTaggart，2000：595-6）用图表阐释了行动研究的螺旋特征，并且写道，尽管很难将这个过程表述为一系列的步骤，但参与式的行动研究一般被认为包含了一个自我反思的循环：

- 设计一个变化；
- 行动并观察变化的结果；
- 对这些过程和结果进行反思；
- 再计划；
- 行动并观察；
- 反思，以此类推。

斯特林格从行动研究循环圈开始，然后将其扩展为行动研究螺旋。不管我们怎么想，这里的主要观点都是，行动研究是重复的、持续的和周期性的。

对于许多人来说，自我反思的循环包含了计划、行动和观察、反思、再计划等，这已经成为行动研究作为研究方法的主要特征。然而，对于凯米斯和麦克塔格特而言，参与[illegible]研究有七个额外的特征——参与性行动研究是一个社会过程，具有参与[illegible]性、解放性、批判性、回归性，且旨在改造理论和实践。

正如[illegible]查探究和行动分开来那样，它也没有将研究者和研究对象分[illegible]有一个老派观点，在 20 世纪 70 年代的教育研究领域尤其流行[illegible]时放在一个人身上——老师成为行动研究者。这就导致了行[illegible]题，因为大多数老师没有足够的研究技巧，无法与常持怀疑态度的研[illegible]行有效沟通。现在，行动和研究被视为不同的角色，通常由不同的人实施，但是不同人之间的合作和参与被强调了。斯特林格（Stringer，2004）正是在这个意义上将教育领域的参与研究与教育领域的行动研究区分开来。当教师回到反思、收集信息、观察课堂互动等时就是实践研究；而当教师志在解决教育工作问题，同他人联手进入探究，此时就是行动研究。合作性参与此时是关键。

同样，凯米斯和麦克塔格特（Kemmis & McTaggart，2000：595）认为，尽管一些行动研究依赖于行动研究者系统化的自我反思的独自过程，自我反思循环的步骤在研究中最好由研究过程中的合作参与者共同进行。这就是为什么他们更愿意选择“参与式行动研究”这一术语。在一些类型的行动研究中，其构想特别强调参与和协作所扮演的角色。当研究中有参与和协作时，行动研究发展出新的研究关系，并且通常朝着构筑学习者共同体的方向进发。不管这一点是否会发生，研究者和研究对象成为共同研究者，也就是行动研究中的合作性参与者。

行动研究有不同的起源。许多作者将其追溯到库尔特·卢因（Kurt Lewin）在20世纪40年代的社会实验，但是里森和布拉德伯里（Reason & Bradbury, 2007: 2-4）也确定了其他重要的影响因素。这些因素包括对实证主义科学和科学至上主义的当代批判、马克思主义（重要的事情不在于解释世界而在于改变世界）、性别和种族的解放视角、体验式学习与精神疗法的实践，以及其他类型的精神实践。凯米斯和麦克塔格特（Kemmis & McTaggart, 2000: 568）也注意到了参与式研究与解放神学和旨在社会变革的第三世界运动的联系。在教育领域，行动研究在20世纪70年代变得流行起来，但在接下来的20世纪80年代其流行性和可靠性有所降低，只是在20世纪90年代表面上又恢复流行了。教育行动研究中的大量文献是目前行动研究在教育研究中受欢迎的一个体现（Stringer, 2004）。目前行动研究在社会科学研究中的突出地位通常体现在最近的《行动研究手册》中。

章节概要

- 研究设计将研究问题与资料连接起来。研究设计基于这样一个策略，即通常包括一个概念框架、资料收集对象、资料怎样被收集及资料怎样被分析等内容。
- 当前定性研究展现出多元范式、视野、策略以及设计的特征。同时，在定性研究的多样性中也有一些重要的共同特征。
- 个案研究中，一个案例（或少数案例）在整体背景下或在自然情境下被深度研究。案例的选择应当有逻辑，通常要涉及研究问题和资料的多种来源。
- 民族志关注于某一群人的生活方式，这一生活方式只能从内部人的角度来理解。作为共享的一组意义，文化是核心概念。大多是定性的多样资料来源被民族志学者用来揭示文化的含义。
- 扎根理论是一项研究策略，其目标是生成基于资料的解释性理论。如今扎根理论已经演变成包含独特概念和理论的一整套方法。
- 行动研究包含了一系列相关的方法，通常在参与性情境中，这些方法强调将行动和研究结合起来，以一种循环的模式解决实际问题。

关键术语

研究设计：将研究问题和资料相结合；研究设计基于一个策略，包括一个概念框架、资料收集对象、资料怎样被收集及资料怎样被分析等内容。

个案研究：整体背景下对一个案例或少数案例的详细研究。

民族志：关注于揭示任何稳定人群发展出的共享意义的一项研究策略。

文化：某一人群一整套共享的意义，倘若没有这些共享的意义，该人群的行为和行动就无法理解。

符号互动论：强调人们以他们定义（解释或赋予其意义）情境的方式来行动的一般性理论。

局内人眼光：情境的参与者对这一情境的定义、解释或赋予其的意义。

扎根理论：基于资料而生成理论的一项研究策略。

理论抽样：后续资料的收集应该以前述资料分析基础上的理论发展为指引。

行动研究：一项将行动和研究以螺旋式循环的方式结合起来，旨在解决某一问题的研究策略。

练习与思考题

1. 列举出有助于我们理解研究设计的四个问题。研究设计的功能是什么？
2. 研究策略意味着什么？它与研究设计之间是什么关系？
3. 什么是个案研究？作为一项研究策略其优点和缺点是什么？
4. 概述一下研究策略并为你所熟悉的个案（个人、群体、组织、决策等）做研究设计。遵循 7.3.4 小节中给出的要点。
5. 民族志意味着什么？民族志与人类学之间的联系是什么？民族志与文化概念的联系是什么？
6. 民族志怎样被运用于社会科学研究中？
7. 局内人眼光的研究意味着什么？
8. 为什么格拉泽和斯特劳斯使用“扎根”这一术语去描述他们发展出的扎根理论方法？
9. 说扎根理论最好被视为一整套方法，这意味着什么？
10. 什么是理论抽样？
11. 行动理论的什么关键特征使得它成为一项特别的研究策略？

拓展阅读

个案研究

Ragin, C.C. and Becker, H.S. (eds) (1992) *What is a Case? Exploring the Foundations of Social Inquiry*. New York: Cambridge University Press.

Stake, R.E. (1988) 'Case study methods in educational research: seeking sweet water', in R.M. Jaeger (ed.), *Complementary Methods for Research in Education*. Washington, DC: American Educational Research Association. pp. 253-300.

Stake, R.E. (1994) 'Case studies', in N.K. Denzin and Y.S. Lincoln (eds), *Handbook of Qualitative Research*. Thousand Oaks, CA: SAGE. pp. 236-47.

Stake, R.E. (2006) *Multiple Case Study Analysis*. New York: Guilford Press.

Yin, R.K. (2013) *Case Study Research: Design and Methods*. 5th edn. Thousand Oaks, CA: SAGE.

民族志

Agar, M. (1986) *Speaking of Ethnography*. Beverly Hills, CA: SAGE.

Atkinson, P. and Hammersley, M. (1994) 'Ethnography and participant observation', in N.K. Denzin and Y.S. Lincoln (eds), *Handbook of Qualitative Research*. Thousand Oaks, CA: SAGE. pp. 248-61.

Atkinson, P., Delamont, S., Coffey, A., Lofland, J. and Lofland, L. (eds) (2007) *Handbook of Ethnography*. London: SAGE.

Crang, M. and Cook, I. (2007) *Doing Ethnographies*. London: SAGE.

Fetterman, D.M. (2010) *Ethnography Step by Step*. 3rd edn. Thousand Oaks, CA: SAGE.

Gobo, G. (2007) *Doing Ethnography*. London: SAGE.

Hammersley, M. and Atkinson, P. (2007) *Ethnography: Principles in Practice*. 3rd edn. London: Routledge.

Spindler, G. and Spindler, L. (1992) 'Cultural process and ethnography: an anthropological perspective', in M.D. LeCompte, W.L. Millroy and J. Preissle (eds), *The Handbook of Qualitative Research in Education*. San Diego, CA: Academic Press. pp. 53-92.

Wolcott, H.F. (1988) 'Ethnographic research in education', in R.M. Jaeger (ed.), *Complementary*

Methods for Research in Education. Washington, DC: American Educational Research Association. pp. 187-249.

Woods, P.H. (1986) *Inside Schools: Ethnography in Educational Research*. London: Routledge & Kegan Paul.

扎根理论

Bryant, A. and Charmaz, K. (eds) (2007) *The Sage Handbook of Grounded Theory*. Thousand Oaks, CA: SAGE.

Charmaz, K. (2006) *Constructing Grounded Theory*. Thousand Oaks, CA: SAGE.

Glaser, B. (1978) *Theoretical Sensitivity*. Mill Valley, CA: Sociology Press.

Glaser, B. (1992) *Basics of Grounded Theory Analysis: Emergence vs Forcing*. Mill Valley, CA: Sociology Press.

Glaser, B. and Strauss, A. (1967) *The Discovery of Grounded Theory: Strategies for Qualitative Research*. Chicago: Aldine.

Strauss, A. (1987) *Qualitative Analysis for Social Scientists*. New York: Cambridge University Press.

Strauss, A. and Corbin, J. (1994) 'Grounded theory methodology: an overview', in N.K. Denzin and Y.S. Lincoln (eds), *Handbook of Qualitative Research*. Thousand Oaks, CA: SAGE. pp. 273-85.

Strauss, A. and Corbin, J. (2008) *Basics of Qualitative Research: Grounded Theory Procedures and Techniques*. 3rd edn. Thousand Oaks, CA: SAGE.

行动研究

Herr, K. and Anderson, G.L. (2005) *The Action Research Dissertation*. London: SAGE.

Kemmis, S. and McTaggart, R. (2000) 'Participatory action research', in N.K. Denzin and Y.S. Lincoln (eds), (2011), *Handbook of Qualitative Research*. 4th edn. Thousand Oaks, CA: SAGE.

Reason, P. and Bradbury, H. (eds) (2007) *Handbook of Action Research*. 2nd edn. London: SAGE.

Sagor, R. (2004) *Action Research Guidebook*. London: SAGE.

Stringer, E. (1996) *Action Research: A Handbook for Practitioners*. Thousand Oaks, CA: SAGE.

Stringer, E. (2007) *Action Research in Education*. 2nd edn. Upper Saddle River, NJ: Pearson.

Taylor, C., Wilkie, M. and Baser, J. (2006) *Doing Action Research*. London: SAGE.

注释

1. 然而，对于将所有定量研究标签为实证主义，我们应当保持慎重。原因有二：第一是因为“实证主义”这个术语有很多不同的解释（Blaikie, 1993）；第二是因为一些研究者（比如Marsh, 1982）就指出有些定量研究并不是实证主义的。
2. 斯塔克也报告了他与朱利安·斯坦利之间的个人通信：“当我想亲自发现什么重要的事情时，我通常使用个案研究方法。”（Stake, 1988: 262）这一声明值得个案研究批评者注意，因为声明来自一位受人尊敬的定量研究学者以及定量研究文献的主要贡献者。
3. 凯米斯和麦克塔格特（Kemmis & McTaggart, 2000: 568-72）确定了参与行动研究一般领域内的七种方法。它们是：参与研究、批判性行动研究、课堂行动研究、从行动中学习、行动科学、软系统方法以及工业行动研究。

第 8 章

定性资料的收集

本章内容

8.1 访谈
- 8.1.1 访谈的类型
- 8.1.2 从女性主义视角看访谈
- 8.1.3 访谈的实践性环节
- 8.1.4 访谈资料的分析地位：语言的作用

8.2 观察
- 8.2.1 结构化和非结构化的观察方法
- 8.2.2 观察中的实践议题

8.3 参与观察

8.4 文献资料

8.5 资料收集的程序

8.6 定性研究中的抽样

章节概要 / 关键术语 / 练习与思考题 / 拓展阅读 / 注释

学习目标

在学完这章后，你应该能够：

- 识别和描述研究性访谈的主要类型
- 列举合理安排定性访谈所涉的实践问题
- 描述结构式访谈与观察和非结构式访谈与观察的优劣
- 描述参与观察并解释它与民族志的关系
- 识别社会科学研究中运用文献资料的时机
- 解释资料收集程序何以会影响访谈资料的质量
- 解释定性研究中抽样的作用和对抽样策略的需要

定性社会研究者运用多种方法和多种来源的资料，研究人类经验的口头和书面表达及记录。一个定性研究项目可能采用多种类型的资料收集方法。在本章，我们讨论几种主要的定性资料收集方式——访谈、观察、参与观察和文献资料。

8.1 访谈

访谈是定性研究最重要的资料收集方法。它是考察人们的感知、言行的意思、情境定义、现实建构的非常有效的方式。它也是我们理解他人的最有力的方法之一。这正如琼斯（Jones，1985：46）所说：

> 为了理解他人对现实的建构，我们最好去询问他们……并且询问方式最好应能激发他们用自己的术语（而不是那些我们事先硬生生强加给他们的术语）回答我们的提问，让他们的回答有深度，足以展现出丰富的语境，而那些语境才是他们所表达意思的实质内容。

基本而言，访谈是一个提问和获得回答的过程，但它并不仅仅如此，尤其是在定性研究的场合。试看如下描述：

> 访谈的形式多样，且用途广泛。最常见的访谈是与一个人进行的面对面的语言交流，但也有其他形式的访谈：对一群人进行的访谈、通过邮件进行的访谈、自填问卷、电话调查。访谈可以是结构式的、半结构式的、无结构的。它可用于市场营销，可用来收集政治方面的民意信息，可用于治疗，或者收集学术研究资料。它可用于测量，或用于理解一个人或一个群体的思考问题的角度。访谈可以是一次

性的、简短的交流，比如在电话里谈五分钟，也可以是多次、长时间的，有时则如生活史访谈那样需持续数日。(Fontana & Frey, 1994: 361)

简而言之，访谈的形式多种多样。

8.1.1 访谈的类型

关于访谈类型这个话题的论述颇多。例如，巴顿（Patton, 2002）区分了三种主要访谈类型——非正式对话访谈（informal conversational interview）、一般性访谈导引法（general interview guide approach）和标准化开放式访谈（standardized open-ended interview）。[1] 基于结构化程度，米尼基耶洛等（Minichiello et al., 1990）提出了图 8.1 所示的访谈方法连续统。该连续统类似于菲尔丁（Fielding, 1996a）所述的类型学，菲尔丁使用的术语是标准化的（standardised）、半标准化的（semi-standardised）、非标准化的（non-standardised）。方塔纳和弗雷（Fontana & Frey, 1994）将对个人进行的访谈和对群体进行的访谈都分成 3 类，即结构化的（structured）、半结构化的（semi-structured）、无结构的（unstructured）访谈。本节参考了他们的研究成果。

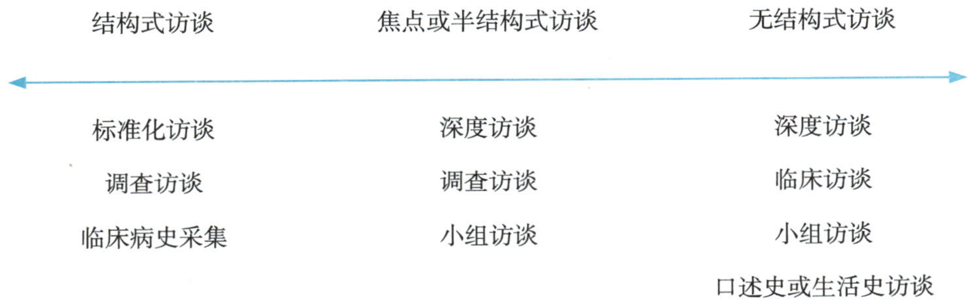

结构式访谈	焦点或半结构式访谈	无结构式访谈
←	——	→
标准化访谈	深度访谈	深度访谈
调查访谈	调查访谈	临床访谈
临床病史采集	小组访谈	小组访谈
		口述史或生活史访谈

来源：Minichiello et al., 1990: 89。

图 8.1 访谈的连续统模型

无论采用何种类型学，划分访谈类型的重要维度是其结构化程度和访谈的深度。在连续统的左侧，访谈是高度结构化的、标准化的，所提的问题是预先设计好的、标准化的，答案是已编码的类别（pre-coded category），访谈并不试图向深度发展。相反，在连续统的右侧，访谈是非结构化的、开放式的。所提的问题不是预先设计好的、不是标准化的；相反，它们是开启访谈进程的一般性问题（general questions）。随着

[1] 一般性访谈导引法是根据访谈提纲进行的访谈，访谈必须具有逻辑结构，但具体问题顺序不重要；标准化开放式访谈是依据精心设计的问题清单，以相同的提问顺序、提问方法对受访者进行访谈，而且誊录出的访谈记录的格式也是相同的。——译者注

访谈的展开，后续的具体性问题将不断涌现出来；并且，问题的措辞取决于下一步的访谈方向。对于开放式访谈，不存在预先编码的回答类别。

由于其类型多样，访谈是一种非常灵活的资料收集方法，可以适应各种各样的研究场合。不同类型的访谈各具优劣，具有不同的研究目的。因此，正如方塔纳和弗雷（Fontana & Frey，1994：373）所述，所选的访谈方法应与研究策略、研究目的、研究问题相匹配：

> 显然，不同类型的访谈适合于不同的场合。如果我们想要弄清楚多少人反对一个核废料贮存点，调查研究是最好的方法；我们能对答案进行量化和编码，能用数学模型解释我们的研究发现（Frey，1993）。如果我们对人们关于特定产品的看法感兴趣，焦点小组访谈则将为我们提供最有效的结果；如果我们想要了解和理解巴勒斯坦抵抗组织中的女性的生活（Gluck，1991），我们需要以无结构的方式对她们做详细的、深入的访谈。

因此，我们首先承认存在多种不同类型的访谈，然后基于研究目的和问题选择特定类型的访谈。所选的访谈类型不同，相应地，访谈的实践环节和我们如何合理安排访谈过程都将有所差异。

结构式访谈

在结构式访谈中,应答人面对的是一系列事先设计好的且有备选答案的问题。尽管有时也会使用开放式问题，各应答人的回答方式仍然不存在较大差异。所有的应答人都被问及相同的问题，问题的顺序是相同的，提问的方式是标准化的。灵活性和差异性被控制到最小，标准化则被提高到最大限度。在这类访谈中，访问员试图扮演中立的角色。执行访谈任务时，鼓励他们态度中立、举止中立。从性质上来讲，这类访谈的刺激－反应关系应该是理性的、有事实依据的反应，而不是情感性的反应（Fontana & Frey，1994）。威尔逊（Wilson，1996）详细描述了标准化访谈的进度计划，菲尔丁（Fielding，1996b）就制订结构式和半结构式访谈的进度计划给出了建议。

群体访谈——焦点小组

群体访谈是个泛称，指研究者同时对多人而不仅仅是一个人进行的访谈。焦点小组最初是一种在市场研究和政治研究中使用的特定类型的群体访谈，但现在“焦点小组访谈”（focus group interview）和“群体访谈”（group interview）两个术语常被交替使用。群体访谈虽然不是一种新方法，但它现在也是社会研究中流行的研究方法。

群体访谈类型多样。与其他访谈一样，群体访谈也有无结构的、半结构化或高度结构化的。既然不同类型的群体访谈有不同的目的，在特定研究情况下，应该使用哪种类型取决于研究情境和研究目的。方塔纳和弗雷（Fontana & Frey，1994）列表说明了 5 种不同的群体访谈的特征，摩根（Morgan，1988）、山姆达萨尼和鲁克（Shamdasani & Rook，2006）也探讨了不同类型的群体访谈的特征、目的、优势、劣势。

在群体访谈中，研究者的角色发生了变化，他们更像主持人（moderator）或推动者（facilitator）而较少像访问员。与传统访谈不同，群体访谈不是一个提问和回答交替进行的过程。相反，研究者将推动（facilitating）、主持（moderating）、监控（monitoring）、记录（recording）群体互动。群体互动由研究者提供的问题和话题所引导。这意味着群体访问员（group interviewer）需要一些特别的技巧（Merton et al.，1990；Fontana & Frey，1994）。

群体访谈在社会科学研究中能做出重要的贡献。在撰写有关群体访谈的著作时，摩根（Morgan，1988：12）指出："群体访谈的标志，是明确地通过群体互动来创造资料和深刻见解；没有群体中的互动，那些资料和见解是难以获得的。"好的群体互动有助于让情境的特征浮现出来，而若用别的方式，那些特征可能不会暴露出来。群体情境还能激发人们明晰自己的观点、看法、动机和理由。在试图探究人们行为的这些层面时，这使得群体访谈成为一种招人喜爱的资料收集方法。它们的费用不高、资料丰富、富有灵活性、有激励作用、能激发回忆、有聚积性和详尽性（cumulative and elaborative）。但它们也存在与群体文化、群体动力相关的问题，以及在群体互动中实现各成员之间的均势方面的问题（Fontana & Frey，1994）。

群体访谈的资料是群体互动的笔记（或其他记录）。群体访谈可作为一项研究唯一的资料收集技术，或者经常与其他定性或定量技术结合使用。就如在混合方法研究中（参见第 14 章），群体访谈与调查的结合使用在当今越来越普及，群体访谈有时被用来促进问卷设计，有时在调查之后被用来充实有关调查主题的看法和信息。摩根（Morgan，1997）、山姆达萨尼和鲁克（Shamdasani & Rook，2006）分别在两本专著中探讨了在谋划运用群体访谈方面需要考虑的众多实际问题。在后两人的著作中，有一个关于焦点小组访谈中所提问题的很实用的类型学。

无结构访谈

涉及无结构访谈时，有大量的议题需讨论。传统类型的无结构访谈是非标准化的、开放式的、深度的访谈，有时被称为民族志访谈。它被用来理解人们的复杂行为，它不强加任何可能限制研究领域的先验分类。它也被用来探索人们对事件和情境的阐释、人们赋予事件和情境的意义、事件和情境的象征和文化意义。方塔纳和弗雷运用源自研究文献的大量实例，从七个方面论述了无结构访谈。在谋划如何运用无结构访谈或民族志访谈收集资料时，这些方面就是需要思考的问题的实用清单：

- 进入场景；
- 理解应答人的语言和文化；
- 决定自己如何出现在应答人面前；
- 确定信息提供者；
- 获取信任；
- 建立友好关系；
- 收集经验资料。

如何才能做好上述的每个方面，依情境和应答人的特征的不同而异。无结构访谈情境有灵活性，且应该有灵活性，此即道格拉斯（Douglas，1985）谓之创造性访谈（creative interviewing）的原因。特别是对于口述史和生活史项目，访谈更应具有灵活性。无结构访谈是一种强有力的研究方法，被广泛用于社会科学研究和其他领域，它能创造出丰富的、富有价值的资料。一场成功的深度访谈具有长时间的、亲密的交谈的很多特征。这类访谈所需的技能，尤其是用于探查人们赋予事件的意义、对事件的阐释、事件的象征意义的技能，不是自然而然形成的。我们大多数人至少需要一些培训才能培养出这种技能。

8.1.2 从女性主义视角看访谈

女性主义研究充分运用了半结构化和无结构访谈："半结构化访谈已经成为最重要的方法，运用该方法，女性主义者试图获得他们的应答人的积极参与，以建构关于他们的生活的资料。"（Graham，quoted in Reinharz，1992：18）

女性主义研究在很大程度上也重新定义了访谈。这是因为在女性主义视角看来，传统访谈是一种男性范式，镶嵌在男性文化之中，强调男性特征，排斥敏感、感性及在文化上被定义为女性特征的其他特征。奥克利（Oakley，1981）揭示了科学实证研究与女性主义访谈之间的矛盾，前者强调客观性和超然，后者要求开放性和情感投入，以及需在潜在的长期关系中培育信任。

对于女性主义者，首要的关切是研究者的角色。女性主义者通常偏好无等级差别的研究关系。女性主义者认为，传统访谈是家长式的，对待女性的态度是屈尊，未认真对待性别差异，而且，传统访谈建立在等级关系上，应答人处于从属地位。

如方塔纳和弗雷（Fontana & Frey，1994）指出的，对于等级关系，人们不仅在道德伦理上持有异议，而且在方法论上也持有异议，因为这不利于研究者收集质量更佳的资料。将访问员与应答人间的地位差距降到最低，培育一种建立在包括研究者的自我表露和双方的互惠在内的信任之上的、更加平等的关系，有助于避免“等级陷阱”（hierarchical pitfall）（Reinharz，1992），使更高的开放水平、更强的洞察力、更广泛的回答，以及因此而更丰富的资料成为可能。如黑格（Haig，1997）所言以及上面引用的格雷汉姆的话所示，在这个视角看来，通过访谈，研究者和被研究者均成为资料的共同创造者。女性主义关于访谈情境的重新定义，将访问员与应答人转变为平等主体，他们在就与彼此都相关的、通常是生平方面的重要议题进行对话（Denzin & Lincoln，1994：354）。

雷恩哈茨（Reinharz，1992）指出，在女性主义有关诸如研究者－被访者的关系、自我表露等议题上，不存在单一、统一的视角。相反，人们对这些议题在不同的研究情境中不同的、可能的意义持开放态度。基于女性主义的访谈研究改良了社会科学的概念，创造了新的观察世界的重要方法。通过倾听女性的声音、理解特定社会系统中女性的成员资格、确定只有通过善解人意的访谈才能接触到的现象的分布，女性主义研究者揭示了之前被忽视的或被误解的经验世界（Reinharz，1992：13）。雷恩哈茨还指出，随着访谈经验不断增加，女性主义研究者可能会持续地改善和阐述访谈这种方法。

后现代民族志学者与女性主义者的关切相同，因为访问员的支配地位、访问员对资料和报告所产生的影响，他们对传统的以研究者为主体的访谈有所顾虑。除性别外，他们强调种族的重要性（Stanfield，1985），强调挣脱殖民控制的人、弱势群体及权利被剥夺的人的视角。方塔纳和弗雷（Fontana & Frey，1994）指出了后现代主义研究者思考这些问题的方向，包括多声访谈（polyphonic interviewing）[1]、解释性互动论（interpretive interactionism）[2]、批判民族志和口语分析（oralysis）、特殊主题（specialist topics），这些内容超出了本书的范围。

---

[1] 根据 Lene Tanggaard 的观点，研究访谈是一个生产有关社会生活及个人的故事的对话场景，访谈不应被看成一个不受访谈本身影响的展现内心的、个人的生活故事的场景，相反，它应该被看成这样一种场景，即通过社会性的、对话性的访谈，各种不同的意见、话语、个人叙事被生产出来。因此，访谈是多种不同的声音、话语之间进行对话的过程。参见 Lene Tanggaard，2009，The Research Interview as a Dialogical Context for the Production of Social Life and Personal Narratives，*Qualitative Inquiry*，Vol.15，No.9。——译者注

[2] 解释性互动论是一种多视角的定性研究方法，它力求在历史的、社会文化的、生物的背景中去全面研究人们的生活。参见 Wanda K. Mohr，1997，Interpretive Interactionism: Denzin's Potential Contribution to Intervention and Outcomes Research，*Qualitative Health Research*，Vol.7，No.2。——译者注

8.1.3 访谈的实践性环节

根据研究策略、对范式的思考（如果有关联的话）、研究目的和研究问题选择了访谈的类型，就意味着做出了一项重大决策。接下来的访谈的实践环节包括应答人的选择、访谈的管理、资料记录。

访谈的应答人

需要考虑的主要议题有：

- 访谈谁和为什么访谈他们？
- 访谈多少人？每个人访谈多少次？
- 什么时候访谈每个应答人？每个人访谈多长时间？
- 在什么地方访谈每个应答人？
- 如何筹划进入访谈场景的事宜？

所有议题的处理，都取决于所选的访谈类型、该访谈类型在前述的结构式 - 无结构式连续统上所处的位置、研究视角。前两个问题涉及项目的抽样方案，抽样方案本身取决于研究问题和研究目的。后面两个涉及访谈时间和地点的问题显然需要谋划，它们对资料质量的影响是决定性的。认识到这些问题的重要性，并仔细考虑在任何特定的研究情境下的替代方案，有助于根据对受访者应承担的伦理责任做出尽可能提高资料质量的决策。最后一个议题涉及如何进入访谈场景，对之学界已有颇多著述（如 Lofland et al., 2004; Hammersley & Atikinson, 2007）。如何谋划进入场景的问题，取决于特定的研究项目、研究场合及背景。访问员如何接触应答人、如何安排进入，对访问员 - 被访者关系的所有阶段都将产生影响，访谈资料的质量、信度、效度也将因此受到影响。

访谈的管理

访谈管理的通用清单包括如下内容：

- 为访谈做准备——访谈的工作计划；
- 开始访谈——建立友好关系；
- 沟通和倾听技巧；
- 提问——问题的顺序和类型；
- 结束访谈。

这些议题的重要性及如何处理这些议题，都取决于所选的访谈类型。因此，高度结构化的访谈需要编制一份工作计划，且该计划需经过测试。如果可行的话，建议对这类访谈的访谈过程和情境也进行试验，毕竟准备工作的质量将影响资料的质量。另外，无结构访谈可能只对拟讨论的问题或议题有基本的认识，并刻意保持开放性，不会试图进行标准化。

越是无结构的访谈，沟通技巧通常越重要，特别是倾听技巧、后续提问的技巧。已有大量的文献讨论过该议题，比如伍兹（Woods，1986）、基茨（Keats，1988）和麦克拉肯（McCracken，1988）三人的著作，这些文献在提高相关的技能方面是有用的。特别是米尼基耶洛等人（Minichiello et al.，1990）介绍了 16 种倾听技巧，他们建议研究者练习这些技能，以便提高他们倾听的能力。

提问是访谈的核心，研究方法的文献对其进行了广泛的分析。这些分析包括向被访者提问的方式、问题的措辞、问题的顺序和类型。特别是最后一个议题，它是分类系统的主题。例如巴顿（Patton，2002）将问题分为经验 / 行为、意见 / 信念、想法、知识、感官和人口学 / 背景等六类。巴顿进一步讨论并区分了试探性问题（probing question），提供了一份有用的问题清单，在整个访谈的不同阶段，该清单通常是必要的。萨德曼和布拉德伯恩（Sudman & Bradburn，1982）、法蒂（Foddy，1993）介绍了其他的分类系统。最后，也需重视结束访谈的方式，米尼基耶洛等人（Minichiello et al.，1990）阐述了结束访谈的六种策略。上述观点及所引用的许多文献的适用性在很大程度上取决于视角、特定项目中采用的访谈方法以及所选择的访谈类型。

记录

在研究设计阶段就应思考如何记录访谈资料。对于采用预先编码的回答类型的高度结构化的访谈，记录被访者的回答的方式可能仅仅是在问题表格上做标记。对于更为开放式的访谈，可选的资料记录方法有磁带录音、录像和 / 或笔记。虽然现有文献对此没有一致意见（例如 Lincoln & Guba，1985；Patton，2002），对开放式访谈进行录音的确有重要优势，塞德曼（Seidman，2013）对之做了详细阐述。访谈情境可能决定了记录方法。例如，如果访谈是在实地进行的，可能没有机会做电子记录。但在其他情境中则会不同。研究者应根据访谈情境中的现实约束、应答人的配合和许可、所选访谈类型，对各种可能的方式进行评估。不管选用何种记录方式，都需做些准备工作。如果涉及电子记录，研究者必须能熟练地操作设备（Minichiello et al.，1990；Patton，2002）。如果涉及做笔记，需要培养做笔记的技能。访谈结束后，需要对资料进行转录。

8.1.4 访谈资料的分析地位：语言的作用

作为研究方法的访谈具有多样性和灵活性，这为之带来广泛的适用性，不同类型的访谈适用于不同的情境。然而，访谈资料在某些方面会带来困难，因为它们从来不是简单的原始资料，而总是镶嵌在情境中的、与文本相关的（Silverman, 2011）。

> 访谈是会话，是提问和倾听的艺术。访谈创造了访谈情境这种现实，所以它不是中性的工具。在该情境中，回答是被给予的。因此，访谈创造了情境性的理解，而该理解扎根于特定的互动片段之中。这种方法受包括人种、阶级、种族、性别在内的访问员的个人特征的影响。（Denzin & Lincoln, 1994: 353）

米什勒（Mishler, 1986）、西尔弗曼（Silverman, 1985, 2011）、菲尔丁（Fielding, 2008）及其他学者讨论了访谈资料的分析地位。本部分的讨论主要采用菲尔丁的观点。

总的问题是如何解释研究访谈中的回答。在技术层面，这是有关访谈回答的效度的问题，这包括访问员的偏见及影响的可能性、应答人记忆的准确程度、人们的回答倾向、不诚实、自欺、社会期望。跨文化研究的特殊情境提出了理解访谈回答的更多的问题。但是如菲尔丁所言，周到的设计、计划和培训通常可以抵消这些技术方面的问题。更难的问题涉及口头回答与行为的对应性，人们所说的、他们所做的和他们口中所做的三者之间的关系，关于语言是想法和行动的优良指标的假定。

应答人的叙述与他们所叙述的世界之间是什么样的关系？这样的描述是真是假？或者这些概念不可适用于定性研究吗？西尔弗曼（Silverman, 1993: 90-8）叙述了有关这些问题的实证主义答案（该观点认为，访谈资料提供了探究有关社会世界的事实的路径）和符号互动论答案（该观点认为，访谈是基于相互参与观察的社会事件，其首要议题是创造资料，它运用的是非固定的安排或问题，这让研究者能原汁原味地洞悉人们的经历）。有关访谈资料的分析地位，还存在其他的理论立场。然而，一些研究者质疑此类资料的分析地位，以至于他们放弃对应答人的回答内容的关注，转而去考察其形式。因此，对于常人方法学的学者而言，访谈资料不是对外部实在的记述，而是访谈双方在设法完成访谈的过程中建构的实在，故可当作新的实在来加以研究。当放弃内容而关注形式时，他们将访谈资料当作一个论题，而不是当作一种资源（Fielding, 1996a; 另见 Silverman, 2011; Hammersley & Atkinson, 2007）。该观点不仅适用于访谈资料，而且适用于人们关于他们的世界的任何叙述。研究者可能支持这些叙述、解构这些叙述，或如上述那样将其区分为“论题与资源”（Hammersley & Atkinson，1995：124-6）。访谈资料的分析地位大体上反映了定性资料的分析地位。

分析地位问题的另一面涉及语言本身。对语言的一种更古老的看法是，它是实在的透明媒介，词语是用来传递有关外部世界的信息的，词语及它们的意义与它们描绘的世界之间存在对应关系。由于大量重要观念改变了我们看待语言尤其是语言与社会生活之间关系的方式，该语言观站不住脚了（Wooffitt，1996）。这些观念源自哲学、语言学和社会学。特别是维特根斯坦强调语言使用的重要性，他证明了词语的意义很大程度上源于它们的使用，语言是使用语言的社会文化环境的一个主要特征，语言不仅仅是反映外部世界的符号系统。语言学家索绪尔同样强调，像所有符号那样，语言符号的意义来自它们与其他符号的关系。于是，语言的对应论（correspondence view）被关系论（relational view）所取代。语言使用本身是社会行动的一种形式，描述是行动——它们不单单是世界的表征，而且会在世界中完成特定任务（Wooffitt，1996：297）。

看待语言的方式的转变，尤其是将语言使用视为社会行动的一种形式，开辟了定性分析的重要的新视角。其例证包括社会学中的会话分析（与常人方法学相关）、话语分析、符号学、解构主义。会话分析专注于口头交谈，但其他的分析既可用于口头语言也可用于书面语言（并且，就此而言，它们可用于所有类型的口头和文本资料）。无论是用于口头或书面语言，记录或文本在研究中都不会被降低到次要的地位。在第 9 章，我们将回到这些议题上来。

8.2 观察

观察在社会科学中具有悠久的传统，特别是受到教育研究者（Foster，1996b）和心理研究者（Irwin，1980；Brandt，1981；Liebert，1995）的广泛青睐。如访谈那样，作为资料收集技巧的观察在不同程度上可以是结构化的，也可以是非结构化的。

8.2.1 结构化和非结构化的观察方法

在自然主义观察中，观察者既不操纵也不刺激被观察者的行为——自然观察的情境不是为研究目的而设计的。这是直接的或非参与的观察，它与我们将在本章第 3 节讨论的参与观察形成对照。

在将观察当作资料收集技巧来讨论的文献中，“定量”和“定性”是两个常用术语。在本书中，“结构化”和“非结构化”是更为恰当的术语，因为观察所获的资料不必转变成数字，却依然可能是高度结构化的。这不是观察资料是否被转变成数字的问题，而是观察涉及的结构化程度的问题。

定量方法是高度结构化的，需要预先制订观察计划，该计划通常是非常详细的。如果选择了观察法，研究者需要决定是否采用现有的观察计划，或是否需要制订一份专门的观察计划。这与第 11 章讨论的决定是否采用现有测量工具或为一项研究特别开发测量工具的问题相似，第 11 章所做的讨论可用来指导此处的决策。福斯特的著作中有高度结构化的观察计划的例子（Foster，1996b：52-60）。

定性观察方法多为非结构式。在这种情况下，研究者不采用事先设定的类别和分类，而是以更为自然的、开放的方式进行观察。无论采用何种记录技术，行为被看作自然展开的行动流、事件流。其中的逻辑是，用以描述和分析观察资料的类别和概念将在后续资料的分析过程中浮现出来，而不是在研究开始时就被带入研究中，或被强加给资料。

当观察策略是非结构式的，观察过程往往通过一系列不同的活动而展开。它始于选择场景和获准进入，然后是开始观察和记录。随着研究的发展，观察的性质随之改变。通常，关注点将逐渐变得更加集中，研究问题也将更加清晰，要回答这些问题则需要更有选择性的观察。资料收集过程将持续，直至达到理论饱和（Adler & Adler，1994）。就如何组织开始时是非结构化的观察研究，西尔弗曼（Silverman，2011）提出了五个步骤：

- 着手研究（此时提出的是一组非常笼统的问题）；
- 撰写田野笔记（通常开始时是宽泛的描述性类别，但随后将发展出更加具体的编码或类别）；
- 边听边看；
- 检验假设；
- 广泛联结[1]。

用漏斗来类比研究的重点和结构浮现的过程是很有用的（Spradley，1980；Silverman，2011）。哈默斯利和阿特金森（Hammersley & Atkinson，1995：206）评论说：

> 民族志研究应该具有典型的“漏斗”结构，在研究过程中逐渐聚焦。随着时间的推移，研究者需要发展或转变研究问题，最终澄清和界定研究问题的范围，探索其内部结构。在这个意义上，民族志研究经常进入这样一个探究过程，即人

[1] 单纯从上下文，难以看出 making broader links 的意思，根据研究实践，建议将其理解为考察外在效度，也即思考特定研究的结果是否能推广到其他情境。——译者注

们往往在探究的过程中才会发现研究的真正内容，并且它最后关注的内容与最初预示的问题不同也不罕见。

无论是预设的结构，或是在观察过程中逐渐浮现的结构，这个主题是大家熟悉的。在此处，它说明了第9章阐述的关于资料的整体论和简化论方法的具体观点。基于预先确定的类别，结构式观察将行为分成小的部分。相比之下，非结构式观察可以更全面、更宏观地关注更大的行为模式。两种方法皆有优缺点。关注行为的更小单位，我们失去了更大的图景，但观察记录和资料分析更容易，也更标准化。更为整体性的方法保留了更大的图景，但是记录的后勤工作，特别是分析资料的后勤工作将更加困难。与其他议题一样，这不应是一个非此即彼的问题。两种方法的结合是可能的，这取决于研究目的和研究内容。

8.2.2 观察中的实践议题

在规划观察资料的收集时，有两个主要的实践议题：筹备观察和记录。

筹备观察（Foster，1996b）是指确定观察的重点，选择观察的个案，并酌情在个案内选择观察内容。换句话说，研究者应决定观察什么和为什么观察。这些是抽样决策，这些决策需参照研究问题来做出。结构的议题同样在此适用。在高度结构化的一端，观察重点和个案是资料收集之前就安排好了。在非结构式观察中，观察重点和个案只有随着观察的深入才能逐渐明晰起来。获准进入也是筹备观察这个实践议题的构成部分。在某些情形下，这涉及与把关者（gatekeeper）的谈判；并且，不同类型的研究需考虑不同类型的谈判及进入方式。

观察资料的记录可以使用从录像和视听设备到田野笔记的多种可能方法。[1]将这些不同的方法结合起来可能会有好处。资料的结构化或非结构化的程度影响记录方式的选择——尽管随着今天先进的记录设备的不断发展，记录每件事还是有价值的，即使采用结构化的观察表格，在分析阶段使用这些资料也是有价值的。这些不同的记录方法各有优势和局限性（Foster，1996b）。观察型研究者的任务，通常是结合研究目的和研究背景去分析这些方法，然后做出相应的选择。

在离开直接观察转向作为民族志重要的资料收集方法的参与观察之前，我们应指出直接观察在民族志中的重要性："直接的、长时间的现场观察是不可避免的或不能打折扣的。这是民族志方法的核心。这并不总是意味着参与观察。"（Spindler & Spindler，1992：63）并且，"最重要的是民族志学者必须直接观察。无论使用何种工具、编码手段、记录设备或技巧，首要的要求是，当行为发生时，民族志学者就在现场，并尽可能地避免他或她的在场对这些行为造成的改变”（1992：64）。因此，直接观察和参与观察在民族志中都是很重要的。这是一个及时的提醒，有利于平衡对感知、观点和意义的过度强调，尤其是在符号互动论研究中存在的这种过度强调。用关于感知的资料代替直接观察是有危险的（Silverman，2011）。换句话说，除研究感知外，我们还应该研究人们的行为。因此，对于定性研究，一个好的策略是结合观察技术和访谈技术——例如，记录人们的行为，然后用观察资料来引导、指导对这些人所做的定性民族志访谈，这可带来非常丰富的、高质量的资料。

民族志观察有一种特殊的味道，即民族志本身的味道。这正如沃尔科特（Wolcott，1988：193）所指出的：

> 当我们关注我们正在参与或观察的行为的文化背景时，当我们在寻找那些相互理解的期待和解释时，我们是民族志观察者。那些期待和解释能够让我们阐释正在发生的事情以及在场的他人正在赋予的意义可能是什么。

民族志中的资料收集技术应与此观点保持一致。这意味着民族志感兴趣的不仅仅是行为（或情境）本身，而且还有参与其中的人们所看到的行为（或情境）的意义。

8.3　参与观察

第7章描述了民族志的主要特征。引自斯普拉德利（Spradley）的这段话再次捕捉到了其中的基本思想（1980：5）：

> 民族志的核心是关注行为和事件对我们试图理解的人的意义。其中一些意义直接以语言表达出来，一些意义被视为理所当然并仅通过言语和行动进行间接的交流。但是，在每个社会，人们都不断地运用这些复杂的意义系统去组织他们的行为，去理解自己和他人，去理解他们生活于其中的世界。这些意义系统构成了他们的文化；民族志则总是意味着一种文化理论。

参与观察是民族志主要的资料收集技术。它与直接观察或非参与观察不同，因为研究者的角色已从情境的超然观察者变成了情境的参与者和观察者。这提出了一个关于研究者在观察研究中的角色的一般性问题：研究者将与正在被研究的行为保持多远的距离？或者，研究者将在多大程度上参与到行为之中？正如戈尔德（Gold，1958）、阿德勒和阿德勒（Adler & Adler，1994）、沃尔科特（Wolcott，1988）的框架所做的总结那样，有一个可能的角色的连续统。

如图 8.2 所示，戈尔德依参与者和观察者两个维度进行了交叉分类。阿德勒和阿德勒对该分类进行了修改，描绘了观察者－研究者（observer-research）的三种成员角色：完全的成员－研究者（complete-member-researcher）、积极的成员－研究者（active-member-researcher）、外围的成员－研究者（peripheral-member-researcher）。沃尔科特区分了研究者可采用的三种角色：积极的观察者（active participant）、有特权的观察者（privileged observer）、有限的观察者（limited observer）。不管采用哪种分类，研究者角色的这些可能性对民族志资料收集中的介入性或非介入性（obtrusiveness or unobtrusiveness）程度有不同的影响。介入性或非介入性的程度指资料收集的过程中研究者在多大程度上侵扰（intrude）了正在被研究的情境。介入程度反过来又影响了观察或参与观察资料中的反应性（reactivity）程度。[2]

来源：Gold，1958。

图 8.2　自然主义的研究角色类型学

这些框架能帮助我们考虑参与观察中研究者的角色，以及角色对资料造成的可能的影响。田野工作中的实际角色可能是这些可能角色的混合。无论采取什么角色，全面的参与观察——为观察人们的习惯和思想并解释将他们联结在一起的社会结构，长时间地沉浸在一个群体、社区或组织的生活之中（Punch，1994：84）——是一种要求很高的、专业的资料收集形式。扮演他人的角色，“入乡随俗”，通过成为自然场景的一部分而获得局内人的视角，并不是一件简单的事情，而且会引发很多问题。这些问题包括：与该资料收集方法相关的伦理问题，研究者的先前印象（prior picture）的重要性及参与观察中探索和检查的作用之概念性问题（Blumer，1969），进入情境、公开或秘密观察、“前台管理”或研究者的自我呈现、如何记录被观察到的现象等更实际的问题（Fielding，1996a）。

划分参与观察步骤是很难的，但斯普拉德利的分析框架有用。他将参与观察（和民族志）分解为 12 个发展任务的序列（他的“发展研究序列”），其最终产品就是一份书面的民族志（Spradley，1980）。对于斯普拉德利，参与观察和民族志访谈都在生产民族志描述。民族志访谈要使用旨在发现人们所学到的文化意义的问题。在按步骤详细描述参与观察时，斯普拉德利说明了如何使用描述性问题、结构性问题和对比性问题。另一方面，哈默斯利和阿特金森（Hammersley & Atkinson，2007）则较少给出具体指导——虽然民族志学者进入访谈时有一份拟考察问题（issues）的清单，但他们不会事先决定他们想问的问题（questions）。

结合参与观察，沃尔科特较笼统地描述了人类学家可能会采用的七种类型的访谈。它们是：主要知情者访谈、生活史访谈、结构化或正式访谈、非正式化访谈、问卷、投射技术、标准化测验以及相关的测量工具。本章第 1 节对多数访谈类型已有所论述，但此处需对主要知情者访谈和生活史访谈做简短的评论。人类学和社会学的经验研究通常依赖主要知情者——因为其消息灵通、口齿伶俐、平易近人或能接触到，研究者在他们身上投入更多时间（Wolcott，1988：195）。主要知情者访谈是一种经常可以用于社会科学研究的方法。在民族志中，主要知情者访谈是合适的，因为人们的文化敏感性是不同的，故而他们贡献有文化意义的资料的能力也不同。在可能的情况下，生活史访谈可以极大地帮助我们理解社会背景如何在个人生活中发挥作用。在此类访谈中，尽可能深入的资料有助于充分理解参与者的世界观（Fetterman，2010）。

8.4　文献资料

无论历史文献还是当代文献，都是社会科学研究丰富的资料源泉。的确，我们社会的一个显著特征可能是例行地编纂和保存了大量“文献证据”。然而，研究人员却忽视了该特征，也许是因为收集其他类型的研究资料（实验、调查、访谈、观察）变得更加流行。这是具有讽刺意味的，因为社会科学的发展在很大程度上依赖于文献研究。例如，在社会学中，马克思、涂尔干和韦伯主要依靠文献做研究（MacDonald & Tipton，1996：187）；同样，社会学芝加哥学派的研究也常以书面文献为基础（Hammersley & Atkinson，2007）。该观点特别适合于制度和组织研究。例如，诸如学校、学院、大学之类的组织，以及公司、政府部门、医院和许多其他类型的组织，都例行性地生产了海量的文献资料。不幸的是，其中的大部分都被研究者忽视了。

社会科学研究可以各种方式使用文献资料。某些研究可能完全依赖文献资料，而这些资料本身就是研究的重点。某些类型的政策分析即为例证，如麦克唐纳和蒂普顿（MacDonald & Tipton，1996）推荐使用的方式那样，要求研究者运用文献资料研究财务丑闻。在其他研究方式中，如在个案研究、扎根理论研究中，文献资料的收集可与访谈和观察结合起来。与其他资料结合时，文献是三角验证（triangulation）的重要资料来源；在该三角验证中，同一项目使用了多种不同的方法和不同类型的资料（Denzin，1989）。最后，文献产品（documentary products）对于民族志学者尤其重要，它提供了丰富的分析脉络（Hammersley & Atkinson，1995：173）。民族志学者将利用各种各样的书面资源，以及其他任何有助于详细记录参与者的直接的、自然的行为（Spindler & Spindler，1992：74）或记录行为的文化、象征背景及行为的文化、象征意义的资料。社会学家指出，文献资料不仅仅意味着文字资料，它还可以包括视听材料。

研究者可资利用的文献包括日记、信件、随笔、个人笔记、传记和自传、机构备忘录和报告、政府声明和会议记录（Jupp，2006）及政策文件。该清单还没包括定量的文献资料，如文件、统计数字和记录，这些也是我们感兴趣的。作家们对令人眼花缭乱的文献进行了分类（Hammersley & Atkinson，2007）。例如麦克唐纳和蒂普顿（MacDonald & Tipton，1996）使用了这个宽泛的四维分类法：公共记录、媒体、私人文件和视觉文件。另外的区分法有第一手与第二手来源、直接与间接使用（Finnegan，2006）、依指示对象所作的分类、生产文献时是否考虑到研究的需要——有意与无意。后者是一种非介入性的测量（unobtrusive measure），观察者与被研究的互动或事件是被隔离开的（Webb et al.，1966；Jupp，2006）。

斯科特（Scott）的二维文献类型学是基于作者身份（authorship）和查阅的机会（access）而建立的（Scott，1990；Jupp，2006）。作者身份指文献的来源（被分为三类：个人、官方－私人、官方－国家），查阅的机会指作者之外的人可否利用文献（被分为四类：不公开、不完全开放、开放档案和公开出版）。这个 12 格的类型学表明了在评价文献资料时需回答的四个关键问题：真实性（authenticity，它是不是原件）、可信性（credibility，它是不是正确无误的）、代表性（representativeness，它能否代表此类文献的全体）、意图（meaning，它想说什么）。

麦克唐纳和蒂普顿（MacDonald & Tipton，1996：199）强调，在文献研究中没有什么是理所当然的，他们还推荐邓津的三角验证框架，用以确保从多个角度检查所有内容。芬尼根（Finnegan，2006）指出，思考和检查文献是如何产生的，还会产生另外八个有用的问题：

1. 研究者是否利用了与他或她的研究主题相关且合适的现有资料？
2. 研究者在多大程度上考虑到了所用资料中存在的“扭曲事实”或事实选择的情况？
3. 她或他在利用资料时，做了什么样的选择，依据什么原则做选择？
4. 描述特定事件或个案的资料在多大程度上反映了普遍情况？
5. 资料是否与建议、理想或应该做的有关？

6. 资料的上下文（context）有多大相关性？
7. 对于统计资料：收集和呈现统计数据时所依据的假设是什么？
8. 最后，考虑到前面所有的因素，你认为研究者是否对资料的意义做出了合理的阐释？

对于民族志学者，文献产品是分析性问题的丰富源泉，这些问题包括：文献是如何编写的？如何阅读？它们是谁写的？谁阅读它们？目的是什么？在什么场合？结果是什么？文献记录了什么？省略了什么？关于读者，作者将哪方面视为理所当然的？读者需要知道些什么才能理解文献？（Hammersley & Atkinson，2007）诸如有关文本分析、文献资料分析的问题，第 9 章有所概述。文献如何形成——它的社会生产——是主题之一。其他的主题是文献的社会组织和它的意义的分析。

8.5 资料收集的程序

无论定性资料收集采用访谈、观察、参与观察和文献资料中的何种方法，做好下列四项常识性工作能最大限度提高资料的质量：

- 仔细考虑拟采用的资料收集方法的基本原理和逻辑，仔细筹划资料收集工作。
- 提前思考并模拟资料收集过程；这将显示出试测任何适合的工具的价值及其使用程序。
- 为收集资料而与人接触时，要确保接触的方法既是符合道德伦理的又是专业的；就如何进入、如何合作所进行的协商对资料质量有影响。
- 重视为筹备资料收集所做的培训的作用，对我们自己和他人而言都如此；例如，如果我们要做非结构式（或焦点小组）访谈，我们不应假定自己对此已然在行，而应为之做好准备，要开展一些旨在培养访谈技能的活动；如果其他人将参与资料收集活动，需要就资料收集对其进行培训；若要用专门设备（如录音设备），我们应确保已掌握了相应的设备使用技巧。

通常，定性研究的目的是整体全面地观察事物，在保持其复杂性的条件下、在其情境中对之展开研究。这些特点与定量社会科学研究所遭受的三点批评形成对照——它研究行为的方法是还原论的，故不能窥其全貌；因它强调测量，它有关社会实在的看法过于简单化；它剥离了资料与情境的联系。在定性研究人员看来，关于人类行为的“真理”不是独立于情境的：它不是与情境无关的。因而，对定性研究人员而言，能够向读者传递研究对象的全貌是很重要的。常用来表达该观点的术语是“深描”（thick description）。深描有两层含义。第一，对群体或个案、事件、现象的描述必须详述读者所需的所有信息，以便他们理解研究结果。第二，研究报告应提供关于研究背景的充分信息，以便读者能判断研究结果的可外推性或可推论性（Lincoln & Guba, 1985）。深描的确切性质会依项目的不同而有所变化，但这两层含义都认可和强调研究项目自身的背景以及研究结果的情境。除非我们掌握了全貌，否则我们不能给读者提供一幅全貌。这是定性研究资料的一个重要面向。

8.6 定性研究中的抽样

抽样在定性研究和定量研究中同样重要——如迈尔斯和休伯曼（Miles & Huberman, 1994: 27）所言：“你不可能研究每个地方的每个人做的每件事。”抽样决策是不可缺少的，它不仅涉及访谈哪些人或观察哪些事件，而且涉及背景和过程。即使是个案研究，个案本身的选择可能是直截了当的，但个案内的抽样仍是必要的。即使是一个个案，我们也不可能研究其每个方面。在多数情况下，基于文献资料的定性研究也面临抽样的问题。

然而，两种方法在抽样上有很大的不同。定量研究中，重点往往是人的抽样。常用的基本概念是概率抽样，它追求代表性——所选样本要代表某更大的总体，变量的测量是在样本中进行的。因为有代表性，从样本所获的研究结果将用来推断总体。定性研究很少使用概率抽样，而采用某种深思熟虑的抽样方法——“立意抽样”（purposive sampling）是常用的术语。它意味着依据某种目的或主题有意识地选取样本。

由于研究方法、目的和背景的多样性，难以简单地概括定性研究的抽样策略。故而迈尔斯、休伯曼和萨尔达尼亚（Miles, Huberman & Saldana, 2013）以类型学展示了 16 种定性抽样策略，并在他们的讨论中做了很多引用。表 8.1 显示了这些策略。巴顿（Patton, 2002）、约翰逊（Johnson, 1990）、詹妮斯克（Janesick, 1994）对其也有贡献。具体抽样策略背后的基本思想差别很大，反映了引导一项研究的目的和问题的差异。例如，最大变异抽样（maximum variation sampling）将特意地谋求尽可能大的变异，而同质抽样（homogeneous sampling）则试图将变异最小化。有些情形下的社会科学研究需要前者，有些则需要后者。同样，在有些情形下，利用近在眼前的个案、事件、情境、知情者的方便抽样是合适的。另外的情形则可能需要使用极端个案抽样（extreme-case sampling），例如当抽样策略是要从现象的异常或负面表现中汲取信息时。尤其是民族志和参与观察研究，将采用知情者抽样（informant sampling），并且这可能是连续的，因为可能需要通过几个步骤来定位可提供丰富信息的知情者。在个案研究中，定性抽样包括确定个案和设置边界，在边界内我们指出要研究的方面并建构一个抽样框，在抽样框内我们的选择将进一步聚焦。然而，在那之后，笼统地描述抽样是很困难的，因为其中有很大的变异性。另一个例子是，个案内抽样需要在被研究的个案内选择主题，而多重个案抽样更多地是针对相似个案和对比个案进行复制。[1]

表 8.1　定性研究的抽样策略

抽样类型	目的
最大变异抽样	记录各种变异并识别重要的一般模式。
同质抽样	聚焦、简化和促进群体访谈。
关键个案抽样	使逻辑外推（logical generalisation）以及使信息最大限度地运用到其他个案成为可能。
理论抽样	为理论构想寻找例证，从而详细阐述和检验理论构想。
证实和反驳个案抽样	阐述最初的分析，寻找例外情形、不同的情形。
雪球或链式（snowball or chain）抽样	通过那些了解个案的人来识别出感兴趣的个案，他们能提供丰富信息。
极端或异常个案抽样	从感兴趣的现象的极不寻常的表现中获取信息。
典型个案抽样	集中关注那些正常的或平常的个案。
强度（intensity）抽样	考察那些提供丰富信息的个案，这些个案强烈地展现了所研究的现象。
具有重要政治意义的（politically important）抽样	吸引期望关注的个案或避免吸引不期望关注的个案（undesired attention cases）。
随机立意（random purposeful）抽样	当潜在立意样本过大时，增加样本的可靠性（credibility）。
分层立意（Stratified purposeful）抽样	说明子群体，促进比较。
准则（criterion）抽样	考虑符合对保证质量有用的标准的所有个案。
临时起意（opportunistic）抽样	跟随新的线索，利用意外的信息。
混合抽样	有三角验证、灵活性的特点，满足多种兴趣和需求。
方便抽样	节约了时间、经费和精力，但以信息和可靠性为代价。

各种定性抽样策略中都有一个明确的原则。它涉及研究设计的整体效度

[1] 根据罗伯特·K. 殷的观点，多重个案研究遵循复制法则（replication logic），即在某个个案的研究获得研究结论后，继续挑选相似的个案或不同的个案重复开展个案研究，以便对首次个案研究的结论进行检验。参见罗伯特·K. 殷所著《案例研究：设计与方法》（重庆大学出版社 2017 年版）第 71—72 页。——译者注

（overall validity），强调样本必须与研究的其他组成部分匹配。包括抽样在内的研究的各组成部分之中，应有内在一致性和连贯的逻辑。抽样计划和抽样的参数（背景、行动者、事件、过程）应与研究目的和研究问题契合。如果不清楚要研究哪些个案、方面或事件，通常值得投入更多的精力去明确研究问题。如果研究目的和研究问题压根儿不能为抽样指引方向，则可能需要进一步完善使之明确。

当我们预先制订详细抽样计划时，此原则非常有用。但对于那些抽样计划是在研究过程中逐渐形成的情形又如何呢？同样，抽样方案的形成过程需要一个逻辑基础，上述原则也同样适用。抽样决策必须条理清晰，并与整个研究的逻辑一致，而不能是随意或临时做出的。在抽样计划逐渐形成过程中运用此原则的例子是理论抽样，7.5.4 小节已做了讨论。理论抽样是：

> 为建构理论而收集资料的过程，在此过程中分析人员一并收集、编码和分析他的资料，决定下一步该收集什么资料和到哪里收集那些资料，目的是在理论逐渐浮现的过程中发展他的理论。资料收集的过程由理论抽样控制，而理论抽样的依据是逐渐形成的理论。（Glaser，1992：101）

无论是研究发展过程中的理论抽样，还是研究实际开展之前的理论驱动的抽样，都是更为笼统的立意抽样概念的例子。

迈尔斯、休伯曼和萨尔达尼亚（Miles，Huberman & Saldana，2013）提出了六个一般性问题，用来检查一份定性抽样计划。其中的第一个是我们刚刚讨论过的：

- 抽样与你的概念框架和研究问题相关吗？
- 你感兴趣的现象会出现吗？原则上，它们能出现吗？
- 你的计划能否通过概念的力量或代表性来提高你的发现的可推论性？
- 能够产出可信的描述和解释吗，它们符合真实的生活吗？
- 抽样计划在时间、经费、接触人群和你自己的工作方式方面可行吗？
- 就知情同意、潜在利益和风险以及与知情者的关系等问题而言，抽样计划是否合乎道德？

最后，随着第一手研究的费用越来越高，与定量研究一样，我们也应注意日益重要的定性资料二次分析（secondary analysis）。例如，英国经济和社会数据服务（Economic and Social Data Service，ESDS）是一项全国性数据服务。除此之外，它容纳了英国数据档案。该档案提供对英国最大的社会科学数字（digital）研究资料的持续访问，并保存了数以千计的用于社会科学研究和教学的资料（定量和定性）。资料通常是借由经济和社会研究理事会（Economic and Social Research Council，ESRC）的资料集政策（Datasets Policy）获得的，该政策要求所有的研究资助获得者提供在其研究过程中收集的资料，由 ESDS 来保存和共享。ESDS 的定性资料部门（Qualidata）与资料创造者密切合作，确保产出高质量的、记录完好的定性资料。该服务为资料生产者和保存者提供通用指南和专用咨询服务。11.12 节简要讨论了二次分析，提供了拓展阅读的方向。

章节概要

- 访谈是定性研究中应用最广泛的资料收集技术；访谈有不同的类型，尤其是在结构化程度上；访谈的类型应与研究目的、问题和整体策略匹配。
- 对通过访谈收集资料所涉及的大量实际问题的处理进行细致策划，将提高访谈资料的质量。
- 就像访谈一样，作为一种资料收集技术的观察，既可是高度结构化的，也可完全是非结构化的；再次强调，所使用的观察类型应与研究目的、问题和策略匹配。
- 收集观察资料面临的主要实际问题是观察工作的接洽（包括个案的选择和个案内的选择）以及如何做观察记录。
- 参与观察是民族志最重要的资料收集技术；参与观察研究人员既是情境中的一个参与者，也是一个观察者，而不是与情境分离开的。
- 民族志访谈的目的是揭示人们所学到的文化意义，民族志访谈通常与参与观察配合使用。
- 文献是社会科学研究丰富的资料来源，同时也常被忽视；许多研究项目因同时使用文献资料、访谈资料、观察资料而得以丰富。
- 若想最大限度提高所收集的访谈资料、观察资料、文献资料的质量，需要仔细的筹划，预测对可能出现的问题，就进入资料收集情境进行专业的谈判以及培训。
- 在定性研究中，抽样非常重要，所用的抽样策略应与研究目的、问题和整体策略相匹配；有多种抽样策略可用，但定性研究抽样在某种程度上多为立意的。

关键术语

结构式访谈：使用预先确定的带有预先设定回答类别的问题，提问过程几乎没有变化的余地。

非结构式访谈：一种灵活的资料收集方法，有时被称为开放式访谈或深度访谈；所有预先设定的问题都是笼统的，没有预先设定的回答类别，后续的提问取决于对先前问题的回答；深究和追问非常重要。

焦点小组访谈：几个人作为一个小组接受访谈，而不是单独接受访谈；研究者更多的是发挥主持人或促进者的作用，较少发挥访问员的作用。

结构式观察：运用预先制订的观察明细表研究行为，明细表内通常有详细的备选类别，备选类别将行为分解成一些小的组成部分。

非结构式观察：更多的是在宏观层面更为整体性地关注更大的行为模式；不使用预先制订的备选类别，以更为自然的、开放的方式捕捉行为。

参与观察：研究人员不再是超然的情境观察者，而是既作为参与者又作为观察者参与到情境中并观察情境；多用于民族志中，用以考察行动和事件对于参与者的意义。

文献资料：任何已然存在的正式或非正式文献证据的统称。

概率抽样：常用于定量研究中，主要针对代表性进行抽样；有时称随机抽样。

立意抽样：代表性不是抽样的主要准则；相反，样本是依据从研究的整体逻辑和策略中推导出的准则，经深思熟虑而挑选出来的；有多种立意抽样策略可资利用。

练习与思考题

1. 结构式访谈、非结构式访谈、结构式观察、非结构式观察的优势和劣势是什么？
2. 对于哪种研究情境和研究问题，焦点小组访谈是有用的资料收集方法？
3. 在收集定性资料时，如何配合使用访谈和观察？
4. 在（根据合适的研究问题）筹划关于学校、学院或大学的个案研究时，关于学校、学院或大学哪些现存文献资料是有用的？
5. 与应答人就进入和合作所进行的谈判会以何种（哪些）方式影响资料的质量？特别思考以小企业经理为样本的非结构式的深度定性访谈。
6. 定性研究的抽样为什么很重要？抽样策略及抽样策略的逻辑意指什么？

拓展阅读

Adler, P.A. and Adler, P. (1994) ‘Observational techniques’, in N.K. Denzin and Y.S. Lincoln (eds),

Handbook of Qualitative Research. Thousand Oaks, CA: SAGE. pp. 377-92.

Atkinson, P. and Hammersley, M. (1994) 'Ethnography and participant observation', in N.K. Denzin and Y.S. Lincoln (2011) (eds), *Handbook of Qualitative Research*. 4th edn. Thousand Oaks, CA: SAGE.

Babbie, E. (2012) *The Practice of Social Research*. 13th edn. Belmont, CA: Wadsworth.

Denzin, N.K. (1989) *The Research Act*. 3rd edn. Englewood Cliffs, NJ: Prentice-Hall.

Fielding, N. (2008) 'Qualitative interviewing', in N. Gilbert (ed.), *Researching Social Life*. 3rd edn. London: SAGE. pp. 138-52.

Finnegan, R. (1992) *Oral Traditions and the Verbal Arts: A Guide to Research Practices*. London: Routledge.

Finnegan, R. (2006) 'Using documents', in R. Sapsford and V. Jupp (eds), *Data Collection and Analysis*. 2nd edn. London: SAGE. pp. 138-52.

Foddy, W. (1993) *Constructing Questions for Interviews and Questionnaires: Theory and Practice in Social Research*. Cambridge: Cambridge University Press.

Fontana, A. and Frey, J.H. (1994) 'Interviewing: the art of science', in N.K. Denzin and Y.S. Lincoln (eds), *Handbook of Qualitative Research*. Thousand Oaks, CA: SAGE. pp. 361-76.

Foster, P. (1996) *Observing Schools: A Methodological Guide*. London: Paul Chapman.

Greenbaum, T.L. (1998) *The Handbook for Focus Group Research*. Thousand Oaks, CA: SAGE.

Hammersley, M. and Atkinson, P. (2007) *Ethnography: Principles in Practice*. 3rd edn. London: Routledge.

Krueger, R.A. (2008) *Focus Groups: A Practical Guide for Applied Research*. 4th edn. Thousand Oaks, CA: SAGE.

Kvale, S. (1996) *Interviews: An Introduction to Qualitative Research Interviewing*. Newbury Park, CA: SAGE.

MacDonald, K. and Tipton, C. (1996) 'Using documents', in N. Gilbert (ed.), *Researching Social Life*. London: SAGE. pp. 187-200.

Minichiello, V., Aroni, R., Timewell, E. and Alexander, L. (1990) *In-depth Interviewing: Researching People*. Melbourne: Longman Cheshire.

Morgan, D.L. (1997) *Focus Groups as Qualitative Research*. 2nd edn. Thousand Oaks, CA: SAGE.

Plummer, K. (1983) *Documents of Life*. London: Allen and Unwin.

Scott, J. (1990) *A Matter of Record: Documentary Sources in Social Research*. Cambridge: Polity Press.

Silverman, D. (1985) *Qualitative Methodology and Sociology*. Farnborough: Gower.

Silverman, D. (2011) *Interpreting Qualitative Data: Methods for Analysing Talk, Text and Interaction*. 4th edn. London: SAGE.

Spradley, J.P. (1979) *The Ethnographic Interview*. New York: Holt, Rinehart and Winston.

Spradley, J.P. (1980) *Participant Observation*. New York: Holt, Rinehart and Winston.

Stewart, D., Shamdasami, P. and Rook, D. (2006) *Focus Goups: Theory and Practice*. 2nd edn. Thousand Oaks, CA: SAGE.

注释

1. 做田野调查笔记引出了记录什么、何时记以及如何记的问题。关于记录什么，借用九个标题（空间、行动者、活动、对象、行为、事件、时间、目标和感觉），斯普拉德利（Spradley, 1980）提出了一个基本的指导田野笔记的清单。哈默斯利、阿特金森（Hammersley & Atkinson, 1995: 175-86）也讨论了在观察和参与观察研究中何时和如何做笔记的问题。
2. 韦布等（Webb et al., 1996）的著作重点讨论了这些问题，尤其是介入性与反应性的联系问题。第 11 章还会讨论这些问题。

第 9 章

定性资料分析

本章内容

学习目标

在学完这章后，你应该能够：

- 讨论定性资料分析方法的多样性
- 解释归纳以及抽象层次的含义
- 概括性地描述编码和备忘录
- 总结定性资料分析中的迈尔斯和休伯曼方法
- 总结定性资料分析中的扎根理论方法
- 解释叙事分析、常人方法学与对话分析、话语分析、符号学分析以及文档分析背后的主要观点

第 7 章强调了定性研究的多样性。也许这种多样性在定性资料的分析方法上体现得最为明显。确实，"资料分析"这一术语本身对不同的定性研究者来说有着不同的含义，他们的解释也就导致了不同的分析方法。本章我们以当今定性分析的多样性为起点，接着，将会描述一些定性资料分析的主要观点和方法，在结尾部分给出一些有关定性研究申报书中资料分析部分的写作建议。

9.1　定性分析的多样性

社会科学中的定性研究重点研究自然情境中的人类行为和社会生活。它的丰富性和复杂性意味着有不同的分析社会生活的方式，因此，在定性资料的分析中存在着多样化的视角和实践："由于要涉及不同的问题以及社会现实的不同版本，因此存在着技术的多样性。"（Coffey & Atkinson，1996：14）不同的技术经常交叉重叠、相互补充，有时又相互排斥——就像"不可调和的夫妻"（Miles & Huberman，1994：9）。但是，无论是相互补充还是对立，许多分析策略的存在是有充分依据的，因为任何一组定性资料都可以从不同的视角看待。因此，分析技术的丰富多样代表着当今定性研究的特征，不同的技术可以运用在同样的定性材料分析中，证明它的不同侧面（参见案例 9.1）。

案例 9.1

不同的分析技术

费尔德曼（Feldman，1995）针对某组定性资料，运用了常人方法学、符号学、拟剧分析、解构等四种技术，这些资料来自对某个大学办公室的单一研究。不同的技术论证了资料的不同方面。

尽管存在着方法的多样性，一些作者还是认识到了定性资料分析的共同特征。比如，迈尔斯和休伯曼（Miles & Huberman，1994：9）提出贯穿不同类型的定性分析方法的相当经典的六个共同步骤（本书附录）。同样的，特希（Tesch，1990：95-7）认为，尽管不存在适用于所有分析类型的共同特征，但是，无论怎样，在大多数定性分析类型中，可以认别出适用的十项原则和做法。但是，特希在她对方法的调查研究中也发现至少有 26 种不同的定性资料分析方法。

方法的多样性强调了这一点，即在开展定性资料分析的过程中，没有唯一正确的方法——没有唯一的方法论框架。方法的选择更多地要根据研究的目的，在做研究计划时仔细考虑拟订的分析方法是非常重要的，并在一开始就要和研究的其他部分一致，而不是事后再修改。在详述定性分析的文献中，诸如对资料的"转换""解释""理解"这类术语非常突出，这些不同的方式将导致分析方法的多样化。这种多样化是有价值的，但是学术上的规范性和严谨性也是很重要的。在他们的著作《理解定性资料》（*Making Sense of Qualitative Data*）一书中，科菲和阿特金森（Coffey & Atkinson，1996：3）强调："将所有方法联系起来的是对转换和解释定性资料的重点关注——以便捕捉到我们寻求解释的社会世界的复杂性。"西尔弗曼（Silverman，2011）也提出了关于定性分析规范性的类似观点。

近年来，这些对分析方法规范性的关注回应了来自 40 多年前的名言：

> 在定性资料使用过程中，最严重和核心的困难是分析方法不能被完好地规划制订。对于定量资料来说，有着非常清晰的、可供研究者使用的惯例。但是，面对大量定性资料的分析者只有极少的、避免陷入自我妄想的指南，更不必说呈现给科学界或决策界听众的不可靠的或无效的结论。我们怎么能够确保，一个"朴素的""无可争辩的""凑巧的"发现在事实上不是错误的？（Miles，1979：591）

资料分析方法必须是系统的、严格的、能够被看到的（和能被看穿的，就像"透明的"一样）和可描述的。评估任何研究的一个关键问题是：研究者是如何从这些资料中得到这些结论的？如果对此问题没有答案——如果分析方法不能被描述和详细检查——就很难知道得出的研究结果有多大的可信度。

所有的实证研究都不得不处理这一问题。定量研究的一个优势就是它的资料分析方法是大家所熟知的，是透明的。这使得分析可以被复制——第二个分析者，如果像第一个分析者那样处理同样的定量资料，使用同样的统计操作方法，应该得到同样的结果。[1] 对于定性研究来说，可复制性标准的意义在研究文献中有一定的争议。但是，在过去的 40 年中，定性资料分析有了巨大进步，对于许多定性研究来说，将“检验追溯”（audit trail）贯穿于资料分析的过程已具备了现实性。[2]

对于某个研究者来说，在面对收集到的定性资料时——也许是访谈记录，和/或来自观察和讨论的田野笔记，和/或文档，这一问题就更为突显。在这一点上，研究者究竟该做些什么？决定做什么会带来困惑，正如费尔德曼在他的生动描述中所展示的一样（Feldman，1995：1）。

尽管分析方法的发展有所进步，但是如果认定定性分析的所有发展都导向这一议题，那就是错误的。一方面，有研究者反对可复制性以及检验追溯的知识观点——比如，那些坚信植根于后现代主义和建构主义哲学的相对主义认识论的人（Kelle，1995）。另一方面，定性分析的更近期的发展已经指向了新领域，其中这种标准没有太大问题，但也不那么重要。这将在本章后面部分体现。

对定性资料分析方法的问卷调查表明，分析方法可以被分类为一般分析法和特殊分析法。下面三部分（9.2 节、9.3 节、9.4 节）描述了定性资料分析的一些重要的一般性方法，它们可以被应用于广泛的社会科学研究情景中。9.5 节呈现的是扎根理论分析的特殊方法，而 9.6 节对其他更为特殊的方法进行了概括。

9.2 分析归纳

在寻找社会世界的规律的过程中，归纳法是核心。从资料当中归纳发展出概念，进而将概念提升到更高的抽象层次，然后探索出它们之间的相互关联。但是，虽然归纳法占核心地位，但是演绎法也是必需的，因为，正如在第 7 章中所提及的那样，理论的产生也涉及理论验证。这种定性资料分析是一系列交替的归纳和演绎的步骤，由资料得出归纳性假设，紧接其后的就是为了求证目的而进行演绎性假设检验（Kelle，1995）。

大量定性分析依靠归纳的事实说明“分析归纳”是一种有用的一般术语。但是这一术语也有着更具体的含义。由兹纳涅茨基（Znaniecki，1934）发展的分析归纳方法，最初被认为是在社会生活中寻求“普遍性”，在这里普遍性是指不变的属性（Ragin，1994：93）。今天，它经常用于指称对个案之间类似性的系统检验，以发展出概念或观点（参见案例 9.2）。例如，它已经被林德史密斯（Lindesmith，1968）、克雷西（Cressey，1950，1971）以及哈默斯利和阿特金森所描述使用。下面是哈默斯利和阿特金森给出的描述（Hammersley & Atkinson，1995：234-5）：

1. 确切地阐述要解释的现象的最初的定义。
2. 调查该现象的一些个案，为可能的解释性特征提供证据。
3. 在对资料分析的基础上，构建出一个假设性解释，尝试识别出所有个案的共同因素。
4. 进一步地调查个案以检验假设。
5. 如果假设不符合新个案中的事实，那么要么需要重新构想假设，要么需要重新定义要解释的现象（因此，否定性个案需要被排除出去）。
6. 这一检验个案、重新构想假设，和/或重新界定现象的过程一直持续，直到有新的个案能继续确认假设的有效性，这时就可以得出假设是正确的结论（虽然这绝不可能被认为是绝对的确定性）。

案例 9.2

分析归纳

布鲁尔（Bloor，1978）在他对外科手术的研究中使用了分析归纳法，这一研究由西尔弗曼（Silverman，1993）进行了总结。

克雷西（Cressey，1950）运用分析归纳研究了“信任侵犯”。

林德史密斯（Lindesmith，1947）运用分析归纳研究了药物成瘾现象。

9.3 定性资料分析的“迈尔斯和休伯曼框架”

迈尔斯、休伯曼和萨尔达尼亚（Miles，Huberman & Saldana，2013）的《定性资料分析》（*Qualitative Data Analysis*）是一本综合性的资料读物，描述了分析针对的是探索出社会现象中合乎规律的、稳定的关系，并且要建立在这些现象联系的规律性和发生顺序的基础上。他们将自己的方法贴上“抽象现实主义”的标签，他们的分析有三个主要组成部分：

- 资料缩减
- 资料呈现
- 生成和验证结论

他们将这三方面视为同时发生的事件或活动,在整个分析中相互作用,如图9.1所示。

1. 资料缩减：资料缩减持续发生在整个分析过程中。它并不是与分析相脱节的事情，相反，它是分析的一部分。在初期阶段，它发生在编辑、细分和总结资料的过程中。在中期阶段，它发生在编码和撰写备忘录以及与发现主题、集群、模式相关的活动中。在后期阶段，它发生在概念化和解释的过程当中，因为发展抽象概念也是缩减资料的一种方式。在对缩减资料的需求方面，定性分析与定量分析并没有什么不同，本章9.4节的抽象层次图呈现了概念化结构的相似部分。无论是定量分析还是定性分析，资料缩减的目标都是在没有重要信息损失的情况下缩减资料。在定性分析中，另一个预防损失信息的重要方式是不要脱离资料的背景去分析。

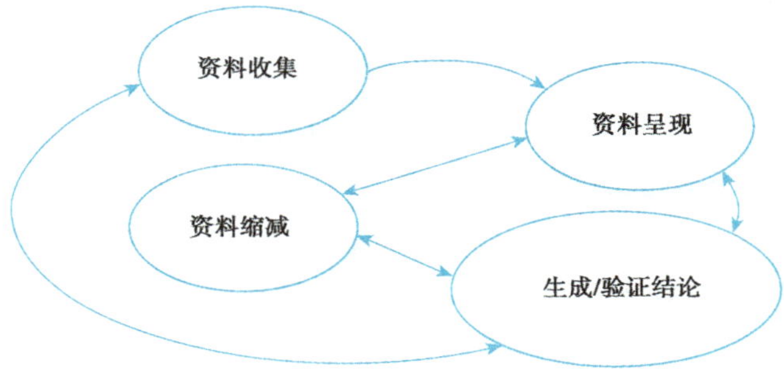

资料来源：Miles & Huberman，1994：12。

图9.1 资料分析的组成部分：互动模型

2. 资料呈现：资料呈现可以组织、压缩和组合信息。因为定性资料通常篇幅冗长、内容分散，呈现的作用能体现在分析的所有阶段。迈尔斯和休伯曼认为呈现非常关键，经常使用短语“你了解你所呈现的”。他们认为好的呈现是有效定性分析的一种主要途径（Miles & Huberman，1994）。有许多不同的呈现资料的方式——图表、网络图、不同类型的图表（文氏图、因果模型等）——以及任何使分析更加合适的方式。呈现在所有阶段都能使用，因为它能使资料得到组织和总结，能显示出分析达到了哪个阶段，是进一步分析的基础。要传达给读者的很清晰：好的定性分析涉及资料的反复和迭代呈现。在扎根理论中同样是这样。
3. 生成和验证结论：缩减和呈现资料的理由是为了得出结论。在缩减和呈现资料后有逻辑地得出结论的过程中，事实上它们或多或少是同时发生的。这样，可能的结论会在分析初期就被注意到，但是它们在这一阶段也许是模糊的、不规范的。它们还处于需要进一步处理的临时状态，需要进一步修正。直到所有的资料被分析完成后，它们才能最终定稿。结论将以假设的形式出现，一旦得出结论，它们必须被验证。

生成和验证结论是分析的第三部分。它涉及发展假设，并在概念上区别于其他阶段，但是需要再一次指出的是，它们可能相伴着同时发生。迈尔斯和休伯曼给出了从呈现资料中得出意义和结论的 13 个策略。因为结论也必须被验证，他们又给出了检验和确认结果的 13 个策略的清单。这两份清单见附录。

这一阶段的分析是最难描述的，因为它通常涉及大量不同的分析过程，可能被同时运用而不是按顺序运用，并且彼此之间会有交叉、联系。换言之，几件事情可以同时进行。这一工作在开始需要对前面的分析进行排序和整合。经过编码和撰写备忘录之后（见 9.3.1 小节和 9.3.2 小节），会形成有许多不同抽象层次的标签以及成堆的不同种类的备忘录。这一阶段的目标是将已完成的工作整合成一个有意义的、条理清楚的资料图景。附录给出了涉及这一活动的两份策略清单的概要。

这三个主要组成部分交织发生在整个资料分析过程中，前两部分，资料缩减和呈现，主要有赖于编码和备忘录的操作。实际上，在定性资料分析的所有方法中，编码和备忘录都是进行分析的两个基本操作。本书在这里进行了概括性讨论，并分别进行阐述。但在实践中，它们同时发生、紧密相连。

9.3.1 编码

编码是定性分析的起始活动，是后续活动的基础。对于旨在从资料中发现规律的分析来说，编码是核心。

怎样进行编码？什么是编码？编码是标签、名称或标识，因此，编码是一个对部分资料进行贴标签、命名或标记的过程，这些资料可能是个别词语，或者是不同篇幅大小的资料。贴标签的关键点是赋予资料以意义，这些标签有许多功能。它们对资料起到索引作用，为保存和追溯提供基础。初始标签也可以进行较高级的编码，通过汇集主题、确定模式的方式来总结资料。考虑到许多定性资料的体量和复杂性，这些初期的标签成为后续分析的重要组成部分。因此，基本编码既是分析的第一部分，又能为后续的分析做好资料准备。高级编码是同样的活动——贴标签和分类——应用于更高抽象层次的资料。编码类型——对资料附上什么类型的标签——要根据使用的分析方法。

在迈尔斯和休伯曼方法中，有两种主要的编码类型——描述性编码和推断性（或者模式）编码。初期编码可能是描述性编码，除资料本身外，几乎不需要任何推论。在开启分析以及使研究者对资料有所“感觉”等方面，这些编码特别有价值。

格拉泽和斯特劳斯（Glaser & Strauss）在扎根理论编码中，使用了“初始代码”这一术语代表同一种类型的编码。在案例 9.3 中，理查兹以非常类似的方法使用“主题性编码”。第一层次编码主要用于这些描述性的、低推论性的编码，它对于总结资料、为后续更高层级的编码提供基础非常有用。后续编码可能是更加解释性的，需要对资料进行一定程度的推论。这样第二层级的编码就聚焦于模式编码。模式编码是一种更具推论性的“元编码”。模式编码将原始资料集中到一起成为一个更小的有意义的单元。一个好的理解模式编码的方法是与定量研究中的因子分析作对比（12.6 节）。因子就是更高抽象层次中的概念，它将抽象程度较低的变量结合在一起。类似地，模式编码是更加抽象的概念，它将抽象程度较低、描述性程度较高的编码结合在一起。

当将编码带到资料当中或者在资料中发现编码时，有一系列可能性。在这个连续统的末端，我们可以有预先设定的编码或者更加一般性的编码框架。在另一端，我们可以在没有任何预编码的情况下开始编码，让资料显示出其初始编码。这一决定通常并不能独立于有关研究问题、概念框架和资料结构化的其他决定。正如前述，不需做非此即彼的决定。这样，即使在初始编码的指导下，我们也可以从“白板”开始，从资料中得到一套最初的编码，然后，在经过分析之后，得出一个编码框架。

在这种资料编码中，存在着与定量研究的另一种相似性。它涉及操作性定义：

> 无论编码是预先设定的还是随着进程制订的，清晰的操作化定义都是不可缺少的，因此，在经过一段时间后，它们可以被某个研究者长期使用，更多的研究者在他们编码时也将思考同样的现象。（Miles & Huberman，1994：63）

在定量背景下，操作化定义意味着按照测量一个变量必需的操作对变量做出界定。这一引文清晰地说明了相同概念在这类定性分析中的适用性。必须使资料指标和对资料给出的概念化标签（或编码）之间有清晰的关联。这些关联能够检查定性分析中的编码和编码者信度。它们在建立贯穿于分析过程中的检验追溯中非常重要。

在案例 9.3 中，科菲和阿特金森（Coffey & Atkinson，1996：33-34）运用与学术界的人类学家的访谈示例了如何编码。迈尔斯、休伯曼和萨尔达尼亚（Miles，Huberman & Saldana，2013）从几个不同的研究和背景中给出了编码的例子，演示了一些编码框架和清单。在案例 9.3 的第三项中，理查兹（Richards，2005：87-8）展示了另一个有用的一般编码方法，使用了术语“描述性编码”“主题性编码”和“分析性编码”。

案例 9.3

编码

- 科菲和阿特金森（Coffey & Atkinson，1996：33-34）运用与学术界的人类学家的访谈示例了如何编码。
- 迈尔斯和休伯曼（Miles & Huberman，1994：55-72）从几个不同的研究和背景中给出了编码的例子，演示了一些编码框架和清单。
- 理查兹（Richards，2005：87-8）给出了以下例子，使用了术语“描述性编码”“主题性编码”和“分析性编码”。

  描述性编码涉及有关正在进行中的案例的编码和信息存储。

  主题性编码，是定性研究的“设计工作”（hack work），根据主题为文本片段贴标签。

  分析性编码则更进一步，它是定性探究的核心，既涉及资料的解释，又涉及资料的概念化和理论化。

文本段落通常需要三种编码类型。思考一下以下资料：

一个被访谈的男人正在讨论地方议会选举中社区行动的必要性，其中一名学校教师是候选人。这名男子说到他从不听关于教师的闲言碎语，那是女人的事情。但是，他确实担心她来代表地方议会，若她明显不是一个负责的人。

- 描述性编码：首先，存储有关发言者的信息，也许有三个属性：性别、年龄和职业——男，45 岁，商人。
- 主题性编码：现在，本段落正在讨论什么主题？社区行动的必要性和学校教师；也许我们需要为她的多重角色进行编码。

  编码通过两种方式描述了段落：哪类人提供了这些观点，它们是关于什么内容的？
- 分析性编码：现在，学校教师声明有哪些内容？需要注意几个主题，有关家长制假设、闲言碎语的可信度、女人的非正式网络、学校教师的权威以及人际关系和政治关系的相互作用。

理查兹指出，这种编码会引领研究者进一步追问有用的问题：男人总是拒绝闲言碎语吗？对学校教师的否定主要是来自超过 40 岁的人吗？他们怎么将态度和社区行动联系起来？

不同的研究者使用不同的术语来描述编码的层次和类型，这在阅读文献时可能会产生混淆。但是，尽管使用不同的术语，无论是编码的主要观点还是编码的主要类型都有近似性。专栏 9.1 运用迈尔斯、休伯曼和理查兹的研究例证了这点以及编码的扎根理论（9.5 节）方法。

专栏 9.1

编码中的术语

文献对编码有很多描述，所用术语也有很大不同。即使本章 8.3—8.5 节描述的三种编码类型使用了不同的术语，但是它们之间的相似性是非常明显的。比较一下迈尔斯和休伯曼（9.3.1 小节）和理查兹（案例 9.3）的不同说法：

迈尔斯和休伯曼	理查兹
描述性编码	主题性编码
模式编码	分析性编码

描述性编码和主题性编码侧重于对资料的内容做出认定和标示。模型编码和分析性编码则更进一步，能够解释和 / 或连接和 / 或概念化资料。

扎根理论编码（9.5 节）类似，但是更加详细。因此：

- 初始编码侧重于资料中的内容
- 开放式编码提升资料的概念化水平
- 主轴式编码侧重于开放式编码之间的相互关系
- 选择式编码再一次提高资料的概念化水平

其中的关键点是：编码的第一层次是描述性的，而第二层次和更高层次是分析性的。这些更高层次的做法是将资料进行递进分析，从描述层次进入到概念化或理论化层次，这里可以用几种方法完成这项任务（发现模式、抽象—概念化、解释等）。

总而言之，编码是给资料贴标签的具体活动，从而使资料分析得以进行，并继续贯穿于分析过程中。初始编码通常是高描述性的、低推论性的，而后期编码会使用高级概念来整合资料。因此，存在着两种主要编码类型——低推论的描述性编码和高推论的模式或概念性编码。尽管编码是所有分析的核心和基础，并贯穿于分析全过程中，但是，分析不仅只是编码。它还涉及备忘录的撰写。

9.3.2 备忘录

撰写备忘录是定性资料分析的第二个基本操作，但是这不必然意味着它是第二阶段。这些操作不是前后相继的——备忘录始于分析的起点，并一直伴随着编码。

研究者在进行无论哪种层次的编码过程中，都会产生各种各样的想法。这些就变成了记录这些想法的大量备忘录。格拉泽对此的界定被广泛使用：

> 备忘录是指分析者在编码过程中，当头脑中有了有关编码以及编码之间关系的想法时，将这些想法理论化地撰写出来……它可能是一个句子、一个段落或者几页纸……它运用略为概念化的阐述，完整记录分析者建立在资料基础上的瞬间想法（Miles & Huberman，1994：72；Glaser，1978：83-4）。

这些备忘录可以涵盖很多东西。它们可以是实质的、理论的、方法论的或者甚至是个人化的。当这些备忘录是实质的、理论的时，它们可能暗示了仍有比编码更深层次的概念。这样，它们可能会指向新的模式和更高层次的模式编码。它们也可能会详尽阐述一个概念或者提示这样做的方法，或者它们可能将不同的概念彼此联系起来。最后这种备忘录将产生出命题。

随着编码层次的提高，有关实质的、理论的备忘录的重点是它们有概念化的内容，而不仅仅只是描述资料。它们帮助分析者从描述性、经验性走向概念化层次。因此，它们在演绎中尤其重要，因为它们将分析推向了概念化以及提出命题。备忘录将编码与命题的发展相联系，它在平衡定性分析中的严谨性和创造性方面很重要，正是在备忘录中产生了创造性。我们可以认为编码是分析的系统性和规范性部分（虽然创造性和洞察在发现模式和关系中也是必需的），而备忘录是发展分析中更具创造 - 推论性的部分。这一推论性需要验证。

编码与备忘录一起为这类定性分析提供了基石。虽然初始分析可能主要关注编码，但很快便会涉及备忘录。前面我们曾说过，定性资料分析不可能被简化成法则。但是，在这一点上仍有例外（Glaser，1978：83）：当想法闪现时，用备忘录记下所有想法。当编码过程中出现一个想法时，停止编码，记下想法。后期，备忘录可以用作存储资料的索引以备后续利用。迈尔斯和休伯曼（Miles & Huberman，1994：72-5）从不同的项目中展示了几个备忘录，卡麦兹（Charmaz，2006：72-95）描述讨论了备忘录，给出了写备忘录的几个例子。

9.4 抽象与比较

到目前为止所描述的定性分析需要许多不同的智力工具和活动，但是，其中两种是基本的——抽象和比较。

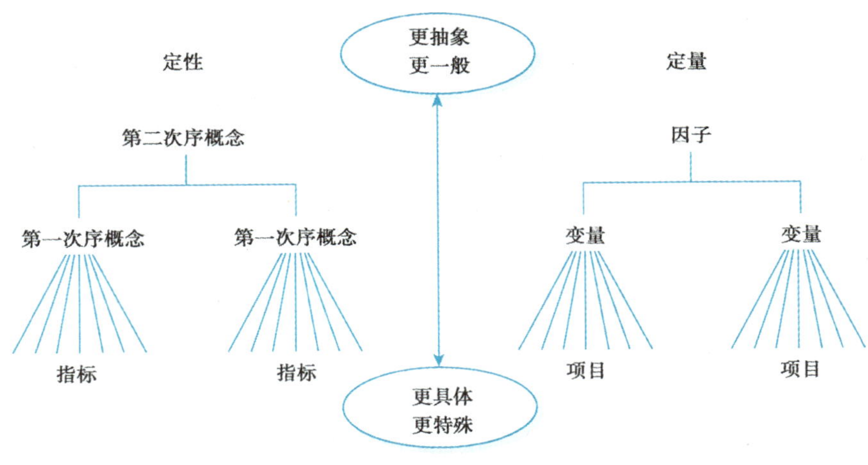

图 9.2 资料分析中抽象的层次

抽象

这里最关键的一点是一些概念比另外的概念处于更高的抽象层次。术语“从具体到抽象”描述了抽象过程的连续统，正如术语“从特殊到一般”。图 9.2 展示了这一点，正如图 2.1。

图 9.2 显示了定性和定量两种背景下抽象的层次以及两者之间的密切联系。从抽象的最低层次，到最具体或最特殊或最具描述性的层次，我们有指标（定性）和项目（定量）。正如第 11 章将展示的那样，测量中的潜在特质理论使这种理念正式化。在下一层次，抽象的第二次序，我们有第二次序概念（定性）和因子（定量）。再一次地，定量工作中的因子分析（以及聚合分析）使这一观念正式化。抽象过程不会止步于此。在两种方法中，仍然有可能有更精简更一般的概念，但是，抽象的两个层次已经充分展示了这一理念，并包含了我们所做的大部分工作。

图中突出了两点。第一，在从具体到抽象、从特殊到一般的连续统中，概念化结构在定性方法和定量方法的资料分析中是非常近似的。因此，这种分析的普遍性质，即发展高次序概念来总结和整合更具体层次的资料，在两种方法中也是近似的。第二，定量分析已经形成了从一个层级到下一个层级的方法，在此方面比定性分析走得更远。这样，定量分析将项目汇总成变量，成为抽象的第一层次，从变量中得出因子，走向第二层次的抽象。由于资料的性质，定性分析不可能被正式化到相同的程度，但是抽象的作用解释了定性资料分析树状图的核心重要性（O’Leary，2004：258；Richards，2005：104-21）。

比较

比较是所有系统探究的基础，无论资料是定性的还是定量的。在定量研究中，我们不会经常仔细地思考比较，因为比较内化于定量探究的所有阶段。因此，定量测量集中体现了比较的概念，定量设计被制订出来进行比较，以及发展了各种各样的基于比较的资料分析技术。因此，每当我们使用定量研究技术，就在自动地进行比较。

比较并不能被自动整合进定性研究，这一点需要特别强调。比较在识别抽象概念和编码中，是非常重要的。在编码的第一层次中，通过比较资料中的不同指标，我们可以发现经验资料背后的更抽象的概念。这样，正是比较引导人们提高抽象的层次，“领先一筹”（Glaser，1978），比较在发展概念中非常关键。在高一层次的编码中也是这样。在抽象的第一层次比较概念和它们的性质可以使我们识别出更抽象的概念。因此，进行系统、持续的比较在定性资料分析的所有层次上都是非常紧要的。

特希（Tesch，1990）在她用于定性资料分析的综合性调查方法中，认为比较是分析的核心智力活动。格拉泽和斯特劳斯（Glaser & Strauss，1967），即扎根理论的共同建立者，认为比较是如此重要以至于他们将扎根理论描述为“持续比较的方法”。因此，比较是扎根理论分析的核心。

9.5 扎根理论分析

扎根理论既是一种总体研究方法，又是一套通过分析资料发展理论的过程。其作为总体研究方法已经在第 7 章描述过。这一部分主要介绍扎根理论分析的基本观点。这一分析的直接目标是产生抽象理论来解释什么是资料的核心。它的程序的所有方面都以这一目标为取向，从编码开始，它既承认概念抽象的核心作用，又承认理论知识的层级结构。

分析者如何从资料中产生理论？以下就是一个扎根理论分析的总过程，接着描述了开放式、主轴式以及选择式编码。

9.5.1 概述

建构扎根理论的核心要点是，基于抽象的高级层次，但是扎根于资料，去发现一个核心范畴，来解释和说明什么是资料的核心。扎根理论分析通过三个步骤来完成，这些步骤虽然在概念上是清晰的，但并不一定必须依次展开。首先是在抽象的第一层次发现资料中的概念范畴。其次是去发现这些范畴之间的关系。最后是在更高抽象层次去概念化和解释这些关系。这意味着有三种基本类型的编码——实质编码（由开放式编码产生），是资料中的初始概念化范畴；理论式编码（由主轴式编码产生），它将这些范畴连接起来；核心编码（由选择式编码产生），它是理论性编码的更高层次的概念化，围绕于此，理论得以建立。

这样，第一个目标就是发现资料中的实质编码。这些是产生于经验资料中的范畴，但是较之资料本身，处于更抽象的层次。在分析的第一层次中，一些实质编码将比另一些编码在资料中处于更核心的地位。第二个目标是将主要的实质编码放在一起，用理论编码将它们相互联系起来。这些相互联系的判断是有关资料的假设或命题，并被整合进扎根理论中。第三个目标是发现一个更高层次的、更抽象的结构——核心范畴——将这些假设整合为一个理论来描述和解释资料。

扎根理论分析的核心是编码——开放式编码、主轴式编码和选择式编码。这些并不一定要依次完成——相反，它们可能是互相重叠、同时完成的。但是它们在概念上是不同的操作。通过开放式编码发现实质编码。主轴式编码运用理论编码将主要的实质编码相互连接起来。选择式编码将高层次的核心范畴分离出来并详尽阐述高层次的核心范畴。

9.5.2 开放式编码

开放式编码构成了对资料进行概念化分析的第一层次。分析者将“摧毁”或“破坏”资料作为起点。这是在开放式编码中使用术语“开放式”的原因，是为了从资料中发现理论的可能性。其目的是使用资料来提炼出概念化范畴，这些范畴比描述的资料更加精炼，在后续建立理论当中有可能会使用到。开放式编码必然涉及对资料（或部分资料）的严密检查，识别资料中潜在或明显的概念化范畴以及资料蕴含的理论可能性。使扎根理论分析区别于其他定性分析形式的是它从一开始就坚决主张，通过产生抽象概念化范畴来说明要研究的资料。因此，扎根理论编码关注的中心不是简单的描述或者对资料的主题分析或解释，尽管这些有助于分析者进行开放式编码。它主要关注的是“使得资料理论化”（格拉泽）或者“分析性地转换资料”（斯特劳斯）。这些短语意味着使用资料来产生更抽象的范畴。重点是产生扎根理论的抽象概念，这会成为建立理论的基石。

总体上理解开放式编码和扎根理论分析的关键是概念 – 指标模型。图 9.3 再次呈现了这点。它和我们前面在 9.4 节讨论的抽象层次中所看到的是相同的模型，和我们将在后面看到的，测量中的潜在特质理论模型（11.3 节）也是相同的。正如格拉泽（Glaser，1978：62）指出的，这一模型指向资料中的经验指标的编码。

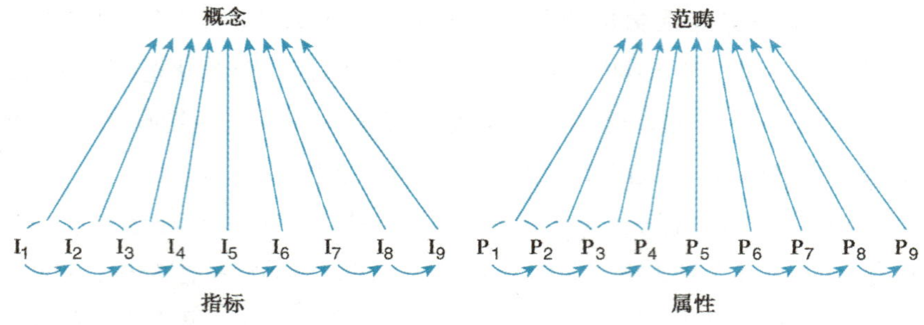

资料来源：Glaser，1978：62。

图 9.3　概念 - 指标图

一个概念可能有许多不同的经验指标。当我们从资料中的指标来推论出概念时，我们就在进行抽象化——从经验性资料向上发展成更抽象的概念。由于一个概念有许多指标，为了推论出概念，指标间是可以互换的。这意味着 I_1（指标 1）是某个概念的一个指标，指标 I_2（以及 I_3，I_4，等等）也同样如此。我们将指标进行比较，评估它们之间的异同，以便推论出更加抽象的概念。我们也不断地寻问，经验资料显示出了哪个更抽象的概念。

因此，开放式编码中贴标签的过程由两个主要活动引导——进行比较和提出问题。前者意味着资料的不同片断作为指标，要不断地相互进行比较以便产生抽象范畴。后者则是不断地提出一种区别于扎根理论分析的问题。它有三种形式：

- 这个资料片断是什么的例子？
- 这个资料片断代表或表示了什么？
- 这个资料片断指示了什么范畴或者一个范畴的什么性质？

像所有编码一样，开放式编码将为资料片断贴上标签。有时这些标签是高描述性、低推论性的标签，有时它们是“初始”标签，但是它们大多数涉及第一层次的推论。

在扎根理论开放式编码中，由上面所展示的模型和问题指导着贴标签的活动。编码（标签）在这一早期分析阶段是暂时性的，一个资料片断可能有几个标签。最终编码要持续到完成实质编码、分析者对什么是资料的核心有一个稳定的看法后才会结束。潜在的核心范畴也会在开放式编码进程中被标注出来，最终编码也同样需要推迟。

开放式编码利用资料产生概念化标签和范畴，以便建立理论。它的功能是显示资料中的理论可能性。它不是给资料带来概念，也不是使用先验的编码设计。只有使用从资料中产生的概念和范畴，才能确保它们是扎根于资料的，同时也确保将用于理论中的任何概念都拥有它们的概念地位。这样，分析者在一开始就不带任何预先形成的概念化范畴，只使用那些由资料产生的概念。开放式编码关注的核心并不是总结资料、描述资料、发现资料中的同义词或解释资料。它可以间接地完成这些事情或者将其作为产生抽象范畴的一部分，但是这些事情不是目的——目的是将资料概念化。

成功的开放式编码甚至会从一小部分资料中很快产生许多暂时性标签，但是这种编码不会无限地进行下去。开放式编码的目的不是无休止地从全部资料中产生概念化标签。因此，编码的过程必须由另两个过程来平衡。一个是要把握资料的概况，继续广泛地观察整个资料，而不只是进行密集的编码。这就是格拉泽（Glaser，1992）所说的“浸入与跳过”（dip and skip），指密集地对部分资料进行编码（浸入），同时通过比较浏览资料发现可能的概念化模型，以及可能的用于将资料不同片断、不同事件连接起来的概念（跳过）。另一个是有意识地从资料中返回，从产生的所有编码中判断哪些可能是资料的核心和基础。要通过聚焦以下问题做出判断：

- 这里所说的核心是什么？
- 这些资料主要是关于什么的？
- 这里人们面对的基本社会问题是什么？他们应对这一问题的基本社会过程是什么？

在扎根理论分析中，发现和关注资料的核心是非常重要的。整个过程连续不断地将资料整合进更小的一套更抽象的概念和范畴。因此，从一开始就要聚焦可能的整合概念。最终，扎根理论将会围绕一个核心范畴建立，它可以说明资料中的大部分变化，并围绕这一范畴整合资料的其他部分。因此，所有阶段的编码过程都与通过提炼缩减资料、寻求资料的概念化核心这一目的相一致。开放式编码的结果是一整套从资料中产生的概念化范畴，也会有对这些范畴的排序和分类以及对什么是资料的核心的一些了解。也可能会有一些可能的关于核心范畴的初始想法，但是不论在此阶段这是否会发生，都将会出现少量的重要范畴。

案例 9.4

开放式编码

斯特劳斯和科尔宾（Strauss & Corbin，2008）运用对一个餐厅情境的观察式资料阐述了开放式编码的过程。

斯特劳斯（Strauss, 1987: 40-64, 82-108）在与学生的研讨会上，作为会议主导人，使用来自心脏康复科的疼痛管理的观察性资料展示了开放式编码。

科尔宾（Corbin, 1986: 102-20）运用来自一个儿科护士了解儿童对住院的反应的观察性资料描述了开放式编码。

奥尔德（Alder, 2002）在一项测验中学生和老师之间的关爱关系是如何发展的研究中使用了开放式编码。

9.5.3 主轴式（或理论性）编码

主轴式编码是扎根理论分析中的第二个操作，在这一阶段，在资料的开放式编码中出现的主要范畴已经被相互联系起来。"主轴式"这一词语被斯特劳斯和科尔宾使用，意思是给资料加一个轴，用轴把开放式编码中的范畴联系起来。格拉泽（Glaser, 1978）使用更一般化的术语"理论性编码"来描述这一阶段。下文将予以详细说明。

如果开放式编码将资料拆分或者"使资料开放"（Glaser, 1978），以便显示它们的理论可能性和范畴，主轴式编码则是通过概念化的不同方式将范畴重新组合在一起。这样主轴式编码就将开放式编码提出的实质范畴相互联系起来。

这是怎么完成的？要使其相互联系，我们需要一些将彼此联系起来的概念。这些关系概念被称作理论性编码，这就是为什么格拉泽使用理论性编码而不是主轴式编码。斯特劳斯和科尔宾也使用"编码范式"这一词语来描述一套用来发现事物间联系的概念。所有这些词语都意指同一件事情。

我们从定量分析中了解到有许多不同方式可以用来关联可能发生的现象。例如，原因和结果就是一种方式；从一个共同范畴的不同方面（或维度或属性）来看待事物是另一种方式；将事物作为一个过程的组成部分或阶段来看待是第三种方式；刺激－反应关系是第四种；等等。在前面提到的迈尔斯和休伯曼策略表中涵盖了某些联系方式,格拉泽和罗森伯格也提出了对这一主题的两种综合处理方法。格拉泽（Glaser, 1978: 72-82）提出了 18 种事物之间可能发生联系的方式，称之为"编码家族"。罗森伯格（Rosenberg, 1968: 1-21）更多地是从定量视角出发，将变量（事物之间量化的同等的联系）之间的关系分成三种主要类型（对称的、相互的、非对称的），然后在每个分类里给出几个亚类型。

斯特劳斯和科尔宾（Strauss & Corbin, 2008）专门撰写了互动主义编码范式的文章，识别出因果条件、现象、背景、干预条件、行动 / 互动策略以及结果是资料中范畴相互关联的方式——这些都是将资料相互关联起来的理论性概念。这样，如果使用互动主义范式，主轴式编码的结果是根据发生的条件、嵌入的背景以及那些策略的结果来理解资料中的核心现象。

理论性编码的这一观点是重要的，但并不难懂——它是有关事物之间彼此相互联系的方式。我们在定量数据分析（第 12 章）中将会看到，在研究变量间关系中有两个不同的概念化阶段。一个是发现和描述关系，另一个是解释关系，或者说是关系是如何产生的，或者说是赋予关系意义。这在定性研究中也是同样的。格拉泽（Glaser，1978）、罗森伯格（Rosenberg，1968）及迈尔斯、休伯曼和萨尔达尼亚（Miles，Huberman & Saldana，2013）的研究都对事物相互关联的可能方式给出了一个综合描述，说明了上述观点。这些描述相互重叠，都从定量研究中得出了有关这一论题的观点。

案例 9.5

主轴式编码

斯特劳斯和科尔宾（Strauss & Corbin，2008）运用疼痛管理的资料举例说明了主轴式编码。

斯特劳斯（Strauss，1987：64-8）在对心脏康复科医疗技术的研究中，围绕着“监控”这一范畴展示了主轴式编码。

斯旺森（Swanson，1986：121-32）使用护士对自己学习体验的解释资料，给出了发展主轴式编码中范畴的几个例子。

奥尔德（Alder，2002）在检验学生和他们老师间如何发展关爱关系的研究中，使用了主轴式编码。

9.5.4 选择式编码

选择式编码是扎根理论分析的第三个操作。使用词语“选择性”，是因为在这一阶段，分析者有意识地选择资料的一个核心方面作为核心范畴并集中于此。当做出这一选择时，就界定了理论性分析，以及对与这一核心范畴相关的那些资料的发展，开放式编码便终止了。现在分析围绕着核心范畴进行，核心范畴变成扎根理论的核心内容。

因此，在选择式编码中，目标是整合正在进行的分析。要发展的理论必须有一个核心点，围绕着它进行整合。这将是理论的核心范畴。它必须是资料中的核心主题，以便整合资料中的其他范畴，核心范畴将必须处在更高的抽象层次。从分析的一开始就要注意到潜在的核心范畴，尽管对于分析当中最终确定核心范畴来说还为时尚早。

因此，选择式编码使用了与前述开放式编码和主轴式编码相关的技术，但是处于一个更高的抽象层次。现在焦点放在发现一个更高次序的概念，一个处于第二抽象层次的核心概念化范畴。选择式编码强调的是分析资料过程中的核心，而不是简单的描述。扎根理论分析的所有方面都集中在概念化和解释资料，而不是描述资料。格拉泽（Glaser，1992）认为，在真正的扎根理论分析中，核心范畴将从对早期编码的不断比较中浮现出来。一旦核心范畴清楚了，就要阐述它的属性以及系统地分析其与资料中其他范畴的关系。那时，关系相对于资料来说就是有效的。这一阶段也显示出需要进一步收集资料的那些范畴，从而指导进一步的理论抽样。用扎根理论的语言来说，这一阶段被称作理论的系统夯实和饱和。

案例 9.6

选择式编码

斯特劳斯和科尔宾（Strauss & Corbin，2008）运用有关慢性病女性是如何管理怀孕的资料举例说明了选择式编码的步骤。

斯特劳斯（Strauss，1987：69-75）利用心脏病康复科的护理工作的资料举例说明了选择式编码。

科尔宾（Corbin，1986：102-20）利用与慢性病情形下的怀孕有关的备忘录说明了选择式编码。

自始至终的目的就在于建构资料的抽象理论，这一理论是扎根于资料当中的。理论要使用的概念没有带到资料中，在资料中也不明显。它们需要通过演绎从资料中推论出来。这种演绎推论是抽象的过程。通过展示某个特别的资料片断作为更加抽象的（第一次序）概念的例子，分析者提升资料的概念化层次。通过展示将第一次序概念作为一个更一般性的第二次序概念的属性或例子，则再一次提升了资料的概念化层次。如此，正如在抽象层次图（图 9.2）中显示的概念化结构，扎根理论分析完成了两次抽象过程。图 9.4 通过总结的方式，显示了扎根理论分析的图示。

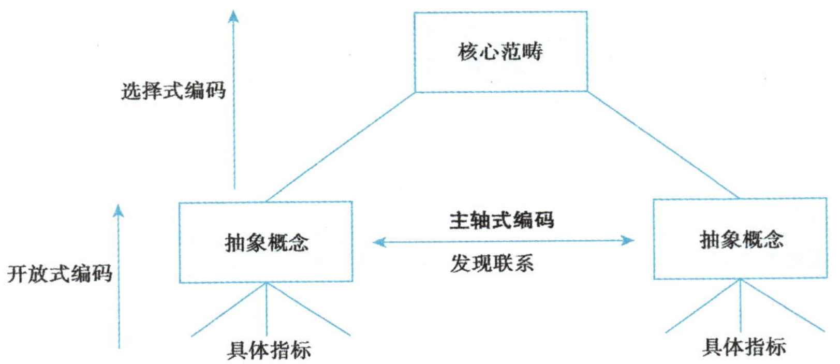

开放式编码：发现资料中的抽象概念；提高资料的概念化水平。
主轴式编码：发现资料中抽象概念之间的联系。
选择式编码：通过聚焦资料中显现的基本社会过程，选择核心范畴；再次提高核心范畴的抽象层次；详尽阐述核心范畴。

图 9.4　扎根理论分析图解

这个描述还没有涵盖扎根理论分析的所有方面。这里没有涉及的，但是包括在扎根理论文献中的主题还有理论敏感性、抽样和饱和，实质理论和形式理论的区别，扎根理论的详尽阐述和夯实，基本社会问题和过程，用于社会过程研究的扎根理论方法的意义。正如第 7 章提到的，还有相当多的新的对扎根理论方法的分类。可以在布赖恩特和卡麦兹（Bryant & Charmaz，2007b）和卡麦兹（Charmaz，2006）的《扎根理论手册》（*Handbook of Grounded Theory*）中找到所有有关这些主题的拓展阅读材料。

案例 9.7

扎根理论

《实践中的扎根理论》（*Grounded Theory in Practice*）（Strauss & Corbin，1997）是一本来自斯特劳斯以前学生的、有关扎根理论研究阅读资料的文集，编者为每篇论文提供了评论。

《扎根理论示例：读本》（*Examples of Grounded Theory: A Reader*）（Glaser，1993）是一本既包括定量研究，又包括定性研究的由 25 篇扎根理论论文编辑而成的文集。

9.6　定性研究的其他分析方法

根据邓津的观点，扎根理论的困境是它既是主观的、解释的又是科学的

（Lonkila，1995：46）。这是扎根理论最新分化的一个原因，特别是对于建构主义扎根理论的发展来说（Charmaz，2006）。在此方面的困境可能也是定性分析其他方法发展的一个理由。现在我们可以简要地分析其中五个，第一个更加倾向于解释性，其他四个更多聚焦于语言。

9.6.1　叙事和意义

基于分割、编码和范畴化的资料分析方法对于发现资料中的规律并使之概念化是很有价值的。但是，它们绝不可以用尽资料或者耗尽探索资料的可能性。这些方法也会将资料拆分成小的片断，盛产出一种“碎片的文化”（Atkinson，1992）。这样做时，它们可能也会脱离资料的背景。科菲和阿特金森（Coffey & Atkinson，1996：52）写道：

> 给我们提供访谈信息的人会告诉我们长篇的、复杂的叙述和回忆。当我们将它们分割成被编码的片断时，我们就处在失去讲述感觉的危险中。如果我们不够小心，我们就看不到它们经常是以讲故事即叙事的形式进行表达的，或者看不到它们在话语结构方面，有着其他的形式属性。分割和编码可能是研究过程中的一个重要的，甚至不可或缺的组成部分，但是它不是整个故事。

迈尔斯和休伯曼以及其他扎根理论作者意识到了分割和去背景化的问题，他们提出了重新组合资料和再将资料背景化的方法。但是，其他方法（比如叙事和故事的分析）更加整体性地从开头就开始处理定性资料。许多社会科学研究资料以故事的形式“自然”地发生（例如，在参与式观察研究中），也可以以故事的形式寻求和收集定性资料，就像以口述史、生活史以及自传式访谈的形式一样。即使以故事形式寻求的资料不是很清晰，它们也将经常伴随故事的特征出现，正如在非结构访谈中那样，人们对访谈者的问题给予叙事性回答。因此，许多定性资料有着故事的特征，思考资料中的故事可以使我们能够创造性地思考收集和解释资料（Coffey & Atkinson，1996）。

叙事和故事在研究生活和实际经历中也很有价值，正如经常在有关赋权的研究中详尽阐述的那样。当代人类学家和女性主义者经常强调从叙述者的视角对生活进行研究，将资料视作与研究者的共同产物（Manning & Cullum-Swan，1994）。使用故事作为捕捉实际经历的一种方法已经在许多研究场景中发生——在医疗和疾病研究中（Brody，2002；Coles，1989），在重要生活事件和心理创伤的研究中（Riessman，1993），在有关学生视角（Measor & Woods，1984；Delamont，1990，2012）和教师视角下（Goodson，1992）的教育的研究中，以及对组织生活的研究中（Martin，1990）。这类叙事可以对生活情形给出一个特别丰富的、细致的理解，故事经常是收集资料的可行方式，只是因为它在日常互动中是一种共同的工具。

定性资料如何以叙事和故事的形式被分析？埃利奥特（Elliott，2005）指出没有单一的方法，研究者会从文学研究和社会语言学家那里借用想法来帮助他们分析。她注意到米什勒（Mishler，1986）使用的三部分分析框架——意义、结构和互动背景以及利布利希等（Lieblich et al.，1998）使用的两部分框架——内容和背景。人们经常使用拉波夫和威尔茨基（Labov & Waletzky，1997）的模型，使用抽象概念、取向、复杂行动、评估、解决办法和尾声来分析结构。

下面的简要描述主要来自科菲和阿特金森（Coffey & Atkinson，1996），他们运用邓津的解释性自传的框架来思考叙事。他们描述了正式的叙事分析的方法，其焦点在于识别叙事的结构特征以及它们的安排——这里，叙事分析倾向于符号学（Manning & Cullum-Swan，1994）。[3] 他们还展示了使用功能作为分析单位，如何从功能的视角研究叙事。为了举例说明叙事的功能性质，他们使用了成功的故事、道德的传说以及叙事作为编年史的例子。后者自然通常会导向口述史和生活史以及传记、自传和个人经历方法（Clandinin & Connelly，1994）。叙事分析的进路是通过思考谁在讲述故事来开辟的——在任何故事讲述的背景下，声音都是不同的、有阶级分层的——故事是在社会和文化背景下讲述的。总的来说，故事作为文本是社会现实的部分反映，因此，叙事是处于权力结构和社会环境当中的社会建构。在此方面，叙事分析与话语分析相互重叠。

在叙事分析中，形式和内容可以一起研究，对叙事的关注可以详尽说明信息提供者如何使用语言来传递特别的意义和经历，可以从多种互补的视角来看待人们是如何通过语言传达他们的意义的。比如，我们可以检查语言是如何被比喻性地使用的，科菲和阿特金森展示了分析如何能探索出参与者对比喻的使用，诸如隐喻等工具如何显示出共同的意义和理解。对使用语言符号来传达共同文化意义的更普遍的探索被称为“领域分析”（domain analysis）（Spradley，1980；Coffey & Atkinson，1996）。

人们经常使用隐喻作为理解某种经历的、表达和传递其意义的方式。定性分析者想理解资料时经常会采取这种方法。迈尔斯、休伯曼和萨尔达尼亚（Miles，Huberman & Saldana，2013）指出了定性分析中隐喻的几种有用的属性——比如，它们是资料缩减的工具、模式制作的工具、去中心化的工具以及理论中将研究发现联系起来的方法。隐喻是人们比喻性地运用语言的一个重要方法。它们是一种主要的修辞（或文学工具）类型，通过利用它们之间的相似性而忽视它们之间的差异性来比较两个事物。其他使用的修辞主要有讽刺（对立的观点，有时是采取不协调的或自相矛盾的立场）、提喻法（将某些例子联系成一个较大的概念）和转喻（用一个事物的某个组成部分来代表整个事物（Miles，Huberman & Saldana，2013）。在分析资料的意义中对这些概念的聚焦将此类定性分析与符号学联系起来，正如科菲和阿特金森指出的，9.6.4 小节所展示的那样。案例 9.8 展示了两本在教育研究中使用叙事分析的著作。

案例 9.8

叙事分析

康奈利和克兰迪宁（Connelly & Clandinin，1999）从教师和管理者两方面呈现了故事。作者从教师和管理者两方面分析和反映了这些故事来建立起知识、背景和认同之间的联系。

科塔齐（Cortazzi，1991）通过对 123 名教师讲述的接近 1000 个教室事件的叙述的分析，研究了小学教师经历的重要方面。通过他们的故事，读者可以清晰地看到教师如何看待教学。

格尔斯特－佩平（Gerstl-Pepin，2006）使用叙事政策分析来研究嵌入在"没有孩子被落下"背景下的有关经济不平等的社会公正叙事。

博汉奈克（Bohanek，2008）使用正面和负面的共同家庭事件的叙述，研究母亲和父亲用什么方式来与未成年子女就过去情感事件进行对话。

第 8 章讨论了访谈资料的分析地位以及定性研究中语言的核心角色。这种聚焦，和将语言看作是一种社会行动形式而不是"描绘外面的世界"的中性媒介，为以下的定性分析类型提供了一种便利方式。

9.6.2 常人方法学和会话分析

以加芬克尔（Garfinkel，1967）为先驱的常人方法学激发了社会学对语言研究的兴趣。常人方法学（ethnomethodology）致力于理解"常人"（ethno）组织这个世界的方法（methodology）（Silverman，2011）。常人方法学的基本假设是同处一种文化中的人们有着理解他们日常生活的程序。因此，对于常人方法论者来说，文化不是由一套社会成员应当知道的事物组成的，而是由弄清或赋予成员的行动以意义的过程组成的。主要的关注点是一种文化的主要特征、它的共同意义和社会规范是如何发展、保持和变化的，而不是这些意义和规范的内容（Feldman，1995：8）。

对共同世界是如何被创造出来的关注引导常人方法学者去研究普通人所做的常常不加思索的活动。大多数时候，特别是涉及共同行动和互动时，语言是这些日常活动的中心。由于相当多的社会生活是以书面，特别是口头的沟通为媒介的，因此，对语言的研究是常人方法学的核心。这样，当常人方法学者去寻找理解人们产生出社会互动秩序的方法时，会话分析（conversation analysis）成为一个核心的关注点。

为表明它的重要性，希思和勒夫（Heath & Luff，1996）参考了 1990 年的常人方法学－会话分析研究的文献目录，包括对五种不同语言文章的 1400 多条引用。这类研究的一般目的是理解日常的社会组织、自然发生的人类行为，其中会话（talk）是产生和理解人类行为的主要工具。在分析会话时，实际的对话被逐字记录下来用来分析。如果资料涵盖包括对话在内的所有互动，在互动分析中更有可能使用视频录制（Heath & Luff，1996）。

西尔弗曼（Silverman，2011）总结了赫里蒂奇（Heritage）陈述的会话分析的三个基本假设。它们涉及会话的结构组织，会话的次序组织以及对分析的经验性基础的需要。按照这些假设，使用专门的转录惯例，会话分析研究会话（或行动）在情境中的产生和组织，发展“自下而上”的、对背景如何影响参与者生产社会现实的理解。例如，有关次序的组织，一部分语境是前面顷刻间的话语（或行动），下一轮话语的产生又与前面顷刻间的话语有关，它本身形成了后续语言表达的语境的一部分。在这个轮番过程中，互动中参与者的行为无疑具有双重语境，既被语境塑造，又重新更新了语境（Heritage，1984）。库尔撒德（Coulthard，1985）和麦卡锡（McCarthy，1991）描述了会话分析中使用的一些工具和技术。

通过这种方式，会话分析像一般的常人方法学一样，目标在于系统地揭示和分析社会生活的基础。西尔弗曼（Silverman，1993：127-33）列出了迄今为止这一日常会话的微观分析中发现的一些特征。他总结道，会话分析作为一种扎根于社会行动的基本理论的经验性活动，从对以往被人们忽视的互动形式的分析中，产生了大量有意义的启示，持续显示出会话分析如何能够有助于分析和理解发生在组织和机构中的对话。同样地，希思和勒夫（Heath & Luff，1996：324）总结道，会话和互动的自然主义分析已经产生了大量的研究成果，描绘了广泛的日常社会行动和活动的互相关联的社会组织。

案例 9.9

常人方法学和会话分析

西尔弗曼（Silverman, 2011: 286-99）讨论了对话的开场白、回答的义务、轮流发言的结构以及机构式会话。

伍菲特（Wooffitt, 1996: 287-305）参考了各种来源的资料用于讨论语言的表达、描述性次序的组织以及组合描述。

林奇（Lynch, 2006）论述道，常人方法学和会话分析提供了一个认知科学中没有采取的路径——不用心理学的认知概念研究名义上的“认知”问题（记忆、学习、感知等）的可行的研究设计。

伯恩斯和拉德福德（Burns & Radford, 2008）使用会话分析探索了尼日利亚家庭中父母－孩子的互动。

9.6.3 话语分析

对语言的另一种观点超出了词语、句子和语言的特征，聚焦于使用语言的方式、使用语言的原因以及使用语言的社会背景。术语“话语”抓住了这一更广泛的关注点，指的是形成观念的一般框架或视角（Abbott & Sapsford, 2006）。话语无可避免地渗透进社会生活，因为人们做的每件事都处在某种话语框架中——因此在话语中形成了一种意识形态，叙述和描述也同样如此（Wooffitt, 1996），科学也是如此（Gilbert & Mulkay, 1984）。

贾普（Jupp, 2006）引用沃勒尔（Worrall）对这一术语的说法：

> 话语包含了沟通的所有方面，不仅是它的内容，还有它的作者（谁在说它？）、它的权威（站在什么立场上？）、它的听众（说给谁听？）、它的目的（为了达到什么目标？）。（Worrall, 1990: 8）
>
> 话语涵盖了在特定的时间下某一特定场景中的人群中占主导地位的观点、陈述或知识……这些是相对于其他人群而言的……暗示使用这样的知识隐含着权力的应用……话语涉及所有形式的沟通，包括谈话和会话……然而，对于后者，它并非仅仅限定在口头命题上，而是包括了日常实践中看待社会世界、对社会世界归类和对社会世界作出反应的方式。（Jupp, 1996: 300）

话语分析不是一个统一的理论、方法和实践体系。相反，它可以用在各种各样的学科，并有着不同的研究传统，没有对于所有类型来说的共同的统一理论——这种异质性很难界定（Gee et al., 1992）。埃德利（Edley, 2001: 189）注意到，话语分析已经成为一种可以广泛运用在多种不同的分析学科和实践中的概括性术语。在泰勒（Taylor, 2001: 5）看来，它最好被理解为一种研究领域，而不是单一的实践。

库尔撒德（Coulthard, 1985）对它的历史发展进行了概述，展示了各类学科对话语分析的贡献，而波特和韦瑟雷尔（Potter & Wetherell, 1994: 47）列出了至少四种类型的研究使用了标签"话语分析"。第一种受言语行为理论（speech act theory）的影响，它指向描述对话交流中的组织，这种类型与会话分析类似。第二种，更偏向心理学的类型，更关注话语过程，诸如话语结构对回忆和理解的影响。第三种由知识社会学的视角发展而来，特别研究科学家如何建构他们的谈话和文本来呈现和验证他们的工作和行动。第四种源自欧洲社会哲学和文化分析，试图展示组织、实践甚至个体如何通过一套话语的运作而被人们理解。吉等（Gee et al., 1992）[4] 也给出了类似的分类。麦卡锡（McCarthy, 1991）识别出了英国和美国话语分析中的一些差异。这里，我们的兴趣在于波特和韦瑟雷尔（Potter & Wetherell, 1994）描述的第三种和第四种类型——定性社会研究中的话语分析。

尽管存在多样性和许多学科视角，学者们仍然指出了话语分析的一些基本原则和共同特征。在最一般的层次上，所有的话语研究有三个原则（Gee et al., 1992: 228）：（a）人类的话语是有规则的，是内部结构化的；（b）它是由不可避免地处在某个社会 - 历史背景下的言说者生产出来的，他的文化、政治、经济、社会和个人现实塑造了话语；（c）话语本身构造了或体现了这个社会 - 历史背景的重要方面。换言之，话语反映了人的经历，同时构成了这一经历的重要组成部分。因此，话语分析可能与涉及话语的或由话语构成的任何人类经历有关。

在类似的一般层面，贾普（Jupp, 1996: 305）明确了被福柯使用的话语分析的三个特征：（a）话语是社会性的，这表明词语和它们的意义依赖于它们在哪里被使用，由谁使用和对谁使用，因而，它们的意义会根据社会和组织场景而发生变化，因此，不存在普遍的话语；（b）可以有不同的话语，它们彼此之间可能会存在冲突；（c）和具有冲突性一样，话语也可以被视为在等级制度中被安排好的——冲突和等级制度的观念与权力的行使紧密联系在一起。因为话语产生和权力行使之间存在理论上的联系，权力的概念对于话语分析来说是至关重要的。权力和话语非常紧密地交织在一起，在一些理论阐述中，二者被视为一个整体。

波特和韦瑟雷尔（Potter & Wetherell, 1994: 48）特别指出他们描述的构成话语分析类型的三种特征对于定性社会科学研究来说尤其关键。

- 首先，它与作为社会实践的谈话和文本有关，因此，它密切关注传统上被划分成作为语言内容的特征——意义和主题——以及作为语言形式的诸如语法和衔接的特征。确实，我们一旦采用话语分析，内容和形式之间的区别就成了一个难题——内容被视作从话语的正式特征中发展出来的，反之亦然。更一般地说，话语分析者追寻对社会或社会学问题的回答，而不是语言学问题的回答。

- 第二，话语分析关注三方面：行动、建构和可变性（Potter & Wetherell, 1987）。人们通过他们的谈话和写作进行不同类型的行动，他们部分地通过使用一系列的风格、语言资源和修辞手段以构建他们的话语，形成这些行动的性质。
- 话语分析的第三个特征是它关注谈话和文本的修辞或论证组织。修辞分析特别有助于强调话语版本如何被用来反驳真正的或潜在的替代品（Billig, 1991）。用另一种方式来说，就是它将分析的焦点从一个版本如何与一些假定的现实相联系的问题上移开，而是去寻问这个版本如何被成功地设计以便与另一个替代品竞争。

吉等（Gee et al., 1992）讨论了教育领域的话语分析研究中的两种主要立场——一种是强调话语结构本身价值的研究，使用来自语言学的分析工具（话语作为结构）；另一种研究话语，因为它与其他的社会的、认知的、政治的或文化的过程和结果有关（话语作为证据）。波特和韦瑟雷尔（Potter & Wetherell, 1994）在他们的话语分析类型中区分了两种不同的互补重点。一种是研究建构话语并使之能够完成某个行动时使用的资源，勾画出维持不同社会实践的广泛系统或“解释性记载”。另一种是研究细致的过程，通过这一过程，建构起版本，使之看上去是事实。这些面向话语分析的不同立场在研究中经常是结合在一起的，但是它们产生出了不同的研究问题，如案例 9.10 所示。

案例 9.10

话语分析中的研究问题

作为结构的话语：吉等（Gee et al., 1992: 229a）列出了八种基于话语结构本身而研究的问题类型。

作为证据的话语：吉等列出了七种研究者在与社会和认知过程有关的话语研究中使用过的问题类型（1992: 230）。

从批判视角来看话语分析研究计划：贾普（Jupp，1996：306）列出了12个问题，这些问题可以对使用话语分析的文献进行批判性分析。

西尔弗曼（Silverman，2011：300-13）展示了话语分析视角如何能够显著改变研究问题。

波特和韦瑟雷尔（Potter & Wetherell，1994：55-63）指出，要描述和整理话语分析中使用的精确步骤是困难的，但是他们列出了五个确实会反复出现的考虑因素，并详细阐述了每一个因素在分析中是如何运作的。它们是：使用变异作为工具、阅读细节、寻找修辞的组织、寻找可说明性以及交叉参照话语研究。吉等（Gee et al.，1992）提出了在上述提及的话语作为结构和话语作为证据的分析过程中的一些方法，列出了语言学家在分析话语结构时使用的一些工具，展示了他们发现的在研究文本的社会场景中有用的范畴。[5] 汤克斯（Tonkiss，1998：250-60）讨论了在以下三个广泛的题目下"进行话语分析"：选择和接触资料；分类、编码和分析资料；呈现资料。在第二个题目下——分类、编码和分析资料——她对上述波特和韦瑟雷尔提出的五方面又补充了两点：使用关键词和主题以及注意处理沉默。

话语分析在定性研究中是一个重要的进展，从各个层次的话语的假设开始，包括人们的叙述，都是重要的资料来源：

> 在我们看来，文本不是沟通需要的微不足道的结果。相反，它们在许多层面都发挥作用，它们是一个人整个的政治和心理条件和实体的产物。人类不断创造着复杂和多样的意义。（Gee et al.，1992：233）。

话语分析对如何使用口语和书面语言、对叙述和描述是如何被建构的、对产生社会意义的复杂的过程非常敏感（Tonkiss，1998）。在微观层面上，它与会话分析有很多共同之处，一些学者（Coulthard，1985；McCarthy，1991）甚至认为会话分析是话语分析的一个特殊类型。从更宏观的视角看，话语分析强调叙述和等级制度、权力和意识形态之间的相互关系。后一类话语分析类型的两个重要面向是批判性话语分析（Blommaert & Bulcaen，2000）和福柯式话语分析（Gubrium & Holstein，2000）。批判性话语分析旨在展示"语言通过不明显的方式卷入权力和统治的社会关系以及意识形态当中"（Fairclough，2001：229）。福柯（Foucault，1980）则仔细研究了处于一定的历史、文化位置中的权力 / 知识体系如何构建了主体及其世界。对于福柯来说，权力作为知识的另一面目，在话语中并通过话语运作——因此，这一思想被称为权力 / 知识体系。话语不仅使词语发挥作用，它还赋予其意义、建构和感知，形成对互动及其进程的理解（Gubrium & Holstein，2000：493-5）。在这个层面，话语分析和解构是类似的，旨在揭示建构的叙述，以表明权力和意识形态之间的关联。它已经发展成为一门广泛的异质性学科，它的统一性体现在对超出句子层面的语言的描述，以及对意义体系及背景和文化对语言使用的影响的兴趣。

案例 9.11

话语分析

吉等（Gee et al.，1992：253-81）描述了三个话语分析例子：在一年级教室里分享想法、在家里读故事书以及标准化考试中的口语类比项目。

波特和韦瑟雷尔（Potter & Wetherell，1994）运用了五个摘录来举例说明话语分析，这些摘录来自有关癌症慈善机构的电视流行节目的个案研究。

贾普（Jupp，2006）使用不同种类的文档，给出了四个话语分析个案研究。

库尔撒德（Coulthard，1985）提供了语言教学背景下的微观层面的话语分析的许多例子。

9.6.4 符号学

语言可以被看作一个象征性的符号系统，符号是指代表其他事物的事物。显然，在语言中，符号就是词语。符号学就是某些事物通过这个过程来代表另外一些事物，因此获得了符号的地位（Anward，1997）。符号学，或者说符号的科学，提供了分析符号系统的假设、概念和方法。有许多可以运用符号学的符号系统（比如，数学、音乐、礼仪、象征仪式、街道标志），伊可（Eco，1976）指出，符号学和一切可以作为符号的事物相关。同时，符号学完全建立在语言的基础上，符合人类语言沟通被视为符号的展示或"被阅读的文本"的观点（Manning & Cullum-Swan，1994）。

瑞士语言学家索绪尔（Saussure）和美国哲学家皮尔斯（Peirce）是符号学的创立者。皮尔斯的基本观点是任何事物都可能是一个符号。索绪尔则认为，符号必须是编码的组成部分，他提出了一种表明结构和词语是不可分割的方法（Silverman，2011）。因此，符号学一直与文学批判中的结构主义传统相关联，但是，符号学工具也提供了一种思考任何以符号为中介的社会活动的方法。

符号学的一个核心观点是表面上显示的符号的意义实际上来自深层的结构（Feldman，1995）。因此，符号在分析语言和文本时特别有用。符号学家识别出意义是由机制生产出来的（最常见的机制是隐喻、转喻和对立），设计出使用这些机制来诠释定性资料的技术。费尔德曼（Feldman，1995：22-39）利用她的来自大学办公室研究的定性资料，例证了其中三种技巧（符号聚类、符号链、符号方阵），她提供了一个如何使用这些技巧来帮助她发现资料中的关系的例子，没有这些技巧，她可能意识不到这些关系，这样，她就以有说服力的方式阐释了她的资料。另一个相当不同的例子是，曼宁和卡勒姆－斯旺（Manning & Cullum-Swan，1994）呈现的对麦当劳菜单的符号学阅读。

符号学也可以用于对文本的分析，我们已经注意到西尔弗曼（Silverman，2011）使用符号学分析了叙事结构。由于符号学的关注点在于语言结构和范畴，它可以用于发展文本的理论及其构成要素。这使文本分析远远超越了早期的、试图获得更深层意义的定量内容分析（Berelson，1952）。这种意义不仅可以从单词和短语中找到，而且可以在构建文本整体结构的规则体系中找到。因此，正是深层的结构和规则可以告诉研究者，它蕴含的文化和社会信息是什么。虽然这种符号学的强调是有价值的，麦克唐纳和蒂普顿（MacDonald & Tipton，1996）提醒我们，仅仅使用文本的话我们做出的理解是有局限的，文本也必须在它的社会背景下加以研究。

案例 9.12

符号学分析

麦克罗比（McRobbie，2000）以少女杂志为例展示了符号学分析。

费尔德曼（Feldman，1995：21-41）以“建筑”为例讨论了符号聚类分析。

曼宁和卡勒姆－斯旺（Manning & Cullum-Swan，1994）提供了麦当劳菜单的符号学分析。

梅弗斯（Mavers，2007）通过将写作概念化为一个设计过程，研究了一个6岁女童如何运用符号学的智慧用邮件与她的叔叔交流，从而制造出意义。

9.6.5 文档和文本分析

我们在第8章注意到在社会科学研究中文档资料的可得性和丰富性。这类资料的分析有着与上述描述的方法共同的特征。

第一个主题是关注文档的社会性生产，首先是文献是如何形成的。所有的文档资料都是人类活动的结果，基于某种观念、理论或被广为接受的、视为理所当然的规则而产生，它们总是处于具体的社会、历史或行政条件和结构的约束下（MacDonald & Tipton，1996；Finnegan，2006）。词汇和它们的意义依赖于它们在哪里使用、由谁和对谁使用。因此，正如话语分析者指出的那样（Jupp，1996：305），意义是根据社会和组织场所而变化的。因此，如果对文档和文本的研究从它们的社会背景中孤立出来，就会脱离它们真正的意义。因此，对文档的社会性生产和背景的理解影响着对它的解释。同样的考虑也可以应用于档案的社会性生产中——哪些档案会被保存、保存在哪里、保存多久、哪些会被丢弃（Jupp，1996：305）。

第二个相关的主题是文档的社会性组织。我们在第 7 章哈默斯利和阿特金森（Hammersley & Atkinson，2007）的讨论中看到这些问题：文档是如何写出来的？它们是被怎样阅读的？谁写的？谁来阅读它们？为了什么目的？在何种场合？产生了什么结果？记录了什么？什么被忽略掉了？在理解读者方面，作者把什么视为理所当然的？读者需要知道什么以便理解文档？西尔弗曼（Silverman，2011）使用这些问题来研究文档的社会性组织，不管文献是正确的还是错误的。这样，他展示了表面上如此“客观的”、作为组织文件的文档如何“以阅读为目的而艺术地建构起来”。他引用了西科罗尔（Cicourel）和基特苏斯（Kitsuse）对教育的研究成果、加芬克尔（Garfinkel）对验尸官的研究、萨德诺（Sudnow）对医院死亡以及罪犯的统计,表明社会学的统计和文件分析提出了有关产生这些资料的过程的基本问题，而不是统计资料本身的真假问题。同样，他还思考了公共记录和视频人物。

案例 9.13

文档的社会性组织的分析

西尔弗曼（Silverman，2011）对文件、统计记录、官方会议记录和图像进行了文本分析，还包括其他人的作品。

伍兹（Woods，1979）分析了学校报告，表明教师使用概念和范畴来对学生作出标准的评判。

第三个主题关注的是对文本的更“直接”的分析，这次包括正确和错误的问题。这种分析关注文字意义的表面或深层意义，而意义的多层性质现已被更广泛地理解和接受了（Finnegan，2006）。历史学家常常关注表面的意义，而社会学家一直对揭示深层意义更感兴趣。使用的方法从迪尔泰（Dilthey）（MacDonald & Tipton，1996：197）的解释性理解到更加结构化的方法，特别是如上所述的符号学。

第四个主题将不同的理论视角应用到文本和文档的分析。作为一个例子，贾普（Jupp，2006）描述了对文档的批判性分析，将文档视为话语的媒介，由此进行话语分析。解构是一种同样可以应用于这种背景的一种方法。因此，正如西尔弗曼指出的，有许多文本分析的方法，可以运用许多不同的理论视角。西尔弗曼（Silverman，2011）还确信，社会学家低估了使用大量文本作为丰富资料的潜力，特别是考虑到它们（通常）相对容易获得。这点对社会科学研究的意义在前面章节已经提出。

9.7 计算机在定性资料分析中的运用

虽然使用计算机并不适合上述所有的分析方法，但是现在，有许多计算机软件可以辅助定性研究者。计算机辅助定性资料分析软件（Computer Assisted Qualitative Data Analysis Software）目前被研究人员称为 CAQDAS。

当研究者在选择软件包时，有几个需要考虑和提问的因素：

与我的分析方法的兼容性。这个软件包能让我做我想做的这类分析吗？

易用性。我能否掌握这个软件，并以会提升我的创造性的方式用它工作吗？

产品支持和升级路径。这款产品是否得到了大公司的支持？是否有可能进一步发展和升级？这意味着随着我对定性研究的理解和实务能力的提高，以及我作为一个研究者的成长，产品会继续发展。

产品有旧版本吗？

我能否下载并试用试用版？这个试用版能处理我的一些资料吗？

公司在参与研究和接触研究者方面活跃吗？

是否有支持性的学习团体？

产品有高质量的教程吗？

有机会参加训练和工作坊吗？

产品有网址支持吗？有可以参加的讨论区吗？

我周围有积极使用该产品的人吗？

我所在区域内有研究团体在使用这款产品吗？最近的文献是否有经常提及这款产品？

软件的成本——不是所有的成本都在购买价格内：

它是否需要专门的或更高级的硬件？

持续的许可证是否需要进一步的费用？

训练和支持花费昂贵吗？

谁来购买这个软件，我的机构会资助吗？

定性软件包

和 SPSS、R 可以帮助你分析定量资料类似，有许多可以帮助你分析定性资料的软件包。CAQDAS 不能为你解释资料，但是它在帮助你管理资料、进行编码、进行存储以方便检索方面非常有用。

和定量软件包一样，定性研究者也有广泛的可以选择的软件包。每个软件包都有其优劣，尽管许多软件包都有共同的或类似的功能。你选择使用的软件包可以在你的大学订阅。如果你可以自己选择，安·卢因斯（Ann Lewins）和克里斯蒂娜·西尔弗（Christina Silver）的《定性资料分析方法中的软件使用》（*Using Software in Qualitative Data Analysis*）提供了很好的指导，在这里可以找到每个软件包的优势和不足以及不同的功能。

NVivo 是在多数社会科学学科中使用最广泛的一个软件。在公司网址上，你可以找到帕巴兹列（PatBazeley）和克里斯蒂·杰克逊（Kristi Jackson）的书《NVivo 定性资料分析》（*Qualitative Data Analysis with NVivo*）的前两章的全文。这些章节会帮助你理解 NVivo 如何支持定性资料分析，帮助你使用软件。还提供了另外的资源链接。

ATLAS.ti 也是一种热门的选择。使用 ATLAS.ti 的步骤指南见苏珊·弗里斯（Susanne Friese）的书《ATLAS.ti 定性资料分析》（*Qualitative Data Analysis with ATLAS.ti*）。

可供选择的其他软件

- MAXQDA
- Transana
- Hyper Research
- Dedoose

9.8 定性研究申报书中的资料分析部分

学生撰写定性论文申报书时常在定性资料分析部分遇到困难。面对许多可用的方法，有效方法有：

1. 决定你的项目是否需要一种专门的资料分析方法。这应当根据你已经确定和开展的研究和研究问题来确定。例如，扎根理论研究需要扎根理论分析，话语分析需要一些话语分析的类型，等等。如果它是专门的方法，那么申报书可以从文献中得到适当的支持，继续描述要使用的专门的分析方法类型。

2. 如果未涉及特殊的方法，更普遍的方法会是有用的。迈尔斯和休伯曼方法在这种情形下非常有效。当识别和描述挑选的普遍方法时，要点应包括编码、备忘录的基本操作，强调要分析的资料，而不仅仅是总结和描述。分析本身可能采取不同的方向——例如，它可能是归纳的，关注对资料的概念化或解释，关注分析意义或主题，关注识别资料的类型。在所有情形下，要确保有相关参考文献的支撑。
3. 在进行前两项时，要表明分析与研究的整个逻辑之间是匹配的。通过增强申报书的内在一致性和有效性，有助于使你的申报书令人信服（一个常见的问题是资料分析部分和申报书的其他部分之间不匹配）。
4. 还要表明分析的系统性、组织性和彻底性。检验追溯能够使申报书更严谨。这样你的申报书也会更具学术性。

章节概要

- 与 40 年前的情况相比，现在有了多种定性资料分析方法。这意味着没有唯一“正确的”定性资料分析的方法。它还意味着选择的分析方法必须与研究的目的和策略相匹配。
- 归纳作为一个普遍术语，对于探究社会世界的规律来说起着核心作用；分析性归纳是帮助探究这些规律的一种专门的方法。
- 迈尔斯和休伯曼方法对于定性资料分析是一个非常有用的一般性框架，在许多情形下都能发挥良好作用；它有三个主要组成部分——资料缩减、资料呈现、生成及验证结论。
- 编码和备忘录是核心的具体操作；不同类型的编码与不同的分析方法有关；更广泛地说，抽象和比较是定性资料分析的核心智力活动。
- 扎根理论分析是一种与一般的扎根理论研究策略相匹配的归纳式资料分析方法；它可以用开放式编码、主轴式编码和选择式编码等术语来描述。
- 本章概述的定性资料分析的其他方法是叙事分析、常人方法学和会话分析、话语分析、符号学分析以及文档和文本分析。

关键术语

检验追溯：展示研究者是如何分析资料得出结论的；描述分析中使用的方法，以实现可复制性。

分析性归纳：认识社会世界的规律的专门方法；重点在于通过归纳来提高抽象的层次、寻找概念之间的关系。

编码：赋予资料的片断以标签；不同的定性分析方法使用不同类型的编码。

备忘录：记录发生在编码过程中的所有想法（实质的、理论的、方法的等）。

抽象：运用归纳法在更高级、更普遍的层次上将资料概念化，将层次从特殊提高到一般，或者从具体提高到抽象。

比较：系统地关注资料片断或概念之间的异同。

扎根理论分析：使用开放式、主轴式和选择式编码来发现或产生扎根于资料的理论。

开放式编码：在资料中发现抽象概念。

主轴式编码：发现抽象概念之间的关系。

选择式编码：再一次将抽象层次提升至扎根理论中的核心特征——核心范畴。

叙事分析：以故事或叙事的形式分析收集的资料。

常人方法学：研究人们理解日常生活意义的程序，以及共同意义和社会规范是如何被发展和维持的。

话语分析：研究语言被使用的方式、被使用的原因、被使用的社会背景；包括话语结构以及它与等级制度、权力和意识形态之间的关系。

符号学：符号的科学；作为一种符号系统的语言；语言如何产生意义。

文档分析：将文档作为定性资料进行分析；包括它们的社会性生产和组织生产，以及它们的内容和意义。

练习与思考题

1. 在过去的40年左右的时间里，定性资料分析中最根本的发展是什么？
2. 贯穿分析的检验追溯是什么？
3. 什么是归纳？为什么它在定性资料分析中很重要？（见问题8）
4. 描述和讨论用于定性资料分析的迈尔斯和休伯曼模型的三个总的组成部分。

5. 研究附录的三个不同部分。然后用你自己的话，向某个不从事研究的人描述定性资料分析方法。
6. 什么是编码？我们如何能简要地描述编码的两个主要层次？这两者的根本区别是什么？
7. 为什么备忘录在定性资料分析中很重要？
8. 抽象的不同层次意味着什么？（见问题 3）通过分析 5.2 节给出的查特斯的假设来举例说明。
9. 开放式编码的目的是什么？能指导开放式编码的三个问题是什么？
10. (a) 主轴式编码以及 (b) 选择式编码的目的是什么？
11. 扎根理论从根本上来讲是一种归纳方法，这意味着什么？
12. 简要说明你对下述方法的理解：
    - 叙事分析
    - 常人方法学
    - 话语分析
    - 符号学

拓展阅读

叙事与意义

Cortazzi, M. (1991) *Primary Teaching: How It is-A Narrative Account*. London: David Fulton.

Elliott, J. (2005) *Using Narrative in Social Research: Quantitative and Qualitative Approaches*. London: SAGE.

Fernandez, J.W. (1991) *Beyond Metaphor: The Theory of Tropes in Anthropology*. Stanford, CA:Stanford University Press.

Lakoff, G. and Johnson, M. (1990) *Metaphors We Live By*. Chicago: University of Chicago Press.

Plummer, K. (1995) *Telling Sexual Stories: Power, Change and Social Worlds*. London: Routledge and Kegan Paul.

Polkinghorne, D.E. (1988) *Narrative Knowing and Human Sciences*. Albany, NY: State University of New York Press.

Riessman, C.K. (1993) *Narrative Analysis*. Newbury Park, CA: SAGE.

常人方法学和会话分析

Atkinson, J.M. and Heritage, J. (eds) (1984) *Structures of Social Action: Studies in Conversation Analysis*. Cambridge: Cambridge University Press.

Button, G. (ed.) (1991) *Ethnomethodology and the Human Sciences*. Cambridge: Cambridge University Press.

Garfinkel, H. (1967) *Studies in Ethnomethodology*. Englewood Cliffs, NJ: Prentice-Hall.

Gilbert, G.N. and Mulkay, M.J. (1984) *Opening Pandora's Box: A Sociological Analysis of Scientists' Discourse*. Cambridge: Cambridge University Press.

Heritage, J. (1984) *Garfinkel and Ethnomethodology*. Cambridge: Polity Press.

Psathas, G. (1994) *Conversation Analysis*. Thousand Oaks, CA: SAGE.

Wooffitt, R. (2008) 'Conversation analysis and discourse analysis', in N. Gilbert (ed.), *Researching Social Life*. London: SAGE. pp. 440-61.

话语分析

Boden, D. and Simmerman, D.H. (1991) *Talk and Social Structure*. Cambridge: Polity Press.

Coulthard, M. (1985) *An Introduction to Discourse Analysis*. 2nd edn. London: Longman.

Fairclough, N. (1992) *Discourse and Social Change*. Cambridge: Polity Press.

Gee, J.P., Michaels, S. and O'Connor, M.C. (1992) 'Discourse analysis', in M.D. LeCompte, W.L. Millroy and J. Preissle (eds), *The Handbook of Qualitative Research in Education*. San Diego, CA: Academic Press. pp. 227-91.

Jupp, V. (1996) 'Documents and critical research', in R. Sapsford and V. Jupp (eds), *Data Collection and Analysis*. London: SAGE. pp. 298-316.

Potter, J. and Wetherell, M. (1987) *Discourse and Social Psychology: Beyond Attitudes and Behaviour*. London: SAGE.

Potter, J. and Wetherell, M. (1994) 'Analysing discourse', in A. Bryman and R.G. Burgess (eds), *Analysing Qualitative Data*. London: Routledge. pp. 47-66.

Tonkiss, F. (1998) 'Analysing discourse', in C. Seale (ed.), *Researching Society and Culture*. London: SAGE. pp. 245-60.

van Dijk, T. (ed.) (1985) *Handbook of Discourse Analysis*. Orlando, FL: Academic Press.

Wetherell, M., Taylor, S. and Yates, S.J. (eds) (2001) *Discourse as Data: A Guide for Analysis*. London: SAGE.

符号学

Barley, S.R. (1983) 'Semiotics and the study of occupational and organizational culture', *Administrative Science Quarterly*, 28: 393-413.

Eco, U. (1976) *A Theory of Semiotics. Bloomington*. IN: Indiana University Press.

Feldman, M.S. (1995) *Strategies for Interpreting Qualitative Data*. Thousand Oaks, CA: SAGE.

Fiol, C.M. (1989) 'A semiotic analysis of corporate language: organizational boundaries and joint venturing', *Administrative Science Quarterly*, 34: 277-303.

Manning, P.K. (1987) *Semiotics and Fieldwork*. Newbury Park, CA: SAGE.

文档与文本分析

Hodder, I. (1994) The interpretation of documents and material culture', in N.K. Denzin and Y.S. Lincoln (eds), *Handbook of Qualitative Research*. Thousand Oaks, CA: SAGE. pp. 393-402.

Jupp, V. (1996) 'Documents and critical research', in R. Sapsford and V. Jupp (eds), *Data Collection and Analysis*. London: SAGE. pp. 283-316.

Jupp, V. and Norris, C. (1993) 'Traditions in documentary analysis', in M. Hammersley (ed.), *Social Research: Philosophy, Politics and Practice*. London: SAGE. pp. 37-51.

MacDonald, K.M. (1989) 'Building respectability', *Sociology*, 2 (3): 55-80.

Silverman, D. (2011) *Interpreting Qualitative Data: Methods for Analyzing Talk, Text and Interaction*. 3rd edn. London: SAGE.

注释

1. 然而，仍然存在对那些结果的解释的问题：这一评论仅应用于对资料所做的统计操作。
2. 建立检验追溯的程序参见施万特和哈尔彭（Schwandt & Halpern, 1988）的描述，也见林肯和古巴（Lincoln & Guba, 1985）。
3. 类似地，西尔弗曼（Silverman, 2011）显示了符号学和结构语言学方法在“故事”分析中的价值，范围从俄国的神话故事到当代政治文档。
4. 他们确定了四种话语分析类型：强调语言学，从社会学角度分析对话，人类学和社会语言学的方法以及在阐述社会、文化和政治制度的关系时进行话语分析。
5. 对一些语言学工具的进一步描述可参见库尔撒德（Coulthard, 1985）、布朗和尤尔（Brown & Yule, 1984）、麦卡锡（McCarthy, 1991）。

第 10 章

定量研究设计

本章内容

学习目标

在学完这章后，你应该能够：

- 描述组间比较和相关变量这两种定量研究策略的异同
- 界定自变量、因变量和控制变量
- 描述实验的基本特征
- 展示实验设计的逻辑怎样扩展到准实验设计和相关调查设计
- 说明解释方差的关键概念
- 解释多元线性回归和解释方差之间的契合性

一般而言，定量研究需完成以下三大任务：

- 将现实概念化为变量；
- 对这些变量进行测量；
- 研究这些变量之间的关系。

因此，变量（及其差异）是定量研究的核心概念。

第 11 章会讨论变量及其测量。本章关注变量之间的关系。就定量研究设计而言，我们可以通过组间比较或者直接研究相关变量来研究变量之间的关系。因此，本章的一大主题是讨论定量研究设计逻辑中组间比较和相关变量这两者之间的分歧。10.2 节的方法论历史中可以看到这一点。这一分歧衍生出了三种主要的研究设计：实验、准实验和相关调查。本章的第二大主题是从思维方式转变的角度讨论组间比较向变量间关系的转变，并将回归分析作为实现这一转变的策略和设计。自变量、控制变量和因变量的观念贯穿着这两个主题。我们首先回顾一下第 7 章介绍的研究设计的概念。

10.1 研究设计

第 7 章将研究设计描述为一项研究的总体计划，其包括四大理念：研究策略、概念框架、研究谁或是研究什么、收集和分析数据的工具。研究设计的这四个要素将研究者与经验世界连接在一起。研究设计位于研究问题和数据之间，表明研究问题会怎样与数据相联系，哪些工具和程序将被用来回答这些问题。因此，研究设计必须上承研究问题，下启研究数据。

因此，正如第 7 章和图 10.1 所示，进行研究设计时，我们正从回答研究问题需要哪些数据（经验准则，见 5.1 节）转向怎样收集数据以及从谁那里收集数据。我们同样要回答四个问题：

1. 使用怎样的策略收集数据？
2. 基于什么框架收集数据？
3. 从谁那里收集数据？
4. 怎样收集数据？

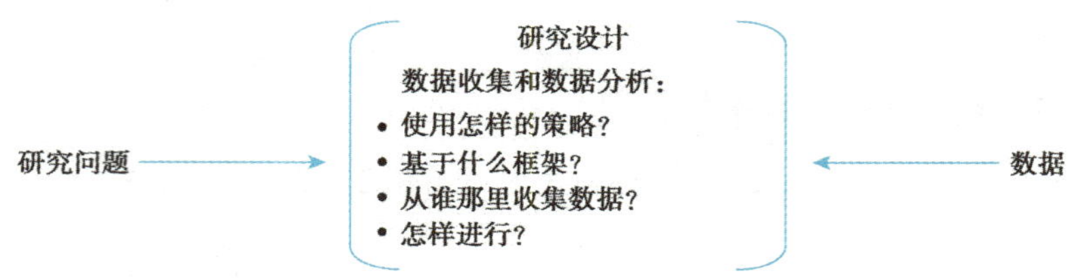

图 10.1 连接着研究问题和研究数据的研究设计

在定量研究中，变量处于核心地位，研究设计与概念框架联系紧密。研究设计表明变量在概念上与其他变量之间是什么关系。换句话说，其概略性地呈现了研究背后的策略。如第 7 章所强调的，所有的研究设计都是由策略驱动的。概念框架也在变量方面呈现出了拟进行研究的结构。虽然定量研究设计更多落在研究设计连续统中结构化的一端，但是其因不同研究目的和不同情境而有所不同，本章将会展现这一点。

10.2 背景知识

定量研究方法论史的简单介绍为本章和第 12 章的定量数据分析提供了背景知识。

我们今天所知的社会科学经验研究开始于约 150 年前（经济学是个例外，它的历史要更悠久）。早期的社会科学家，尤其是心理学家和社会学家，都烙上了自然科学——尤其是物理学和化学——的烙印，打算通过模仿自然科学的方法来建立知识。他们认为科学方法有两大核心：实验和测量。我们后面会讨论实验，实验的核心观念是基于研究目的人为操纵某些实验变量，并建立可供比较的对照组。在最简单的情况中，实验组和对照组在各方面都是相似的，即其他所有变量都是相似的——除了在处理变量上的差异。研究设计控制了其他所有变量。其目的是在控制其他变量作用的基础上，建立处理变量和结果变量之间的关系。处理被看作建立变量间原因 – 结果关系的基础，其结果变量（和控制变量）必须是可测的。

因此，大多数早期社会科学研究都以实验设计和测量为特征。

20 世纪 50 年代和 60 年代，社会科学中的定量研究者开始拓展实验的范围，部分原因是因为实验具有局限性。实验的逻辑是没有问题的，但是其在实践上和伦理上缺乏实用性，促使了这种发展。实验的逻辑首先被扩展到准实验情境，之后又被扩展到非实验情境。10.5 节会解释这些名词。这种扩展之所以发生是因为社会科学研究中许多最重要的问题都不能用实验设计来研究。但是在很多案例中存在自然发生的处理组（参见 10.5 节），有意义的比较是可能的，但是这些组并不是特地为实验目的而设置的。因而，发展就是将实验设计的原则应用于准实验情境，研究这些自然发生的处理组。由于这些比较的组并非为研究而设置，这种设计并没有控制其他变量（外扰［extraneous］变量）。因此，有必要在数据分析中发展技术来控制外扰变量，因为不能进行真正的实验，这些变量不能在研究设计中进行控制。简单来说，这一发展是对处理组和对照组的各方面在所有其他变量都相似的实验情境进行统计近似。这是通过在数据分析中对外扰变量进行统计控制来达成的，而不是在研究设计中对这些变量进行物理控制。这些观念在 10.4 节到 10.9 节会做详细介绍。在这一发展中，测量仍然居核心地位——更多变量的引入强调了测量的重要性。

这种发展产生了定量研究设计和数据分析中的两个主要分支：

第一，组间比较分支，基于实验，其主要的统计特征是 t 检验和方差分析；

第二，变量间关系分支，基于非实验推论（reasoning），其主要的特征是相关和回归。我将这第二个分支称为相关调查分支。

比较这两个分支背后的思维方向是很有意思的。实验是“朝下看”或是“向前看”，就是从自变量到因变量，或者说从原因到结果。它的中心问题是：原因的结果是什么？另一方面，相关调查是“朝上看”或是“向后看”，从因变量到自变量，从结果到原因。它的中心问题是：造成这一结果的原因是什么？由于后一种取向将世界看作既定事实，研究在事后进行，其有时也被称为事后研究，即，研究发生在事实之后。描述因变量的方差，并解释因变量的方差，是这一思维方式的两大核心概念，也是本章和第 11 章、第 12 章的重要主题。

上述情况在应用社会科学领域最为典型，尤其是偏重社会学的领域，比如教育领域。克龙巴赫（Cronbach，1957）指出，这两个分支在心理学和教育心理学中是以不同的方式发展的。但是，最终的结果却几乎是一样的。克龙巴赫将这两个分支称为“实验主义者”（experimentalists）和“相关主义者”（correlationists）。实验主义者制造处理变量的差异，以研究其后果。他们研究自然何以如此，但并不通过自然本身，而是通过改变自然并理解改变带来的后果。另一方面，相关主义者研究发生于自然中的自然相关关系。没有人为操纵来引入变化，他们研究自然本身（Shulman，1988）。

组间比较和变量间关系这两个分支是相互关联的，尤其是在数据分析中。但是它们也有着不同的重点，本章的内容就是基于此安排的。我们将先讨论实验，然后转向准实验，最后是相关调查。这样安排是因为理解实验设计的逻辑以及理解肇始于实验的各种发展非常重要。不过，在开始之前，我们必须先介绍一些术语。

10.3 自变量、因变量和控制变量

第 5 章讨论因果关系时，我指出技术研究的语言是避免使用“原因”和“结果”这样的名词的。最常使用的术语，也是本章主要使用的术语，是自变量（原因）和因变量（结果）。但是正如表 5.1 所示，它们并不是唯一的术语。实验设计还经常使用“处理”（treatment）变量和“结果”（outcome）变量，处理变量也经常被称为实验变量。不过，最广泛使用的还是“自变量”和“因变量”，其在实验情境和非实验情境（调查）中都有使用。除了自变量和因变量，我们现在必须引入控制变量的概念。

控制变量是我们想要移除或是控制其影响的变量。我们怀疑这种变量会以某种方式给我们想要进行的比较或是我们想要研究的关系带来混淆，因此我们想要控制它。控制变量外在于我们真正想要研究的变量，但同时却可能对这些研究变量以及它们之间的关系产生影响（Rosenberg，1968）。因此，我们想要移除其影响。“移除其影响”的技术代名词是“排除其影响”或是“控制它”。此外，“协变量”也经常被用作控制变量的代名词，协方差分析是最为常见的变量控制技术。控制外扰变量的方法会在本章（10.9 节）和第 12 章进行介绍。这里，我们仅讨论控制变量在研究设计中的概念角色。

现在，我们有三种一般变量类型：

自变量 ——→ **控制变量（协变量）** ——→ **因变量**

这呈现了我们进行研究设计时不同变量的概念地位。这是一个一般概念框架，以变量的形式呈现了研究的结构。一个变量的概念地位在不同的研究中，或者在同一个研究的不同部分中可能有所不同。因此，一个特定的变量可能在一个研究中是自变量，在另一个研究中是因变量，在第三个研究中是控制变量。因此，研究者必须在研究的每一个阶段都明确每一个变量的概念地位。

10.4 实验

10.2 节已经提到，定量研究设计的一大主要分支是组间比较，其最清晰的例子就是实验。在研究设计中，“实验”是有着精确含义的技术名词，我们马上会进行详细的介绍。在讨论实验的逻辑时，我们会使用最简单的只有两个比较组的例子。

社会科学研究中实验的基本观念是两个进行比较的组是人为设置的。然后，我们研究者对其中一组做某事（实施一个处理刺激或是操纵一个自变量）。我们将这一组称为实验组或处理组（treatment group）。我们对另一组做不同的事，或是什么也不做（我们称这一组为对照组）。接着，我们就某些结果或是因变量进行组间比较。我们的目的是指出，两组之间在结果变量上的任何差异都是因为（或者说源自于）处理变量或是自变量。用技术术语来说，我们旨在将因变量（或结果变量）的组间差异归因于各组之间自变量（或实验变量）的不同。这一归因基于一个重要的假设：各组在处理变量之外的各方面都是相似的。下文我们会继续讨论这一假设。

实验基于组间的比较。在上述最简单的例子中，其目标是使得两组除了接受不同的处理——有着不同的自变量取值——之外，在其他方面都是相似的。接着，我们对其在结果变量（因变量）上的差异进行检验。如果两组之间唯一的差异就是接受的处理的不同（即，有着不同的自变量取值），由于自变量早于因变量发生，那么我们有最大的把握认为因变量的差异是由自变量带来的。这正是实验总是习惯性地被大量定量研究者作为首选设计的原因，尤其是在教育心理学领域。专栏 10.1 呈现了实验中使用的具有同等效力的概念术语。

专栏 10.1

在概念上相同的术语

这些术语在概念上是等价的：

对实验组实施刺激

操纵自变量（或处理变量）

不同的自变量取值

因此，我们通过对实验组实施刺激来操纵自变量，这形成了自变量的不同取值。

之前提到，各方面都相似的准则是重要假设。怎样才能做到？实验组和对照组怎样才能在除了不同的自变量取值外完全相同？这并不简单，很多方法都被尝试过。匹配一度是最受欢迎的方法，基于相关特性一个一个谨慎地匹配组成员。然而，不消几个特性人们就发现这种方法缺乏可实践性。现代实验设计喜欢用随机指派将参与者划分为处理组和对照组，以此满足各方面都相似的准则。

这一做法展示了定量推理的一个基本原则。将参与者随机指派到处理组（或对照组）并不能够保证处理组和对照组之间的相似或均等。而是说，其最大化了处理组和对照组之间不存在系统差异的可能性。这是一种控制许多可能在组间形成差异的外扰变量的巧妙方法，这些外扰变量可能使得基于组间比较讨论自变量与因变量之间的关系变得不可靠。随机指派参与者到处理组是对外扰变量进行物理控制的一种方式。当随机指派参与者到处理组这一物理控制方法不能实现时，研究者就会转向变量的统计控制。这时标准实验设计被修正为各种准实验设计。10.5 节将对此进行介绍。

因此，如果满足了以下两点，我们就有了一个标准实验：

- 为了研究目的操纵一个或多个自变量；
- 随机指派参与者到处理组和对照组。

这一描述给出了实验的关键逻辑，但是对于实验设计而言，这仅仅是个引言。真实世界的情境各不相同，外扰变量也会以各不相同的方式影响实验结果，因而有必要对这一基本的实验设计进行大量的修正和改进（例如，参见 Kirk，1995）。为了确保在不同的社会科学研究情境下能有更高的内在有效性，各种各样的实验设计被开发出来。这里的“确保内在有效性”是指更好地控制外扰变量，或是排除自变量和因变量之间可能因果关系的竞争性假设。在这些发展之下，实验设计成了一个专门的主题。这一主题的一个重要文献是坎贝尔和斯坦利（Campbell & Stanley，1963）的经典著作，他们列出了最常见的研究设计，并且指出了对这些设计的内在有效性的威胁。案例 10.1 呈现了一些实验研究。

案例 10.1

实验案例

在阿施（Asch，1955）关于服从的经典实验“舆论和社会压力”中，大学男生被招募来进行视觉研究。七个被试被出示一张大卡片，上面有一条竖线，他们被要求回答，第二张卡片上的三条线中，哪条与之前的那条相同。被试中有六人是研究者的同谋，他们给出了错误的回答。“真正”的那个被试被置于其他参与者意见一致的微妙压力之下。

谢里夫等（Sherif et al., 1961）做了一个经典的田野实验——团体间的冲突与合作：罗伯斯山洞实验（*Intergroup Conflict and Cooperation: The Robber's Cave Experiment*）。未成年的美国男孩被带到一个夏令营，来控制并研究他们之间发展起来的关系。

在 STAR 项目（田纳西学生老师成功比实验，Tennessee Student Teacher Achievement Ratio experiment）中，芬恩和阿基利斯（Finn & Achilles, 1990）研究了班级规模的减少对学生学业成绩的作用。学生被随机指派到 80 个小学中不同规模的班级。

威廉斯（Williams, 1986）使用 20 世纪 70 年代一个加拿大远程社区引入电视的案例来研究电视对儿童认知技能的影响。

只要实验可行，这种设计毫无疑问提供了变量间因果关系推论最为坚实的基础。但是，两个问题严重影响了实验在社会科学研究中的应用。第一个问题是实践性。许多有趣而重要的问题根本没法做实验。就算研究经费充足，这些问题在实践层面也仍然是难以研究的。第二个问题是伦理。感兴趣的研究问题经常因为各种伦理上的原因而没有办法进行实验。

不过，尽管有这些局限，通常我们仍然可以进行我们想要的比较，即使其实验设计并不严格。有些情况下，我们想要进行的比较（我们本可以将其结构化为一个实验）是“自然”发生的，并非基于研究目的而人为设置。它们被称为“自然发生的实验组”。我们怎样利用这种状况来达成研究目的呢？这个问题将我们带到了准实验设计和非实验设计。这两种设计都涉及将实验推论扩展到非实验情境。

10.5 准实验设计和非实验设计

我们可以将核心观点总结如下：

- 在准实验中，由于处理组是自然发生的，比较是可能的。这些自然发生的处理组是相当明确的，尽管并非基于研究目的而被人为设置。因此，研究者并没有控制处理变量，但是研究者在测量结果变量与自变量关系时可以进行某些控制。案例 10.2 展示了某些准实验。
- 在非实验中，由于比较组并不明确，或者压根就不存在，自然发生的处理组的概念被扩展为自变量自然发生的变异。研究者在测量结果变量与自变量关系时几乎不能进行控制。实际上，非实验现在等同于相关调查。

案例 10.2

准实验案例

在"女性主义和非女性主义女性对无性主义和女性主义咨询反应的比较研究"(Comparison of feminist and non-feminist women's reactions to variants of non-sexist and feminist counselling)中，恩斯和哈克特(Enns & Hackett, 1990)指出来访者与咨询师之间的匹配与对女性主义的态度相关。被检验的假设是女性主义者更容易接受激进的女性主义咨询师，而非女性主义者会更能接受无性主义和自由主义女性主义咨询师。

格拉斯(Glass, 1988)在"准实验：被打断的时间序列"(Quasi-experiments: the case of interrupted time series)介绍了多个研究领域利用时间序列设计进行的准实验，包括心理治疗、道路交通事故与死亡、股票市场、自尊、焦虑、犯罪统计和州立学校入学。

在《研究中的实验与准实验设计》(*Experimental and Quasi-Experimental Designs for Research*)一书中，坎贝尔和斯坦利(Campbell & Stanley, 1963)讨论了十种不同类型的准实验设计的形式特点、优势和缺陷。

在《大学校、小学校》(*Big School, Small School*)一书中，巴克和冈普(Barker & Gump, 1964)研究了学校规模对高中生生活及其行为的影响，他们的样本来自不同规模的美国学校。

沙迪什和卢伦(Shadish & Luellen, 2006)呈现了若干教育研究中的准实验案例，这些案例所使用的研究设计略有不同。

因此，定量研究设计是一个连续统，标准实验位于最左端，非实验位于最右端，而准实验介于两者之间。图 10.2 呈现了这一连续统，其包含两点。

- 研究者对自变量的操纵能力，即处理组和对照组的明确程度。在实验中，研究者操纵自变量，控制各个组在自变量上的不同取值。在准实验和非实验中，研究者没有这样的控制。
- 研究者在测量因变量与自变量关系时的控制能力。同样的，在实验中，研究者可以进行控制，在最合适的时机进行因变量的测量。在非实验中，几乎没有机会进行控制。

因此，上述两点中研究者的控制能力都是在连续统的左端比较强，在右端比较弱。

实验	准实验	非实验
• 操纵自变量	• 自然发生的处理组	• 自变量自然发生变异
• 随机指派到处理组	• 协变量统计控制	• 协变量统计控制

图 10.2　定量研究设计连续统

我们想要在研究中充分利用自然发生的处理组,它们提供了我们想要的比较。但是这一比较存在逻辑上的困难，对内在有效性存在明显的威胁。这与实验的各方面都相似的原则有关。在自然发生的处理组中，我们可以很好地找到我们想要的比较结果，我们当然可以针对一个或多个因变量（结果变量）对这些组进行比较。但是我们怎样才能确保这些自然发生的比较组中除了自变量取值的不同，不存在其他差异呢？这些差异很可能是因变量（结果变量）在不同组中存在差异的原因。我们不可能在研究设计中将人随机分配到不同组以物理方式控制变量。因而，外扰变量的影响可能真实存在，即，在组间形成系统差异，成为因变量（结果变量）相关的影响因素。

处理这一问题的策略是通过确定可能的外扰变量、对它们进行测量，并在统计上提取它们的作用来移除这些变量的影响。我们在分析中对它们进行了统计学上的控制，第 12 章会介绍基本原理（12.3.3 小节和 12.4.7 小节）。从逻辑上看，用这一方式控制变量形成的是对理想的实验情境中物理控制的一种统计近似，在实验中，比较的各组除了在自变量上取值不同外其他各方面都是相似的。这些外扰因素变成了控制变量，或是之前提过的协变量。因此，协变量就是可能与结果变量相关，在各个组间存在差异的外扰变量。协方差分析（ANCOVA）是控制协变量的统计技术。控制变量分析是对外扰变量进行统计控制的更为一般的术语。

控制变量分析，以及更为具体的协方差分析，是非常重要的定量研究策略和设计，使用非常广泛。当存在一个或多个外扰变量时，我们就会应用这些技术移除外扰变量的影响以得到更为明确的自变量和因变量关系。所有的控制变量都必须在自变量执行之前被确认并测量。除非我们能够对变量进行测量，否则我们将不能在数据分析中控制它，或是协变其影响。除非我们已经预见到其可能的影响，并将其测量纳入研究设计，否则我们将不可能对其进行测量。这是第 4 章和第 5 章中推荐的谨慎提出问题的又一个益处。

标准实验中将参与者随机指派到各组中是获得因果关系的最佳设计。然而，在现实世界的研究中这样做难度很大，因此更一般的控制变量分析和更具体的协方差分析在许多研究情境中非常有用。其是定量研究设计和分析的重要概念。第12章还会再回到这个概念，其核心逻辑可以用下面几句话来表达：

在比较中协变一个或多个变量是对（理想的）各个组在协变量上都相同这一（理想）物理状况的一种统计近似。如果它们在协变量上是相同的，协变量就不会是结果变量出现差异的原因。因而，结果变量的差异更可能来自自变量的不同。

为了表述清晰，我是用组间比较的术语进行介绍的。但是其也可以应用于研究变量间关系。10.9节还会讨论变量的物理控制和统计控制。

什么样的变量应该被当作协变量？逻辑思考一如既往地重要。在上述介绍的基础上，变量满足以下条件就应该被控制或是协变：

- 存在或可能存在组间差异；
- 与自变量相关，或者更重要的是与因变量相关。

第12章会表明，协方差分析这一统计技术的逻辑是先在因变量方差中抽取出其与协变量共有的部分，然后看因变量剩下的方差是否与自变量相关。因此，和其他定量设计和分析一样，协方差分析作用于变量间关系。现在是时候直接讨论这一主题了，这意味着我们从定量研究设计的第一个主要分支（组间比较分析）转向第二大分支（变量间关系）。

10.6　变量间关系：相关调查

在准实验中，处理组是相当清晰的。在非实验，即相关调查中，我们从离散比较组走向自变量自然发生的变异。我们不再讨论在某些目标变量上存在差异的不同的比较组，现在我们直接讨论这个变量自然发生的一系列变异。离散比较组，不论是两组或是更多，不过是这种更一般情境的特例。[1] 从这里开始，我将使用“相关调查”而不是“非实验”来介绍这一研究设计。

“调查”（survey）一词有着不同的含义。有时，它是指从样本中收集数据（定量的或是定性的）的任意研究。通常在日常语言中，它还有另一种含义，就是指简单描述性研究，通常关注个体的各种信息，每次研究其中的一部分。其可能不会涉及变量，第11章中会介绍的连续变量也不可能出现。有时其被称为“状况调查”，或者“常规调查”，或者“描述性调查”，其目的主要是用人们对不同问题的不同回答的比例来描述某个样本。这类调查现在很常见，尤其是在市场研究和政治研究中。

我们这里使用的“相关调查”一词突出了对变量间关系的研究，案例 10.3 呈现了一些这种类型的调查。这些关系的研究通常基于与实验设计相似的概念框架。因此，在这种调查中，我们也和之前一样将不同的变量区分为自变量、控制变量（或者协变量）和因变量。这证明了之前的观点：相关调查背后的逻辑正是实验设计背后的逻辑。因为我们很少能做实验，方法论学者就将实验推论的原则应用于非实验研究情境，当目标自变量发生变异，但是却没有办法基于研究目的操纵或是控制变异时，他们发展出了在逻辑上与实验设计等价的非实验设计。[2] 基于此，理解实验设计的基本原则对研究者而言特别重要，哪怕他们不进行实验设计或不做实验。

我们现在进入定量研究设计的变量间关系分支，探讨它是怎样发展成解释方差的研究设计策略的。

案例 10.3

相关调查

比恩和克雷斯维尔（Bean & Creswell, 1980）的研究“文科学院女大学生人员流失”（Student attrition among women at a liberal arts college）调查了美国某中西部城市的一所男女合校的小型宗教文科学院中学生退学率的影响因素。

布劳和邓肯（Blau & Duncan, 1967）在很有影响力的《美国职业结构》（*The American Occupational Structure*）一书中通过调查美国社会的职业流动讨论了从“特殊主义”和“归属”迈向“普遍主义”和“成就”的转向。书中还有大量关于教育在代际不平等传递中作用的资料。这是早期使用路径分析的研究之一。

《教育机会平等》（*Equality of Educational Opportunity*）（Coleman et al., 1966）一书对美国学校系统进行了最为广泛的调查，其关注学校特点与学生成就之间的关系。该书利用一系列的回归分析发现，学校特点对学生成就几乎没有影响。该书带来了颇具争议的结论：在解释教育成就时，家庭背景远比学校特点来得重要。

皮克（Peaker, 1971）在其研究报告“四年后的普洛顿儿童”（The Plowden Children Four Years Later）中描述了英国对 3000 个学龄儿童进行的全国性追踪调查。其同时分析和呈现了 1964 年和 1968 年来自家庭和学校的资料。

《一万五千小时：中学及其对儿童的影响》(*Fifteen Thousand Hours: Secondary Schools and their Effects on Children*)(Rutter et al., 1979)一书历时三年，对伦敦 12 个中学进行了大规模研究。这一研究调查了学校和老师是否对其照顾的儿童的发展有影响。

10.7 变量间关系：因果关系和解释方差

说两个变量相关是说它们一起变化，或共变，或享有共同的方差。第 11 章和第 12 章会解释方差的含义，以及变量共同变化的不同方式。协方差的核心观点是变量有一些共同方差。当两个变量有一些共同方差，我们就可以用解释(accounting for)方差的概念，说一个变量解释了另一个变量的(部分的)方差。我们也可以说一个变量说明了(explain)另一个变量的方差，但是解释方差更为常用。

第 5 章我们简单地从哲学上考察了因果关系的概念，单一因果与多重因果。我们了解了这个概念在科学中的重要性，因为我们想要找出事件的原因或者影响。但是我们知道，由于因果关系这一概念的形而上学要素，我们不可能直接得到它。因此，我们始于因果关系的理念，但是必须对这些理念进行“翻译”以适应经验研究的需要，用我们的研究问题代替因果关系的语言。

一种做法是将问题形式从“什么导致了 Y？”转变为“什么导致了 Y 的变化？”，并进一步转变成“我们怎样解释 Y 的方差？”第一次转变引入了“变化”一词。变化意味着差异的出现，所以现在我们可以寻找并聚焦于 Y 的差异、Y 的方差。这非常重要：我们研究 Y 的调查策略就是寻找 Y 的方差、寻找 Y 的差异。这一简单的概念步骤对于大量的经验调查都是基础性的，其突出了研究中方差概念的关键性与重要性。在第 11 章的测量(尤其是 11.8 节)和第 12 章的数据分析(12.4 节)中，这一观点还会以不同的形式出现。现在我们差不多有了可操作化的问题形式，但是我们仍然不得不处理麻烦的“原因”一词。所以我们又一次进行了转变，现在，问题已经变成解释方差的形式了。

所以解释方差是我们推进经验研究，尤其是事后研究的关键步骤。方差意味着差异——这就是为什么我们总是说科学方法研究的是差异。经验科学的一大主要策略是发现目标因变量是怎样变化的，并进一步解释这一变化。通过研究变异并解释变异来研究某一现象的观念也应用于定性研究，这种观念可以在定性资料分析的某些路径中找到，尤其是在扎根理论中(参见第 9 章)。

回到定量研究，现在我们有了可以操作化的研究策略。这是因为，如果两个变量相关，就可以说一个变量可以解释另一个变量的（部分的）方差。这是问题的关键。我们解释因变量方差的方法是去寻找相关的自变量。

正如第 5 章指出的，我们已经迈过了简单的单变量因果关系，接受了对任意特定因变量的多元因果关系的观念。这是第 5 章的图 5.1 中右上方的格子中经常出现的研究设计。我们相信若干（也许是很多）因素可以带给我们这个因变量的因果关系全景。用本章的语言来说，我们有若干自变量和一个因变量。如果我们能用一个特定的自变量集合来解释我们因变量的大部分的方差，并且如果我们知道每个自变量在解释因变量方差中的重要性，那么我们就能很好地理解这个因变量——它是怎样变化的，以及该怎样解释其方差。同样重要的是，我们也可以清楚地知道，想要因变量发生变动的话，我们应该聚焦于哪些自变量。

多元线性回归（MLR）是直接处理这些问题的研究设计——它告诉我们多少因变量的方差是由某组自变量解释的，它也告诉我们每一个自变量在解释这一方差中的重要性。在本章中，我们将多元线性回归作为一种一般的研究策略与研究设计。在第 12 章中，我们会把多元线性回归视为一种一般的数据分析策略。

10.8 多元线性回归（MLR）：一种一般策略和设计

多元线性回归——通常缩写为 MLR 或简称为回归分析——是数据分析中的基本统计技术，但是在这里，我想将其看作一种研究策略和研究设计，看成概念化和组织定量研究的一种方式。其适用的情境是我们关注于一个因变量，想要研究这个因变量与一些自变量的关系。我们经常想做这种探索，所以多元线性回归非常重要。图 10.3 呈现了概念框架，协变量可以被包含，也可以不被包含。当然，概念框架并不限于四个自变量。研究的一般目标是解释因变量的方差，并看不同的自变量——单个或是集合——在这一解释方差中的贡献有多大。

多元线性回归可以：

- 估计使用特定的自变量集可以解释多少因变量的方差。当大部分的方差都得到了解释，我们就能很好地理解因变量。相反，如果只有小部分的方差得到了解释，我们距离理解因变量还很远。
- 通过估计每个自变量解释的方差，确定不同自变量对因变量的作用。[3] 我们可以知道哪个自变量对因变量方差的解释力度最大或是最小，并因此知道怎样促进因变量的变化。当我们想要提出建议策略来改变因变量时，这一知识非常重要。

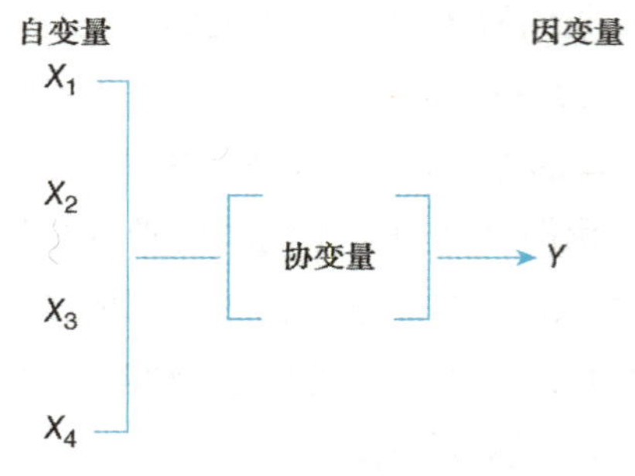

图 10.3　多元线性回归的概念框架

很多定量研究问题适用于这种设计，很多其他研究也可以用这种方式进行研究设计。图 10.4 呈现了教育研究的一个经典案例（4 个自变量，没有协变量），图 10.5 呈现了不同社会科学领域的若干多个自变量、一个因变量的研究设计。不管研究者是否对变量间关系感兴趣，他们都可以使用回归分析的研究设计。在所有研究领域都用这种方式思考是有益的。当关注点（通常）是某一重要因变量时，多元线性回归提供了协调而全面的研究路径，同时还有现成的概念框架、研究策略以及研究设计。但是其要求研究者必须能够明确、界定并测量自变量，当然还有因变量。

有时，研究可能更多地关注变量间的具体关系，而不是解释方差。这是在进行研究计划时我们必须进行的重要决策，也是我们思考的问题的重点，因为这就是同一个硬币的两面。我们研究变量之间的关系来解释方差。所以，即便关注点是关系，我们也可以使用回归分析的研究设计，有两个理由：在这一研究设计中我们可以研究关系的所有方面，第 12 章会进行介绍。知道可以解释多少方差我们就可以知道关系的重要性。

因此，多元线性回归的概念框架非常有用，因为其直接呈现了关键而真实的重要问题。它应对了社会科学研究感兴趣的核心问题——直接来自因果关系的问题。它还有另外两个优势。第一，其在适应自变量的不同概念安排方面，包括对因变量的联合作用上非常灵活。这尤其适用于协方差分析、交互作用和非线性关系。第 12 章将会表明，这是研究兴趣的三大重要领域。第二，无论是概念上还是实践上，这都不是个难以理解的取向。本章已经强调，它在研究设计中具有实用性，并指出它带有现成的研究问题和概念框架。这是其在这里被描述为一种一般策略和设计的原因。在第 12 章中，我们将多元线性回归视为一种一般的数据分析策略。

图 10.4　教育研究中一个回归分析的概念框架

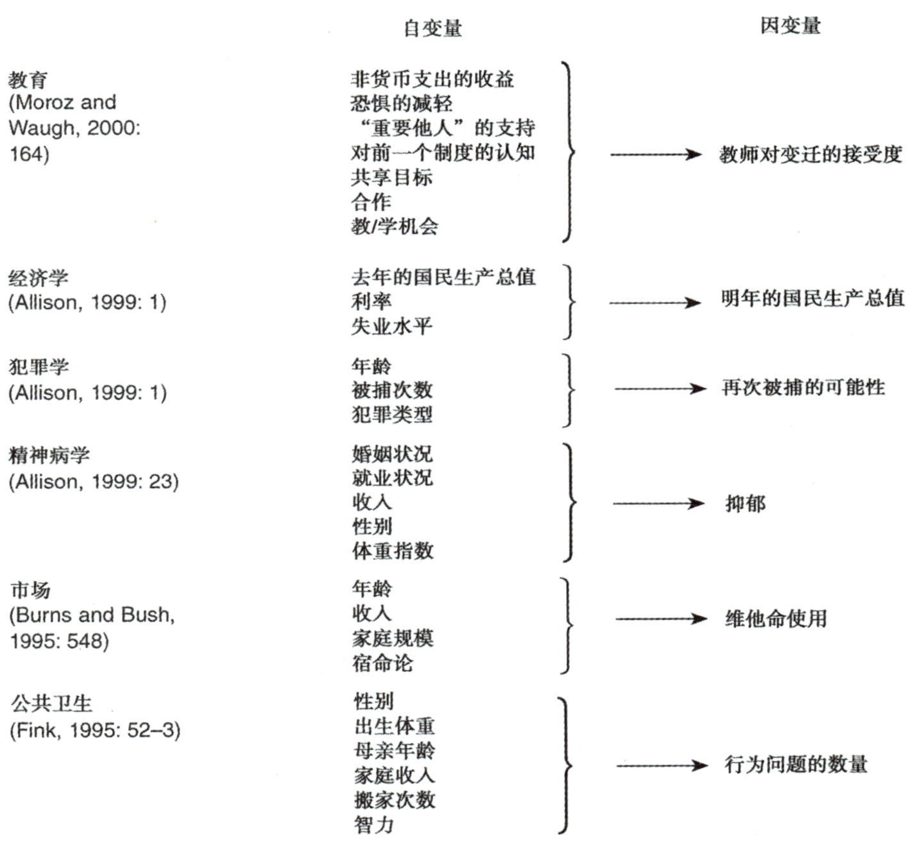

图 10.5　多个自变量、一个因变量的研究设计案例

10.9　控制变量

“控制”一词已经出现多次了，它是定量研究设计的又一个核心概念。我们想要控制的是外扰变量：混淆我们想要研究的关系或是造成对这一关系虚假理解

的变量。控制这样的变量意味着要移除其影响，或是不让它产生任何影响。研究中控制变量有两种一般方法——物理方法和统计方法。在物理控制中，变量在研究设计中被控制。在统计控制中，变量在数据分析中被控制。我们会依次讨论这两种方法，表 10.1 进行了小结。物理控制是实验设计的特征，而统计控制更多是相关调查设计的特征。

表 10.1　控制变量的策略

研究设计中	分析中
随机化	分层
限制	偏相关
匹配	协方差分析

物理控制意味着变量是在研究设计中真实而完全地被控制。物理控制有三种类型：

- 随机化。让一个变量随机变化，或者非系统性地变化，我们就控制了这一变量。其逻辑是，当变量不以系统方式变化，这一变量就不会产生系统影响。它的影响会相互抵消，因为其变异是随机的。标准实验中将人随机指派到处理组使用的正是这一思想。我们已经指出，这一做法并不能保证处理的各组之间不存在差异。而是说，它使得处理的各组之间不存在系统差异的可能性最大化。
- 限制。在研究中完全限制变量的变异并让其保持不变也可以控制这个变量。保持不变意味着这个变量在这项研究中没有方差。变量没有方差，那么它与其他变量也就没有协方差。这就等于说，它与研究中的其他变量没有任何关系，也因此对其他变量没有任何影响。这种物理控制出现在抽样设计和样本选择中。例如，若性别被认为是研究中可能的外扰变量或是混淆因素，在研究中仅纳入男性或者仅包含女性就是一种研究策略。由于性别不再变化，它就被控制住了。优点很明显：如果只纳入了一组性别，那么性别不可能是其他变量之间关系的原因。但是其弱点也很明显：如果只纳入了男性，研究就不会得到任何女性的结论（只纳入女性也是一样）。研究中常常会出现这种权衡。在这个案例中，可能有着更好的答案。两组性别都纳入研究，但是在数据分析中将样本区分为不同的性别组。这样既控制了性别，又可以获得两性的结论。这也使得变量控制从物理控制转向统计控制。
- 匹配。组成员根据相关特征一个一个地进行配对。我们已经指出，问题在于只要特征数量增多，这一做法在实践中就会马上不可行。

统计控制意味着变量不是在研究设计中被控制的，而是在数据分析中被控制的。统计控制必须在研究中被事先设计，因为待控制的变量必须被测量。统计控制的逻辑是对期望（但是达不到）各组在控制变量上完全相同的物理控制形成统计近似。统计控制有三种类型：

- 分层，或者详析因子检验（test factor elaboration）（Rosenberg，1968）。控制变量，或者检验因子，是分为若干层次的，变量间关系的分析在控制变量的每一层进行，上述性别的例子即是如此。
- 偏相关。控制变量的影响在另两个变量之间的关系中被排除（partial out）。这一做法适用于所有变量都是连续变量的情境，第 11 章会进行介绍。
- 协方差分析。在进行主要分析之前，先抽取控制变量（协变量）或让它协变。

上述方法中的第三种协方差分析我们已经有所介绍，第 12 章还会进行更详细的讨论，它将被整合进作为数据分析策略的多元线性回归。我们强调第三种方法是因为其反映了本章第 7 节和第 8 节描述的情境：研究中经常出现若干自变量、一个或多个控制变量以及一个因变量的研究情境。但是，尽管我们强调协方差分析，上述三种方法在逻辑上是完全等价的，它们都是被设计来达到同一个目的：控制不想要的变量或者外扰变量的影响。

章节概要

- 研究设计处于研究问题和数据之间，其表明研究问题是怎样和数据相联结的，以及将使用怎样的工具和程序来回答问题。研究设计基于研究策略。
- 定量研究在本质上关注的是变量之间的关系。或者通过使用实验设计与准实验设计进行组间比较；或者通过在相关调查设计中使用非实验推论。
- 自变量（处理变量，或“原因”）在实验中被操纵以研究其对因变量（结果变量，或“影响”）的作用。更一般地说，在任意原因－结果关系中，自变量是原因，因变量则是结果。
- 控制变量，或协变量，是我们想要移除或控制其影响的外扰变量，这样我们可以更清晰地看到自变量和因变量的关系。
- 标准实验操纵一个或多个自变量，并将参与者随机指派到处理组和对照组。
- 准实验利用自然发生的处理组来研究自变量和因变量的关系，其仍然使用实验设计的逻辑。

- 非实验设计——相关调查——利用自变量自然发生的变异来研究其与因变量之间的关系。
- 方差是定量研究的核心概念，解释因变量的方差是研究因果关系的重要策略。
- 多元线性回归直观地呈现了因变量的多少方差是由自变量集来解释的。
- 控制变量可以通过研究设计进行物理控制，也可以通过某种形式的协方差分析进行统计控制。

关键术语

自变量：在原因－结果关系中被视为原因的变量。

因变量：在原因－结果关系中被视为结果的变量。

控制变量：我们想要移除或是控制其影响的外扰变量，也称协变量。

实验：研究设计的技术名词，一个或多个自变量被操纵以研究其对因变量的影响，并且其参与者是被随机指派到处理组或对照组的。

准实验：使用自然发生的处理组来研究自变量和因变量间关系的一种设计，其使用实验设计的逻辑。

相关调查：使用自变量自然发生的变异来研究其与因变量之间关系的一种设计。

解释方差：定量研究的中心研究策略，旨在通过自变量与因变量之间的关系来解释因变量的变异。

多元线性回归：若干自变量和一个因变量的定量研究设计，其估计因变量的多少方差是由这些自变量解释的。

练习与思考题

1. 自变量、因变量、控制变量的定义是什么？请分别举例。
2. 设计一个教育实验，比较“新教学手段下学习”的学生（处理组）和“旧教学手段下学习”的学生（对照组）。会出现哪些设计上的问题？哪些变量可能需要被控制？
3. 什么是准实验？自然发生的处理组指什么？比较下面两个例子来说明：（a）大班级和小班级的教育成绩；（b）完整家庭和破裂家庭儿童的自我概念。
4. 解释因变量的方差是什么意思？它和因果关系是什么关系？为什么说它是

定量研究的核心策略？从概念上说，如何解释因变量的方差？

5. 画一张图来展现六个自变量和一个因变量的研究的概念框架。在这样的设计中，什么样的数据分析技术是合适的？
6. 多元线性回归作为一般的研究设计策略有什么优势？
7. 控制一个变量是什么意思？为什么其在定量研究中非常重要？
8. 解释表 10.1 中每一种控制的逻辑。

拓展阅读

Babbie, E. (2012) *The Practice of Social Research*. 13th edn. Belmont, CA: Wadsworth.

Blalock, H.M. (1969) *Theory Construction: From Verbal to Mathematical Formulations*. Englewood Cliffs, NJ: Prentice-Hall.

Brown, S.R. and Melamed, L. (1990) *Experimental Design and Analysis*. Newbury Park, CA: SAGE.

Campbell, D.T. and Stanley, J.C. (1963) *Experimental and Quasi-Experimental Designs for Research*. Chicago, IL: Rand McNally.

Cook, T.D. and Campbell, D.T. (1979) *Quasi-experimentation: Design and Analysis Issues for Field Settings*. Chicago, IL: Rand McNally.

Creswell, J.W. (2013) *Research Design: Qualitative and Quantitative Approaches*. 4th edn. Thousand Oaks, CA: SAGE.

de Vaus, D.A. (2013) *Surveys in Social Research*. 5th edn. London: Routledge.

Fowler, F.J. (1988) *Survey Research Methods*. Newbury Park, CA: SAGE.

Green, J.L., Camilli, G. and Elmore, P.B. (eds) (2006) *Handbook of Complementary Methods in Education Research*. Mahwah, NJ: Lawrence Erlbaum.

Keppel, G. (1991) *Design and Analysis: A Researcher's Handbook*. 3rd edn. Englewood Cliffs, NJ: Prentice-Hall.

Kerlinger, F.N. (1973) *Foundations of Behavioral Research*. New York: Holt, Rinehart and Winston.

Marsh, C. (1982) *The Survey Method: The Contribution of Surveys to Sociological Explanation*. London: George Allen and Unwin.

Sapsford, R. and Jupp, V. (1996) 'Validating evidence', in R. Sapsford and V. Jupp (eds), *Data Collection and Analysis*. London: SAGE. pp. 1-24.

注释

1. 这一从离散比较组到变异统一体的概念转变，实际上是定量研究中非常重要且不断出现的主题。第 11 章讨论测量时，它还会出现。
2. 简单描述性调查和相关调查都是截面的，收集人们在某一个时点的数据。截面调查和纵向调查并不相同，纵向调查收集一段时间内人们多个时点的数据。纵向研究是一个重要的专门领域——可参见梅纳德的研究（Menard，1991）。
3. 除了估计变量的影响，我们还可以估计它们的联合影响以及交互影响。

第 11 章

定量数据的收集

本章内容

学习目标

在学完这章后，你应该能够：

- 定义分类和连续变量
- 描述测量的过程和讨论在研究中何时使用它是合适的
- 解释测量的潜在特质理论
- 分析研究中自己建构测量工具和使用现有工具的优缺点
- 描述如何查找已有的测量工具
- 定义并解释信度与效度
- 描述代表性（概率）抽样和立意（目的）抽样

定量数据是数字，而变量的测量是将数据转化为数字的过程。本章描述变量测量中的主要思想，以及这些思想在研究情境中的应用。正如第5章所指出的那样，关于世界的数据并不是自然地以数字的形式出现的，测量某物涉及对其施加一个结构，而且在研究中经常可以选择是否对数据进行定量的构造。因此，本章对社会科学研究中何时测量是合适的这种一般问题进行了一些评论。简而言之，本章的讨论假设我们是在测量人的特质（或特征）。它可以概括为测量事物或事件以及人的特质。

11.1 变量的类型

变量可以用几种方式进行分类。一个基本的方法是将变量分为分类变量和连续变量。

分类变量（也称离散变量和非连续变量）在种类上变化而不是在程度或数量上变化。例子包括眼睛的颜色、性别、宗教信仰、职业和大多数种类的治疗或方法。因此，如果一个教育研究人员想要比较有计算机和没有计算机的教室，涉及的分类（或离散）变量是计算机的存在或不存在（Wallen & Fraenkel, 1991）。对于分类变量，方差是不同类别之间的，不涉及连续或次序的概念。人（或组，或物）被划分为相互排斥的类别，这些类别的数量可以是任意的。二分变量有两类，三分变量有三类，以此类推。

连续变量（也称测量变量）在程度、水平或数量上变化，而不是在类别上变化。在程度差异上，由于程度的不同，我们首先要进行排序，然后将其置于连续统或量表中。将人们按等级排序意味着根据某种标准确定他们中的第一、第二、第三等，但它并没有告诉我们排名之间的差距有多大。引入一个度量的区间就可以告诉我们这一点，并将度量的水平从定序提升到定比。当这一切完成后，变量是连续的，我们有一个连续的区间，显示出或多或少的特征。身高、体重和年龄就是这种程度差异的例子。作为另一个例子，我们可以给学生分配数字来表示他们对一门学科有多少兴趣，5 表示非常感兴趣，4 表示相当感兴趣，以此类推。在本例中，我们构造了一个被称为"兴趣度"的连续变量（Wallen & Fraenkel，1991）。

分类变量和连续变量之间的区别是重要的，许多文献对其进行过讨论，通常是在测量层次的背景下——定类、定序、定距、定比（例如，见 Kerlinger，1973）。这种区别既有历史意义，也有现实意义，特别是在影响定量数据的分析方面。因此，我们需要知道我们要处理的变量是什么类型的。

两类变量在研究中都很常见。有时选择类型并不困难，比如当一个变量只有类别而没有连续统时。然而，有时研究者可以选择如何使用一个特定的变量。这里的问题是，是使用离散类别还是测量连续统来进行所需的比较。具有重要影响的历史发展，在任何可能的情况下，都倾向于连续变量而不是离散分类。当我们在日常语言中使用"不同深浅的灰色"来描述事物时，我们表达了同样的偏好，而不是简单地使用"黑色和白色"。

在离散的类别中看待事物是为了使比较更清晰，这是我们有时想要的。另一方面，把它看成一个可测量的连续统会更灵活，这也是我们有时想要的。我们在研究设计的例子中看到了同样的转变，当我们从组间设计的比较转向变量设计之间的关系时，我们将在定量数据分析中再次看到同样的转变。现在的一个含义是，虽然程度上的差异总是可以转化为种类上的差异（当我们将连续的教育成绩得分转换为两分类比较群体，比如"通过"或"未通过"），但我们通常会在研究中保留它们在程度上的差异。我们以这种方式保存信息，只要信息是可靠的，这种方式就有价值。虽然每个研究情况都应该根据其优点进行评估，但要记住的一个有用的点是，连续统或量表比简单的二分类或三分类能提供更多的信息。[1]

11.2 测量的过程

测量可以被看作使用数字将概念与指标联系起来的过程，[2] 当涉及连续统时我们可以用罗森伯格（Rosenberg，1979）和泽勒（Zeller，1996：823-4）在三项任务中描述的自尊测量来说明这个过程：

1. 定义自尊：罗森伯格（Rosenberg，1979：54）将自尊定义为对自我积极或消极的取向。低自尊的人"缺乏对自己的尊重，认为自己不配、不够格，或有其他严重的缺陷”。另一方面，高自尊的人认为自己是有价值的人。高自尊没有“优越感、自负、傲慢、蔑视他人、狂妄”的内涵。

2. 选择自尊的测量工具：选择指标来提供概念的经验表征。在理论上定义了自尊之后，罗森伯格（Rosenberg，1979：291）构建了他认为可以衡量这个概念的指标。这些指标是关于自己的陈述，受试者对这些指标的反应是非常同意、同意、不同意或非常不同意。一些指标是对自己的正面描述——“总的来说，我对自己满意”和“我觉得自己是一个有价值的人，至少与别人不相上下”。其他的一些指标是对自己的负面描述——“我觉得自己没有什么值得自豪的地方”和“我希望自己能够得到更多尊重”。罗森伯格构建了五个积极和五个消极的自尊指标。
3. 获得这些指标的经验信息：罗森伯格通过要求青少年根据反应类别对每个指标做出反应来获得这些指标的数据。

第四项任务涉及评估指标的效度，评估这些指标在多大程度上代表了经验上的自尊概念。我们将在第 11.8 节中讨论效度。

这一过程的观点表明，我们实际上在测量变量时构建了一个变量，并预见了效度问题，这涉及从指标到概念的推断。这种对测量的描述也有助于澄清在社会科学研究中何时进行测量的问题。这个问题很重要，因为测量一直是定量研究者和定性研究者争论的中心，而且因为初级研究者有时对一项研究应该用定量还是定性方法感到困惑。记住这个测量的观点，我还建议将以下想法作为一个指南来思考何时测量可能是合适的：

- 我们脑海中有一种特征、结构或特点，我们可以单维度地定义它（或者就其单维度成分而言，可能有多个特征，但每个特征都需要被单维度地定义）。
- 我们设想一个连续统，该特征的数量有大有小，根据该特征的不同数量，在单维连续统上给出不同的位置。
- 我们可以找到可靠的方法来确定连续统上的不同位置——换言之，我们可以确定提供这些位置的经验表征的指标，然后我们可以给这些位置分配数字来校准连续统。
- 我们相信，这种特征表现出可观察到的规律性，而且随着时间的推移，它是相当稳定的，或者，如果它变化，它是系统地而不是随机地变化的。换句话说，我们并不认为我们想要测量的特质处于一种持续和不可预测的变化状态。

如果这些想法适用，我们就可以构建特征的测量标准。在我们可以测量的情况下，在研究中什么时候应该测量，什么时候不应该？本书采用的方法是，我们需要评估每个研究的情况，并在深思熟虑后做出决定，还要具体问题具体分析。

有四点可以帮助你做到这一点。

第一，进行比较是研究的基础，而测量是一种非常有效的方法，它能系统地进行比较，使这些比较形式化和标准化。因此，当我们想要进行系统比较时，以及当上述条件适用时，我们可以考虑测量。因为这可能经常发生在研究中，包括在定性研究中，测量工具在适当的情况下可以与定性数据一起使用。然而，另一方面，测量可能的优点需要与可能的缺点进行权衡。例如，一个特定的研究可能在范式上存在对测量的反对，研究者可能会拒绝测量所基于的假设，特别是假设要研究的现实可以被概念化为变量和测量。这是一个复杂的问题，对它的完整讨论超出了本书的范围。

第二，测量涉及概念的分解和简化。把复杂的现象看成一维的变量，就是分解和简化。在一些研究情况下，我们不想这么做，相反，我们想要使用一个更全面的方法来研究这个现象。这意味着，我们常常不能仅仅通过测量来全面了解事物。然而，我们可以通过测量它的各个方面来得到一部分概况，通常是非常有价值的一部分。在这些情况下，测量不应该是收集数据的唯一方法。再次强调定量数据和定性数据的互补性，将测量数据与更全面的定性数据相结合。

第三，所研究的现实的性质和所采取的方法可能不适合测量。在社会科学研究中，我们经常研究的社会心理现实的某些方面可能尤其如此。如上所述，被测量的现实需要被视为稳定的，而不是一个不断变化的状态。然而，将社会现实看作一种不断变化的状态（而不是存在的状态），正是一些定性观点的核心。这些观点强调现实的社会建构及其不断协商和重新协商的意义（例如，见 Berger & Luckman，1967）。如果研究者想要关注这些方面，测量不是一个好方法。测量构成一个快照，通常在一个时间点上进行。如果研究的重点是过程和不断的变化，这就不太合适了。然而，在这方面，互补的方法可能是有价值的。一个时间点的静态照片可以提供一个很好的背景，以此来观察更动态和过程性的方面。在某些情况下，重复测量是可能的，以研究随时间推移而产生的变化。

第四，测量必然涉及在数据上强加一个数值结构。测量是使用研究者强加的构念，而不是被研究的人身上可能产生的构念。这个问题的严重程度取决于研究的目的，但在这里，结合使用各种方法可能是有意义的。作为第一步，可以引出人们自己的构念。然后就可以构造它们的测量值，利用测量所允许的比较。

当考虑在研究中使用测量时，这些是出现的一些要点。我们还应该注意到，已有的测量工具和更短的、临时的研究者构建的测量方法（评级量表——Andrich，1997）之间的区别。两者都有作用。前者通常只在高度量化的背景下使用，并且最有可能在相对复杂的变量被视为研究的主要焦点时使用。我们将在 11.5 节和 11.7 节讨论这些已有的测量工具。后者（评级量表）可能在任何研究情况下都有作用，包括定性研究。它们将在本章后面关于调查问卷设计的章节中被讨论。在一些项目中，全面的测量可能不合适，但是使用评级量表可能很合适。

11.3 潜在特质

在社会、心理和教育测量中，我们想要测量的特征或特质通常是不能被直接观察到的，它是隐藏的或潜在的。我们只能从可以观察到的事物中推断出不能观察到的事物。

潜在特质理论的基本思想是，虽然特质本身不能被直接观察到，但它与环境的相互作用产生了表面的可观察指标（可以塑造成“项目”），这些指标可以用来推断特质的存在或不存在，更准确地说，推断所呈现的特质的水平或程度。因此，可以利用这些项目构建一个测量工具，作为对不可观察特质进行推断的基础。从理论上讲，这些可观测指标的集合是无限的。为了提供一个稳定的推断，测量工具需要有一个合理的样本。更正式地说，测量工具从在理论上无限的一组可观察指标中取样，产生一组项目，这些项目可以对深层的不可观察特质做出可靠的推断。这是潜在特质测量的基本思想，如图 11.1 所示。它解释了为什么在一个典型的社会科学测量工具上会有许多项目，而不是只有一个。显然，一项不足以提供稳定推理。事实上，在合理范围内，项目越多越好。潜在特质理论是项目反应理论的核心，已成为测试和测量的新理论基础（Embretson & Yang，2006）。

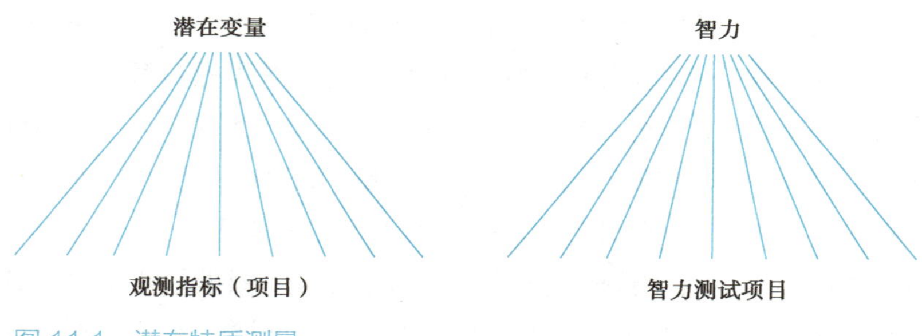

图 11.1　潜在特质测量

关于潜在特质测量，我们应该注意三点。首先，它要求我们定义特质，并指定我们将从中进行推断的指标，显示这些指标与特质的关系。这再次指向测量效度的问题，第 11.8 节将对此进行讨论。其次，我们将使用多个指标或项目，因为我们的指标越多，就可以做出更好的推断。然后，我们将需要以某种方式聚合多个项目的反应。在实际操作中，我们需要把反应加起来。这就产生了以此类推的问题，以确保我们所加的反应是在衡量同一事物的各个方面。此问题将在 11.9.1 小节中重新讨论。最后，不同的项目是可以互换的，在这个意义上它们是同样好的特质指标。在第 9 章中，我们看到了这些观点与定性研究中的扎根理论分析之间的相似性。

11.4 测量技术

我们可以以态度测量为例来了解测量技术中涉及的一些基本思想。态度测量在 20 世纪 20 年代和 30 年代成为一个重要的研究领域，并一直受到社会科学研究的关注。这项研究的数量和规模意味着，人们已经尝试测量几乎所有能想到的变量。这并不意味着所有的尝试都是成功的，每一种尝试都必须在研究采用之前进行批判性的回顾。但这确实意味着我们在计划研究时应该牢记这一点。我们将在 11.7 节中回到这一点。

态度量表历史中三个主要的人物是瑟斯通（Thurstone）、哥特曼（Guttman）和李克特（Likert）。他们采取了不同的方法来测量态度，但他们的中心思想可以被简要概括（他们工作的详细描述见 Edwrds，1957）。

瑟斯通的技术被称为“等距量表”。他认识到不同的态度项目落在单维态度连续统的不同点上，并设计了一种计算每个态度项目的量表值的方法，然后用这些量表值来衡量人们的态度。哥特曼同样看到了不同项目的不同态度内容，但以不同方式使用这一信息。他提出了一种量表的形式，根据态度内容对项目进行排序，结合二分反应形式，以确定人们在态度连续统的位置，这种方法被称为“累加量表”。几年后，李克特提出一个更简单的形式，即回答者可以根据简单的反应等级来回答每个项目，而不是两分法形式，即所有项目的回答可以累加。该种方法被称为“总加量表法”，更常见的说法是“李克特法”。

比较这三种方法的研究似乎表明，它们产生了相似的结果（Edwards，1957）。正因如此，随着时间的推移，李克特提出的更简单的程序更受欢迎。因此，李克特总加量表法在今天的社会科学研究中被广泛使用，是研究中最常见的问卷和工具的量表形式。然而，从瑟斯通和哥特曼到李克特的构建和执行量表的简便性，需要付出代价。瑟斯通和哥特曼认识到不同的陈述或项目包含了被衡量的态度的不同量。这就是项目量表标度值的思想。他们开发了一种方法，将这种性质正规化，并在测量程序中加以利用。在李克特这里，项目的量表标度值消失了。最近在这一点上已经做了重要的工作，将态度量表的方法结合在一起，并将人和项目都标度到相同的兴趣量表上。这就是 Rasch 测量，这是一个超出本书范围的专业发展成果。

现在通过考虑构建用于研究的测量工具的步骤，可以使测量中涉及的这些基本思想更加具体。

11.5 构建测量工具的步骤

本节基于上述给出的测量描述，概述构建测量工具的一般步骤。使用已有的测量工具还是为项目构建专门的测量工具，将会在 11.6 节展开讨论。

简单起见，让我们假设我们正在测量一些态度类型的变量，就像我们在社会科学研究中经常做的那样。如果我们正在构建一个描述性的、收集事实的问卷，那么我们的任务就会简单一些，尽管它与第 11.9 节所讨论的内容相同。我们当然可以将这两种方法——事实收集和态度类型量表结合起来。我们可以把测量工具的构建描述为六个主要步骤：

1. 首先是定义。我们必须清楚地定义我们要测量的东西。用技术术语来说，我们需要给出变量的概念定义。测量工具将成为其操作性定义。
2. 接下来，我们选择一种测量技术。这里有几种可能，但最有可能使用的是李克特反应形式。量表项目回答中所使用的实际语言依赖于我们的研究主题，而且需要进行预试。[3]
3. 现在需要生成多少项目，它们来自哪里？由于涉及潜在特质，量表初稿将需要许多项目——尽可能多的项目可以在预试中实施。当谈到量表的最后长度时，实际考虑将是重要的，特别是受访者能够处理多少项目的问题。在合理范围内，每个维度应该有尽可能多的项目，以使应答者能够有效地反应。项目本身可以来自任何地方，来自对定义的分析、来自讨论和阅读、来自文献或其他测量的想法。
4. 现在我们已经有测量的初稿，最好的方法是通过一个小规模群体（我们想测量的典型人群）测试检验量表初稿。我们把回答问卷的项目和程序讲一遍，并让他们讨论每一个项目。这让我们能够看到他们赋予每个项目的意义，并将其与我们在生成项目时所想到的意义进行比较。我们还想看看他们在多大程度上能够很容易地对每个项目做出反应。在这一阶段，我们对他们的实际反应不是那么感兴趣，而是对他们的解释感兴趣，以及他们是否能够容易地对每一个项目做出反应。好的项目（和其他东西一样）能让人们快速、轻松地做出反应。坏的项目的一个特点是，人们难以对量表做出回答。这一步骤通常会产生许多修改，并可能向我们展示一些我们没有想到的事情。

5. 我们现在以 25 名左右的典型受访者为对象，更正式地对修改后的第二稿量表进行了预测试，并根据 11.8 节中的标准分析了他们的回答。
6. 然后，我们根据分析的结果修改和缩小规模，为每个维度选择最佳项目。项目分析为量表选择最佳项目提供了标准（见 Oppenheim，1992；Friedenberg，1995）。

第 6 步可能会也可能不会最终确定规模。因此，如果有必要，我们可以重复步骤 5 和 6，直到有一个满意的最终版本。这一描述表明，要实现良好的测量需要进行相当细致的工作。由于这个原因，决定是构建测量工具还是使用现有工具是很重要的。

11.6 构建工具还是使用现有工具

这是研究中一个常见的问题：我们应该使用现有的研究工具，还是应该构建自己的研究工具。没有普遍适用的规则，我们必须对每种情况进行评估，但我们可以提出一些一般性的意见。当然，根据 11.8 节中讨论的标准，我们将假设我们找到的测量是一个好的测量。

首先，如前所述，良好的测量是可以实现的，但需要进行大量的开发工作。如果变量是复杂和多维度的，工作量将增加。变量越复杂，就需要更多的人力、时间和资源来实现良好的测量。这是一个使用已有工具的论据。使用已有工具的第二个理由是，一种工具在研究中使用得越多，我们对它的特性了解得就越多。如果涉及的变量是该领域的核心变量，这是一个重要的考虑因素。第三个论点是，如果对一个核心变量使用相同的测量工具，那么来自不同研究的研究结果就更容易进行比较、整合和综合。

然而，作为第四点，我们需要考虑与我们提议的研究相关的工具的结构效度（参见 11.8.2 节）。任何测量工具都代表一个变量的操作性定义，而操作性定义与测量工具一样是各不相同的。在任何具体的研究中，现有工具的操作版本可能不太符合首选的概念定义。在这种情况下，最好开发一种新的测量工具，当然，这必须与制订一项新工具所涉及的努力和资源相匹配。

因此，总的来说，我们需要充分的理由来放弃一个已有工具，特别是当这个变量是该研究领域的核心变量时。对于这类变量，我不建议开发一种新的测量方法，特别是在已经有合理工具的情况下。但是，我要修改这一结论，因为一般的研究情况可以用评级量表来获得特别的定量数据，对具体问题的态度就是一个很好的例子。如果按照 11.5 节所述的步骤进行，也许可以删节一些，就可以得到有效的数据，从而增加研究的精确度和价值。它们可以用于各种研究情况，包括定性研究，并用于各种研究目的。它们具有很大的灵活性，可以帮助我们进行想要的比较。

11.7 查找已有测量工具

如前所述，社会科学研究者多年来已经开发出数百种测量工具。第一个问题是定位，第二个问题是在特定的研究情况下评估它们的质量和价值。在本章末尾的拓展阅读建议中显示了大量的例子，已汇编的研究工具合集有助于查找它们。

《心理测量年鉴》（*The Mental Measurements Yearbook*）系列是由内布拉斯加州大学布洛斯心理测量研究所制作的。这是一个特别杰出的系列，其中不仅包括研究工具的合集，还包括对这些工具及其心理测量特征的专家评论。因此，它对查找和评估工具都很有帮助。《纸本测试》（*Tests in Print*）包含《心理测量年鉴》的综合索引。该出版物由戈德曼和米切尔（Goldman & Mitchell，1996）编辑，集中讨论了非商业化的测试。

更早的工具合集也存在（例如，Shaw & Wright，1967）。其中一些涵盖了一般的态度，而其他的如来自密歇根大学社会研究所的工具，则集中于特定的态度，如政治态度或职业态度（Robinson et al.，1969；Robinson & Shaver，1973）。当研究者试图在一个领域中回顾测量时，或为了构建测量工具寻找项目思路时，尽管这些工具比较老，但仍然有用。

花一些时间浏览这些合集是很值得的，尤其是《心理测量年鉴》。它们说明了在开发测量工具方面所做的大量工作，而且它们也是寻找工具的一个很好的起点。然而，尽管有这些集合，研究可能还需要更进一步，因为当前的研究可能会在这些合集出现之前就使用和报告新的量表。“更进一步”指的是阅读期刊和学位论文。由于篇幅限制，期刊很少发布一种新的量表，即使它可能会报告使用该量表的研究。在这种情况下，可以使用期刊上提供的信息直接联系作者。学位论文作者比较难联系，因为学位论文没有发表。定期阅读《国际学位论文摘要》（*Dissertation Abstracts International*）和国内学位论文索引可能对你有所帮助。同样，虽然量表不会以摘要形式发表，但通常会提供作者的联系方式。

11.8 信度和效度

如果我们在文献中找到一种测量工具，我们如何评估其在研究中的使用质量？相似地，如果我们正在开发自己的测量工具，我们应该在其中建立什么样的质量？对于这两个问题，两个主要的技术标准是信度和效度。这些有时被称为工具的心理测量特征。

11.8.1 信度

信度是测量中的核心概念，它基本上意味着一致性。这个一致性主要有两方面——随时间变化的一致性（或稳定性）和内部一致性。我们将简要地讨论每一种。

第一，随时间变化的一致性，或者稳定性。这意味着随着时间的推移，测量的稳定性，通常用这样的问题来表达：如果在相同的情况下，在不同的时间给相同的人使用相同的工具，他们会在多大程度上得到相同的分数？如果测量的结果是相同的，那么测量工具是可信的；如果测量结果不相同，那么测量工具是不可信的。在特定情况下，随着时间变化的稳定性可通过在两个时间点上使用相同的工具（或者测量工具的复本形式[4]）进行直接评估。这被称为再测信度，需要对测量工具进行两次测试（假设被测特征在两次测试之间不会发生实质性变化）。

第二，内部一致性。内部一致性信度与前面描述的测量的概念－指标思想有关。由于使用多个项目来帮助我们推断潜在特质的水平，现在的问题是这些项目之间的一致性水平，或者它们是否都指向同一方向。这就是测量工具的内部一致性。学界已经设计了各种方法来评估所有项目指向同一方向的程度，最著名的有分半技术（split-half techniques）、库德－理查逊公式（Kuder-Richardson formulas）和 alpha 系数（Cronbach，1951；Anastasi，1988）。内部一致性信度估计只需要测量一次。

这两种不同方法（再测信度和 alpha 系数）发掘了两种不同意义的一致性。其中一种或两种都可以用来估计测量工具的信度。为什么信度很重要？直观上，我们想要测量的一致性，但也有重要的技术原因，这涉及一些更经典的测量理论。

在这个理论中，任何实际（或观察到的）分数都可以被认为有两个部分：真实分数部分和误差部分。以重量的测量为例，当我们站在秤上，我们得到一个实际的（或观察到的）测量结果。我们知道，任何一种被观察到的测量都不是完全准确的，我们知道它包含一些误差。我们也知道，误差越小，测量越准确，误差越大，测量越不准确。直观地说，我们控制了误差，并通过取几个读数的平均值来估计真实分数。我们把这些读数的平均值看作对真实分数的更好的估计，这是我们真正想要的衡量标准。

这些想法在信度的概念中得到了正式体现。观察到的分数由我们想要估计的真实分数和错误分数组成。误差越小，观察到的分数越接近真实分数。信度使我们能够估计误差，信度和误差是相互联系的，信度越高，误差越小，反之，信度越低，误差越大。具有高信度的测量方法产生的观察分数接近真实分数。

现在我们可以把可靠性和方差联系起来，区分可靠方差和误差方差。为了研究目的，一个好的测量工具可以发现人与人之间的差异，从而产生分数的差异。我们可以把一组分数的总方差分成可靠方差和误差方差。两者的相互关系为：当信度较高时，误差方差低；当信度较低时，误差方差较高。测量的信度告诉我们分数中的误差方差是多少。测量工具产生的可靠方差就是真方差。也就是说，由一种高信度的测量方法产生的人与人之间的分数差异是真正的差异。这很重要，因为不是真正的方差是误差方差。误差方差是伪方差，或随机方差，或“噪声”，这种差异纯粹是由于测量本身不是百分之百可靠：这不是真正的方差。当一项测量的信度较低时，人与人之间产生的一些差异是虚假的差异，而不是真正的差异。根据定义，误差方差不能用与其他变量的关系来解释。这是很重要的，因为，正如前面所讨论的，研究的核心策略是通过与其他变量的关系来解释方差。

我们应该注意到，所有的测量都有一些不可靠性。即使是物理测量也不能在两个不同的时间点对同一物体产生完全相同的测量值。因此，不可靠性和误差方差并不是社会科学测量所独有的。教育、社会和心理测量要比物理测量更难减少误差方差，但误差方差在任何使用测量的地方都存在。因为我们研究的中心策略之一是考虑因变量的方差，所以我们有必要估计所有测量的信度，特别是因变量的信度。我们想知道在估计了测量误差之后，有多少方差可以被解释。

11.8.2 效度

测量质量的第二个核心概念是效度。效度是一个有特定含义的技术术语，我们关注的是测量效度。它的含义体现在这个问题上：我们如何知道这个测量工具测量的是我们认为它应该测量的东西？因此，测量效度意味着测量工具所测的在多大程度上正是我们希望测量的事物——测量指标如实反映某一概念真正含义的程度。

由于我们想要研究的变量存在潜在特质，在我们可以观察到的指标（即人们做出反应的项目）和我们想要测量的结构之间存在一个推论。效度与这个推论有关。所以效度问题是：我们从指标（项目）到概念的推论有多合理？测量工具或程序本身并不有效或无效。效度问题只严格地适用于我们从观察中得出的推论。在众多测量效度的方法中，主要有三种方法：内容效度、效标效度（包括同时效度和预测效度）和构念效度。

内容效度关注的是概念定义的全部内容是否在测量中得到体现。一个概念性的定义是一个空间，用来容纳想法和概念，而测量指标应该对定义中的所有想法进行抽样调查（Neuman，1994）。因此，内容效度涉及的两个步骤是详细说明定义的内容和发展一个涵盖该定义下各领域内容的指标。

在效标效度中，测量指标将与研究者有信心的同一构造的另一种测量标准相比较。有两种不同类型的效标效度。同时效度中效标变量已经存在，比如，研究者想研究学生对自己去年成绩的认知。在这样的情况下，每个学生被要求回答问题："你去年的平均绩点是多少？"这个回答若想具有同时效标效度，必须通过学校的档案馆获取的平均绩点来验证。预测效标效度中至今为止还不存在效标变量——研究者可能期望了解学生明年在学校中的表现，询问学生问题："你认为你明年的绩点会是多少？"该回答若想具有预测效标效度，必须通过一年后从学校档案馆获取的平均绩点来验证（Zeller，1996）。

构念效度关注测量与理论预期的相符程度。任何测量都存在于某些理论语境中，因此应该显示出与其他结构的关系，这些结构可以在此语境中被预测和解释。一个例子是通过展示异化与社会阶级的关系来验证异化的测量标准（de Vaus，2013）。泽勒（Zeller，2013）详细描述了建立构念效度的六个步骤。

建立效度没有简单可靠的程序，所使用的验证方法应视情况而定。由于所有的方法都有局限性，泽勒认为不能仅仅根据定量或统计程序来推断效度。他提倡将定量和定性方法结合的验证策略。"当采用各种不同的方法接收到的信息之间没有冲突时，就会出现有效的推断。"（Zeller，1996:829）我们在第 9 章中看到，同样的验证问题贯穿于定性数据分析的方法中。

信度和效度是测量工具的两个重要的心理测量特征。这里提到的另一个心理测量特征是敏感性，因为它符合第 10 章中概述的研究策略。这里的敏感性指的是测量工具能够发现人与人之间的差异，能够区分他们并产生差异。在其他条件相同的情况下，根据研究目的，最好的测量工具（和最好的项目）是把人们区分开来，产生最大的差异。但它必须是真实或可靠的方差，才能在上述意义上讨论。[5]

这一标准可用于评估和选择个别项目和分量表，以开发一个测量工具。这也符合基于方差和解释方差的总体研究策略。如果没有方差（或方差很小），这个策略将不起作用。不能区分不同人群的测量工具产生的方差很小或根本没有。[6] 围绕一个领域的核心变量，我们可以利用这个想法来开发一个由三部分组成的研究策略。第一部分需要对产生大量可靠方差的变量进行测量。第二部分涉及解释这种差异，调查产生或影响这种差异的因素，使用的问题是：是什么导致了这些差异？这是为了确定与因变量相关的自变量。第三部分询问这种差异的影响，或由此产生的结果，使用问题：人们在这个变量上的差异有什么不同？差异的结果或后果是什么？第二部分，我们考虑的变量是因变量，自变量与之相关。第三部分为自变量，与因变量相关。当我们在组织一个新领域的研究时，这个总体策略是有用的。我们理解一个变量是通过理解它如何变化以及这种变化的前因和后果，而这个策略将其正式化。

11.9 编制调查问卷

在第 10 章中，我们将相关性调查作为主要的定量设计，其核心是调查问卷。相关调查不是简单的描述性调查，而是一种多变量调查，寻求广泛的信息，并具有一些自变量、控制变量和因变量的概念框架。因此，调查问卷很可能寻求事实信息（背景和人口特征信息、知识和行为信息），也将包括对态度、价值观、观点或信仰等变量的测量。编制此类调查问卷的一个有用框架是区分认知、情感和行为信息，另一种将其划分为知识、态度和行为（Punch, 2003：53）。这些领域中的任何一个都可以完全或部分地使用已有测量工具，或者可以专门为这项研究研制测量工具。

调查问卷的编制可以按照 11.5 节的建议进行。在这种情况下，定义问题可能更重要。因为在相关调查问卷中通常要获取广泛的信息，所以在编制问卷的第一步中要有一个清晰的问卷概念图，而这通常最好以图表的形式完成。概念图应该从一般到具体，首先显示变量的一般类型，然后将其转换为具体变量，并适当地使用维度和分量表，以编制出具体的问题和项目。

具体部分的编制则取决于所涉及的测量类型。在某些方面，提出事实问题将比较容易，但在这方面，我们应该以两种方式在以前的工作基础上继续努力。第一，为研究目的提出事实性问题的整个主题已经得到了广泛的考虑。当然，即使是问一个简单的事实性问题，也有很多方法，而且有些方法比其他方法更好。在这里我们没有足够的篇幅来讨论这个话题，但是有很多书都有所涉及（例如，Moser & Kalton，1979；Sudman & Bradburn，1982；Oppenheim，1992）。第二，许多优秀的调查问卷已经被编制出来，可以在不同的方面发挥作用。康弗斯和普雷瑟（Converse & Presser，1986）为我们查找这些问卷提供了帮助，他们列出了九个他们认为有用的调查问题来源。此外，调查问卷往往被包含在已发表的大型调查报告中：耶格（Jaeger，1988）回顾了美国许多重要的社会和教育调查，托马斯（Thomas，1996）指出了英国定期进行的十项主要调查。

还应考虑多项目分量表。如前所述，当使用潜在特质理论创建一个使用多个项目的变量时，需要考虑特殊因素。这是因为要通过累加单个项目的答案来获得变量的总分或综合得分。这意味着我们必须确保添加的是“同类”。我们必须确保每一项确实是我们希望测量的变量的一个指标。换句话说，我们必须确保量表本身是内部一致的。我们试图在量表构建中确保这一点，使用内容效度（Black，1999：231-2）来检查每个项目都是变量的一个指标。在对答案的分析中，我们需要在经验上证明多项目量表的内部一致性。一种有用的方法基于量表项目之间的相关性，以及每个项目与总得分之间的相关性。事实上，项目间的相关程度可以用前面提到的 alpha 系数来概括。这可能是 alpha 系数被广泛用于测量多项目量表内部一致性的原因之一（Black，1999：279）。

11.10 收集数据：使用测量工具

本节是关于数据收集的程序，因为这些程序也会影响数据的质量。经验性研究的好坏取决于它所基于的数据，因此对问卷项目（定量研究人员的数据）的回答进行核对，以及检查被调查者在进行调查时的心理状态和责任心都是重要的。采取一切可能的预防措施，以确保数据尽可能准确，这是值得的，无论使用工具的方式是什么。实施的主要模式有个人或团体通过面对面访谈、电话、邮件（Jaeger，1988）或互联网（Dillman，2006）等方式进行数据收集。需要记住的两个要点是：

1. 确保以专业的方式与受访者进行接触，并且受访者在一定范围内充分了解研究的目的和背景、保密性和匿名性，以及他们提供的信息将被用于什么用途和谁将使用这些信息。这也有助于指出，没有他们的合作，这项研究是不可能的，他们应该清楚地知道他们被要求做什么。经验表明，如果处理得当且专业，人们通常会乐于合作，数据的质量也会得到提高。
2. 在可能的情况下，研究者应该保持对数据收集程序的控制，而不是把问题留给其他人或顺其自然。因此，如果面对面的执行（个人或团体）是可能的，而无需邮寄问卷，这种情况是最好的，尽管会增加额外的工作。同样，如果是在研究者和其他人之间进行选择，前者更好。如果其他人必须这么做，他们需要在遵循程序方面接受培训。

这些事情可能涉及权衡，特别是在样本大小方面，但是拥有一个小而高质量的数据集，比拥有一个大而低质量的数据集要好。在研究中，当数据收集工具的开发已经做得很出色，但同样的思考和努力却没有投入到数据收集程序中，这是不幸的。两者都是决定数据质量的重要因素。其中一个特别的方面，也是所有调查研究的一个障碍，就是应答率的问题。非常低的应答率既令人失望又令人烦恼，因为它们可能带来有偏差的结果。如果在数据收集规划阶段给予应答率应有的重视，通常有一些程序可以用来使应答率最大化。因此，重要的是，在数据收集之前，在研究计划中纳入应答率问题，而不是在提出问题后才想到这个问题。

11.11 抽样

在定量研究方法论文献中，抽样一直是一个重要的主题，已经有很多良好的、在数学上复杂的抽样计划（例如，参见 Cochran，1977；Jaeger，1984）。这在今天似乎不太正确，可能是因为有三个趋势：对定性方法的兴趣的增加；定量研究中背离大样本的趋势；以及随着社会科学研究数量的激增，越来越多的实际问题要求根据复杂的抽样计划获得大规模的配置样本。事实上，研究者经常必须采取任何可用的样本，而便利样本（研究者利用碰巧适合研究背景和目的的情况）的发生率正在增加。

尽管如此，抽样的基本思想仍然很重要。在进行定量研究的情况下，我们可能仍然需要使用复杂的抽样计划。此外，抽样模型是统计推断的基础，统计推断仍然是定量研究中的关键决策工具。最后，当我们在研究中计划实际的样本选择时，这些想法给了我们一个有用的模型。因此，我们需要看看抽样所涉及的基本思想。本节应与 12.7 节——统计推断逻辑一起阅读。

所有的研究（包括定性研究）都涉及抽样。这是因为没有研究可以包含一切，无论是定量、定性或混合研究。正如前面所指出的那样，“你不能研究每个地方的每个人做的每件事”（Miles & Huberman，1994：27）。定量研究中的抽样通常意味着“人群抽样”。所以关键的概念是总体（总目群体，在理想的情况下，是研究的主题，研究者试图对他们说些什么）和样本（研究中包含的实际群体，从这些群体收集数据）。[7]

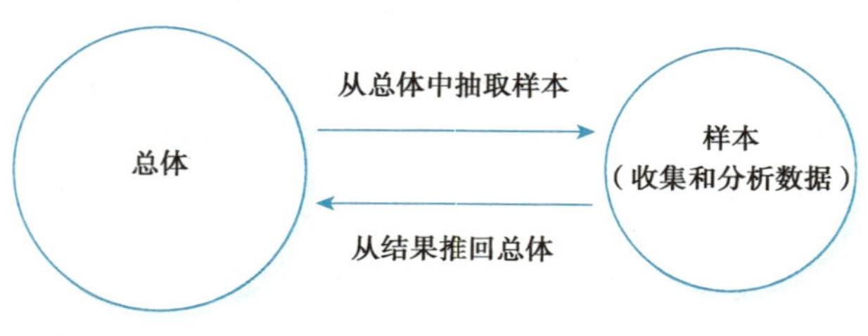

图 11.2　总体和样本

人群抽样的逻辑是研究者对从样本中收集到的数据进行分析，研究者分析从样本收集的数据，但最终期望对从抽取样本的整个目标群体做出陈述。这个逻辑如图 11.2 所示。数据从样本中收集，并分析得出研究结果。但这些发现仍然只是关于样本，所以下一步是关注将发现从样本推广到总体。这涉及一个从样本到总体的推断，其核心问题是：这个样本在总体中有多大的代表性？代表性是一个关键的概念，但是，如下所述，它对某些研究比其他研究更适用。为了获得代表性而进行的抽样通常被称为概率抽样，虽然人们设计了不同的策略来实现它，但主要的一种是某种形式的随机选择。这与第 10 章在实验设计中使用的“随机”有很大的不同。在那里，想法是随机分配到处理组，这样做是为了确保控制外扰变量。这里的想法是随机选择样本，这样做是为了确保代表性。在随机选择中，总体中的每个元素都有相等的被选中的机会或概率。在随机选择产生分层随机样本之前，根据不同的维度对总体进行分层。

抽样计划不能独立于研究项目的其他元素，特别是研究目的和问题。这是项目各部分契合的另一个实例，如第 2 章所讨论的那样。抽样计划应该符合研究问题的逻辑。因此，如果研究问题需要代表性，就应该使用某种形式的代表性抽样。另一方面，如果研究问题想突出变量之间的关系，或对比组别，某种形式的目的或立意抽样可能更合适，因为以这种方式选择样本的意义在于拥有最大的机会观察任何关系。同样，如果设计是实验性或准实验性的，则应选择样本，使比较尽可能清晰。立意或目的抽样类似于定性研究中使用的理论抽样，如第 8 章所述。我们看到抽样策略在定性研究中同样重要。

无论采用何种抽样策略，研究计划（报告）都需要解决三个问题：

- 样本有多大，为什么？
- 它将如何被选择，为什么？
- 对它的代表性有什么要求？

前两个问题将抽样策略和计划与研究的总体逻辑联系起来。在研究中使用便利样本的情况下，第三个问题变得尤为重要。这并没有什么错，通过研究这些样本可以获得有价值的知识，但研究者需要评估样本在某些更大的人群中具有代表性的程度。

11.12 二次分析

二次分析再次分析以往收集和分析的数据，它在定量分析中（特别是在调查中）很重要，在定性研究中也越来越重要。使用现有数据有一些明显的优势，包括成本（对许多调查人员来说，几乎没有机会获得资金进行大规模数据收集）、时间（研究者很快就可以开始分析，而不是花费大量的时间收集数据）、质量（相较于独立的、不具备经验的研究者所期望获得的数据，现有的数据库可能拥有较高质量的数据），并且可以接触那些难以访问的群体（Procter，1996）。对于学生来说，意识到二次分析的可能性和支持它的数据库也越来越重要（参见 8.6 节）。考虑到学生的项目工作（包括论文）所涉及的成本和时间限制，它具有特殊的吸引力。

然而，这些吸引力并不意味着二次分析总是直截了当的。这里既有方法上的困难，也有原始数据解释上的困难（Reeve & Walberg，1997），原始问题和数据与当前问题无关的可能性始终存在：二次分析的真正挑战在于找到方法，让其他人收集的数据回答你的问题，这些人通常具有完全不同的理论和分析导向。因此，二次分析虽然很重要也很吸引人，但一项拟开展的二次分析，必须要对数据进行周密计划和考虑。普罗克特（Procter，1996：257）的建议在通过各种方法探索二次分析的可能性方面是很有价值的，但不能仅致力于此，而不与经验丰富的研究者讨论其缺陷。关于二次分析有用的参考文献有哈基姆（Hakim，1982）、斯图尔特（Stewart，1984）、基科尔特和内森（Kiecolt & Nathan，1985）、戴尔等（Dale et al.，1988）和普罗克特（Procter，1996）的著作。

章节概要

- 分类变量和连续变量的区别是重要的，对测量技术和数据分析具有重要意义。
- 当兴趣特征被视为一个连续统时，测量过程使用数字将概念与其经验指标联系起来。
- 对测量过程的理解，以及对研究情况和目的的分析，可以帮助决定在研究项目中何时测量是合适的。
- 许多社会测量使用潜在特质理论，因为要测量的特质通常是隐藏的（或潜在的）。
- 研究者开发了不同的测量技术，现今最常用的是李克特累加量表技术。
- 一套简单的步骤可以用来开发一个测量工具，但通常以前的研究已经开发了相关工具。
- 有多种测量工具合集，其中最重要的是《心理测量年鉴》系列。
- 信度和效度是评估测量工具质量的两个最重要的心理测量特征：信度与稳定性有关，并允许我们估计误差方差；效度涉及一种工具是否在实际上测量了它声称要测量的东西，有几种不同类型的效度和验证方法。
- 编制调查问卷以概念/定义为基础，以仔细的项目开发和预测试为后盾；多项目量表需要特别考虑。

- 使用测量工具的程序会极大地影响数据质量，包括调查的应答率。
- 定量研究中的抽样通常是概率性的（针对代表性），但也可以是立意的（有目的）；所采用的抽样策略应与整体研究策略相适应。
- 随着越来越多社会科学研究数据被收集和归档，二次分析变得越来越重要。

关键术语

分类变量：在类别上而不是在程度上有差异的变量。

连续变量：在程度上而不是在类别上有差异的变量。

测量：当涉及连续统时，使用数字将概念与指标联系起来的过程。

潜在特质：我们想测量的特质是隐藏的，我们通过对它的可观察指标的推断来测量它。

李克特累加量表技术：当今社会科学研究中最常用的测量技术。

信度：一种重要的心理测量特征，与测量工具的一致性或稳定性有关，有两种意义——随着时间变化的一致性，以及当有多个项目时的内部一致性。

效度：心理测量学的另一个关键特征，与测量工具是否测量了它声称测量的东西有关；具有不同的类型：内容效度、效标效度和构念效度。

总体：一个目标群体，通常很大，我们想要发展关于它的知识，但又不能直接研究总体，因此我们从总体中抽样。

样本：一个实际被研究的小群体，从一些大群体中抽取；从样本中收集和分析数据，然后对总体进行推断。

概率抽样：一种抽样策略，在这种抽样策略中，总体中的每一个单位都有均等的机会被选中；具有代表性和普遍性，它有时被称为代表性抽样。

目的抽样：一种抽样策略，根据研究的逻辑，有意识地或有针对性地从总体中抽取样本；也叫立意抽样。

二次分析：重新分析以前收集和分析的数据。

练习与思考题

1. 定义并举例说明(a)分类变量；(b)连续变量。
2. 在这两个调查问题中，哪种形式的问题在研究中通常更合适，为什么？
   —你喜欢做研究吗？（答案：是或否）

—你在多大程度上喜欢做研究？（答案：非常喜欢、比较喜欢、比较不喜欢、非常不喜欢）

3. 在关于研究的范式之争中，测量方法是有争议的。在你看来，测量在研究中的作用是什么？测量适合什么主题和问题，不适合什么主题和问题？
4. 用你自己的话，描述一下测量的潜在特质理论。
5. 使用已有工具和开发自己的工具的优缺点有哪些？
6. 如果你选择开发一个测量工具，需要经历哪些步骤？
7. 花点时间在图书馆浏览最新的《心理测量年鉴》。选择一个感兴趣的主要变量（例如，自尊、焦虑、对权威或个性的态度），学习一些可用来测量它的工具。
8. 定义信度和效度。信度和效度的类型有哪些？如何评估它们？
9. 在何种程度上，信度和效度的概念可以应用到定性数据中？
10. 在进行问卷调查时，你能做些什么来最大限度地提高数据的质量？
11. 问卷实施的主要方法是什么？每种方法的优缺点是什么？
12. 样本和总体分别是什么意思，两者之间的关系是什么？什么是概率抽样，什么是立意抽样？什么时候使用是合适的？

拓展阅读

Allen, M.J. and Yen, W.M. (1979) *Introduction to Measurement Theory*. Monterey, CA: Brooks/Cole.

Carley, M. (1981) *Social Measurement and Social Indicators*. London: Allen and Unwin.

Converse, J.M. and Presser, S. (1986) *Survey Questions: Handcrafting the Standardized Questionnaire*. Beverly Hills, CA: SAGE.

Cronbach, L.J. (1990) *Essentials of Psychological Testing*. 5th edn. New York: Harper and Row.

de Vaus, D.A. (2013) *Surveys in Social Research*. 5th edn. London: Routledge.

Edwards, A.L. (1957) *Techniques of Attitude Scale Construction*. New York: Appleton-CenturyCrofts.

Fink, A. and Kosecoff, J. (1985) *How to Conduct Surveys: A Step-by-Step Guide*. Beverly Hills, CA: SAGE.

Henry, G.T. (1990) *Practical Sampling*. Newbury Park, CA: SAGE.

Jaeger, R.M. (1988) 'Survey methods in educational research', in R.M. Jaeger (ed.), *Complementary Methods for Research in Education*. Washington, DC: American Educational Research Association. pp. 301-87.

Kalton, G. (1983) *Introduction to Survey Sampling*. Beverly Hills, CA: SAGE.

Moser, C.A. and Kalton, G. (1979) *Survey Methods in Social Investigation*. 2nd edn. Aldershot: Gower.

Oppenheim, A.N. (2000) *Questionnaire Design, Interviewing and Attitude Measurement*. 2nd edn.London: Continuum.

Punch, K.F. (2003) *Survey Research: The Basics*. London: SAGE.

Rossi, P.H., Wright, J.D. and Anderson, A.B. (1983) *The Handbook of Survey Research*. New York: Academic Press.

测量工具合集

Bearden, W.O. (1999) *Handbook of Marketing Scales*. Chicago IL: American Marketing Association.

Bonjean, C.M., Hill, R.J. and McLemore, S.D. (1967) *Sociological Measurement*. San Francisco, CA:Chandler.

Bowling, A. (1991) *Measuring Health: A Review of Quality of Life Measurement Scales*. Philadelphia, PA: Open University Press.

Bruner, G.C. and Hansel, P.J. (1992) *Marketing Scales Handbook: A Compilation of Multi-Item Measures*. Chicago, IL: American Marketing Association.

Frank-Stromborg, M. (ed.) (1988) *Instruments for Clinical Nursing Research*. Norwalk, CT: Appleton & Lange.

Geisinger, K.F., Spies, R.A., Carlson, J.F. and Plake, B.S. (2007) *The Seventeenth Mental Measurements Yearbook*. Buros Institute of Mental Measurements, Lincoln, NB: University of Nebraska Press.

Hersen, M. and Bellack, A.S. (eds) (1988) *Measures for Clinical Practice*. New York: The Free Press.

Maddox, T. (ed.) (1997) *Tests: A Comprehensive Reference for Assessments in Psychology, Education and Business*. 4th edn. Austin, TX: Pro Ed.

McDowell, I. and Newell, C. (1987) *Measuring Health: A Guide to Rating Scales and Questionnaires*. Oxford: Oxford University Press.

Miller, D.C. (1991) *Handbook of Research Design and Social Measurement*. 5th edn. Newbury Park, CA: SAGE.

Murphy, L.E., Close, C.J. and Impara, J.C. (1994) *Tests in Print IV: An Index to Tests, Test Reviews, and the Literature on Specific Tests*, Vol. 1. Buros Institute of Mental Measurements, Lincoln, NB: University of Nebraska Press.

Price, J.M. and Mueller, C.W. (1986) *Handbook of Organizational Measures*. Marshfield, MA:

Pitman.

Shaw, M.E. and Wright, J.W. (1967) *Scales for the Measurement of Attitudes*. New York:McGraw-Hill.

Stewart, A.L. and Ware, J.E. (eds) (1992) *Measuring Functioning and Well-Being*. Durham, NC: Duke University Press.

Straus, M.A. and Brown, B.W. (1978) *Family Measurement Techniques: Abstracts of Published Instruments*, 1935–1974 (revised edn). Minneapolis, MN: University of Minnesota Press.

Streiner, D.R. and Norman, G. (1995) *Health Measurement Scales: A Practical Guide to Their Development and Use*. Oxford: Oxford University Press.

Sweetland, R.C. and Keyser, D.J. (1986) *Tests: A Comprehensive Reference for Assessments in Psychology, Education, and Business*. 2nd edn. Kansas City, MO: Test Corporation of America.

注释

1. 这一点对在调查中建构数据收集问题有意义。例如，许多问题是用二分法设置对/错或正确/错误的答案。对同样问题设置量表化的答案将会更好，也将提供更多信息。
2. 这是对泽勒(Zeller,1996)的定义细微的修改。他使用了一个“适当”的定义，连接概念与指标的过程。他认为之前史蒂文斯（Stevens, 1951）的著名定义——“根据规则将数字赋值给对象或事件”,是“不适当的”,并给出了理由。
3. 可能最常见的表达形式是“非常同意、同意、不同意、非常不同意”，其他形式也是可能的（参见 Punch, 2003：59）。
4. 复本形式是指被构造成等效的不同形式的工具。这表明了第三种（更技术性的）形式的一致性——工具在项目内容抽样上的一致性。
5. 在研究之外的其他情况下,用测量工具区分人群并产生差异可能并不重要。一个例子就是教育中的学习掌握测试。
6. 换句话说，我们正在研究变量之间的关系，即相关的关系。从概念上讲，相关就是协变。如果没有变异，就不可能有协变。影响相关性大小的因素之一是每个变量得分的方差。如果测量产生的方差很小，变量之间的关系可能被低估。
7. 因此，“样本”和“总体”这两个术语是应该准确使用的专业术语。特别是要避免混淆术语“样本总体”。

第 12 章

定量数据分析

本章内容

学习目标

在学完这章后，你应该能够：

- 了解和描述定量数据的三大主要工具
- 解释交叉表是怎样研究两个变量之间的关系的
- 描述方差分析（ANOVA）和协方差分析（ANCOVA）的基本逻辑
- 解释交互的意思
- 解释简单相关的基本逻辑
- 展现简单相关怎样扩展为多元相关和回归
- 展现多元线性回归（MLR）怎样适用于解释方差的研究策略
- 解释因子分析的基本逻辑
- 解释统计推论的基本逻辑

定量数据使用统计进行分析。统计领域的专业书有很多，我们没有必要再写一本。所以本章与专业统计书不同。我们不是在写一本关于统计的书，而是关于如何做研究的书，我们意在呈现出经验研究的每一个步骤背后所包含的逻辑。这对于统计而言尤其重要。统计是研究者必须掌握的工具之一。和其他工具一样，即便研究者并不具备统计原理的完整技术知识，统计也能被很有效地应用。真正重要的是对统计工具背后所包含逻辑的理解，知道在实际的研究情境中何时使用统计以及如何使用统计。所以，我这里强调的是定量数据分析的逻辑，几乎不涉及方程或是公式。后者在统计文献中有介绍，我们在之后会给出参考文献。

第 10 章介绍了定量研究设计的两大主要分支。本章将继续介绍这两大分支。一个分支源自实验传统，基于组间比较的观念。其主要的统计表达是方差分析（包括 t 检验），包括单变量和多变量。在第 10 章中我们已经看到，这一分支自上而下，从自变量到因变量，其指导问题是：这个原因的结果是什么？另一大分支是相关调查，更多基于非实验设计中变量间关系的观念。其主要的统计表达是相关和回归。这一分支自下而上，从因变量回推到自变量，其指导问题是：这些结果的原因是什么？

这两大分支相互关联，但是它们代表了不同的思维方式，也有着不同的侧重点。本章将同时呈现两种分支的统计数据分析逻辑，但是我们更强调相关－回归这一分支。这是因为其易于理解，在许多研究领域都有广泛的应用，也因为其直接与第 10 章介绍的解释方差的研究策略相联系。在第 10 章，多元线性回归（MLR）

被看作一种一般的研究设计策略。在本章中，多元线性回归将被看成是一种一般的数据分析策略。

我们还想强调两点。第一，在任何项目中，数据分析的方式都是由研究问题决定的。因此，尽管本章介绍的是定量数据分析的逻辑，但是一个项目中真正的技术及其使用方法都是基于研究问题的。第二，变量的测量水平影响我们进行某些定量分析的方式。最重要的是定类变量和定距变量，或者说离散变量和连续变量之间的差别。定量研究者必须时时关注这一差别。当一个变量是连续变量，我们可以进行加减，也可以计算均值。但是当一个变量是分类变量，我们不能这样做。更一般地说，参数统计适用于定距数据，而非参数统计适用于定类和定序水平的数据（Kerlinger，1973；Siegel，1988）。

12.1 描述定量数据

定量研究会对每一个样本进行测量，通常会形成一系列的变量。因此，对每一个变量，我们都有每一个样本的测量（或得分），我们称之为分布，需要通过一定的手段对其进行描述。数据描述的两个主要概念是集中趋势和离散趋势，其是对我们日常生活做法的归纳。如果你问某人伦敦夏天的天气如何，你很可能会听到这样的回答："平均气温大约 25 度（集中趋势），不过变化很大（离散趋势）。"

12.1.1 集中趋势：均值

集中趋势有三大常见测量——均值、众数和中位数。尽管决定哪个是最合适的集中趋势测量是技术上的问题，但在研究中，众数和中位数的使用都要远远少于均值。因此，我们这里只介绍均值。每个人都很熟悉均值，要得到均值，我们只需要将所有值相加，再除以值的个数，算出它们的平均数。更常用的说法是平均数，我们使用的是更为技术的名词，均值。

均值有两个性质值得关注。第一个性质是技术性的。均值是分布中差异的平方和最小的那个点。这使得其在估计方差中非常重要，在统计的基础之一，最小二乘分析中也非常重要。第二个性质是，当一个分布中的值变异并不大时，均值是一个很有效的统计量；但是当分布的方差很大时（中位数是更好的集中趋势测量），均值并不是个有效的统计量。因此，要正确理解均值，知道一组值的分布有多广、变异有多大是非常重要的。

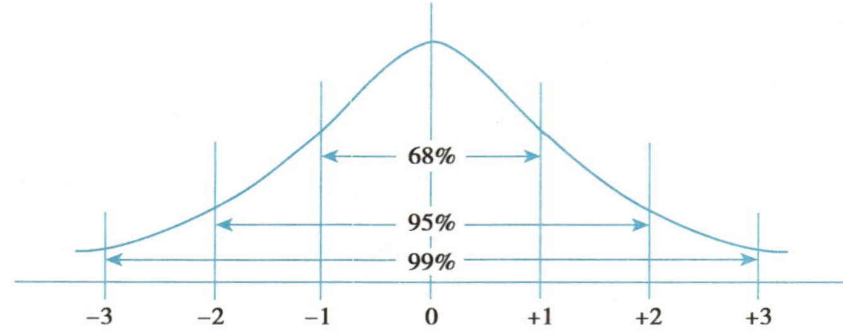

来源 . Jaeger, 1990: 50。

图 12.1　正态分布曲线

12.1.2　离散趋势：标准差和方差

和集中趋势一样,统计学家用不同的方式来衡量一组测量值的离散趋势。例如,简单但有效的概念是极差——样本中的最大值减去最小值。但是最常见的离散趋势的测量是标准差。标准差与均值相对应，因为其测量的差异就是每一个测量值对分布均值的偏离。这些偏离被计算并进行标准化，就得到了标准差。标准差用一个数值概括了一组数据的离散程度。数据越是离散，标准差越大。

我们可以很简单地从标准差得到方差。方差是标准差的平方——或者说，标准差是方差的算术平方根。和标准差一样，方差给出了数据离散程度的估计值。标准差经常用于描述性统计，而方差经常用于统计推论（参见 12.7 节）。但是我们总是可以根据一个计算出另外一个。

将标准差与均值一起解释，可以告诉我们分布中的值的离散程度，标准差能告诉我们分布偏离均值的程度这一重要属性。具体而言，如果分布是正态的或钟型的，如图 12.1 所示，我们就会知道，大约：

- 68% 的值落在均值加减一个标准差之间。
- 95% 的值落在均值加减两个标准差之间。
- 99% 的值落在均值加减三个标准差之间。

即便分布不是钟型的，这些数值也不会变化太多。

因此，均值和标准差告诉我们一组值的分布状况。标准差和方差是对分布离散程度的数值估计。但是标准差在解释离散时更有用，而方差则是更为一般的概念，其在定量数据分析以及定量研究的整体研究策略中都占据中心位置。第 10 章已经指出，我们的大多数思路都基于解释方差——找出人（或者物）有多少差异，然后根据其与其他变量的关系来解释这些差异。我们将在 12.4 节再回到这个主题。

12.1.3 频数分布

除了均值、标准差和方差，频数分布也是描述和理解数据的有效方法，其计算方式直接明了。根据多少回答者得到了某一值，或是多少回答者给出了某一回答，或是多少回答者属于某一类别，将分布中的每一个值都以表格形式列出，表格使用绝对值和 / 或百分比表示。根据所有值的范围将不同值进行分组有时候很有用，那样我们就能更清晰地看到频数分布。我们可以将结果呈现为频数分布表或是图。直方图和频数多边形图是最常用的图，不过像饼图、柱状图等图形也可以使用。

频数分布相当直观地告诉我们分布的形状，这对于接下来的分析步骤是非常重要的。其也可以帮助研究者熟悉数据，尤其是在分析的初始阶段。对数据有“实践感”（hands-on feel）是很有好处的，尤其是现在的统计软件很容易就会让研究者与数据割裂开来。

12.2 变量间关系：交叉表和列联表

定量研究以变量间的关系为基础，很多不同的方法可以研究这些关系。不同的方法是必须的，因为变量的测量水平并不相同，离散变量和连续变量的差异尤其重要。本节我们讨论基础的交叉表，并呈现与之联系在一起的卡方分析的逻辑。这些方法很灵活，可以应对定量研究中遇到的许多情境，它们也可以应用于所有测量水平的变量。但本节不讨论两个连续变量之间的关系，其将在 12.4 节中介绍。

基本的交叉表或者列联表[1]做起来很容易，结果也很易于理解，能应用于大量的情境，是更高级分析的基础。罗森伯格（Rosenberg，1968）在《调查分析的逻辑》（*The Logic of Survey Analysis*）一书中介绍了这一方法的经典案例。他指出，对定量调查数据进行老道的分析光靠列联表就可以做到。表 12.1 的社会学案例就来自这本书。表中的数据包括两个变量。最简单的情况下，每个变量有两个类别，2 × 2 的表格就有四个格子。当然，其他形式也是可以的，每个变量可以有任意个类别。如罗森伯格的案例所示，百分比是呈现数据的有效方法，当然，也可以使用实际值。

表 12.1　年龄和宗教节目收听

是否收听宗教节目	年轻听众	年迈听众
是	17%	26%
否	83%	74%
总计	100%	100%

来源：Rosenberg, 1968: 25。

罗森伯格书中所使用的列联表大体是一种数据描述手段。其很容易被拓展为假设检验，使用卡方来进行推论。检视列联表通常能帮助我们看到交叉变量之间的关系。如果表中存在某种模式（即假如两个变量是相关的），交叉表中能够很清晰地看到。但是通常我们需要对这一关系进行更为正式的检验，我们使用卡方，现在让我们简单看一下卡方的逻辑。

使用卡方来判断两个变量是否相关，首先关注交叉表的实际值。每个格子里的这些值被称为观察频数。接着我们计算如果变量之间不存在相关，交叉表会是什么情况。这形成了每个格子的第二组数值，被称为期望频数。现在我们比较交叉表中每个格子的观察频数和期望频数。某些简单计算让我们可以使用被称为卡方的统计量来进行这一比较。因此，我们使用卡方统计推论表来决定观察分布和期望分布之间的差异是否重要，并决定这些变量是否相关。当然，观察分布总是与期望分布多多少少有所不同，它们不可能完全相同。统计分析的问题是：多少差异能构成“差异”？或者，使用统计术语：差异是否显著？这是统计推论的问题，我们在 12.7 节还会继续讨论。

12.3 组间比较：方差分析

12.3.1 方差分析

这里的基本思想是我们想要基于某个感兴趣的因变量进行组间比较，每个组的每个人都已经针对这一变量被进行了测量。分组可能是在研究设计中形成的，比如说在实验中，也可能是自然发生的，并在数据分析中通过划分样本而形成（如男性和女性，年迈人和年轻人，英国人和非英国人等）。组间比较最简单的形式是只存在一种分组方式，也只存在一种分组形成方式。这是单因素方差分析，或称单因素 ANOVA。尽管分组的数量可以有任意个，但是 ANOVA 最简单的形式是两组的情况。在这种情况下，ANOVA 和 t 检验是等价的。由于 t 检验是单因素方差分析的一个特例，我们将讨论更为一般的 ANOVA，但它们的逻辑是相同的。

单因素方差分析

在单因素方差分析中，我们基于某一因变量进行组间比较。假设有三个比较组，组里的所有人都对这一因变量进行了测量。问题是：各组的得分存在差异吗？我们必须小心处理这个问题。当然人们不会在一个变量上有完全一样的得分——同一组的人也不会有相同的得分。所以真正的问题是：从整体上看，这三组在平均得分上是否有差异？这些得分可能的差异来源有两个。组内的得分差异，以及组间的得分差异。我们的问题是要判断组间的差异是否比组内的差异更大。如果是，我们可以得出结论说组间是存在差异的；如果不是，我们应该认为组间并不存在差异。

这就是方差分析的基本逻辑。我们将一组数值的总的方差分为来自不同组的方差（称为处理方差［treatment variance］或系统方差或组间方差）以及来自组内的方差（称为误差方差［error variance］[2]或组内方差）。其做法是首先找出每一组的平均得分，接着计算出组内的个体得分是如何围绕这一组均值变动的，然后计算不同分组的整个样本的总的均值（总均值［grand mean］），再计算各组的均值是怎样围绕总均值变动的。这让我们得到两个量：组间方差和组内方差。我们计算其比值进行比较，称为 F。因此，

$$F=\text{组间方差}/\text{组内方差}$$

当 F 很大时，组间方差比组内方差大很多，组间存在"显著"差异。当 F 很小时，组间方差并不比组内方差大多少，组间的差异"不显著"。

说 F 很大或者很小是什么意思？这是定量数据分析中经常出现的问题。和卡方一样，统计推论很有用，它提供了决策规则。F 比值结合了组间方差和组内方差两种方差的信息并形成了一个值。这个被计算出来的值可以查统计表来判断其是大还是小。技术上看，可以通过计算出的 F 比值与临界值进行比较来决定其偶然出现的可能性，这些临界值都已经排列在统计表中。统计推论的逻辑会在 12.7 节做进一步的介绍。

双因素方差分析

当人们同时受两种因素的影响而被归为不同比较组时，我们从单因素方差分析走向了双因素方差分析。基本的逻辑是相同的，我们比较组间方差与组内方差，但是现在的情况更为复杂。表 12.2 呈现的例子中，因变量是教育成绩，学生同时根据性别和社会经济背景（缩写为 SES，社会经济地位）而分组。我们现在不能简单询问组间的差异，除非我们指明组指的是什么。性别组之间可能存在差异（性别的"主效应"），社会经济地位组之间也可能存在差异（社会经济地位的"主效应"）。但是，还有另外一种可能性，即两种分组之间的交互。交互是一个非常常用的词（通常使用并不严格），但是在我们这里交互的含义是精确的、技术性的，也是非常重要的。

表 12.2　双因素方差分析：性别 x 社会经济地位（SES），教育成绩为因变量

	男孩	女孩
高社会经济地位	高社会经济地位男孩的平均得分	高社会经济地位女孩的平均得分
中社会经济地位	中社会经济地位男孩的平均得分	中社会经济地位女孩的平均得分
低社会经济地位	低社会经济地位男孩的平均得分	低社会经济地位女孩的平均得分

12.3.2 交互

交互显然无处不在，包括我们所研究的世界。交互是某些复杂定量研究设计出现的一大原因。其核心观点是一个自变量对因变量的效应与另一个自变量有相互作用（或是被另一个自变量影响，或是有赖于另一个自变量）。图 12.2 中展示了交互作用，其呈现了不同社会经济背景的男孩和女孩的教育成绩得分。

图中男孩的得分比女孩高？答案是，其取决于我们所讨论的社会经济地位的层次——对社会经济地位高的孩子而言，答案是肯定的；但对于社会经济地位低的孩子，答案是否定的。同样，社会经济地位高的学生表现得比中产阶级背景的学生更好吗？同样，其取决于我们讨论的是男孩还是女孩——男孩的答案是肯定的，女孩的答案是否定的。关键是“其取决于……”。每当我们使用这个说法时，我们就有了交互。想想我们是多么经常性地在使用这个词，因而交互“无处不在”也就一点不奇怪了。

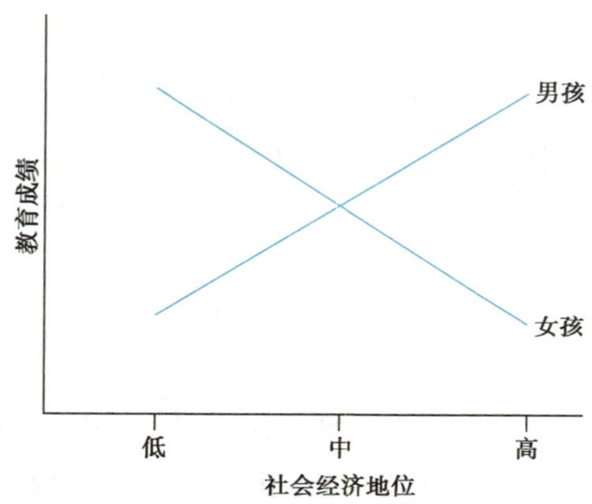

图 12.2 变量间的交互

交互带来了一个重要的后果：其出现使得简单而全面的归纳变得不可能。就上述结果而言，我们没法归纳出成绩的性别差异。即，我们不能说男孩的成绩高于女孩，也不能说女孩的成绩高于男孩。同样，我们也没有办法归纳社会阶级的差异。

因此，在双因素方差分析中，我们需要问三个不同的问题。就上述案例而言，这三个问题是：

- 性别和社会经济地位在成绩上是否存在交互？
- 如果不存在，男孩和女孩的得分有差异吗？（即，存在性别的主效应吗？）
- 同时，不同社会经济水平的学生在得分上是否有差异？（即，存在社会经济地位的主效应吗？）

只有考察了性别和社会阶级的交互效应，我们才能正确检视性别和社会阶级的主效应。从逻辑上说，我们首先要看下自变量之间是否存在交互。只有交互不存在时，我们才能进行主效应的讨论。图 12.3 呈现了没有交互的情况。

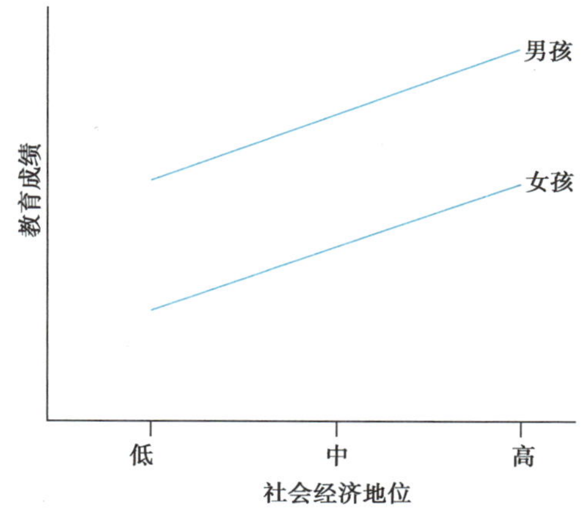

图 12.3　变量间不存在交互

教育研究有一个著名的案例，描述的是处理和能力的交互（treatment-by-aptitude interaction）：一种教育手段（处理）的有效性相互作用于学生的能力水平（能力），并取决于它。我们可以想象，教育手段在高水平学生那里有良好的效果，但是在低水平学生那里却未必有效。教育手段是否有效取决于学生的能力水平。两者之间存在交互。

12.3.3　协方差分析

方差分析（ANOVA）和协方差分析（ANCOVA）密切相关，它们基于相同的理念。在第 10 章我们介绍过，协方差是分析中三种控制变量方法中最为常用的。控制意味着“移除其影响”。现在我们可以简单介绍协方差分析的逻辑，来看看该怎样做。简单说，假设只有一个协变量。想要在进行组间比较之前移除协变量的影响，因此我们首先测量这个协变量，然后用协变量与因变量的关系来调整因变量的得分。这相当于在因变量中移除了协变量的影响。接着我们对调整后的因变量得分进行标准的方差分析，方法如上文所述。如果调整后得分的组间差异显著大于组内差异的话，我们就说，在控制了协变量的作用之后，自变量是与因变量相关的。所以，协方差分析实际上是对调整后的因变量得分进行的方差分析。调整移除了协变量的影响，并且我们可以一次协变多个变量。在 12.4.7 小节中，我们也可以使用回归分析的框架来进行协方差分析。

12.3.4 从单变量到多变量

过去40多年定量研究方法的一个重要发展是从单变量研究走向多变量研究。这些名词也有技术含义：

- 单变量意味着只有一个因变量；
- 多变量意味着多个因变量。

走向多变量研究是因为我们想要知道比较组之间若干可能的差异，而不仅仅是一种差异。或者说，在实验情境中，我们想要知道某个实验变量的多种影响，而不仅仅是一种影响。当存在多个因变量时，单变量方差分析（ANOVA）就变成多变量方差分析（MANOVA）。如果我们还使用协变量，单变量协方差分析（ANCOVA）就变成多变量协方差分析（MANCOVA）。这些分析有赖于多变量统计技术的发展。

为什么这里的问题有赖于新的技术？为什么不能依次处理这些因变量，一次一个，简单使用多次方差分析？因为这些因变量很可能相互之间存在关系。换句话说，问题就在于相关的因变量。这意味着如果不将因变量之间的相关考虑在内，统计检验的推论就很可能是错误的。因此，如果我们要对一个以上变量进行组间比较的话，不管采用的是不是实验设计的框架，只要这些变量之间存在相关，我们就需要多变量技术来分析数据。ANOVA 必须变成 MANOVA，ANCOVA 必须变成 MANCOVA。

12.4 变量间关系：相关和回归

我们现在转向数据分析的变量间关系分支，我们首先关注两个连续变量（我们已经对其进行了测量）之间的简单相关，这就是皮尔逊积矩相关（Pearson product-moment correlation），最重要（但不是唯一）的相关分析类型。它告诉我们变量间相关的方向和强度——变量是怎样相关的，以及变量的相关程度有多少。

12.4.1 简单相关

在这种情况下，我们关注的是两个连续变量之间的关系。我们可以用一个简单的例子来说明其基本观点。假如对一个学生样本（比如说 100 人）进行了两个连续变量的测量，我们可以将其得分呈现在一张两维的图中。全部的 100 个点都画在由 x 轴和 y 轴划定的二维空间中，所有这些点就构成了一张散点图。散点图的形状可以告诉我们这两个变量间关系的信息。图 12.4 呈现了三种主要形状。

左边的图（a）中，散点的形状是椭圆形的，向上指向右方。我们可以看到，

若 x 是高分，y 也是高分，若 x 是低分，y 也是低分。这两个变量被称为正相关（positively correlated），或直接相关，两个变量同时变大或是变小。我们也可以看到，合理而正确的预测是可能的。如果我们知道一个学生在 x 上的得分，我们可以在一定精确度下（即依靠不太多的散点）估计这个学生在 y 上的得分。

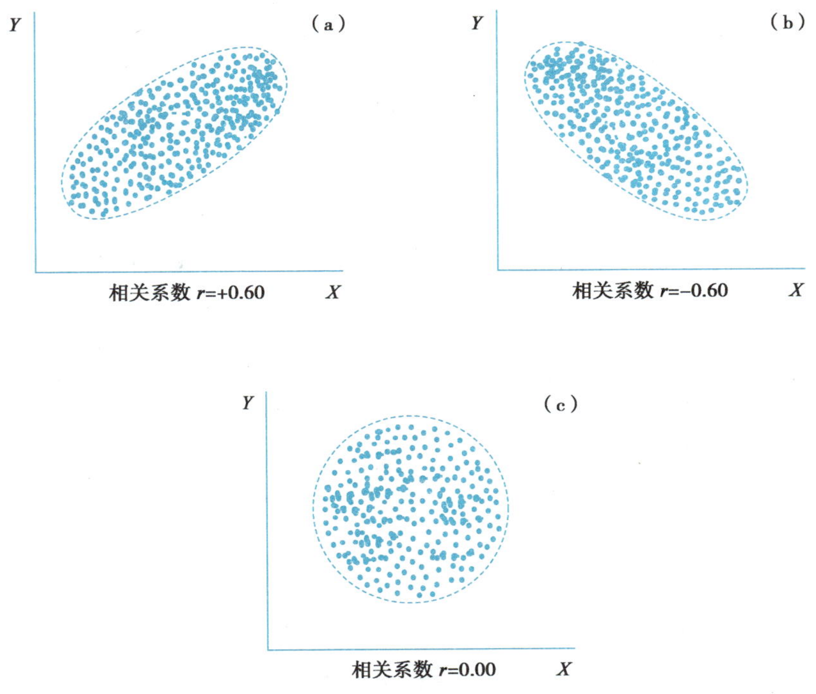

图 12.4　不同类型的散点图与皮尔逊积矩相关系数

右边的图（b）中，情况正好相反。散点的形状仍然是椭圆形的，但是现在它向下指向右方。若 x 是高分，y 则是低分，若 x 是低分，y 则是高分。这两个变量被称为负相关（negatively correlated），或反向相关、间接相关，两个变量的变化是相互对立的。合理而准确的预测仍然是可能的。和之前一样，如果我们知道一个学生在 x 上的得分，我们可以在一定精确性下估计这个学生在 y 上的得分。

中间的图 c 中，散点的形状是一个圆形。x 的高分可能与 y 的任意得分相关联，反过来也是一样。在这个例子中，这两个变量不相关（uncorrelated）——它们之间没有关系。显然，在这种情况下预测是不可能的。

在左边和右边的例子中，我们可以在散点中置一条"最佳拟合直线"进行描述与简化，这一直线向着散点倾斜的方向倾斜。这一直线需要找到每个区间的均值，并将不同区间的均值连接在一起。接着，这条直线可以被拟合为这两个变量之间的平滑的预测直线。散点图中的点越是紧密地围绕在这一直线周围，变量关系就越强，预测效果也越好。这条最佳拟合直线也被称为 y 对 x 的回归直线。[3]

我们已经用几何图形介绍了简单相关和回归，其也可以用代数来介绍。这些观点的代数形式就是著名的皮尔逊积矩相关系数，其符号是 r，是使用最为广泛的相关测量。r 的计算公式保证它在 0 和 1 之间变动，在不同情况下或正向或负向，即 r 的范围从 –1 到 +1。系数在数值上越接近于 1（正向或负向），则关系越强。这非常方便，这意味着相关系数一下子就可以告诉我们关系的方向和强度。接近 0 的数值告诉我们变量之间并没有实质性的相关——如图 12.4 下面那张图所示。

在概念上，相关和协变是相同的——实际上，相关就是标准化的协变。当两个变量相关，正向或者负向，它们一同变动。这意味着它们共享相同的方差或共变。这指出了相关系数的一个重要特性。如果我们将其平方，我们就得到一个变量与另一个变量共享的，或者一个变量可以被另一个变量解释的方差的比例的数值估计。因此，两个变量 +0.5 的相关告诉我们，大约 25% 的方差是两个变量共有的。同样，如果 r=–0.70，$r^2 \approx 0.5$，这表明一个变量大约 50%（49%）的方差是由另一个变量解释的。这是我们从简单相关走向多元相关时非常重要的概念，其也很好地契合了解释方差的研究策略。

12.4.2 多元相关和回归

简单相关和回归中有一个自变量和一个因变量。多元相关和回归则有一个以上的自变量，一个因变量。第 5 章讨论过多重因果的概念，研究中常见的情况就是若干个自变量和一个因变量。我们想要研究影响因变量的因素，我们想要研究其与自变量的关系来解释其方差。

简单相关的逻辑和代数可以直接推广到多元相关，但是多元相关要处理联立方程。假设我们在一组样本中测量了四个自变量和一个因变量（这一概念框架的例子呈现在图 10.4 中）。我们现在输入的是五组实际的得分，每个自变量一组，因变量一组，每个样本都有得分。我们就用这些实际得分来看变量的相关程度。具体而言，我们用这些得分来看自变量在多大程度上能够预测因变量。我们首先使用上述简单相关的逻辑估计自变量和因变量之间的关系。接着我们用这些信息来预测人们在因变量上的得分。我们比较预测得到的因变量得分和实际的因变量得分。我们使用上文介绍的相关系数来描述这一比较。即，预测得到的因变量得分与实际的因变量得分之间的简单相关系数实际上是四个自变量和因变量之间的多元相关。多元相关系数写作 R。当我们取平方，R^2 表明因变量有多少方差得到了解释。

这就是多元相关分析的逻辑，其分析的结果有两种：

- 第一，多元相关系数的平方，R^2。其直接估计了因变量有多少变异是受自变量影响或是由自变量解释的。
- 第二，每一个自变量的权重（被称为回归权重）。其告诉我们每一个自变量在预测因变量中有多重要。

12.4.3 多元相关系数的平方（R^2）

多元相关系数的平方是个特别重要的统计量，尤其是在第 10 章描述的解释方差策略中。它告诉我们因变量有多少方差是由这组自变量解释的。因此，它为解释方差这一研究策略的中心问题提供了直接的答案。和简单相关系数（r）一样，R 被标准化为在 0 到 1 之间变动，因此 R^2 也在 0 到 1 之间变动。越接近 1（或 100%），因变量的方差被解释得越多。多元相关系数的平方 R^2 也告诉我们通过这一组自变量预测因变量的效果。这两种思想是相互关联的。我们解释的方差越多，我们做出的预测就越精确。相反，我们能够解释的方差越少，我们的预测就越不精确。这意味着多元相关系数的平方为我们度量了特定回归模型的预测效率或是预测精度。

12.4.4 回归权重

通过解释多少方差来了解我们的预测效果是非常重要的。但我们也想知道每一个自变量在解释方差中有多重要。这就是预测变量相对重要性的概念。我们回归方程中的回归权重直接对其进行了估计。计算产生了两种权重——原始权重，适用于被纳入分析的原始得分；标准化权重，适用于标准化得分。我们主要使用后者，因为后者和前者不同，可以直接相互比较。它们的全名是标准化偏回归系数，通常在文献中也简写为 beta（β）权重。对其进行技术解释很重要。（如）自变量 x_1 的 β 权重告诉我们，当其他变量保持不变时，变量 x_1 每改变 1 个单位，因变量会改变多少。

12.4.5 逐步回归

逐步回归意味着从回归方程中舍弃变量，通常一次一个，或者说逐步舍弃，来看我们解释的因变量的方差改变了多少。[4] 这是我们评估自变量重要性的又一种方法。其基本思想是这样的。第一，我们将所有自变量引入回归方程，来看我们能解释多少因变量的方差。以 R^2 来衡量，其告诉我们这一特定回归方程的预测效率。然后我们舍弃一个自变量，重新计算回归方程，看我们能解释的方差有多少改变。我们得到第二个 R^2。比较这两个 R^2 告诉我们被舍弃的那个自变量在解释因变量方差中有多重要。

逐步回归相当有用，其应用也很广泛。事实上，它是我们使用的更一般的程序——检验回归模型的预测效率——的一个特例。我们可以将每一个回归方程都看作是回归模型（或预测模型）。每个模型都有多元相关系数的平方来告诉我们该模型在预测因变量上做得有多好（或者我们可以解释多少因变量的方差）。因此，我们可以比较多元相关系数的平方来比较不同模型的预测效率。用这种方法，多元线性回归可以被用于研究不同自变量对因变量的作用，以及这些作用是怎样出现的。逐步回归分析着眼于一个特殊问题：舍弃某一特定的自变量是否会削减模型的预测效率。但是，使用多元线性回归的逻辑框架以及进行多元相关系数的平方的比较，我们还可以研究许多其他类型的问题。

12.4.6 复习：多元线性回归作为一般数据分析系统

基于本节的逻辑基础我们已经介绍了大量的内容,是时候停下来复习一下了。我们首先介绍了简单相关，并将其拓展为多元相关。我们通过多元相关系数的平方直接将其与解释方差的研究策略联系在一起。然后我们通过预测从相关走向回归。这时我们有了预测方程，或者回归模型。然后，我们讨论了这些方程中的回归权重以及逐步回归的逻辑。最后，我们将其归结为不同回归模型的比较，我们比较它们不同的预测效率。

我们看到，多元线性回归在这里处于定量研究设计和数据分析的变量间关系分支，主要针对连续变量。它提供了处理所有类型的连续变量关系的方法，从简单到复杂。所有这些研究都可以在回归分析的框架下完成。

但是，多元线性回归技术也可以处理研究设计和数据分析的组间比较分支。这就是说，同样是多元线性回归的逻辑框架也可以用于处理 t 检验、方差分析（包括交互）以及协方差分析。这是因为上述分析都基于组别，而组别变量可以在回归方程中计算和使用。换句话说，多元线性回归可以同时处理分类变量和连续变量。测量组别的分类变量在回归分析中被称为“二分”变量或“虚拟”变量（Hardy，1993）。

直接使用虚拟变量，我们可以使用回归技术进行 t 检验、单因素方差分析和双因素方差分析，包括双因素方差分析中的交互。由于分类变量和连续变量被纳入到同一个回归模型，我们也可以使用回归进行协方差分析，下文会进行介绍。总之，这一个方法涵盖了我们在本章中介绍的所有主要的数据分析思想。表 12.3 整理了两大主要分支，并表明一般线性模型是怎样将它们合二为一的。

表 12.3　定量研究设计和统计

组间比较	相关变量
设计	
实验和准实验设计	相关调查（非实验）
逻辑	
“原因”的“结果”是什么？	“结果”的“原因”是什么？
概念框架	
自变量 → 比较组 → 因变量	自变量 X_1, X_2, X_3, X_4 → 因变量 Y
统计	
t 检验（两组）	简单相关和回归
方差分析（两组以上）	多元相关
协方差分析	多元回归（多元线性回归）
多变量方差分析	
多变量协方差分析	

这两个不同的统计分支可以使用一般线性模型合二为一

因此，多元线性模型提供了一种分析框架，以及研究各种数据分析问题的分析步骤，涵盖了本章讨论的两大主要分支。由于一种分析框架可以同时处理分类变量和连续变量，多元线性回归是很有力同时很灵活的工具，适用于大量的情境。我的经验表明，学生也发现其易于理解和应用。由于同样的步骤可用于研究大量的问题，这意味着研究者可以在数据分析中基于自己的研究问题建立自己的统计模型，而不是机械地局限于统计书上介绍的常规模型。建立这些模型要求研究者对研究问题进行精确的陈述。

12.4.7　利用多元线性回归进行协方差分析

12.3.3 小节在方差分析的框架下介绍了协方差分析（ANCOVA）的逻辑。现在，我们也可以在这里使用相同的逻辑。在上文的例子中，我们想知道在移除了协变量的作用后，自变量是否对因变量有影响。使用多元线性回归来做时，需要比较两个回归模型。第一个模型仅使用协变量来预测因变量，形成 R^2。第二个模型使用自变量（这里假设的是组间比较，自变量是一组测量组别的二分向量）和协变量来预测因变量。将第二个模型的 R^2 和第一个模型的进行比较，看看其预测效率是否更佳。若变得更好，组别则在协变量之外加深了我们对因变量的理解。这意味着在控制协变量后，组间差异是存在的。若没有变得更好，则组别在协变量之外没有增加对因变量的预测内容。这就是说，控制了协变量作用之后，组间差异并不显著。

12.5 调查数据分析

相关调查在定量研究的变量间关系分支中占据核心地位，其很可能牵涉了大量的变量，有分类变量也有连续变量，我们对很多不同的问题感兴趣。为了简化复杂的分析，我们可以用三个步骤（简单描述分析、双变量关系、联合与多变量关系）来处理，这三个步骤提供了有用的分析框架。当然，这些步骤需要与指引研究的研究问题相联结。

1. 描述分析。调查数据集很复杂，首先对数据进行描述分析会很有用。我们可以一个变量一个变量地统计，可以使用本章 12.1 节介绍的技术：均值、标准差（或者方差）和频数分布。若是存在量表，也可以做一些项目分析。同时，不管有没有量表，我们都可以进行数据降维（参见 12.6 节）。首先进行描述分析的一大好处是保持研究者对数据的熟悉度，另一个好处则是理解调查应答者在每个变量上的分布状况。
2. 双变量关系。这是第二步，同样是在研究问题的指引下，调查中的某些双变量关系会被拿出来进行特殊分析。所有相关的技术都可以使用，但是两种取向是被强烈推荐的。第一，我们之前已经提及，罗森伯格（Rosenberg, 1968）提出的取向为这个阶段的工作提供了有用的框架，其强调的是分析的逻辑。他的取向的一大特点在于他解释了变量间关系的意义（Rosenberg, 1968: 3-22），并说明了关系中各个变量的概念地位，将双变量关系系统性地拓展成了三变量或四变量关系（Rosenberg, 1968: 22-158）。[5] 第二，多元线性回归分析可以用来研究双变量关系以及组间比较的所有问题，刚才我们已经介绍过了。这两种取向背后的逻辑是相同的。
3. 联合与多变量关系。[6] 多元线性回归取向在这里的价值是显而易见的，因为其可以轻易超越双变量关系。罗森伯格的交叉表很难被扩展到同时分析多个变量，但是多元线性回归很容易就能扩展到多变量的情况。大多数联合与多变量的问题都可以使用这一取向来研究，包括变量间关系的具体问题，以及组间比较的问题。我们需要在调查中基于我们的研究问题对变量的概念状况进行详细说明（某些是自变量、某些是控制变量或协变量、某些是因变量）。好多其他的问题，如交互、非线性和多项式关系，也可以使用多元线性回归取向来研究。我们已经提到，这个取向的一大好处是其迫使研究者具体地表达研究问题，并将问题转化为数据分析操作。

12.6 数据降维：因子分析

定量社会科学研究，尤其是非实验研究，是以多变量研究为特征的。大量的变量往往使得全面理解数据变得很难。这一困难促使我们发展技术来减少变量的数量，却不丢失原始变量提供的信息。因子分析正是以此为目的发展起来的一系列相关技术。因子分析背后的思想基于变量间的相关，如图 12.5 所示。当两个变量相关时，我们可以设想存在一个公共的因子，两个变量在一定程度上共享这一公共因子，因此，公共因子可以解释变量之间的相关。这一思想可以普及到任意数量的变量。

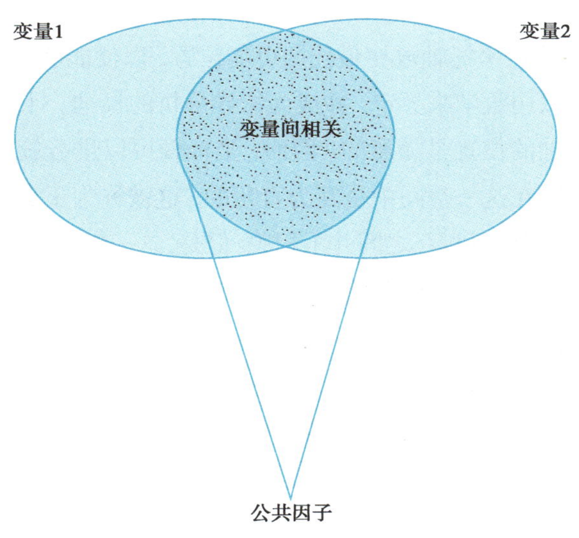

图 12.5　因子分析图示

因此，在因子分析中，我们想要通过寻找变量的公共因子来削减变量的数量。从我们测量的原始观察变量开始，然后找到它们之间的相关关系，并用因子分析这些相关关系。最终想要获得更少的衍生变量或非观察变量，这些变量被称为因子。

假设有六个考试：分别是算术、代数和几何，以及英语、法语和历史。我们很容易就想到，如果我们对一个学生样本进行这六个考试的测量，我们会发现这些考试之间会因相关形成两类。第一类交叠着算术、代数和几何，第二类则交叠着英语、法语和历史。如果情况果真如此，那么基于六个考试的相关关系进行的因子分析会形成两个主要因子，一个是数学变量（“数学能力”），另一个是语言变量（“语言能力”）。基于这一因子分析，我们就减少了必须处理的变量的数量，从 6 个缩减到 2 个。6 个是原始测量的变量；2 个则是抽取出的或衍生的因子。这两个因子有效地总结了 6 场原始考试中包含的信息，因此，我们是在没有大量信息丢失的基础上减少了变量的数量。结果，我们现在只需要讨论 2 个因子，而不是 6 个变量，事情变得容易多了。接下去我们可以计算每个学生在这两个衍生因子上的得分，将之应用于进一步的分析。它们被称为因子得分，我们可以使用因子得分来简化进一步的分析。

所以，纳入因子分析的是原始变量之间的一系列相关关系。只要计算机完成了数学计算，结果就会呈现出衍生因子，以及每个因子与原始变量之间的关系。因子载荷就是用来进行这一呈现的，因子载荷是每一个原始变量在每一个衍生因子上的载荷。研究者通过这些载荷的意义来理解抽取出的每一个因子的意义，通常要经过旋转。

从几何上看，因子分析可以被认为是在原始变量描述的空间中放置了坐标轴。旋转的目的就是将这些坐标轴放在最佳的可能位置，以便能够解释这些因子。“最佳的可能位置”可以用数学来界定，并成为指导分析的标准。计算机第一次因子分析的结果中，坐标轴的位置是随意的。因而，坐标轴可以进行旋转，直到上述标准达成。原始的坐标轴在这一空间中是互为直角的。这被称为正交因子分析。在这种情况下，计算出的因子得分相互之间并不相关。但是，这一标准也可以在旋转中放开，如果非直角或是斜交旋转更可取的话，最后会导致因子得分相互关联。

我们也应该关注因子分析的另一个方面，其出现在质性数据的分析中（参见 9.4 节），并关注抽象的层次。在因子分析中，我们从观察变量开始，以非观察或抽取出的因子结束。变量的抽象层次或者一般化程度是低于因子的。因此，代数能力要比数学能力更为具体，数学能力是一个更为一般的概念，其抽象层次较高。

事实上，这是我们第二次在定量数据分析中提高抽象的层次。第一次是从项目到变量。第二次就是从变量到因子。这呈现在抽象层次图中。看清楚这些抽象的层次是很有用的，尤其是以这种方式看待因子分析。第 9 章我们讨论质性数据的分析时，我们看到了一种非常相似的提升抽象层次的过程，如图 12.6 所示。

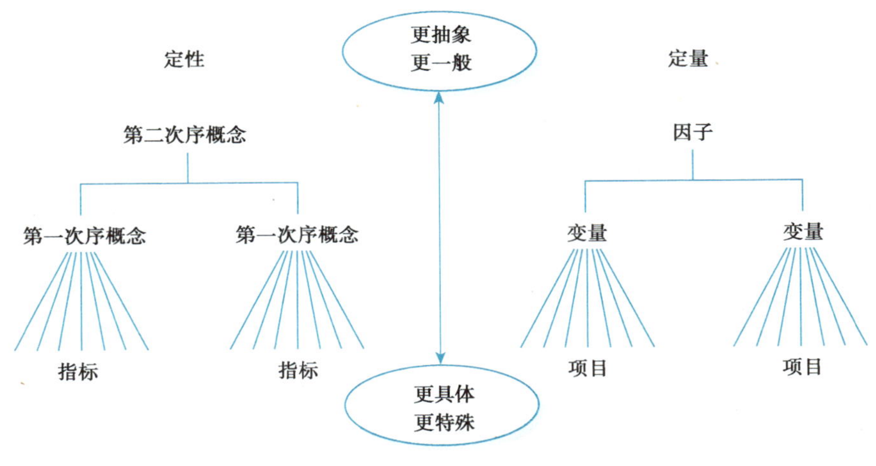

图 12.6　数据分析中的抽象层次

12.7　统计推论

到这里，本章已经检视了定量数据分析的不同技术背后的逻辑。我们实际进行的是描述性统计，[7] 其关注的核心是整理和描述数据。统计推论，或者说推论统计，则不一样，其并不关心整理和描述数据。而是说，统计推论是使用我们已经讨论过的描述性统计的技术进行数据分析，并基于这些数据分析来帮助选择进行决策的工具。统计推论是研究所需的多种工具之一。本节讨论统计推论背后的逻辑，以及如何进行统计推论，本节需要与介绍抽样的 11.11 节同步阅读。

首先，为什么要进行统计推论？在研究中，我们经常从总体中抽取样本，并且仅仅在这个样本中收集数据。我们这么做是因为通常很难研究整个总体。但是，在研究了样本之后，我们想要对样本所在的那个更大的总体做出结论。换句话说，我们面临推论，从样本推回到总体。这里有一个对称，如图 11.2（11.11 节）所示。我们从总体中抽取了样本，并且我们研究了样本。但是，在研究了样本之后，我们想要推回到总体。因此，推论的问题是：我在样本中的发现在总体中也为真的可能性有多大？

为了回答这个问题，我们用概率论的术语重新表达。问题变成：如果我将样本中的发现推论到总体，我犯错的可能性有多大？问题被重述为犯错的可能性，于是答案也变成了犯错的可能性，表述为“每 100 次中有多少次”或“每 1000 次中有多少次”。其带来了这样的陈述：“如果进行这个推论，每 100 次中我错误的次数将少于 5 次”（或每 1000 次中少于 5 次，或者其他）。这些都是常见的置信度，或者说统计显著性水平，或者说置信水平。其在研究报告中通常呈现为 $p<0.05$，

$p<0.001$ 等。[8] p 用来表示犯错的可能性。

我们怎样计算出这个犯错的可能性？我们计算样本的某些统计值，然后借助统计推论表来决定这种可能性。大多数的统计书上都有这些表，现在的计算机中也都有这些表。在样本数据的分析中，我们计算一个统计值，其描述了我们感兴趣的数据的某一方面——其可能是卡方，对观察分布和期望分布的比较；或是 r，两个变量之间的相关程度；或是 F，比较了两个回归模型的预测效率。然后我们将这个统计值放到统计推论表的分布中，来看在概率上这个统计值包含某一大小的值的可能性有多少。因此，定量数据分析同时使用描述性统计和推论统计。

这给了我们怎样做统计推论的另一视角。我们实际上在问：我计算出来的统计值（当然是基于样本数据）从概率上看有多少可能性是"偶然"地出现在我们恰巧抽取的样本中的？和之前一样，答案是概率论的形式。它的形式是这样的："这个统计量的数值在这一研究所使用的样本规模中的 100 次中会偶然出现（比如说）5 次（$p=0.05$）。"现在，既然这个值在 100 次中偶然出现的可能性只有 5 次，那么 100 次中非偶然出现的次数有 95 次。换句话说，在我将样本中发现的结论推论到总体时，如果 100 次中我犯错的可能性低于 5 次，那么就是说我正确的可能性会高于 95 次。这听起来是很好的机率。看起来这不是一个偶然的结果，也并非这个特定样本的特殊情况。它看起来很真实，我们称之为统计显著。因而，"显著性"一词在定量分析中有着特殊的含义。

上述例子使用 100 次中的 5 次作为临界点。这就是所谓的 5% 的置信水平或是 5% 的显著性水平。一般而言，其是社会科学研究中广泛接受的临界水平。但是假如某一个研究结果有（比如说）7% 的发生概率（$p=0.07$），我们不应该简单因为它没有达到统计显著性（$p=0.05$）就认为它不重要。统计显著性水平在指导我们认定结果是否"真实"中非常有用。但是我们应该明智地使用它们，对它们的意义有充分的理解。

只要我们想要从一个样本推论到更大的总体，推论问题都会出现，不管我们用了什么描述性统计。如果我们不想推论，或者我们已经研究了我们感兴趣的整个总体，那么推论问题就不存在。样本规模对统计显著性检验的结果很重要。样本规模越大，达到显著性所需要的统计值的量就越小。相反，样本规模越小，要达到显著性所需的统计值的量就越大。

12.8 定量数据分析的计算机软件

在定量数据分析的各种计算机软件包中，社会科学研究使用最为广泛的是

IBM公司的SPSS。现在SPSS已经更新到第28版[1]，它是非常全面的软件包，可以用简单的命令操作和分析非常复杂的数据。SPSS拥有大量的统计和数学功能、很多统计程序以及非常灵活的数据处理能力。

SPSS可以读入几乎所有格式的数据（如数值、字母数字、二进制、货币、日期、时间等格式），也可以读取表格软件或者数据库软件创建的文件。因此，SPSS同时拥有了统计分析能力以及表格软件（如excel）的灵活性和其他优势。

乔治·阿吉罗斯（George Argyrous）《研究中的统计：SPSS指南》（*Statistics for Research with a Guide to SPSS*）一书的第1章和第2章介绍了SPSS的环境，指导你如何建立SPSS的数据文件，并帮助你开始数据分析。如果你想进一步了解SPSS的具体使用，可以阅读安迪·菲尔德（Andy Field）很畅销的《和SPSS一起发现统计》（*Discovering Statistics with SPSS*）一书。除了这两本书之外，还有好多其他书可供选择。

除了SPSS相关的书籍，网上还有大量的视频和文本学习资料，这些都可以帮助你起步。

SPSS之外的软件

免费的统计软件R越来越受研究者们欢迎。相较于SPSS，R的优势在于其是免费的，并且其提供了比SPSS功能更强大的大量统计软件包，尤其是其作图技术非常强大。不过，R必须学习编程，要求掌握基础的编程能力，而SPSS并不需要。

你可能遇到的其他定量分析软件有：

- SAS
- STATA
- Minitab

章节概要

- 描述定量数据的两大重要概念是集中趋势（最常用的测度是均值，但是有时也使用众数或中位数）和离散趋势（最常用的测度是标准差或者方差）；频数分布在数据描述中也很有用。
- 交叉表分析，或者列联表分析是研究变量间关系的很有用的方法，也是被广泛使用的方法，任意测量水平的变量都可以使用。卡方是交叉关系的一

[1] 本书出版时，SPSS已更新到28版。——编者注

种正式检验方法。

- 方差分析（ANOVA）使我们能够基于某一个感兴趣的因变量进行组别比较；*t* 检验是方差分析的一个特例，其只有两个组。在单因素方差分析中，人们仅因为一个维度而形成不同的组；在双因素方差分析中，人们同时基于两个维度而形成不同的组，这时，就涉及非常重要的交互概念了。
- 协方差分析(ANCOVA)允许我们控制协变量；因变量得分会根据与协变量(或控制变量）的关系进行调整，然后再对调整后的得分进行方差分析。
- 单变量分析只牵涉一个因变量；如果有若干个相互关联的因变量，可以进行多变量分析。
- 皮尔逊积矩相关（r）是描述两个连续变量之间相关时广泛使用的统计量；它同时显示关系的方向和强度；r 的平方估计了因变量有多少方差是由自变量解释的。
- 多元相关和回归（MLR）使用相同的逻辑，它们都被应用于常见的研究情境：若干个自变量与一个因变量；多元相关系数的平方（R^2）估计了因变量方差有多少是由这些自变量解释的。
- 多元线性回归可以被看作一种一般数据分析系统，使用虚拟变量时它能很容易地进行 *t* 检验、方差分析和协方差分析。
- 复杂相关调查数据的分析可以被划分为三个一般阶段：描述性分析、双变量关系，以及联合与多变量关系。
- 因子分析是在不大量丢失信息的基础上削减变量数量的一组相互关联的技术的总称，其基于变量之间的相关。
- 统计推论是评估样本推回总体的一种工具，其估计了将样本的发现推论到总体时犯错的可能性。

关键术语

均值：最常使用的集中趋势测量指标，也被称为平均数。

标准差：在分布中衡量离散趋势的最常用指标，对标准差取平方就得到方差。

频数分布：根据多少回答者得到了某一值，或是多少回答者给出了某一回答，或是多少回答者属于某一类别，将分布中的每一个值都列成表格。

交叉表：两个变量交叉列表。

列联表：使用交叉表来看一个变量的分布是否与其他变量相关（或受到其他变量的影响）。

卡方：被广泛使用的统计技术；常常用来评估交叉数据中的关系。

方差分析（ANOVA）：基于某一因变量研究组间差异的一种统计技术。

交互：两个（或更多个）自变量可能对一个因变量有联合影响，它们对因变量的影响相互作用。

协方差分析（ANCOVA）：在控制了一个或是多个协变量后，研究一个因变量的组间差异的统计技术。

相关：呈现变量间关系的强度和方向的统计技术；当两个连续变量简单相关时，常常使用皮尔逊积矩相关系数 r；其也可以被推广到两个以上变量的多元相关的情况。

多元线性回归（MLR）：若干自变量和一个因变量的一种定量数据分析策略，旨在解释因变量的方差。

因子分析：不大量损失信息的基础上减少变量数量的一组统计技术。

统计推论：评估从样本到总体推论精确性的一组决策规则。

练习与思考题

1. 描述一组得分的分布时，集中趋势和离散趋势指什么？最常使用的集中趋势和离散趋势测量指标是什么？
2. 研究下面三个交叉表，其呈现了 200 个学生样本（100 个男生、100 个女生）的考试及格状况：

(a)

	男孩	女孩
及格	25	70
不及格	75	30
	100	100

(b)

	男孩	女孩
及格	53	48
不及格	47	52
	100	100

(c)

	男孩	女孩
及格	80	30
不及格	20	70
	100	100

表（a）、表（b）、表（c）分别表明了怎样的变量关系？从逻辑上看，我们怎样才能说表（b）呈现了一种“真实”的关系？（提示：多少差异才能构成差异？再次阅读 12.2 节）

3. 什么是单因素方差分析？比较三个班级的成绩得分来解释其逻辑。
4. 什么是双因素方差分析？什么是交互？为什么交互很重要？
5. 什么是协方差分析？什么时候我们需要使用协方差分析？
6. 重新绘制图 12.4（a）的散点图，让其呈现出更强的正相关；重新绘制图 12.4（c），让它呈现更弱的负相关。

7. 皮尔逊 r 和解释方差之间的关系是怎样的？
8. 简单相关如何变成多元相关？如果使用多元线性回归来研究（比如说）5 个自变量和 1 个因变量之间的联合关系，R^2 能告诉我们什么？每个变量的 β 能告诉我们什么？
9. 因子分析的目的是什么？这一技术背后的逻辑是什么？
10. “统计推论”中的推论是什么？
11. 用你自己的话解释统计推论的基本逻辑，将它与“犯错的可能性”联系起来。
12. 统计显著性指什么？以 $p<0.05$ 进行说明。

拓展阅读

Comfrey, A.L. and Lee, H.B. (1992) *A First Course in Factor Analysis*. 2nd edn. Hillsdale, NJ: Lawrence Erlbaum.

Glass, G.V. and Stanley, J.C. (1970) *Statistical Methods in Education and Psychology*. Englewood Cliffs, NJ: Prentice-Hall.

Jaeger, R.M. (1990) *Statistics as a Spectator Sport*. 2nd edn. Beverly Hills, CA: SAGE.

Kerlinger, F.N. and Pedhazur, E.J. (1973) *Multiple Regression in Behavioral Research*. New York: Holt, Rinehart and Winston.

Kish, L.D. (1987) *Statistical Design for Research*. New York: John Wiley.

Lipsey, M. (1990) *Design Sensitivity: Statistical Power for Experimental Research*. Newbury Park, CA: SAGE.

Rosenberg, M. (1968) *The Logic of Survey Analysis*. New York: Basic Books.

Sirkin, R.M. (2005) *Statistics for the Social Sciences*. 3rd edn. London: SAGE.

Tatsuoka, M.M. (1988) *Multivariate Analysis: Techniques for Educational and Psychological Research*. 2nd edn. New York: Macmillan.

Vogt, W.P. (2005) *Dictionary of Statistics and Methodology*. 3rd edn. London: SAGE.

注释

1. 交叉分析意味着两个变量会被交叉制表。列联表意味着交叉分析的目的是看分布中的一个变量是否与另一个变量相关，或是否依赖于另一个变量。

2. 这里“误差方差”（error variance）一词的用法与第 11 章中讨论测量的信度时的用法并不相同。
3. 也存在 x 对 y 的回归直线。
4. 逐步回归也可以是增加变量，而不是舍弃变量。“逐步”可以向前也可以向后。我们这里讨论的是舍弃变量，有时也被称为“向后逐步回归分析”。但是完整的逐步回归的理念也包含向前逐步回归。
5. 强烈推荐罗森伯格《调查分析的逻辑》（Rosenberg，1968）一书，其将帮助你建立定量数据分析的基础——这本书写得很清楚，并强调了分析的逻辑。
6. 我们已经指出，“多元”（multivariate）这个技术术语指的是 1 个以上因变量。“多变量”（multivariable）是一个更为一般的术语，就是指多个变量。
7. 卡方以及比较回归模型的预测效率除外。
8. $p<0.05$ 实际指的是将样本的结论推广到总体时，100 次中会有小于 5 次犯错误。同样地，$p<0.001$ 指的是 1000 次中会有小于 1 次犯错误。以此类推。

第 13 章

互联网与研究

本章内容

学习目标

在学完这章后，你应该能够：

- 理解互联网既可以被视为社会研究的场所，也可以被视为开展社会研究的工具
- 描述互联网可以帮助查找和获取相关文献和信息的方式
- 解释如何使用互联网来定位和调查样本和总体，并找出出现的问题
- 描述如何使用互联网进行访谈和观察，以及记录数据，并找出出现的问题

13.1 引言

在社会科学研究中使用技术并不是什么新鲜事。例如，自20世纪30年代以来，录音技术的进步已经见证了访谈数据从基于回忆和现场笔记的轶事叙述，转变为可以一遍又一遍地听的自然谈话的逐字转写。同样，通信和录音技术的发展也使得获取和保存访谈数据的任务变得更加容易（Murthy，2008）。电话为研究参与者提供了快捷方便的联系方式。今天，技术的进步，如可靠的电子声音、图像和视频设备的移动形式继续吸引着社会科学家。特别是，互联网本身吸引了很多人的兴趣。

"互联网"是一个以计算机为基础的全球信息和通信系统，以标准化的方式连接，使用户相互联通（Dimaggio，Hargittai，Neuma & Robinson，2001）。它被理解为"网络之网"，连接基于计算机的网站，以形成万维网（World Wide Web）（Gaiser & Schreiner，2009）。互联网可以被看作为社会研究的一个场所和工具（Buchanan & Zimmer，2012）。作为一个场所，互联网为社会调查提供了一个新的空间。互联网作为一种社交媒体，可以像其他任何人们聚集和互动的地方一样被研究。例如，盖泽和施赖纳（Gaiser & Schreiner，2009）指出，在线交流环境如论坛讨论、聊天室、游戏室等提供了观察互联网上社会互动的研究机会。但互联网也是一种研究工具。例如，它使与被调查者的联系和互动变得更快、更便宜、更容易，从而促进了数据收集。在本节中，我们将重点关注互联网作为一种研究工具，或者是休森和劳伦特（Hewson & Laurent，2008）所描述的在虚拟或实际场所进行的"网络媒介研究"（Internet-mediated research）。

作为一种研究工具，互联网为人们提供了许多互动、交流和分享信息的方式。截至2012年6月30日，全球互联网用户人数估计超过70亿（Internet World

Stats, n.d)。这些人在做什么以及他们如何在互联网上做这些事，不能被描述为一致的、同质的或统一的，在任何时间交流的人数可能会有很大的不同。例如，通过电子邮件在互联网上交流信息，通常是一对一的，而通过论坛和博客交流的信息不仅可能涉及多对多或一对多的关系，还可能涉及单向或双向的交互。人与人之间的交互和交流的时间也各不相同。例如，聊天室提供同步通信，而电子邮件是异步的，在线虚拟世界如游戏又是实时发生的。人们上网的方式也有所不同。任何有关人士可在任何时间浏览网页，或需输入有效的用户名及密码才可登入网页。对社会研究者来说，互联网是一个极具吸引力但又极具挑战性的研究工具，因为它能够以多种不同的方式观察如此多的事物，做如此多的事情。

社会科学家被互联网上丰富的互动所吸引。此外，他们也被它能使研究更快、更便宜、更容易的承诺所吸引(Lee,Field & Blank,2008)。然而,玛奇和奥康纳(Madge & O'connor, 2002: 100)警告道："……在线研究的潜力不应被夸大：传统研究方法的许多议题和问题仍然适用于虚拟场所。"互联网研究必须与传统社会研究设计所面临的问题相抗衡(Wakeford, Orton-Johnson & Jungnickel, 2006)。它仍然需要查找相关文献、关注清晰的研究问题，并使用适当的方法。像任何研究项目一样，好的设计是至关重要的。正如休森和劳伦特(Hewson & Laurent, 2008: 59)所言：

> ……由于人们普遍认为基于互联网的程序能够快速且经济有效地生成大量数据，而且它们在时间和成本都很有限的情况下特别具有吸引力，因此存在一种风险，即研究者可能会被诱惑去实施设计欠佳的研究。

在此背景下，本节探讨了作为研究工具的互联网的四个广泛领域。第一个领域，文献，探索了互联网如何帮助查找和访问与研究项目相关的信息。第二个领域，定量数据收集，讨论了互联网作为定位和调查目标群体的工具。第三个领域，定性数据收集，将互联网视为访谈和观察的工具，以及文献数据的来源。第四个领域，讨论将互联网作为工具应用可能出现的伦理问题。

13.2 文献

社会科学研究不是在真空中进行的，而是与现有知识相关，并建立在现有知识的基础上。社会科学研究者需要在相关的知识体系中确定研究的位置。这包括搜索和访问与调查主题相关的已出版材料。然而，大量的文献使得手动查找和获取材料的任务非常耗时。虽然互联网作为一种电子工具提供了一种更快的方法来满足这一任务的要求，但在其他方面，它也使这一任务变得更加复杂。通过互联网获取信息的数量和方式的数量为查找研究文献提供了新的挑战。

通过互联网查找和获取研究文献的搜索工具可以分为五类（Ridley，2008）：

- 传统的图书馆目录以电子数据库的形式提供，编目资源被保存在一个单一的地点或由一个单一的组织持有。它们使用关键词、主题标题、作者和标题对数据库中的材料进行简要描述。
- 文献数据库是指已出版文献的电子数据库，包括期刊、会议论文集、政府和法律出版物、图书等。与传统的图书馆在线目录不同，它们主要关注期刊文章和会议论文，而不是书籍和专著，并提供更丰富的材料描述，如全文的摘要和 pdf 文件。这类数据库有：英国人文科学索引（BHI）、知识网（Wok）的社会科学引文索引、MEDLINE 的生物医学文献、ProQuest 的教育文献、论文索引（英国的学位论文）和论文摘要（美国和欧洲的学位论文）。
- 公开数据库，这是一种电子数据库，任何人只要能进入互联网就可以免费获得。与以前的数据库不同，获得材料的全部使用权并不需要会员身份或订阅。
- 互联网学科门户，该数据库主要是由学科专家手动创造，他们根据学科类别的层次结构选择并将现有的学科特定网站组织到目录中。
- 互联网搜索引擎，这是一种机械程序，通过将关键词与互联网上存储的内容进行匹配来创建数据库，然后以一种易于访问的方式组织和显示结果。

互联网搜索引擎，就像互联网学科门户，是一个数据库。互联网学科门户与互联网搜索引擎的主要区别在于创建数据库的方式。学科专家手动创建互联网学科门户，而搜索引擎则是由机器创建的数据库。从这个意义上说，计算机可以通过电子方式搜索无数的网站，并将用户输入的关键字与网络文档中找到的词进行匹配，从而编制出相关信息的数据库。建议研究者谨慎对待通过这个自动化过程汇编的资源（Ridley，2008）。不同的搜索引擎以不同的方式搜索和收集信息。搜索引擎不对整个互联网进行索引，它们的结果排序依赖于专有算法。因此，使用现成的工具，如搜索引擎，可能会导致对互联网上实际存在的东西形成有偏的描述。（Hine，2011：3）。因此，相同的关键词输入到不同的搜索引擎会呈现不同的结果。

作为回应，里德利建议采取一种积极主动的方法来管理搜索结果。这就要求研究者通过熟悉搜索引擎如何汇编网络文档，以及如何使用高级搜索选项来对检索过程进行更大的控制。然而，以这种方式编制的数据库并不能保证能检索到可靠的学术来源。里德利（Ridley，2008）强调，在利用以这种方式收集的资源之前，研究者需要追踪谁生产了这些材料，以及为什么生产这些材料。

互联网为查找现有知识的传统研究实践提供了新的方法和新的挑战。这些新方法使查找相关文献的传统做法更加快捷方便。然而，它们也使它变得更加复杂。越来越多的研究者需要了解不断扩大的在线服务的能力和功能，这些服务致力于寻找和检索信息。学习如何使用新工具来查找和访问在线发布的材料和文档形式的数据，凸显了文献和互联网之间关系的复杂性。

13.3 收集定量数据

调查作为一种利用标准问卷收集定量数据的手段，是社会科学实证研究中非常突出的方法（Vehovar & Manfreda，2008）。在 20 世纪，调查被证明能够充分利用先进的技术，如电话的优势。在过去的十年里，计算机技术的进步意味着调查不再依赖于调查者管理或者派发纸质问卷。如今，任何人都可以通过在互联网上提供电子问卷来建立一个自填式调查。

一般来说，有两种类型的网络调查，“……通过被调查者的机器（客户端）执行的调查……”，或通过“……调查组织的网络服务器(服务器端)执行的调查……”（Couper，2008：2）。使用电子邮件通过互联网向潜在应答者的机器发送调查问卷是客户端方法（client-side approach）的一个主要例子。这包括介绍研究的目的，并邀请其完成一份问卷，该问卷可以嵌入到电子邮件信息的正文中，也可以作为可下载的文档附加在电子邮件中（Couper，2008；Gaiser & Schreiner，2009）。更可能的情况是,研究者使用电子邮件附上调查问卷作为下载的文档,以避免出现的问题,因为电子邮件信息的纯文本无法准确保存和复制必要的格式，这样可以确保调查问题对应于所有受访者的正确选择。与传统的邮政服务相比，使用电子邮件提供了更便宜、更快的自填式问卷的递送和返还。但是，以这种方式完成和传递的调查并不是完美无缺的。

被发送电子邮件进行问卷调查的收件人，需要做的不仅仅是简单地回答一系列问题。他们还需要拥有必要的技能和电脑上的软件，使他们能够下载问卷，输入答案，保存它们，并以电子邮件的形式回复（Gaiser & Schreiner，2009）。除了节省传递和回复相关的速度和成本外，使用互联网向潜在的回答者发送自填式问卷的优势，与使用邮政服务的纸质问卷方式相比微不足道。客户端方法对于减少研究者阅读回复和抄写数据的要求几乎没有作用。虽然那些有技术专长的人可能能够编写编程脚本来自动完成这一过程，但大多数收到电子邮件回复的研究人员，就像那些收到发放问卷的研究者一样，需要手动输入数据。

使这个过程自动化的一种方法是使网络调查可在网络服务器上执行，而不是在应答者的机器上执行。网络调查是服务器端方法（server-side approach）的一个主要例子（Couper，2008）。正如盖泽和施赖纳（Gaiser & Schreiner，2009）所解释的那样："除了通过电子邮件发送调查问卷并阅读、回复之外，另一种方法是将调查问卷放在网站上，然后通过电子邮件发送 URL 链接到网站，并请求收件人访问该网站。" 与电子邮件调查不同，网络调查利用了网络服务器上的软件来自动管理数据输入。

安德鲁斯、诺内克、普里斯（Andrews，Nonneck & Preece，2003）根据"推"或"拉"策略区分了客户端和服务器端方法。电子邮件（客户端）调查通过直接沟通来推动潜在受访者的参与，而基于网络（服务器端）的调查通过设计来吸引受访者。基于网络的调查界面的易用性和吸引力，自动验证和回答存储，为吸引高应答率提供了一个拉动因素。网络调查作为一种拉力策略的作用，在玛奇和奥康纳（Madge & O'Connor，2002）的《婴儿世界》（*Babyworld*）研究中是显而易见的。他们采用的是网络调查而不是电子邮件的方式，因为这样可以快速廉价地接触到广泛的受众，24 小时接收回复，并自动将回复加载到一个分析包中。此外，基于网络的调查提供了更好的问卷调查界面，使之比电子邮件调查更友好和更具有吸引力。基于网络的调查也可以在一个专门的网站上进行，这个网站可以作为一个平台来提供关于项目、研究人员和附属机构的更多信息。正如沃和华和曼弗雷达（Vehovar & Manfreda，2008：178-9）写道：

……使用万维网（WWW）的图形界面的计算机化调查问卷提供了先进的设计功能，如问题的跳过和过滤、答案的随机化、答案的有效性控制、多媒体元素的融合等。

尽管网络调查在设计和分布上有这些优势，但也存在一些抽样问题（Couper，2008；Tourangeau，2004）。

许多调查抽样的目的是寻找信息，并得出更大的总体的代表性结论。虽然有些人认为人口普查是实现这一结果的唯一真正可靠的方法，但调查所有人口是一项极其耗费资源的工作（Andrews，Nonneck & Preece，2003），而且通常超出了一般研究人员的能力。为了避免与进行人口普查相关的高成本和缓慢的数据收集过程，通过从人口中抽取的具有代表性的样本收集数据，调查可以快速而廉价地估计整个人口的各个方面。概率抽样方法，通常基于一个总体中的每个个体都有平等的机会被选中的想法，提供了一种对整个总体做出无偏描述的方法。然而，概率抽样方法作为一种理想的方法，却面临着互联网用户群体的固有偏差。

访问和自我选择的偏差使得互联网作为一种产生代表性样本的手段存在问题。虽然最近的研究表明，"数字鸿沟"（digital divide）正在缩小，但上网仍然是按阶级、种族和性别划分的。例如，在一项关于美国社会分层和数字鸿沟的研究中，威尔逊、沃林和瑞泽尔（Wilson, Wallin & Reiser, 2003）报告说，非裔美国人受访者比白人受访者拥有电脑和上网的可能性更低。在巴西，宋（Soong, 2004）报告说，社会经济水平是影响互联网接入的一个重要因素。他认为，虽然在美国等互联网发达国家，由于成本较低，教育机会较高，数位鸿沟可能正在缩小，但在巴西，整个人口的互联网普及率是否会保持一致，则是个大问题。在一项关于互联网的性别和文化差异的研究中，李和柯卡普发现，在中国和英国，性别都是电脑使用的一个重要因素。他们报告说，这两个国家的男生对互联网的态度都更积极，在互联网上花的时间更多，使用互联网的范围也更广（Li & Kirkup, 2007: 313）。目前，库珀（Couper, 2001: 467）认为："……覆盖误差是对通过互联网进行的抽样调查代表性的最大威胁。"

在某种程度上，可以通过明确识别被研究的互联网群体来克服抽样偏差。例如，休森和劳伦特（Hewson & Laurent, 2008）通过识别并列出一个群体的所有电子邮件地址来建立一个抽样框，从其中抽取一个随机或整群样本。然而，他们注意到，即使目标总体在操作上以这种方式定义，代表性问题仍然可能出现。例如，互联网瞬息万变，互联网用户可以拥有多个电子邮件帐户。此外，一些电脑上安装的软件会自动过滤收到的电子邮件，目的是将未经请求的大量邮件从用户的收件箱中转出，而其他电脑却没有安装这种软件，这使得发送系统不一致。这样的条件使得我们不可能知道从列出的电子邮件地址框架中抽取的样本是否全面或准确。目前，休森和劳伦特（Hewson & Laurent, 2008: 66）认为"在互联网上进行概率抽样并不十分可行"。在虚拟环境能够被管理，以确保所有的电子邮件邀请都被接收和检查，并给予抽样框内的每个成员平等的参与机会之前，真正的概率抽样在互联网上仍然很难实现。

互联网上最常见的定量调查抽样技术并不具有代表性。非概率样本，如"志愿者机会样本"（volunteer opportunity sample）可以在参与邀请被发布"……到新闻组、邮件列表或网页"时创建（Hewson & Laurent, 2008: 66）。在这种情况下，所选择的样本可能代表目标总体，也可能不代表目标总体，因此很难进行任何一般化概括的尝试，并且需要进行鉴定。库珀（Couper, 2001）将娱乐、自我选择和志愿者调查，确定为互联网较常使用非概率样本或者志愿者机会样本的三种类型。

娱乐调查不是真正的社会科学研究，在大多数情况下，只是由媒体进行的民意调查。幸运的是，他们声称所揭示的仅仅是参与者的观点。然而，与娱乐调查不同的是，一些自行选择的网络调查的设计者声称调查结果能够代表目标总体。库珀（Couper, 2001: 482）认为在没有对调查访问进行限制和多次完成可能性的情况下，很难支持这种说法。与娱乐和自选调查不同，志愿小组确实限制调查的进入。

在热门网站上发布的招募志愿者的号召，首先创造了一个自我选择的样本，作为一组潜在的应答者。然后，志愿者提供的人口统计信息可以与预先确定的标准相匹配，以选择在线调查小组。尽管对访问和选择有更大的控制，然而，志愿小组的成员，如娱乐和自选调查的受访者，来源不明。这意味着通过在新闻组、邮件列表或网页广告上发布邀请来搜罗研究参与者会产生一个样本，这个样本与一些更大的总体之间的关系是未知的，这使得一般化概括会出现问题。此外，应答率和应答偏差无法测量。

线下抽样可以克服这个问题。然而，在这样做的过程中，休森和劳伦特（Hewson & Laurent，2008）指出，互联网研究的许多好处，如速度和访问不同地域的群体的机会可能会失去。因此，决定是否使用互联网作为一种工具收集定量数据，需要根据研究目的，权衡优势（例如，节省时间、金钱和调查不同地域、社会的群体）和劣势（例如，与抽样和需要更高级的计算技能和更多的设备有关的缺点）。

13.4 收集定性数据

互联网可用于收集定性数据。例如，一对一访谈和焦点小组访谈是重要的定性数据收集方法，可以利用互联网的通信能力，如聊天室、电子邮件（以及电子邮件服务，如组邮件和列表服务器）、MOOs（面向多用户域）或 MUDs（多用户域）等同步或异步进行。例如，电子邮件提供了一种廉价、快速和现代的异步通信形式（Gaiser & Schreiner，2009）。它是迄今为止使用最广泛的互联网中介方法之一。

电子邮件的异步特性提供了思考的空间。在提交帖子之前，参与者有足够的时间来反思，如果有必要，还可以重新考虑或商议。这种延长的反馈时间可以引向更深思熟虑和更详细的回应。居住在不同时区的受访者可以在方便的时间阅读和回答问题。那些键盘打字技能不熟练的人和那些有身体或心理障碍的人可以有更多的时间思考和打字，摆脱实时互动的压力。然而，当太多的时间限制了交流的流畅性和自发性时，异步方法就会有丢失数据的风险。它可能失去能够产生有用见解的“即兴回复”（the impulse response）或“弗洛伊德式口误”（Freudian slips）（Gaiser & Schreiner，2009：51）。虽然一篇深思熟虑的详细回复的深度可能会弥补这一损失，但它不能弥补参与者可能的损失。邮件发布的异步特性使得参与者更容易停止回复。为了减少这种退出的可能性，盖泽和施赖纳（Gaiser & Schreiner，2009）建议研究者进行预期管理。在这样做的过程中，研究者需要确定访谈和焦点小组会议的范围，以便在一开始就向潜在的参与者明确承诺的时间和所涵盖的主题的数量。

同步访谈和焦点小组会议的在线体验消除了非同步交流的延时性，使其更像传统的面对面的交互。同步交流的即时性还有其他好处，它允许焦点小组成员之间直接实时互动。参与者有更少的时间“修改”（doctor）他们的回答，以使他们在社会上更受欢迎或被接受，这样允许了更坦率、诚实和真实的评论出现。然而，另一方面，交流的快节奏可能会使回答脱节。评论和问题可以在回复之前发布，这使得最终的文字记录难以解释。即时回应的压力可能会导致回应不那么严肃，也不那么详细（Hewson & Laurent，2008）。此外，在线同步访谈或焦点小组会议的设置也比较复杂，包括使用会议软件或聊天室访问。对于会议，研究者可能必须安排适当的软件，让参与者下载并安装在他们的计算机上。

在收集定性数据时，同步和异步方法都面临着其他挑战。例如，如果研究的目的迷失、模糊或不那么突出，参与者可以选择离开在线访谈或焦点小组会议。一场漫无目的的讨论很可能会对研究的目的产生怀疑而不是信任，让参与者感到不安，更有可能退出。这可以通过使用异步或同步方法来实现，特别是当研究者将这项技术视为促进自我运作的过程时。虽然良好的管理和促进有助于留住研究参与者，并产生大量数据，但在个人和焦点小组访谈会议中个人参与的缺乏对利用互联网收集定性数据构成了重大挑战。

互联网通过将交流减少到文本，从而消除了采访中的个人存在。缺少面部表情、点头、眼神交流、肢体语言、停顿、音调、“嗯”和“啊”等提示会使数据收集成为情感上的无趣交流。在一个情感匮乏的环境中，参与者对一个话题的真实想法和感受可能会变得更加难以确定。对定性研究者来说，创造意义的批判性表达失去了意义。为了弥补这一缺点，休森和劳伦特（Hewson & Laurent，2008）使用音频或可视化软件来创造一个更丰富的交流环境。例如，Skype 允许参与者听到和看到彼此。然而，采用这种方法，研究者可能会遇到技术问题。由于带宽低或互联网流量大，收集的数据质量可能会降低。另外，盖泽和施赖纳（Gaiser & Schreiner，2009）建议研究者通过插入鼓励的情绪文本［叹气，思路敏捷，生气］、表情符号［J］和标点符号［？？，！！！］表示兴奋、高兴、失望等。然而，在没有个人在场的情况下建立融洽关系需要不同的策略。休森和劳伦特（Hewson & Laurent，2008）指出，尽管人们对如何在网上建立融洽的关系知之甚少，但有证据表明，将自我表露和破冰练习作为介绍性的自我技巧可能会有所帮助。然而，以这种方式建立融洽的关系可能会减少参与者对匿名和隐私的感知，使他们不太愿意直言不讳地谈论自己和自己的观点（Hewson & Laurent，2008）。

观察也是一种重要的社会科学数据收集方法。与个人访谈和小组访谈一样，通过互联网观察人类行为会利用论坛和社交网站，但方式不同（Hewson & Laurent，2008）。当访谈者利用互联网进行互动时，观察者则试图不那么引人注目。对于偏好采用这种非反应方式收集定性数据的社会研究者来说，互联网是一个很好的工具。通过记录和存储日常生活中短暂的细节，人们可以很容易地在网上对其进行研究，以便日后对其进行搜索和分析（Hewson & Laurent，2008）。自从“Web2.0”的出现，观察在线社会生活的方方面面变得可行。

“Web2.0”这个术语最好被认为是一种不断变化的关系，而不是任何技术上的重大变化。自世纪之交以来，我们思考和使用互联网的方式发生了明显的变化。在此之前，互联网主要被视为信息来源。它被视为一个储存和检索电子信息的图书馆。普通的互联网用户大多是被动的浏览者，消费内容。打个比方，这种关系是一种商业关系，互联网用户是客户，软件开发者是供应商。Web 2.0 这个术语标志着一个更加交互式的阶段的出现。在这一点上，互联网用户的角色从被动的消费者转变为主动的内容创造者。互联网用户现在能够与其他用户进行交互和协作，创建自己的内容。当今常见的 Web 2.0 应用程序，如维基百科、博客、我的空间（Myspace）、脸书（Facebook）、推特（Twitter）等，允许人们每天在网上与许多人工作、娱乐和交谈。例如，在 2006 年 9 月脸书公开推出两年后，其用户数量已经超过了 750 万（Murthy，2008）。今天，互联网用户在网上做的事情越来越多：

> 更多的人，更多样化的人，现在上网，做着更广泛的事情，包括像 2000 年那样参加论坛和建立网站，也使用社交网站，上传他们的照片和视频，通过标签、评论留下他们的意见，并在服务器活动、搜索引擎使用等日志中留下他们行为的电子痕迹。（Hine，2011：1-2）

根据海因（Hine，2011）的说法，研究者对观察作为一种非反应性的数据收集方法的不引人注目的性质感兴趣，他们开始越来越多地利用不断增长的在线活动。她指出，最近一系列研究者从在线健康论坛、发送到健康网站的电子邮件信息、我的空间主页、推特信息和脸书用户交流信息的标题中收集数据。从本质上说，观察可以在任何数量的在线空间中进行，从简单的基于文本的环境到 3D 图形表示，如 MUDS（多用户域）、MOOs（面向多用户对象）和 MMORPGS（大型多人在线角色扮演游戏）。大量不引人注目的观察……可以以一种在以前不可能的方式实现，所以有效地使用离线方法是吸引对在线观察更大兴趣的一个关键优势（Hewson & Laurent，2008：70）。在利用这些类型的观察机会之前，在线观察者需要权衡不同的观察策略的优点和缺点。

类似于同步或异步访谈，在线观察可以在实时或非实时进行。实时观察比非实时观察有益的程度将取决于研究的目的。对情境信息的需求越大，就越有可能出现一个实时记录现场笔记的观察者，这将被证明是有益的。例如，在线活动的计算机日志可能会丢失或混淆时间背景。休森和劳伦特（Hewson & Laurent 2008）指出，尽管有可用性和容易获取等优势，但归档材料中也会出现空缺。除了缺乏人口统计信息外，计算机日志还可能全部或部分丢失、损坏或顺序混乱。此外，如果可能的话，解决问题可能需要较高的技术专长。以下在 stackoverflow（2009）上的交流说明了这个问题：

我有一个 apache web 服务器，当某个用户访问某个页面时，我得到一个时间戳不同步的日志行。

样例输出：

```
IP1 - - [22/Jun/2009:12:20:40 +0000] "GET URL1" 200 3490 "REFERRING_URL1" "Mozilla/4.0 (co
IP2 - - [22/Jun/2009:12:11:47 +0000] "GET URL2" 200 17453 "-" "Mozilla/5.0 (Macintosh; U;
IP1 - - [22/Jun/2009:12:20:41 +0000] "GET URL3" 200 889 "REFERRING_URL2" "Mozilla/4.0 (com
```

（我已经对请求的 Ips——Ip1，Ip2 和 Ip3，请求的 URLs——URL2 和 URL3，以及两个引用 URLs 进行了匿名化处理）

可以看到，这三行（按这个顺序出现在日志中）是不同步的。这只发生在 IP2 请求 URL2 的时候，所有其他日志看起来正常。

你有什么想法吗？

日志是在请求完成时写入的，所以早期的长请求可能会在后期的短请求之后写入。将 %D 添加到 tour logFormat 定义中，以查看服务请求所需的时间（以微秒为单位）。

也许你正在执行某种 COMET 请求？

我的第一个想法是日志只记录了请求完成的时间？因此，IP1 的请求可能需要一段时间才能完成，但可在 IP2 之前完成。只有这种方式运行的请求才是 AJAXey comet 请求。

这可能不是正确答案，但可能是个线索。

编辑：

http//www.linuxquestions.org/questions/linux-networking-3/apache-log-entries-order-516354/ 说明日志中的时间包括将内容传输到浏览器所需的时间。

在传统的民族志工作中，研究者在现场实时做笔记，使得保持隐蔽观察的任务更加困难。观察者的身体在场意味着那些被观察的人可能会接近并问：“你在做什么？”然而，身体不在场意味着，在网络空间进行不引人注目的监视不再是一种偶然，而是研究设计的一种选择。

民族志学者通常看重隐蔽方法对研究的益处，因为隐蔽的参与有可能产生更坦率和诚实的数据（Murthy，2008）。因此，西尔、查特里斯 – 布莱克、麦克法兰和麦克弗逊（Seale，Charteris-Black，MacFarlane & McPherson，2010）注意到没有观察者如何让参与者异乎寻常地坦率，并不太关心是否满足研究者的预期。然而，对于民族志观察来说，“隐蔽”并不意味着“缺席”。民族志观察通常包括参与所研究的情况。传统上，民族志描述和解释文化行为需要实地考察。施万特认为“民族志将过程和产物、田野调查和书面文本统一起来”（Schwandt，2001：80）。“田野调查，作为参与观察而进行，是民族志学者了解文化的过程；民族志文本是描述文化的方式。”根据这一定义，缺乏对在线社区文化生活的沉浸感（通过积极参与）意味着，简单地阅读电子邮件或其他存档材料等活动将不符合民族志观察的条件。传统上，仅仅观察一种文化如何描绘自己是不够的。相反，发现文化实物和象征行为的意义，需要民族志学者积极参与文化生活。然而，也有人认为，如果民族志学者想要跟上在线技术（如即时通讯、推特和博客）的快速发展，并将其作为文化实物，他们就需要重新思考研究环境的构成要素和适当的数据收集方法的传统观点（Garcia，Standlee，Bechkoff & Cui，2009）。这种基于文本的方法使得作为在线定性数据收集形式的民族志观察看起来越来越像文档分析。

用于文档分析的在线数据可以随时获得或请求获得。现成材料的绝对数量，如政策声明、新闻文章、博客、维基百科、在线日记、Youtube 剪辑、照片等，是令人震惊的。访问现成的材料类似于上面讨论的隐蔽的在线观察。相比之下，收集材料需要研究者采取公开的方法。例如，研究者可以要求研究参与者在一段时间内保存电子日记，然后再将它们用于分析。然而，观察和文档分析使用这些材料的方式不同。在线民族志学者将这些信息看作那些产生这些信息的人的生活经验的代表，而文档分析者不将相同的材料作为一个超越文化的窗口，而是作为其本身的一种表现。然而，无论是为了观察还是为了文档分析，快速而容易地获取大量的材料并不意味着其可被用于研究（Hine，2011）。在信息和互动属于隐私性质的情况下，只有在知情同意的基础上才能获取。这就提出了互联网研究使用中的伦理问题。

13.5 伦理问题

对互联网研究使用中的伦理问题的综合处理超出了本节的范围。因此，本节没有试图涵盖所有方面，而是集中讨论了对参与互联网研究的人们的自主性、善行性和公平性等重要问题。与知识产权、所有权和作者身份相关的法律问题没有涉及。对于那些对知识产权和互联网等法律问题感兴趣的人，请参见查尔斯沃思（Charlesworth，2008）的讨论。在此背景下，我们讨论了互联网伦理与传统研究之间的差异，以及这对在线研究设计的意义。

人类参与互联网研究所面临的伦理问题与传统研究所面临的伦理问题并无不同（Elgesem，2002）。通过保密和知情同意的做法来防止伤害和确保公平的需要，对线上研究者和线下研究者同样重要。然而，我们不能简单地假设，获取知情同意和保护研究参与者隐私的传统方法，在网络环境中会被证明是有效的（Gaiser & Schreiner，2009）。比如，布坎南和齐默（Buchnan & Zimmer，2012）用以下问题系列强调互联网研究面临的诸多伦理挑战：

> 研究人员有什么道德义务来保护在公共网络空间中从事活动的主体的隐私？如何保证网上的机密性或匿名性？应否及如何在网上取得知情同意？如何对未成年人进行研究，如何证明一个主体不是未成年人？网上的欺骗（假扮他人，隐瞒身份信息，等等）是一种规范还是一种伤害？在网络空间中生存的人会受到怎样的伤害？

解决此类研究问题的具体专业和研究协会指南是罕见的。然而，越来越多的关于互联网研究的文献（Gaiser & Schreiner，2009）在考虑此类伦理问题时提供了有益的建议。

虽然互联网研究对研究参与者的危害应该不会比面对面的方法大（Eynon et al.，2008），但互联网的特性使得评估潜在的危害更加复杂。与面对面的体验不同，在互联网上进行调查或访谈的研究者，不能通过直接的视觉线索来确定问题或过程对参与者的影响。例如，焦点小组参与者的评论在多大程度上威胁或损害了其他参与者的尊严就很难判断了。为了解决这一问题，艾农等（Eynon et al.，2008：27）建议在研究设计中纳入这样的策略，如与参与者建立良好的关系，在小组讨论中建立网络礼仪（Mann & Stewart，2000），并为参与者提供一个简单的方式退出研究（Hewson et al.，2003；Nosek et al.，2002）。然而，缺乏即时的视觉反馈会使这些策略难以实施。这意味着互联网研究中复杂的伦理责任需要研究者付出更多的努力。

互联网使传统的公共和私人之间的划分变得不再分明，这使得虚拟环境的挑战更加严峻。在网络空间，人人都能得到的东西是公共的这一传统理解变得极其广泛。从表面上看，这里的伦理立场似乎很直截了当。作为一个开放的空间，网上的一切都是公开的，因此不会出现需要考虑伦理的隐私问题。然而，这种传统的立场并没有意识到不同类型的互联网活动所创造的隐私。

互联网不是一个单一用途的设备，而是一个拥有多种活动和互动的论坛。它为个人、社区或全球层面的任何话题提供了讨论空间。它也是一个可以玩游戏，结识他人，建立关系，经商，发布和存储想法、信息、照片等的空间。互联网满足了极其多样化的信息需求和用户期望。在这一范围内，通过互联网储存和传输的信息可能属于隐私。例如，电子邮件通信可以传递有关个人或商业事务的敏感信息。一般来说，电子邮件用户希望他们的通信保持隐密，也就是说，在没有他们明确许可的情况下，不会被第三方访问和使用。类似地，那些在有访问限制的网站（如互联网交友服务）上发帖的人，根据注册登录权时达成的协议，访问他们的个人信息将受到限制。

互联网所带来的伦理挑战的另一个明显例子是聊天室。任何对讨论话题感兴趣的人都可以上网加入讨论。这个话题以及参与者对此发表的言论显然属于公共领域。然而，研究者，可以不为其他互联网用户所知，潜伏在聊天室外，偷听谈话。诸如“潜伏”和“偷听”等术语清楚地表明，这些论坛内的行为的伦理值得怀疑，这些行为并不是为了促进那些发布信息的人的利益和意图。当研究者通过一个不知情的互联网主机收集感兴趣的材料时，“偷窥者”和“寄生虫”的隐喻在这个结构中凸显出来。然而，在使用公共空间时，并不是所有的互联网用户都认为自己是在公共场合展示自己，或发表公共声明，为其他有不同目的的人消费。

虽然可以公开公共信息，但社会科学研究者不能随意公开个人隐私。为了保护研究参与者的隐私，研究者必须清楚地区分什么是公共信息和私人信息。然而，互联网允许个人发表个人想法，作为社会体验的一部分，即使在它本质上是虚拟的。因此，互联网上公共和私人的模糊界限使得保护隐私的伦理变得不那么清晰。

研究者面临的一个主要伦理问题是，如果在线行为、帖子、电子邮件等被用于他们非本意的地方，对参与者有伤害的风险。“知情同意”的概念是传统社会科学研究设计的一个共同特征，旨在通过尊重潜在参与者的自主性来解决这一风险。潜在参与者的自主性意味着选择是知情同意过程的一项基本原则。通过明确目标和风险，明确协议参与的自愿性质和随时退出的能力，潜在参与者可以自由选择是否参加研究。然而，当涉及参与者对互联网研究的理解和其本身的脆弱性时，获得真实、实际的知情同意的过程受到了挑战。

互联网的虚拟性和短暂性使获得知情同意的过程复杂化。与面对面的研究相比，互联网让人很难判断研究者在多大程度上获得了真正的知情同意。围绕着谁在现实中是同意者的身份的怀疑，也很难确定其脆弱性。线下体验的人际特征提供了提出问题和寻求进一步澄清的视觉线索和语言互动，使研究人员能够衡量潜在参与者的理解水平。正如艾农（Eynon，2008：29）所解释的，研究者可以与参与者讨论研究，评估个体是否完全理解研究的含义，并评估他们是否自愿加入研究。然而，在线研究需要其他策略来确定个体对参与需求的理解程度。

艾农等（Eynon et al., 2008）指出研究者可以使用三种在线方法来帮助确保参与者理解拟开展研究的要求。第一个目标是提高知情同意书的可读性。他们建议可以使用标题和副标题，用颜色、加粗和下划线突出重点，限制文本的数量，避免使用技术术语和行话。第二，通过电子邮件交流，可以提高对期望的认识和对关注的澄清。然而，这种性质的电子讨论需要广泛的电子邮件交流，这可能会考验潜在参与者的诚意和耐心，从而增加退出的机会。第三，研究者可以开发一个测试来检查参与者的理解程度，而不是进行冗长的电子邮件讨论。然而，就像电子邮件讨论一样，这种策略对潜在参与者提出了额外的要求，增加了提前退出的可能性。尽管存在过早离开的风险，但在网上获得知情同意的努力被视为非强制的。当个人接触的社会压力消失时，参与者往往会觉得不太有必要同意，如果他们决定退出研究，也会更放松。虽然知情同意要求采取一切必要的预防措施，以确保参与者充分了解对他们的期望，互联网研究者依然面临身份问题。

在线环境使得验证潜在参与者的身份变得困难。至于谁同意参与这项研究，这个问题更难确定。互联网的开放性意味着研究样本将不局限于那些在法律上、心理上或文化上能够给予同意的人。在线样本可能包含儿童、精神障碍患者和老年人等弱势群体（Eynon et al., 2008）。在对弱势群体的潜在风险极低的研究中，验证身份的需要并不重要。然而，当风险很高时，核实身份的努力就需要成为招募过程的一个重要部分。借鉴皮滕杰（Pittenger, 2003）、诺塞克等（Nosek et al., 2002）和克劳特等（Kraut et al., 2004）的研究成果，艾农等（Eynon et al., 2008: 29）提出了以下策略，以帮助降低弱势群体遭受伤害的可能性：

- 向已知的成年参与者发送特定邀请，让他们进入一个密码控制的网站；
- 设计不太会吸引年轻人的宣传材料；
- 询问只有成年人才会知道的信息，比如信用卡信息。

在获得知情同意后，研究者有确保不因滥用收集的数据而违反保密规定的伦理责任。

确保机密性的责任级别取决于数据的敏感性。更敏感的主题需要更大的努力来保护数据在传输和存储过程中不受任何未经授权的访问。当然，普通的主题，包括收集现成的非个人性质的信息，不需要同样的安全级别。然而，公共数据和私人数据之间的模糊界限使得敏感数据和普通数据之间的区别难以确定。无论研究主题多么平淡无奇，互联网的本质都是一样的。某些互联网交流的孤独感所带来的隐私感，可能会促使参与者提供有关敏感或个人品质的细节。作为回应，研究人员需要通过确保收集的数据的机密性来尊重参与者对隐私的看法。

保密承诺要求研究者保证数据传输和存储的安全。为了在传输过程中保护数据，艾农等（Eynon et al., 2008）建议对数据进行加密、标记和拆分。通过使用加密套接字协议层（SSL）和最新的传输层安全性（TLS）加密协议，加密通信的安全性是可能的。一种技术含量较低的方法是将独特代码应用为标签，以使数据对其他人来说毫无意义。第三种策略建议在传输过程中拆分数据，使其他人不可能将私人信息与特定个人的身份联系起来。对于存储在连接到互联网的服务器上的数据，使用高强度密码是明智的，以使安全漏洞的风险最小化（Gaiser & Schreiner, 2009）。然而，安全存储不应局限于使用密码。此外，建议将数据离线存储在单独的本地数据服务器、便携式计算机和外部磁盘或存储设备（如USB驱动器或CD）上。

章节概要

- 互联网可以被视为研究场所和研究工具。本章集中讨论互联网作为一种研究工具的要点，并考察它在查找和访问相关文献、收集定量数据和收集定性数据方面的使用。同时讨论了使用互联网作为研究工具时出现的伦理问题。
- 通过互联网查找和访问研究文献的搜索工具可分为传统图书馆目录、书目数据库、电子数据库、开放存取数据库、互联网学科门户和搜索引擎六类。
- 在收集定量数据方面，网络调查有两大类：客户端调查和服务器端调查。客户端调查在被调查者的机器上进行，服务器端调查在调查组织的网络服务器上进行。这两种方法各有优缺点，需要研究者进行分析。当使用互联网进行调查抽样时，会出现抽样问题，而真正的概率抽样难以实现。
- 在收集定性数据方面，一对一访谈和焦点小组访谈都可以在互联网上进行。类似地，观察是可能的，无论是在简单的基于文本的环境中，还是在3D图像环境中，其不引人注目的特性特别吸引以民族志为导向的研究。但是，为了充分了解以这种方式收集的数据的特征，需要仔细分析所有这些使用互联网收集数据的方法。
- 基于互联网的研究所涉及的伦理问题与传统研究所面临的问题并无不同，但传统的研究方法可能在网络环境中并不有效。互联网研究中复杂的伦理责任通常需要研究者付出更多的努力。

- 在网络环境中，复杂的伦理后果的例子有：在私人和公共领域之间缺乏清晰的区分、获得知情同意，以及身份和数据存储的问题。文献已经开始为处理这些复杂问题提供策略。

关键术语

互联网：以标准化方式连接计算机上的网站而形成万维网的网络。

万维网：互联网上相互链接的网站系统，通常被称为“网络”。

互联网研究：利用互联网作为在虚拟或实际地点进行研究的工具。

网络空间：由互联网创造的存在数字对象的空间。

电子邮件：一种通信系统，包括利用互联网编写、发送、存储和接收信息。

Web2.0：在这种关系中，互联网用户通过维基百科、博客、我的空间、脸书、推特等应用程序与其他用户进行交互和协作,以创建在线内容,从而发挥积极作用。

列表服务器：允许邮件服务提供商控制谁可以阅读和发送到电子邮件列表的软件应用程序。

同步：利用互联网直接显示在接收者计算机上的通信。

异步：使用互联网进行的通信，在传输中存在延迟。

搜索引擎：一种机械程序，它通过将关键字与存储在互联网上的内容进行匹配来创建数据库，然后以一种易于访问的方式组织和显示结果。

学科门户：一个包含由学科专家手动选择、评估和检查质量的网络资源的数据库。

虚拟环境：互联网上允许用户使用文本或 3D 图形进行交互的三个系统。最初的系统 MUDS（多用户域）是一个简单的基于文本的环境，允许玩家一次只进行一个互动。下一代的 MOOs（面向多用户对象）是一个基于文本的环境，它允许多个玩家同时交谈，并可表达情感和操纵对象。最新一代的 MMORPGS（大型多人在线角色扮演游戏）是一个基于图形的环境，在这个环境中，多个玩家可以使用文本和个人设计的 3D 图像进行交互。

聊天室：任何形式的技术，允许参与者实时地进行单独聊天（即时消息）或群组聊天（在线论坛和虚拟环境）。

练习与思考题

1. 选择一个你感兴趣的研究主题。找到一个在线计算机数据库，并搜索关于这个主题的文献。继续探索不同的数据库，直到找到一篇与你选择的主题非常相似的文章。
2. 考虑一下你在使用互联网进行研究时，可能面临的下列伦理困境。描述你将如何处理这种情况。
   - 一个在线焦点小组会议的参与者，通过异步电子邮件交流，以种族主义笑话的形式发表评论，这显然冒犯了另一个小组成员。你应做什么？在进行焦点小组讨论之前，你可以做些什么来防止这种情况的发生？
   - 你从互联网交友网站上列出的若干帖子中为一个项目收集数据。其中一名参与者在帖子中详细描述了她希望和一个合适的回复者建立一段长久的关系的个人愿望。虽然帖子清楚地反映了你的研究重点，并且需要包含在项目的最终书面报告中，但你并未获得发布此信息的人的知情同意。你将如何做？
3. 与线下进行的研究不同，互联网的虚拟性使获得知情同意的过程复杂化。讨论研究人员在与潜在参与者在线互动时可以采取的三种方法，以确保他们完全理解拟开展研究的要求。
4. 找到一个学术期刊上发表的互联网研究项目（考虑使用上面练习 1 的结果）。回顾在线方法，并列出任何你发现的问题。
5. 库珀（Couper，2008）解释了调查如何以两种方式在互联网上进行：客户端——当调查在被调查者的机器上进行时，服务器端——当调查在组织或研究者的网络服务器上进行时。讨论这些收集调查数据的方法的优点和缺点。
6. 大多数调查抽样的目的是寻找信息，并得出具有较大总体的代表性结论。讨论在使用互联网进行研究时与生成概率样本相关的困难，以及如何解决这些困难。
7. 列出在互联网上进行访谈的不同方式，以及它们的优缺点。
8. 讨论使用电子邮件作为在线收集访谈数据的异步方式的优点和缺点。

拓展阅读

Andrews, D., Nonneck, B. and Preece, J. (2003) 'Conducting research on the Internet: Online survey design, development and implementation guidelines', *International Journal of HumanComputer Interaction,* 16(2), 185-210.

Couper, M. (2008) 'Technology trends in survey data collection', *Social Science Computer Review*, 23(4), 486-501. Retrieved from SAGE Journals Online.

Eynon, R., Fry, J. and Schroeder, R. (2008) 'The ethics of Internet research', in N. Fielding, R. Lee and G. Blank (eds), The *Sage handbook of online research methods* (pp. 42-57). London: SAGE.

Lee, R., Fielding, N. and Blank, G. (2008) *The Sage handbook of online research methods.* London: SAGE.

Gaiser, T. and Schreiner, A. (2009) *A guide to conducting online research*. London: SAGE.

Garcia, A., Standlee, A., Bechkoff, J. and Cui, Y. (2009) 'Ethnographic approaches to the Internet and computer-mediated communication', *Journal of Contemporary Ethnography*, 38(1), 52-84. Retrieved from SAGE Journals Online.

Hewson, C. and Laurent, D. (2008) 'Research design and tools for Internet research', in N. Fielding, R. Lee and G. Blank (eds), *The Sage handbook of online research methods* (pp. 58-78). London: SAGE.

Hine, C. (2011) 'Internet research and unobtrusive methods', *Social Research Update*, 16, pp. 1-4. Retrieved from http://sru.soc.surrey.ac.uk/SRU61.pdf

Mann, C. and Stewart, F. (2000) *Internet communication and qualitative research*. London: SAGE.

Murthy, D. (2008) 'Digital ethnography: An examination of the use of new technologies for social research', *Sociology*, 42(5), 837-855. Retrieved from SAGE Journals Online.

O'Connor, H., Madge, C., Shaw, R. and Wellens, J. (2008) 'Internet-based interviewing', in N. Fielding, R. Lee and G. Blank (eds), *The Sage handbook of online research methods* (pp. 42-57). London: SAGE.

Ridley, D. (2008) *The literature review: A step by step guide for students*. London: SAGE.

Vehovar, V. and Manfreda, K. (2008) 'Overview: Online surveys', in N. Fielding, R. Lee and G. Blank (eds), *The Sage handbook of online research methods* (pp. 177-194). London: SAGE.

第 14 章

混合方法与评价

本章内容

学习目标

在学完这章后，你应该能够：

- 准确界定混合方法研究，并描述它的发展历程
- 陈述混合方法研究的基本原则
- 陈述实用主义的基本观点及它对混合方法研究的重要性
- 详述定性和定量研究的主要优缺点
- 描述定性和定量方法结合的三个维度
- 简要描述四种主要的混合方法设计（三角式设计、嵌入式设计、解释性设计和探索性设计）
- 论述什么是规范研究
- 解释说明研究评估的必要性和重要性
- 列出并解释评价一项研究涉及的重要问题

本书中，我们运用定性和定量研究的差别作为组织和呈现经验研究的方法论基础。我相信这对于今天的社会科学研究者理解这两种方法，特别是理解推动这两种方法发展的共同逻辑是十分重要的。为了强调基本逻辑的相似性，我们分别从定性和定量研究的研究设计、资料收集和资料分析进行说明。同时，这对研究者认识到无论是在一项单独的研究还是一系列研究中，两种方法的结合是一种逐渐普及的做法，也是十分重要的做法。因此，本章的第一部分将简要概述混合方法的发展过程和混合方法研究中使用的主要设计方法。第二部分呈现的是各类实证研究评价中所使用的一般性评估标准。

混合方法研究是一种包含定性和定量资料收集和分析的经验研究。在混合方法研究中，定性和定量研究的方法和资料以某种方式混合或结合在一起。可见，一项结合了定性和定量资料的研究是混合方法研究，结合了这两类资料的一系列研究也是混合方法研究。

这个定义虽然简明扼要，但它对简化和澄清相关术语是非常有帮助的，这些术语在研究方法文献中有时是非常含糊不清、令人困惑的。当然，在混合方法研究的发展过程中，对这种方法的描述并不总是精确、一致的，如塔沙科里和特德利（Tashakkori & Teddlie, 2003a: 212）、克雷斯维尔和普拉诺－克拉克（Creswell & Plano Clark, 2007: 5-6）指出，“多元法”“综合法”“混合法”和“结合法”都曾被使用过，也使用过诸如“多重－多元方法研究”“三角研究法”“多元方法论研究”“混合模型研究”等。《社会和行为研究中的混合方法指南》（*Handbook of Mixed*

Methods in Social and Behavioral Research）（Tashakkori & Teddlie, 2003a）的出版极大地增强了“混合方法”的精确性、清晰性和辨识性，促进了“混合”作为通用术语的使用，这一概念涵盖了“结合”“整合”及“连接”不同类型的方法和资料的多个方面。克雷斯维尔和普拉诺－克拉克（Creswell & Plano Clark, 2007: 6）进一步指出，在研究中将定性和定量研究的取向、方法和资料进行整合的“混合方法”做统一性、系统性使用，将有助于研究者认识到混合方法研究的独特性，促进研究者对这一方法的使用。

14.1 混合方法的历史

正如前面所说，社会科学研究中定量方法占主导地位 30 多年，定性研究方法在 20 世纪 70 年代出现，并被广泛地接受，逐步进入主流。当然这个过程并不是一帆风顺的，引起了很多关于方法问题“非此即彼”的范式之争。这一时期，许多研究者不是做定量研究就是做定性研究，把这两种方法和资料结合起来的做法并不流行。然而，到了 20 世纪 90 年代，研究者开始回过头来审视“非此即彼”的范式之争，并开始进行混合方法设计的基础性工作。进入新世纪，人们对混合方法研究的兴趣大幅提高，包括将其作为一种有特色的独立的研究方法设计。主要体现在：关于混合方法研究的论文大量增加，2005 年出版发行了《混合方法研究杂志》（*Journal of Mixed Methods Research*），致力于混合方法研究的国际会议增多（Creswell & Plano Clark, 2007: 16-18）。

社会科学研究的方法论历史可以简单地归纳为以下三个阶段：

- 第一阶段：定量方法占主导地位；
- 第二阶段：定性方法的出现；
- 第三阶段：混合方法的兴起。

14.2 混合方法的基本原理

混合方法研究的基本原理是一旦将定性研究和定量研究的优点结合起来，同时尽量弥补每种方法的不足，我们就能从所研究的问题中得到更多。混合方法研究的基本原理就是（Johnson & Onwuegbuzie, 2004: 18）：

将定量和定性两种方法以优点最大化和缺点最小化的方式结合起来。

一旦人们意识到定量方法和定性方法各有优缺点，理解这个原理的逻辑就变得非常容易了。纵观全书，很多地方都提到这两种方法的优点和缺点，比如说定量研究的优点体现在变量界定清楚、维度层次分明、对趋势和关系的探索、正规的比较和具有代表性的大样本。而定性研究的优点体现在对意义和情境的敏感性、扎根当地、小样本的深入研究以及研究方法的灵活性，这种灵活性可以提高对过程和变化进行研究的能力。从以上内容可以看出，定性研究可以弥补定量研究的薄弱之处；同样，定量研究也可以弥补定性研究的不足。因此，这两种方法的结合为发挥两者的优势，弥补两者的不足提供了可能。后面，迈尔斯和休伯曼对变量和个案的比较也说明了同一原理。

然而，混合方法的兴起和发展需要研究方法超越“非此即彼”的范式之争。除了认可和接受这两种方法各自的优缺点之外，混合方法的发展还需要：

- 抛弃对那些明显不相容范式的成见，乐于接受多样化的范式；
- 将随后出现的实用主义作为基本的哲学方法，研究中所使用的方法由研究的问题所决定；
- 理解定性和定量方法基本逻辑中的重要相同点，将差异作为经验调查的重要互补内容。

实用主义不仅是混合方法研究的哲学基础或范式，而且是最主要的哲学基础或范式（Tashakkori & Teddlie，2003b：20-4；2003c：677-80）。实用主义是一个具有重要历史的哲学立场（例如，参见 Maxcy，2003），美国哲学家，如皮尔斯、詹姆斯、杜威和乔治·米德对它早期的发展做出了重要贡献。因此，它具有许多重要特征（Maxcy，2003）。现在，实用主义的重要观点是拒绝与范式之争相关的“非此即彼”的选择和抽象的概念，而关注回答所研究的问题“是什么”（Tashakkori & Teddlie，2003b：20-1；2003c：713）。

这里有两点需要注意：首先，研究问题比所使用的方法或范式更重要，在逻辑上也更优先。其次，采用什么研究方法，定性方法、定量方法还是混合方法，取决于我们所研究的具体问题。这两点是本书前面，特别是第 4 章和第 5 章，强调的经验研究的核心内容。研究问题也被认为是先于方法论和范式问题的本质问题。混合方法研究中关于实用主义的详细讨论可以在塔沙科里和特德利（Tashakkori & Teddlie，2003b）的相关著作和《社会和行为研究中的混合方法指南》中其他作者的章节中看到（Tashakkori & Teddlie，2003a）。

上面提到的三个要点中的最后一点——定性和定量方法的重要相似点——是本书的前五章（尤其是第 4 章和第 5 章）已经提到的经验研究的逻辑。这些章节展示了这一逻辑如何应用于定性和定量研究中，并指出了这两种方法的众多相似之处。例如两种方法中潜在的相同的基本模型、相同的标题设计及运用于两者的资料收集和资料分析方法。这两种方法的相同之处超过了不同之处，这在第 9 章和第 12 章已经提过。除了前面提及的，还有其他的相似和重叠之处，比如说定量研究比较关注对假设和理论的推断检验，而定性研究则更多关注对一个主题的探索，归纳形成假设和理论。尽管这是事实，但这种模式常被夸大。总的来看，研究方法（定量的或定性的）和研究目的（理论检验或理论生成）之间存在着关联性，但这种关联性既不紧密，也不是必然的。虽然定量研究可能多用于检验理论，但这种方法也可以用来探索一个领域，形成假设和理论。同样，定性研究当然也可以用来检验假设和理论，尽管它是理论生成的主要方法。正如迈尔斯和休伯曼（Miles & Huberman, 1994: 42）所说："两种类型的资料都适用于描述性、探索性、归纳性、开放性的研究，也适用于解释性、验证性、假设检验的研究。"我们不能被定性和定量两种研究方法适用于哪种研究的思维定式所限制，每一种研究方法都可以用于不同的研究目的。

更进一步说，这两种研究方法之间的差异被固化了、夸大化了，特别是几年前哈默斯利（Hammersley, 1992）提出的用于区分定性和定量研究的七个两分法。前面章节中我们已经提及了其中的五个，也是本书的一些重点，它们是：

- 定性资料与定量资料；
- 自然情境下的调查与人为情境下的调查；
- 关注意义与关注行为；
- 归纳总结方法与演绎推论方法；
- 文化模式的认同与科学法则的探寻。

对上述内容，哈默斯利认为其更多地是一系列立场问题而不仅仅是简单的对比，各类立场之间没有必然关联，立场的选择应该更多地取决于研究的目的和情境而不是哲学上的考量。

这些要点（逻辑上的相似性、研究目的的重叠性和传统二分法的不足）在某种程度上淡化了定性研究和定量研究的差异，使两种方法的对比不再那么僵化，为两种方法的结合提供了可能。当我们审视作为定量研究重点的变量和定性研究重点的个案时，进一步确定了这种可能性。

14.3 两种方法的基本特征：变量和个案

休伯曼和迈尔斯（Huberman & Miles, 1994: 435-6）认为，概括定性和定量方法核心特征的好办法就是比较变量和个案，这也是我们认识混合方法逻辑重要性的好方法。

变量和个案存在重要的区别。在一项研究中，研究者要研究影响学生上大学的因素，为此抽取了300名青少年的样本，包括的变量有性别、社会经济地位、父母的期望、学校表现、同辈群体的支持和上大学的决定。

在变量取向的分析中，这六个独立的（或预测的）变量是相互关联的，用来预测和解释核心的因变量——上大学的决定。得出的结论可能是：人们上大学的决定主要受学校表现的影响，此外，也受到父母的期望和社会经济地位的影响。这里，我们可以看到这些变量是怎样相关的，但我们并不知道每一个个体的情况。

在案例取向的分析中，我们会对具体的个案进行深入分析，比如个案005是一个女生，来自中产阶级，父母对其报有很高的教育期望等，更加关注细节方面的信息。作为个案分析，我们需要对个案005做全面的了解：妮科，她的母亲虽然受过社会工作的培训，但她从未外出工作过，她的父亲希望妮科在家里的花店工作。时间顺序也非常重要：两年前，妮科最好的朋友决定去上大学，这件事发生在妮科开始从事一份稳定的工作之前，也恰好发生在妮科的母亲把她在社会工作学校的剪贴簿给妮科之前。因此，妮科决定进入大学，学习兽医。

以上这些资料可以用矩阵的形式呈现（参见Miles，Huberman & Saldana，2013），这样一来，妮科最后的决定以及行动的变化和结构关系就一目了然了。这也使得各因素之间的关系更加具体，可以清楚地看到各因素的单独作用和共同作用。这反过来又会带来有关个案、“集群”和“家族”的具有特征配置的表面循环模式。

拉金（Ragin，1987）指出，这种个案取向的方法关注每一个个体，通过梳理每个个案的内在结构，进行比较分析。在（小规模个案的）比较中，内在相似性和系统相关性被找出来作为主要的结果变量。这样，对所研究的个案来说，一个更具解释力的模型就产生了。定量研究中变量取向的分析对找出大样本中变量之间的可能关系是非常有用的，但很难用于对因果关系复杂性或次级样本的分析。定性研究中个案取向的分析擅于寻找小规模个案中特定的、具体的和内在的基本模式，然而它的发现仍具有特殊性，虽然一些个案研究者宣称它具有更大的普遍性。

定量方法通过研究变量和变量之间的关系将现实概念化，这主要是通过测量，提前建构数据模型以及确定研究问题，提出概念框架和进行研究设计来完成。定量研究的样本量通常比定性研究的样本量大，这对通过抽取的样本进行归纳是非常重要的。定量研究并不重视情境，它通常将数据从情境中抽离出来进行分析。它有一套发展成熟的、系统化的数据分析方法。这套方法与定性方法相比通常是线性的，而且变量较少，更容易被复制。

而定性方法更多关注的是个案，对情境与过程、生活经历和当地情况都非常关注。为了对研究内容有更深入的、整体的理解，对社会生活的特征做更公正的、全面的评价，研究者尽最大的努力接近他们所研究的问题。定性研究的样本量通常比较小，它的抽样方法受理论的指导而不是基于对概率的考虑。研究设计和数据模型的提前建构并不普遍。定性方法与定量方法相比没有固定的形式，而是更多维化和多样化，可复制性较低，具有很强的灵活性。

可见，这两种研究方法各有优势。定量数据能够进行标准化的、客观的比较，在对情境或现象系统的、客观的比较基础上进行全面的描述。这也意味着我们能够勾勒出这些情境或现象的轮廓或维度。我们经常想做的，不是进行独立的深层次的定性调查，而是与之相结合。定量数据的分析得到了很好的发展和系统化，增加了研究的客观性，提高了研究结果不依赖于做分析的研究人员的可能性。定量方法意味着重要的研究问题可以得到系统的回答，为实用知识的发展开拓了道路。

当然，定性方法也有其重要的优势。定性方法比定量方法更加灵活，因此，它可以被运用于一系列更广泛的研究情境、研究目的和研究问题中。定性方法在研究过程中更容易被修正。正是这种灵活性，使定性方法适用于对日常生活情境的研究。此外，定性方法注重对所研究问题情境的适应，特别是将研究对象嵌入到原本生活的情境进行研究。定性方法是我们获得局内人观点、“表演者的情景定义”和事件背后意义的最好方法。因此，定性方法可以用来研究人们的生活经验，包括意义和目的等方面的内容。定性资料具有整体性和丰富性，能够很好地处理社会现象中的复杂性，这就是为什么当定性研究者谈及他们所收集的资料时往往使用大量的描述性语言。定性研究，特别是扎根理论，非常适合对过程的调查研究。[1]

通过对定量和定性方法优缺点的比较和分析，我们可以清楚地看到研究中不可能仅仅通过一种方法就可以获得我们想要的一切信息。通过这两种方法的结合，更确切地说是混合，可以拓展我们的研究范围、深度和力度。

然而，核心的问题出现了：将两种方法结合起来是什么意思？如何将两者结合起来？克雷斯维尔和普拉诺－克拉克（Creswell & Plano Clark，2007：79-84）指出了分析这个问题的三个主要维度：

时间维度（timing dimension）——使用定性和定量方法的时机是什么？研究者收集和使用资料的顺序是什么？资料收集工作是同时进行的（两种方法的资料在同一时间被收集）还是相继发生的（一种资料先于另一种资料被收集）呢？

权重维度（weighting dimension）——在回答研究问题时，定性和定量的方法与资料哪一种是更相关、更重要、更有份量及更应被优先考虑的？通常的可能性是：两种方法的权重相同；两种方法不相同，一种方法比另一种方法更重要一些。

混合维度（mixing dimension）——定性和定量方法是如何被混合起来的，特别是这两种类型的资料是怎样被混合在一起的？这两种类型的资料被合并的可能性是：一种类型的资料嵌入到另一种类型的资料之中，或者它们通过其他方式结合在一起。

这三个维度（时间维度、权重维度、混合维度）不同的结合方式就是混合方法的研究设计。

14.4 混合方法的研究设计

塔沙科里和特德利（Tashakkori & Teddlie，2003a）通过分析文献中近 40 种不同的混合方法研究设计来说明这个主题的复杂性，专门术语使用的不同也进一步加剧了这种复杂性。

在一个重要的简化贡献中，克雷斯维尔和普拉诺 – 克拉克（Creswell & Plano Clark，2007：58-88）将主要的混合方法研究设计归纳为四类。他们指出每种类型的设计都是不同的，并分析了每种类型的设计在使用过程中的优点和挑战。在此基础上，下面将结合例子对这四种设计的本质特点进行简要描述。在他们书中的附录中，克雷斯维尔和普拉诺 – 克拉克引用了期刊上发表的四篇文章，每篇文章说明了一种混合方法的研究设计。这里将对这些文章进行简要概括说明。此外，我们将使用教育领域关于教师工作满意度的例子，展示如何使用每一种混合方法设计。

14.4.1 三角式设计

三角式设计的目的是结合两种方法的优点，对同一研究问题进行全面的定量和定性资料的收集。这是一种一阶设计，两种类型的资料在同一时间框架下收集，并且具有同等的权重。这种设计的典型特点是，它包含了同时进行但相互分离的两种类型的资料收集和分析，并通过资料转换或在结果解释阶段将两种资料结合起来（Creswell & Plano Clark，2007：62-4）。

这种设计的例子（Jenkins，2001；Creswell & Plano Clark，2007：194-203）是关于乡村高中学生对耐药性困难的看法的研究，詹金斯（Jenkins）分析了从焦点小组中收集到的定性资料和通过半结构式问卷调查收集的定量数据，并将这两种资料结合起来进行总体的解释。

14.4.2 嵌入式设计

在嵌入式设计中，一种类型的资料在研究中占主导地位，而另一种类型的资料扮演支持性的附属角色。这一设计基于这样的观点：一种类型的资料是不够充分的，不同类型的问题需要不同类型的资料去回答（Creswell & Plano Clark，2007：67-71）。这里使用“嵌入”这个词是因为其中一种类型的资料嵌入到另一种类型资料的分析框架中，这两种类型的资料可能是同时收集的，也可能是相继收集的。也就是说，这种设计可能是一阶设计也可能是二阶设计。

在这种类型的设计中，罗杰斯等（Rogers et al，2003；参见 Creswell & Plano Clark，2007：204-15）将对一些父母的定性访谈资料嵌入到定量的实验研究中，来比较抗精神病药物不同的干预方式所产生的效果。

14.4.3 解释性设计

这是一种二阶的混合方法研究设计，这种设计是研究者使用定性资料去解释或建构先前的定量结果。第一阶段是定量数据分析阶段，第二阶段是定性资料的解释阶段。在这种设计中，定性资料通常被用于解释显著的（或不显著的）、异常的或者出人意料的结果（Creswell & Plano Clark，2007：71-2）。这种设计也适用于这样的情况，即第一阶段的定量结果指导研究者对子样本的选择，从而进行第二阶段深入的定性调查。这种设计方法非常重要，在社会科学研究中被广泛使用。

关于解释性设计的例子，奥尔德里奇、弗雷泽和黄（Aldridge，Fraser & Huang，1999；参见 Creswell & Plano Clark，2007：216-38）采用问卷评估法对台湾地区和澳大利亚某地区的教室学习环境的进行了研究。这项研究使用定性方法（观察、访谈和叙事），对每个地区的教室环境有了更深的了解。

14.4.4 探索性设计

在这种二阶混合方法设计中，第一阶段收集的是定性资料，第二阶段收集的是定量数据（从时间序列上看与解释性设计正好相反）。它的一般逻辑是，如果没有进行探索性定性研究，对所要研究的事物有一个基本的了解之前就进行定量调查是不合适的。比如说研究者在建立一套测量工具之前，就需要对所研究的现象有深入的了解；或者说在测量某一现象的广泛性和普遍性之前，对其进行深入的了解是非常重要的（Creswell & Plano Clark，2007：75）。

这种类型的例子是迈尔斯和奥策尔（Myers & Oetzel, 2003；参见 Creswell & Plano Clark, 2007：239-55）对一个小样本的新进员工进行的深入的定性研究，以确定组织同化的六个维度。在这些维度的基础上，他们发展了对新进员工进行大规模定量调查的研究工具。

除了以上这些例子，克雷斯维尔和普拉诺 - 克拉克（Creswell & Plano Clar, 2007：171-2）还提供了在社会科学不同领域发表的不同类型混合方法设计的论文。以教育领域的研究为例,对教师工作满意度的研究就有不同的混合方法研究设计。

在三角式设计中，研究者可能会选取一部分老师作为样本进行半结构化问卷调查，同时，选取另一部分老师进行焦点小组和个体访谈。这两种方法可能关注的是教师工作满意度的不同方面，在分析的过程中，将两种不同类型的资料整合在一起。

在嵌入式设计中，研究者可能会把通过访谈、叙事等方法收集到的定性资料作为定量的相关分析的一部分，用于解释自变量（如性别、资格、从教时间、教学科目、学校规模等）和因变量教师工作满意度之间的关系。在这种研究中，定性资料有助于揭示自变量和因变量之间关系产生的过程或机制。

在解释性设计中，研究者可能会先进行大规模的定量调查，重点关注教师工作满意度的高低及影响因素。在第二阶段的定性研究中，研究者可能选取不同满意度水平的教师子样本进行深度访谈，以期获得对工作满意度的本质和不同因素影响路径的全面理解。

在探索性设计中，研究者的目的在于发展（改进、扩展或提升）研究工具去测量教师的工作满意度。第一个阶段是定性研究——可能会通过焦点小组和个体访谈——探寻教师工作满意度的本质和维度。第二个阶段是定量研究——在以上工作的基础上发展出一套研究工具，用于大规模的定量调查。

克雷斯维尔和普拉诺 - 克拉克提出的混合方法设计的四种类型的划分为我们思考定性和定量资料整合的可能性提供了一个非常有用的框架。这种分类法建立在将这两种方法结合起来的三个维度——时间维度、权重维度和混合维度的基础上。需要注意的，正如作者所强调的那样，每种设计类型都不是一成不变的。

正如所有研究那样，混合方法研究设计的选择取决于研究项目的内在逻辑，研究问题的建构方式，特别是研究问题的提问和表达方式。在混合方法研究中，研究方法与研究问题的契合非常重要，契合的最好方法就是考虑问题发展的逻辑顺序，当然也要考虑问题建构过程中方法的相互影响。这也就是说，在上面提到的教师工作满意度研究的例子中，四种类型的设计必须以研究问题为先导，紧密与研究问题相联系，充分考虑与研究问题的契合性。

显然，混合方法研究是一个正在兴起的领域，并且将持续发展下去。目前，混合方法的方法论文献、混合方法研究的论文大量涌现。特别值得再次提及的是《混合方法研究杂志》（*Journal of Mixed Methods Research*）这本刊物，它主要发表这两种类型的文章。这本刊物的部分信息如专栏 14.1 所示。随着混合方法研究的普及，相关的研究也将不断充实和发展。

专栏 14.1

《混合方法研究杂志》的声明

混合方法研究是在一项研究或调查中，研究者通过定性和定量两种方法收集、分析资料，解释发现，得出结论的研究方法。《混合方法研究杂志》（JMMR）是一本具有创新性的、国际性的季刊，它关注的是社会科学、行为科学、健康和人文科学等领域有关混合方法研究的经验的、方法的或理论的文章。

每期的内容：

- 原创的混合方法研究，符合混合研究方法的定义；明确地结合了定量和定性研究；增加了混合方法研究的文献；为学术性研究的某个领域做出了贡献。
- 在方法 / 理论方面推进混合方法研究的发展，例如：
  - 研究 / 评估的类型；
  - 研究设计的类型；
  - 抽样和（或）测量的程序；
  - 资料分析的方法；
  - 效度；
  - 软件应用；
  - 范式标准；
  - 写作结构；
  - 混合方法研究的意义和应用。

《混合方法研究杂志》不仅在原创性混合方法研究和方法 / 理论探讨方面提供了最好的和最有创建性的研究，杰出的编辑在混合方法研究的重要议题、广泛的研究文献和软件应用等方面也会给出有见地、有洞察力的反馈。

《混合方法研究杂志》关注的内容包括：

- 发展和定义混合方法研究全球通用的术语体系；

- 描述混合方法研究广泛的研究领域；
- 建立混合方法研究的范式和哲学基础；
- 阐述研究设计和研究过程方面的问题；
- 决定混合方法研究的执行逻辑。

《混合方法研究杂志》是对混合方法研究做出重大贡献的早期出版物，也是这个领域具有各种专业背景的专家学者进行对话的主要平台。

当然，这并不是说研究者都应该使用混合研究方法，而是不希望在混合方法中出现一时流行的令人遗憾的方法形式。我们关注的核心一直是研究的逻辑，并且确保所选择的研究方法适合研究的问题。在一项混合方法研究的研究计划书中，首先要介绍研究主题，然后是对研究问题的具体表述。如果进展顺利，计划将自然而然地就导向混合方法。换句话说，混合方法的逻辑贯穿整个研究计划。从这点上看，混合方法研究和其他类型的经验研究并无差别。

混合方法研究需要研究者具备一些特定的技能，要求研究者同时具有定量和定性研究的背景和经验。此外，也要求研究者有足够的时间和资源保证研究项目的顺利进行。混合方法研究在资料的收集和分析上更加复杂，因此，需要特定的混合研究设计。虽然混合方法研究的计划和论文写起来更复杂，但正如前面所提到的那样，清晰连贯的逻辑会使之相对容易一些。

关于最后一点，克雷斯维尔和普拉诺－克拉克（Creswell & Plano Clark, 2007）建议在混合方法研究的计划中，用一小段话来描述混合方法研究的策略和设计，这一点得到了学界强烈的认可，这里介绍给大家：

> 由于当前许多研究者和评论者对混合方法设计的不同类型并不熟悉，因此，在写研究计划或研究报告时加入一段话概括性地介绍不同类型的研究设计是非常重要的。这个概述性段落一般放在方法讨论之前，并应该包含四个方面。首先，确定混合方法设计的类型和模型是否正确。其次，指出这种设计的典型特征，包括时间、权重和混合维度。第三，陈述在研究中使用这种设计的原因或基本原理。最后，关于这种设计的混合方法研究的文献回顾。

他们用一个研究实例来阐释上面提到的要点（Ivankova et al, 2006: 5; Creswell & Plano Clark, 2007: 87）：

> 混合方法中的解释性设计包括两个相互区别的阶段：首先是定量阶段，接下

来是定性阶段（Creswell & Plano Clark et al, 2007）。在这种设计中，研究者首先收集和分析定量的（数据的）资料，然后再收集和分析定性的（文本的）资料，并用来解释和详细说明第一阶段定量研究的结果。第二个阶段的定性研究建立在第一阶段定量研究的基础上，这两个阶段在研究中途被连接起来。这种方法的基本原理是定量数据和随后的分析为研究问题提供一个整体上的理解，定性资料和分析通过参与者的观点对统计结果进行深入的提炼和解释。（Rossman & Wilson, 1985; Tashakkori & Teddie, 1998; Creswell, 2004）

这是一个非常好的说明这种写作方式可以使一个混合方法研究计划令人信服的例子，也是一个很好的建议。其实这个建议对于所有的研究计划，无论是定量研究、定性研究还是混合方法研究都非常实用，像这样加入一个简短明了的、清晰的概述性段落来描述研究背后的方法论策略，说明使用这种方法的原因。这也是前面第 7 章（定性研究设计）和第 10 章（定量研究设计）提到的重点，研究设计由研究策略所主导。

本书的目的不是要提倡任何一种特定的研究方法，不管是定量方法、定性方法还是混合方法。事实上，无论使用哪种研究方法，我所倡导的是高质量的经验研究。既然一度激烈的关于范式的意识形态之争和关于“非此即彼”的讨论已经过去了，我们可以清楚地看到非常多的研究主题，如果想对它们有全面的理解，就需要同时使用定性和定量两种方法和资料。仅这一点就可以确信混合方法可以持续发展。毕竟，在我们个人和职业生活中经常毫无疑问地把定量和定性资料结合起来，研究也可以这样。应该注意的一点是混合方法研究者需要掌握定性和定量方法。

14.5 一般评价标准

本书中，我们已经概括总结了定性研究（第 7、8、9 章）和定量研究（第 10、11、12 章）的基本原理和概念，强调了这两种研究方法的逻辑、本质和应用。这一章的第一部分分析了这两种方法的相似之处和重叠部分，以及它们在混合方法中的结合。由于这两种方法在研究逻辑上的相似点，有些一般性评价原则适用于二者。对所有经验研究来说，一般评价标准是同等适用的，下面就来讲讲这些标准。

由于我们回答和解决问题的方法深深地嵌入到我们的社会文化中，目前已经完成和出版的研究数量不断增加，并将持续增长。这种现象在社会科学研究领域和其他领域同样存在。作为读者，我们必须知道这些研究发现和结论有多少可信度，我们必须能够判断研究的质量。那么，应该用什么标准来评价一项研究？该如何回答这项研究做得好不好？

首先，要区分一般评价原则和特殊评价原则。这里我们将探讨的是前者。列出特殊评价原则的著作大多不是通过定量方法就是通过定性方法来写的，不能同时适用于二者。并且，大多数都是通过详细列表的形式来评价研究设计和研究报告的技术问题。与本书的思路一致，我们更关注的是一般性标准，不仅是因为定量和定性研究的相似点处于一般层面上，也因为它更有用。而在特殊层面上，这两种研究方法技术层面上的差异掩盖了它们之间的相似性。

在分析一般性评价标准之前，我们先来回顾两个概念，有助于了解评估的背景。这两个概念分别是规范研究和研究中不同部分的契合性。我们从这两个概念中更一般的（规范研究）开始。

14.5.1 规范研究

“规范”这个词语在本书中使用频繁，表示一项好研究是一个具有规范形式的研究。因此，规范研究顺理成章地被引入这部分，并成为考虑一般性评价原则的背景。下面引用的是舒尔曼（Shulman，1988）在参考克龙巴赫和苏佩斯（Cronbach & Suppes，1969）研究基础上所做的研究：

> 当我们谈到研究时，我们所讲的是体现规范研究特点的一系列方法。克龙巴赫和苏佩斯（Cronbach & Suppes，1969）早在很多年前就试图对规范研究进行定义……这是他们提出的关于规范研究的一些定义：
>
> 规范研究有一种特性使它和其他来源的观点和说法区分开来。规范研究以这样一种方式开展和报告，即论点被费尽周折地验证，报告既不依赖于作者的感染力，也不依赖于任何看似合理的表象。（p15）

克龙巴赫和苏佩斯接着论述到：

> 无论一个研究的特点是什么，如果它是规范的，研究者就会提前考虑到与这个研究相关的问题。他会严格控制资料收集的每一个步骤，并努力避免这些问题可能产生的错误。如果这些错误确实无法消除，研究者会在结论中讨论误差的界限。因此，规范研究的报告有这样的特质，即它将未处理的资料经过压缩和重新安排纳入讨论和逻辑思考过程，使研究结论更可信。（p15-16）

关于规范研究的定义可能遭到这样的误解，即认为研究方法的恰当使用总会导致调查形式的贫乏化、仪式化和狭隘化。事实上情况并非如此。克龙巴赫和苏佩斯认为：

规范研究并不总是遵循完备的、正式的步骤。一些非常出色的研究在最初阶段是松散的、不明确的，尝试着将观点和步骤进行异乎寻常（bizarre）的结合，或毫无章法的灵感捕捉。（p16）

对规范研究来说，最重要的是它的资料、论点和能够经受得住其他科学共同体成员严格审查的能力。

这些论述抓住了规范研究的实质，以及严格执行一项研究的基本要求，这也是在计划撰写研究项目时可以参考的内容。具体的形式将在后面的评价标准中提到。他们所强调的是把研究视为有条理的、连贯的论证思考，这种论证在研究项目各个组成部分相互契合的情况下得到进一步强化。

14.5.2 研究项目各个组成部分的契合性

如今的社会科学研究比二三十年前更加复杂和多元化，不同的研究范式、两种主要研究方法、主要研究方法内部的变化、不同的研究方式及不同方式的结合，这些复杂性使研究项目各组成部分之间的相互契合变得非常重要。

本书始终强调的观点是，在大多数情况下采用最恰当的研究方法研究不同的问题可以使研究问题更加明确，研究计划和研究方法与之更加契合。我们已经注意到研究问题和研究方法之间的相互影响，以及由于研究设计和研究方法的局限限制了对问题的研究。但是应该减少这种影响方向的讨论，因为主要的影响应该是从问题到方法。

研究中各个组成部分的契合性实际上是研究的总体效度问题。一个各组成部分不契合的研究是有效度问题的。这是因为研究设计和研究方法不契合，或者它们与研究问题不契合，对问题的回答存在一定的问题，研究的论点是不成立的。这也是总体有效性的意义所在。如果研究问题、研究设计和研究方法相契合，论证有力，研究具有效度；如果研究问题、研究设计和研究方法不契合，则论证缺乏说服力，研究缺乏效度。

这点在第 9 章关于定性资料分析的多种方法中已经阐述过。随着大量的可选择的分析方法的使用，分析方法与研究问题契合的必要性不断增强，这种契合性进一步扩大到其他部分，“无论使用什么研究策略，研究问题、研究设计、资料收集和分析方法都应该作为总体方法论的一部分，并且它们彼此之间应该相互匹配，整合为一体”（Coffey & Atkinson，1996：11）。

这些概念，像规范研究和研究项目各组成部分的契合性，为评价一项研究的质量提供了两条一般性标准。下面我们来探讨评价的标准问题。

14.5.3 评价标准

如前所述，这里所说的评价标准指的是一般的标准而不是特殊的标准。它们来源于已经完成的研究项目和研究报告。稍做调整，这些标准也可以用于研究计划。

一般性评价标准适用于以下五个方面：

- 研究的建立；
- 经验研究的步骤（研究设计、资料收集、抽样和资料分析）；
- 资料的质量；
- 研究发现和结论；
- 研究的呈现。

研究的建立

一项研究的建立包括四个一般性问题，下面对每一个进行简要讨论：

1. 研究来源明确吗？
2. 研究主题确定吗？
3. 研究问题恰当吗？
4. 研究背景合适吗？

研究来源明确吗？现今的社会科学研究具有多样化的视角、方法和范式。读者必须将这点铭记于心。因此，作者有责任说清楚研究的定位。一项研究可以采用也可以不采用特定的范式；可以是理论检验也可以是理论生成；可以采用也可以不采用混合方法；可以是结构严谨的设计也可以是新兴的设计形式；资料的分析可以采用特定的方法，特别是定性资料。所有这些定位都是被接受的，并且被证明是合理的，但作者必须明确研究的定位究竟是什么，这是研究建立的一部分。明确研究定位是避免读者困惑和理解错误的最好方法。一个研究项目通常需要做许多不同的决定，大多数时候没有判断这些决定正误的标准，但是它们需要订立统一的基调（“原则性选择”——Coffey & Atkinson，1996）。作者需要把这一基调告诉读者。

研究主题确定吗？无论研究计划是演绎性地从研究主题到研究问题，还是归纳性地从研究问题到研究主题，研究者都必须在报告（或计划）中尽早确定研究主题。

研究问题恰当吗？第 4 章中我们指出好的研究问题主导着一项研究，好的研究问题具有以下特点：

- 清晰。研究问题容易理解，不含糊。

- 明确。概念明确到资料收集指标的层次。
- 可回答。要清楚地知道回答这些问题需要什么资料，以及这些资料如何获得。
- 相互联系。这些问题在某种程度上相互联系。
- 具有实质性意义。这些问题是有意思、有价值的，值得投入精力进行研究。

这些特征有助于我们对研究问题进行评价。在第 4 章和第 5 章中，我们特别强调了经验准则（上面的第三点），也为评价研究问题提供了明确的原则：回答这些研究问题的论据明确吗？在一份已经完成的研究报告中，研究问题是预先设定的还是在研究过程中出现的并不重要，但在研究计划中，研究的定位应该清楚明确。

研究背景合适吗？这里包含两层含义，首先，这项研究是与理论，还是与现实或专业问题相关？其次，与研究相关的文献做了全面的回顾吗？相关文献的处理有两种方法：一种是在研究开始之前对文献进行全面的回顾，在这种情况下对文献进行批判性回顾是非常必要的，并且，这项研究要与文献回顾相结合。我们经常看到一些文献回顾与研究无关。另一种方法，如扎根理论那样，将文献回顾放到经验调查的某个阶段之后，使文献成为进一步研究的资料。当然，这两种方法都不尽然如此，但无论选择哪一种都需要对其进行说明。

经验研究的程序

这里，经验研究的程序主要指研究设计、资料收集和资料分析的工具和技术。这是本部分要讲的三个主要问题。除此之外，还有研究过程的信息水平和抽样。因此，这五个问题分别是：

1. 研究设计、资料收集和资料分析的说明详细到可以对研究进行审核和重现吗？
2. 研究策略和研究设计适用于研究问题吗？
3. 资料收集的工具和程序适用于研究问题吗？
4. 抽样方法恰当吗？
5. 资料分析的过程对研究问题来说恰当、合适吗？

下面分别对每个问题进行简要说明。

研究设计、资料收集和资料分析的说明详细到可以对研究进行审核和重现吗？规范研究强调了研究需要达到的水平，即研究的每一个阶段都可以被彻底地检验。因此，读者需要了解研究者的研究步骤，对每一步的描述都应该详细到可以对其进行审核。

研究策略和研究设计适用于研究问题吗？研究设计的作用是把研究问题与经验研究的过程和资料联系起来。研究设计建立在研究策略的基础上，使研究者进入经验世界，它通常回答以下问题：

- 研究对象是什么？
- 调查策略是什么？
- 资料收集和分析的方法是什么？

研究设计为经验研究的过程提供了总体框架，展现了研究过程是怎样的，以及各部分是怎么整合在一起的。因此，详细的说明研究设计及其与研究问题的契合性是非常重要的。

研究设计中一个主要的考虑因素就是总的研究方法：这项研究是定量研究、定性研究还是两种都有？如果是定量研究，研究设计采取的是实验法、准实验法还是调查法？关注的是变量之间的关系还是变化的情况？如果是定性研究，研究什么个案，从什么视角进行研究？如果是两者的结合，通过什么方式和逻辑进行研究？在两种方法中，特别是定性研究，在预定的设计之外，通常还会出现一些新的问题和设计。像研究问题一样，对于一份已经完成的研究报告来说研究设计是预先确定的、逐渐显现的还是二者结合的并不重要，但对于一份研究计划来说，这个问题就需要好好考虑。如果研究设计是预先确定的，那么相应的概念框架也应该呈现出来。无论选择什么研究设计，它都应与研究问题相契合，这种契合性是研究完整性和总体效度的一部分。研究设计本身就是研究的内在逻辑或内在效度问题。内在效度我们将在本章的后面部分进行讨论。

资料收集的工具和过程适用于研究问题吗？这个问题直接导向下一节要讨论的资料的质量问题。在定量研究中，测量工具是必不可少的，不管是已经有的，还是为了此项研究开发的测量工具。如果是已经有的测量工具，第 11 章已提出了相应的评价标准，特别是信度和效度。如果是特意开发的测量工具，工具开发的步骤及考察的标准都需要给出来。定性研究的测量工具取决于它的研究定位，可能有相似的测量工具——比如访谈提纲。在这种情况下，信度、效度和反应性（reactivity）标准是非常重要的。

无论什么样的研究工具，资料收集过程都与其密切相关，这在第 8 章的定性资料和第 11 章的定量数据部分都进行了详细阐述。这里要说的是资料收集过程应该与研究相契合，与环境相适应，最大化提高资料质量，并进行详细的报告。如果不止一个人参与了资料收集工作，那么，资料收集的标准化形式也应该进行说明。

抽样方法恰当吗？对经验研究来说，样本选择的逻辑应该与研究的总体逻辑以及研究问题相一致。抽样过程应该进行详细的描述，选择这种抽样方法的根据也应该说明清楚。在定量研究中，样本的规模和结构、样本选择的逻辑和方式以及样本的代表性都应该进行详细说明。如果采用的是调查法，还需要说明应答率。在定性研究中，如果采用的是目的抽样或理论抽样，这种抽样方法背后的逻辑以及这种抽样方法与研究问题之间的联系也要解释清楚。

此外，需要说明的是，收集的资料要涵盖研究问题的全部内容，这在定量研究和定性研究、理论检验和理论生成中都非常重要，也会影响到研究发现的推广与转换。

资料分析的过程对研究问题来说恰当、合适吗？这个问题与我们后面要讨论的资料的质量部分相同。“恰当性”与贯穿数据分析过程的检验追溯有关，也意味着资料分析应具有透明性，我们需要知道研究者是如何从资料中发现结果、得出结论的，从而确定研究发现具有多少可信度。尽管它较早运用于定量研究中，但对两种研究方法来说都是非常重要的。随着定性数据分析方法的使用，对定性研究者来说呈现他们是怎么从资料中得出结论的也同样重要。这里的“合适性”指的是与研究问题的一致性。

资料的质量。经验研究的发现和结论建立在所收集到的资料的基础上，因此，“资料质量的控制”非常重要，这是资料收集过程中应首先应讨论的问题。其次，是关于资料质量的三个技术性特征：信度、效度和反应性。这些将在后面进行讨论。

资料收集的过程。资料收集过程中的谨慎、控制和彻底性无论是在定量还是定性研究中都应该得到重视。在第 11 章中，我们提到了资料收集在测量工具的发展和使用中的意义，在第 8 章中，我们分析了定性资料收集中同样的问题。在这两种方法中，我们所讲的都是普遍意义上的，而非技术性的和深奥的，但资料收集的重要性毋庸置疑。这一过程包含了周全的思考和计划、预测和试调查以及充分的准备，它们对资料的质量都有重要影响。

信度。在第 11 章中，测量的信度被定义为一致性，是从稳定性和内部一致性角度来说的。前面论述了评价每种信度类型的过程和对误差的解释，在资料的使用过程中，应该报告资料的信度。对定性资料来说，与新范式的反思一样，信度概念有多种解读。举例来说，在建构主义的研究范式中“可靠性”（dependability）与信度（reliability）是并列的（Lincoln & Guba，1985）。但实际上，二者的基本思想相同。信度这一概念在两个方面与定性资料有关。首先，相同的问题在定性资料和定量数据中都会被问到：随着时间的推移这些资料具有多大的稳定性？如果使用的是多种类型的资料，它们是否具有内部一致性？也就是说，在多大程度上这些资料相契合或背离？其次，当涉及观察资料时，在多大程度上观察者之间达成一致？

定性资料的处理和分析中也有一个相似的问题：编码核查可以看出编码员之间的一致吗？

效度。这里的效度指的是资料的有效性。在第11章中，我们讨论了测量资料的效度问题。效度相关的问题是：我们怎样知道这种测量工具所测量的恰好是我们想测量的内容？我们讨论了定量研究验证效度的三种主要形式：内容效度、效标效度和构念效度。效度广泛应用于所有的经验研究，包括定量研究和定性研究。“资料的效度如何”意味着：这些资料在多大程度上能代表它所代表的现象？

在测量过程中，受潜在特质理论影响，效度首先关注的是从项目到变量的推演过程，其次是从变量到因子的推导过程。对于定性资料来说，分析的第一个层次是从指标到一级概念的推演过程，第二个层次的推演是从一级概念到二级概念。由于概念结构的相似性，在这两种方法中，资料的效度实质上是一样的，研究报告需要考虑这个问题。正如前面所言，定量数据是可以被验证的；从技术上来说，定性资料通过编码核查、检验追溯等方法也可以被验证。

反应性。反应性关注的是在资料收集过程中对资料的改变程度，这是研究中常见的问题，不仅仅局限于社会科学领域。在定量研究中，测量的反应性意味着测量行为改变测量内容的程度，比如态度量表可能会唤起或影响被调查者对某一问题的态度，并在某种程度上改变人们的态度。反应性也同样存在于观察研究和定性资料的收集过程中。参与观察者的在场可能会改变被观察者的行为，访问者的表现或访谈风格可能会影响资料的收集。

在对研究进行评价时，关注的是是否考虑、报告和重视资料的反应性，采取了什么措施将影响降为最小。总的来说，反应性涉及资料的信度、效度和抽样问题。这里的问题是研究中获得的资料是否是资料的真实样本？如果不进行这项研究，这些资料是否存在？研究过程本身，尤其是资料收集过程，是否在一定程度上影响了资料，甚至创造了资料？这些问题在两种研究方法中都存在。与此相关的另一些问题是：问题回答者或信息提供者的知识水平（这些人真的能回答这些问题，提供这些信息吗？）、撒谎的可能性（他们告诉的是事实吗？），以及社会期望的影响（他们告诉研究者的是他们认为研究者想听到的，或者他们认为可以美化自己的内容吗？）。

信度、效度和反应性是经验研究中资料质量的技术性问题，它们的理念适用于两种研究方法。然而，对定性资料来说，还有一个问题，正如第7章所提到的那样。定性资料的优点，或者将其界定为定性方法的一个理由是，可以将现象置于它原本的情境中进行整体和细节方面的研究。如果研究的目标是获得丰富的、总体的资料，就需要证明是如何做到的。现在的核心问题是：这项研究有对所研究的情境进行了充分的描述从而使读者能够判断研究发现的有效性和可转换性吗？（参见 Miles & Huberman，1994：279 对这一问题的具体论述）

研究发现和结论

研究发现是对研究问题的回答，研究结论是建立在研究发现的基础上的。关于研究发现和结论有三个要注意的问题：

1. 研究问题得以回答了吗？
2. 我们在多大程度上将回答向前推进？
3. 在研究发现的基础上可以得出什么结论？

第一个问题无须赘述，研究的首要目的就是要回答研究问题（如果是理论验证的研究，则是检验研究假设）。研究报告必须包含对这些问题的回答（或验证假设），这些回答就是研究发现（虽然在研究过程中可能会有一些其他的发现，但这些发现并不用来回答研究问题）。

回答上面的第二和第三个问题需要用到我们之前提到的评价标准，但又并不仅限于此。这两个问题相互重叠，二者都被用来对回答问题和得出结论的论据进行评价，用来评价研究发现和研究结论的普遍性和适用性。这两点分别与内在效度和外在效度相对应。

内在效度　内在效度指的是研究的内在逻辑性和一致性。如果把研究比作一场辩论（在这场辩论中首先提出问题，然后通过资料的系统收集和分析来回答这些问题），内在效度就是这场辩论的逻辑性和内在一致性。内在效度在定量研究中被清楚、严格地界定，它指的是变量之间的关系被正确解释的程度。坎贝尔和斯坦利（Campell & Stanley，1963）在文献中列出了不同的定量研究设计中影响内在效度的因素。

当然这种观点也适用于定性研究，但在定性研究中，目标和设计更为宽泛一些。邓津和林肯给出了一个非常宽泛的定义：内在效度指的是“研究发现与现实的同构”（Denzin & Lincoln，1994：114），也就意味着研究发现如实地表现和反映所研究的现实的程度。它有两个特点：第一，是指研究是否具有内在一致性，这既包括研究中各个部分之间的契合性，这一点在 14.5.2 小节已经讨论过，也包括研究发现本身是否具有内在一致性和相关性。第二，是指研究中是否对命题的提出和验证方式进行了描述，包括淘汰竞争性假设、考虑否定性证据，以及与其他资料的交叉验证。在定量研究中，更先进、复杂的研究设计被用来消减内在效度的不利因素，也一点也被用于消除竞争性假设。当然，这一思路也同样用于定性研究，特别是那些解释性研究。定性研究中的理论抽样，包括反例的系统性研究，目的是将所有方面都纳入到整个研究中。

定性研究设计有时将一些在定量研究中并不典型，但有内在效度的内容纳入研究中。“参与者审查”是指让研究对象和信息提供者参与审核。这种方法并不适用于所有的情况，并且它的作用和局限也需要进行评估。适当时，它首先可以用于资料的核查，比如访谈记录，在开始分析之前让被访者核查记录是否正确。其次，可以用于分析，这里指的是将研究的成果——概念、命题、新发现——带给被研究者进行证实、确认和核实。当一项定性研究是解释性的，关注意义和符号时，如民族志的描述研究，可以让参与者在不同的阶段对描述进行审核。当一项研究目的更抽象，如概念的形成和解释，在分析的过程中可以做同样的事情。因此，参与者审核在扎根理论的研究中非常重要。

总之，关于内在效度，需要关注的问题是：这项研究的内在一致性如何？影响内在效度的因素是什么？怎样考虑这些影响因素？

外在效度　外在效度指的是普遍性（generalisability）问题，即这项研究的发现可以推广到多大范围？对于定量研究来说，普遍性指的是在概率抽样基础上的“群体概括性”（people generalisation）。布拉赫特和格拉斯（Bracht & Glass，1968）将其称为“人口效度”（population validity），并认可其重要性。但他们也指出，这并不是定量研究普遍性的唯一特征，定量研究的推广还有“生态效度”（ecological validity）问题。

在第 7 章中提到的一些条件下（在很多研究中普遍性并不是研究的目标），定性研究的发现也存在普遍性问题。这些研究发现能推广到多大范围？这些研究结论能转换到其他环境或情境吗？“可转换性”这个概念比“普遍性”更多地用于定性研究的文本中。我们可以从三个方面来讨论这个问题：首先，从抽样本身来说，它是否具有足够的理论多样性，或者说它是否捕捉到足够的变化以将研究发现转化到其他情境中？其次，从情境来看，这一情境是否得到了充分的描述以使读者可以估计研究发现的可转换性？最后，从资料分析中概念的抽象水平来看：这些概念是否处于高度抽象水平，可以用到其他情境中？

因此，关于外在效度，需要明确的是：这些发现（如果恰当的话）的普遍性是指什么？影响普遍性的不利因素是什么，这些因素是否被考虑到了？研究报告建议对这些研究发现在其他情境下的推广进行评估吗？

研究呈现

最后，是关于研究报告（或研究计划）的撰写，将在下一章中进行讨论。

章节概要

- 混合方法研究是结合定性和定量资料的收集和分析的方法，在研究过程中充分发挥两种方法的优点，弥补两者的不足。
- 社会科学研究的方法论经历了三次主要浪潮——定量方法的主导、定性方法的出现和混合方法的发展。
- 实用主义是混合方法的主要哲学基础或范式。
- 定量和定性方法的结合包括三个维度——时间维度、权重维度和不同部分的混合维度。
- 混合方法设计的四种主要类型帮助我们更好地把两种研究方法结合起来，这些设计类型分别是三角式设计、嵌入式设计、解释性设计和探索性设计。
- 清晰的研究策略说明对描述混合方法设计和其他研究设计都是非常有用的。
- 经验研究的审核和评价，特别是对研究方法的评估非常重要。
- 一般来说，好的经验研究呈现的是规范研究的特征；同样，好的研究计划具有内在效度和一致性，各组成部分之间也有契合性。
- 评价一份研究计划的特定标准主要有五个方面——研究的建立、经验步骤的使用、资料的质量、研究发现和结论以及研究呈现。

关键术语

混合方法研究：包含了定性和定量资料收集和分析的经验研究。

实用主义：混合方法研究的主要哲学基础，关注的是“什么在发挥作用”。

混合方法设计：定性和定量资料可以通过多种方法进行结合，从而形成了多种混合方法设计。主要的四种类型是三角式设计、嵌入式设计、解释性设计和探索性设计。

规范研究：具有内在效度的研究，它的资料和论点可以通过科学共同体审核。

反应性：资料收集的过程改变资料本身的观点。

内在效度：研究的内在逻辑性和一致性。

外在效度：普遍性——这些研究发现可以被推广到多大范围？在多大程度上研究结论可以转化到其他的情境中？

练习与思考题

1. 界定混合方法研究，并简要说明混合方法研究为什么以及怎样成为社会科学研究方法论的“第三次浪潮”？
2. 混合方法研究的基本原则和逻辑基础是什么？
3. 列出定性研究和定量研究的主要优缺点。
4. 实用主义的基本观点是什么，它对研究问题和研究方法的意义是什么？
5. 在定性和定量方法的结合过程中，需要考虑的三个维度是什么？
6. 简要描述四种主要的混合方法设计——三角式设计、嵌入式设计、解释性设计和探索性设计。
7. 以学生对学校的疏离感为例，概括研究问题，并进行解释性混合方法设计（第一阶段为大样本定量调查，第二阶段对第一阶段样本进行二次抽样，从中有目的性地选取子样本进行深度访谈。）
8. 学习 14.4 节克雷斯维尔和普拉诺－克拉克在书中引述的两种策略设计，对问题 7 中所研究的问题进行陈述。

拓展阅读

Brewer, J. and Hunter, A.(2005) *Foundation of Multimethod Research: Synthesising Styles*. 2nd edn. Thousand Oaks, CA: SAGE.

Creswell, J.W. (2008) *Education Research: Planning, Conducting and Evaluating Quantitative and Qualitative Research*. Upper Saddle River, NJ: Pearson.

Creswell, J.W. and Plano Clark, V.(2007) *Designing and Conducting Mixed Methods Research*. Thousand Oaks, CA: SAGE.

Plano Clark, V. and Creswell, J.(2008) *The Mixed Methods Reader*. Thousand Oaks, CA: SAGE.

Tashakkori, A. and Teddlie, C.(2003a) *Handbook of Mixed Methods in Social and Behavioral Research*. Thousand Oaks, CA: SAGE.

Tashakkori, A. and Teddlie, C.(2003b) 'Major issues and controversies in the use of mixed methods in the social and behavioral sciences', in A.Tashakkori and C. Teddlie (eds), *Handbook of Mixed Methods in Social and Behavioral Research*. Thousand Oaks, CA: SAGE. pp.3-53.

Tashakkori, A. and Teddlie, C.(2003c) 'The past and future of mixed methods research: From data triangulation to mixed model design', in A.Tashakkori and C. Teddlie (eds), *Handbook of Mixed Methods in Social and Behavioral Research*. Thousand Oaks, CA: SAGE. pp.671-702.

注释

1. 布里曼对两种研究方法的优点和不足进行了总结(Bryman, 1988: 94)。古巴和林肯对定量研究方法的批评和不足进行了总结(他们称之为“公认观点”)(Guba & Lincoln, 1994: 106-7)。他们总结了五种主要的内在批评:脱离情境、排斥意义和目的、宏观理论不适用于当地情境、普遍资料不适用于个案,以及排斥发现。基于这些情况,可以对研究进行简化。他们还提出了四种主要的外在批评:事实的理论承载性、理论的不确定性、事实的价值承载性以及研究者和被研究者之间的相互影响。

第 15 章

研究写作

本章内容

学习目标

在学完这章后，你应该能够：

- 描述一篇定量研究报告的典型框架
- 说明如何扩展这一框架从而进行定性研究写作
- 列出一组标题，使之可以展示在一份计划书中应该呈现的内容，简要阐释每一个标题所表明的内容
- 列出一组标题，使之可以展示在一篇论文中应该呈现的内容，简要阐释每一个标题表明的内容
- 解释什么是计划书或论文的“内部一致性”

写作是研究的重要组成部分。启动一个科研项目通常意味着把想法变为一份书面计划。只有在通过写作的方式被分享后，项目才真正结束。因此，科研项目始于书面计划，终于书面报告。由此可见，研究的质量可部分地由书面文本（计划或报告）的质量来判断。

本章的第一部分简要地介绍定量研究的写作以及在定性研究中更大范围的写作选择，并以“混合分析”为工具来将定性写作与定量写作结合起来思考，从而对研究写作这一主题的背景进行介绍。第二部分详细阐述了研究计划，并简要介绍摘要和论文。最后一部分则简要讨论报告性写作和学习性写作之间的区别，以及当社会科学研究者开始写作的时候面临的一些选择。

15.1 背景

15.1.1 定量的传统

定量研究报告或计划书的惯用框架包含以下内容（Miles, Huberman & Saldana, 2013）：

- 问题陈述
- 概念框架
- 研究问题
- 研究方法
- 数据分析
- 结论
- 讨论

一些期刊（例如有强烈的行为主义倾向的心理学和教育学期刊）会运用一个更简单的框架，这个框架只有四个标题：引言及研究问题、研究方法、结论、讨论。目前，这一框架仍然适用于大部分的定量研究报告。例如，吉尔伯特（Gilbert，2008）用类似的标题描述了传统的（定量）社会学论文。但许多定性研究者会发现这样的标题太过约束。尤其是在定性研究报告中，我们会发现这些标题与我们所做的大部分工作相关，但是我们往往有这些标题难以满足的更加多样化、更加广泛的期望。这再次显示了定性研究的视角范围，与相对同质的定量研究框架形成了鲜明对比。

15.1.2 定性研究写作

在本书的 2.6 节我运用时间 – 结构连续统来强调社会科学研究尤其是定性研究的范围。有前面章节介绍的惯用模式和结构指导各位作者，定量研究写作已变成一个相对简单的事情。然而定性研究的写作就如定性研究本身一样，它更加丰富多变，并不是固化的（Coffey & Atkinson，1996）。在报告研究成果的过程中，定性研究有更广泛的写作模型、策略和可能性。当代定性研究的一些视角（例如女性主义和后现代主义，尤其是在民族志研究中）更是进一步扩大了这一范围。

随着范式争论和新视角的涌现，人们开始进行研究反思，这其中就包括对研究写作，即“研究如何转化成文字形式以被表达出来”这一问题的反思。这些反思，特别是在话语分析或者知识社会学视角下的反思工作使人们意识到了更多写作选择，传统的定量研究写作模型只不过是这些选择中的一个。对更加广泛的写作选择的青睐意味着写作限制的减少以及对尝试新的写作形式的鼓励。

写作反思使定性研究的写作形式得到扩充，原有的报告写作模式也融入了新方法：

> 定性资料的报告可能是最丰富的领域之一：它没有固定的格式，资料分析和解释的方式也日益多样化。在定性资料分析中，关于如何报告我们的研究这一问题，我们几乎没有可以分享的准则。那么，我们应该有一个规范的准则吗？也许就目前而言不需要，或者，有些人会说，从来不需要。（Miles, Huberman & Saldana, 2013）

15.1.3 混合分析法

在这一章我们同时讨论定性研究和定量研究的写作，我们要始终牢记而不过分强调它们的不同，同时要关注结合了两种研究方法的混合研究。迈尔斯和休伯曼（Miles & Huberman，1994：301-2）的“混合分析法”是帮助我们理解混合研究的有利工具，它囊括了这两种方法的关键要素。

在第 14 章我曾部分地使用了混合分析，将变量导向的研究（定量）与案例导向的研究（定性）进行了比较。如表 15.1 所示。其他作者使用的表格可能略有不同。

表 15.1　混合分析中的术语

定量	定性
变量导向	案例导向
分类	背景
分析	综合
客观	主观
差异理论	过程理论

迈尔斯和休伯曼在定性研究中描述了这一混合分析方式，他们坚信好的定性研究和报告同时需要这一混合方式中的两类元素。我们可以将它作为一个适用于所有研究写作的框架。

这个框架回应了定性研究中的两种张力。纳尔逊等（Nelson et al., 1992）曾在文化研究的讨论中对这两种张力进行描述，邓津和林肯（Denzin & Lincoln, 2011）对纳尔逊的描述进行了强调。一方面，定性研究关注一种广泛的、解释性的、后现代的、女性主义的和批判主义的敏感性。另一方面，它又关注在人类经验分析中被严谨定义的实证主义、后实证主义、人文主义和自然主义观念。这两个关注点分别对应表 15.1 的右半部分和左半部分。

迈尔斯和休伯曼指出，维兹（Vitz, 1990）揭示了两种看待世界的方式。维兹认为，传统的数据分析及命题式思维作为抽象的成果，产生了严谨的、理论的解释。具象流派（figural genres），例如叙事，需要更具体、更全面的推理；它们是保留着原始事件时间结构（temporal configurations）的“故事”。

谈及写作，迈尔斯和休伯曼推荐将这两种看待世界的方式结合起来。他们认为：

> 故事离开了变量就无法充分展示所看到的事件的意义及更大范围的重要性。变量离开故事也许能够解释报告定量研究时所遵循的严谨原则，但是它最终将是抽象的和没有说服力的。正如大家都熟悉的评论一样：“只有在看到开放式的数据之后我才真正理解这些数字。”（1994: 302）

因此，难点是：

> 恰当地将理论的简洁性、可靠性与描绘社会事件的多种方式相结合。找到多数传统研究中的命题思维与更加具象化的思维之间的交点。正如一个好的分析几

乎总是变量导向、类型化、范式转移、案例导向、情景化和叙事的融合一样，好的报告也是如此。(1994: 299)

这些关于不同类型的研究方法的介绍以及将不同类型的研究方法进行混合的观点是思考计划书、摘要和论文的实用背景。

15.2 研究文本

研究文本主要有两类：计划书和报告（报告可能是学位论文、期刊文章或用于其他目的的报告）。由于本书是社会科学研究的入门书，其焦点主要集中于如何开始研究，因此本部分对研究计划给予较多关注。但是大部分的论述也适用于学位论文和期刊文章。在这一节，本书对摘要和标题也进行了简要介绍。

15.2.1 计划

这一节总结了我在研究计划方面的观点。我于 2006 年发表的一篇文章对这些观点进行了充分的探讨，那篇文章对以下所有观点都进行了细致的描述，并充分展示了五个研究计划的实例。

什么是研究计划？在某种意义上，答案是显而易见的——计划展示了一项研究的研究内容、希望达到的结果、如何达到这一结果、我们将从中学到什么以及为什么它是值得学习的。从另一层意义上说，计划和研究本身的界限并不是十分明确。计划描述将要做什么，而研究是在计划书被批准后将计划付诸实践的过程。但是计划书的准备过程也可能涉及大量的研究工作。

以下三个最基本的问题有助于指导完善我们的计划：

- 是什么？这个研究的目的是什么？我们试图发现什么？
- 怎么样？研究计划是怎样回答这些问题的？
- 为什么？为什么这个研究值得去做（或者资助）？或者，我们将学到什么？为什么这是值得了解的？

第一个问题（是什么）已经在第 4 章和第 5 章得到解答。第二个问题（怎么样）也已经在之前的章节中得到较好的解答，其中第 7、8、9 章针对的是定量研究，第 10、11、12 章针对的是定性研究。第三个问题（为什么）我们将在本节进行讨论。

马克斯威尔（Maxwell, 2012）强调计划书的形式和结构要根据其目的而定，这一目的就是“向你所研究的主题领域的那些非专家读者们解释和证明你提议的研究”。“解释”意味着你的读者能够清晰地明白你想做什么，“证明”意味着他们不仅明白你计划做什么，还明白你为什么要做这些。“你提议的研究”意味着这份计划书应该主要围绕你的研究，而不是文献、研究主题或者一般研究方法。“非专家”则意味着经常会有一些并不是这一特定研究领域的专家的读者阅读你的计划书。

把计划本身看作一个论证过程是非常有帮助的。这意味着我们要强调它的推理思路、它的内在一致性以及各部分之间的相互关联。我们要确保计划的不同部分相互契合在一起，展示这一研究是如何像第 14 章所描述的那样成为一个规范调查的一部分的。作为一个论证过程，它应该解释研究背后的逻辑，而不是对其进行简要描述。这可以解释为什么这项设计和方法适合这一研究。

表 15.2 所展示的是制订研究计划的推荐指南。因为没有一项指南是放之四海而皆准的，而某些内容又是读者期待看到的，以及定量研究和定性研究之间同中有异，因此，最好的方法也许是列出一个包含了可能的章节和标题的完整清单。清单中的一些内容对定量研究和定性研究是通用的，而另一些内容则更适用于某一方法。清单中的内容可以酌情使用，并不是说所有内容在任何一个计划书中都是必须的。清单中的内容供我们在准备和呈现计划时进行参考，它对形成计划书的完整版本颇有助益。我们需要更精练的版本，但是在此之前先准备一个详细的版本，然后再对其进行总结，不失为一个得到精炼版本的好策略。

表 15.2 研究计划可能包含的章节一览表

- 标题和标题页
- 摘要
- 引言：研究领域和主题
    - 背景
    - 研究目的
- 研究问题：一般问题和具体问题
- 概念框架、理论、假设（如果适用的话）
- 文献综述
- 方法：策略与设计
    - 样本与抽样
    - 数据收集——工具与过程
    - 数据分析
- 研究意义
- 知情同意、获准进入与保护参与者
- 参考文献
- 附录（如时间表、预算、工具等）

指南中的一些标题（如一般研究问题和具体研究问题）由于在之前的章节中

已有所涉及，这里不再讨论，读者可以参考本书相应的章节。在一些需要提出新的知识点，或者对以前的知识点加以强调，亦或需对定量研究和定性研究做出重要区分的部分，我会做简要评论。需要强调的是，这些只是建议性的指南，因为撰写报告和论文并没有固定的准则和建议。我们有不同的方式来呈现材料，也可以按照不同的顺序来组织章节。

为定量研究给出恰当的指南在某些方面比定性研究要简单，因为定性研究更加多样化，而且有些定性研究是开放的，并没有提前设计好结构。一个新兴的研究在计划书中尚不能形成十分具体的研究问题和研究设计。如果是这样的话，我们就应该在计划书中点明。下一节我们将讨论定性研究计划（参见 15.2.2 小节）。

引言

一个研究主题可以有很多的介绍方式，所有的主题都会有研究背景。这些需要在引言中加以说明，引言为研究奠定了基础。强有力的引言对一个令人信服的计划非常重要。它的目的不是文献回顾，而是整体展示你所提出来的研究如何对应已知事物，找到它与现有知识和实践的关系。在这个过程中，应该对研究领域和主题有一个明确的界定，简要陈述研究目的。这样就可以在下一节引入研究问题。在引言部分，我们也可以酌情表明研究的特点，例如，如果个人知识或经验是研究背景的重要部分，如果初步或预试研究已经完成，又或者该研究将涉及现有数据的二次分析，我们都可以在这一部分介绍（Maxwell，1996）。

对于定性研究计划来说，这里需要加入另外两点。第一点是在第 14 章提出的第一个一般性评价问题——这一研究背后的立场是什么？如果这个问题是适用的，它需要在计划书中得到概括性的解答，以在计划早期引导读者。第二点更为具体——研究在结构连续统中的定位是什么？这深刻影响着计划书的后面的部分。如果研究计划设计了一个结构紧密的定性研究，那么它可以沿着与定量研究计划相类似的路线进行。如果研究计划设计了一个相对自然发生的研究，而研究焦点和结构将随着研究的深入而发展，那么我们就应该明确研究的结构连续统定位。在以前的案例中，我们会有一般研究问题和具体研究问题，在后面的案例中，将只有一般的方向性的研究问题。

研究问题

研究问题在第 4 章和第 5 章已进行了详细讨论。在我们所推荐的计划书提纲中，可以依据引言中给出的关于研究目的的一般陈述而得出研究问题。

概念框架、理论和假设（如果适用）

本节的适用性有很大差异，如果适用，我们就需要判断应该将概念框架放在这一部分还是方法部分。正如第 4 章所解释的那样，如果有理论和假设，它们应该被包括在这一部分中。如果涉及理论，它可能出现在文献综述中，而不是这里。然而，理论在研究中扮演的角色应该在这一部分加以明确。

文献

计划书中应清楚地说明文献在这项研究中的定位。正如前面的章节所讨论的，这里有三种主要的可能性：

- 在本研究之前对文献进行了全面回顾，这一回顾是研究计划的一部分。
- 在研究的实证阶段之前进行全面的文献回顾，但是这一回顾在研究计划被批准以后才会进行。在这种情况下，我们要指出需要回顾的文献的性质和范围，以及对文献的熟悉程度。
- 在实证研究之前刻意不进行文献回顾，而是在研究过程中将其整合到研究中，如扎根理论研究。在这种情况下，同样地，我们需要指明文献的性质和范围。

对于一些定性研究计划来说，文献也许可以突出研究的焦点，并给出研究问题和研究设计的结构。如果是这样的话，我们需要对这一点加以说明，同时说明如何做到这一点。在任何情况下，研究者都需要将想要开展的研究和文献联系起来（参见，例如，Marshall & Rossman，1989；Locke et al.，1993；Maxwell，1996）。

方法

策略和设计　无论是定量研究、定性研究还是混合研究，在计划书的方法部分的开篇用简短的篇幅介绍研究在解答研究问题时所运用的策略，不失为一个好的方法（参见第 14.4.4 小节给出的例子）。我们讨论的基本定量设计有实验性、准实验性和相关的调查设计。出于它们的设计或变量的考虑，它们的概念框架应该在这一部分而不是之前的章节中展示出来。在定性研究中，研究在结构连续统中所处的位置对它的策略和设计有着非常重要的影响。正如第 7 章所揭示的，定性设计可能是部分相同的，例如个案研究（一个个案或者多个个案，横截面研究或者纵向研究）、民族志和扎根理论，这些研究策略的要素可以单独使用，也可以共同使用。这意味着我们很难对研究进行恰当的区分。这不是个问题，但是我们应该明确研究运用了不同研究策略的要素。定性研究在预先制订（predeveloped）的观念性框架这一议题上有很大差别，我们应该明确我们要进行的研究在这一问题上的立场。一个完全或者部分阐明的框架应该被展示出来。在这一部分，我们同样应该表明这一框架是如何完成的。它与数据收集和分析相互作用，甚至可以在数据收集与分析过程中得到更好的处理。在混合研究中，我们应该识别、描述、评判哪一个混合方法设计是合适的。

样本　正如第 11 章所展示的那样，定量研究抽样的三个关键问题是样本规模、抽样方法及选择某一抽样方法的原因、样本代表性的要求。定性研究计划应该解决的问题是研究什么以及为什么研究。抽样策略对两种类型的研究方法都非常重要，对混合研究中的定量部分和定性部分则更为重要，抽样需要明确抽样逻辑。在描述抽样策略的部分，我们需要对抽样逻辑进行解释。

数据收集　这里介绍的是在数据收集过程中运用到的工具（如果有的话）以及数据收集工具的管理过程。如果一项定量研究建议运用已经存在的工具，并且关于工具特征的信息是可信的，那么应该展示这部分信息。如果数据收集工具是待开发的，那么我们就需要描述工具形成的一般步骤。如果在定性研究中也使用数据收集工具（例如观察日程表、结构或者半结构访谈），那么上文的观点同样适用。计划书应该对无结构的定性数据收集技术加以说明和讨论，尤其应强调 14.5.3 小节列出的数据质量问题。定量研究、定性研究和混合研究中的数据收集程序也应该在计划书中给予描述，并且表明为什么选择这些数据收集程序。同时，在数据收集这一部分还需要说明数据有效性的潜在威胁，以及降低或者控制这些威胁的策略。

数据分析　定量研究计划应该阐明数据分析的统计方法。同样地，定性研究计划也需要展示数据是如何被分析的、数据分析如何与研究的其他部分相协调（参见 9.8 节）。混合研究的计划需要同时涉及这两类分析。如果可行的话，所有类型的计划都应该写明在数据分析中可能使用的计算机软件。

意义

特定的主题和背景将决定研究的意义。“意义”这个词也可以表示为研究的“正当性”“重要性”或“贡献”——它们都解答了前面提到的第三个总体性问题：为什么这个研究是值得做的？一项研究的意义和贡献主要针对三个方面——对所研究领域的知识的意义、对政策考量的意义和对实践者的意义（Marshall & Rossman，1989）。首先是对知识的贡献，这主要与该领域的论文紧密相关。文献回顾的作用之一就是揭示该领域知识的不足，表明该研究如何为弥补这些不足做出贡献。正如前文所提到的，这必须与文献所采取的立场相对照。

知情同意、获准进入与保护参与者

这些在第 3 章的伦理问题部分已详细介绍。

参考文献

它是计划书中引用的参考文献的列表。

附录

附录可能包括以下内容：研究时间表、介绍信或者许可证明、知情同意书、测量工具、问卷、访谈提纲、观察日程表、预试研究的例子或其他已经完成的相关工作成果（Maxwell，2012）。

15.2.2 定性研究计划

定性研究十分多样化。在许多研究中，研究的程序和设计是逐步发展的，这显然意味着作者不能提前精确指出他 / 她将做什么，这与定量研究是相反的。在这种情况下，我们需要对研究所要求的灵活性进行解释，并解释随着研究的开展，我们为什么以及如何做出决定。同样，我们需要提供尽可能多的细节。审查委员会要对项目的质量、可行性和研究者完成它的能力进行判断。研究计划的逻辑性、连贯性、整合性、对细节的关注和概念的明晰化可以激发委员会对研究人员完成研究的信心。此外，在涉及专门的知识（如先进的统计分析、扎根理论分析等）时，研究者应在其中指出获得这一专业知识的方法。

马歇尔和罗斯曼（Marshall & Rossman，1989）曾强调定性研究计划有确保打消读者疑虑、彰显研究学术价值和规范的需要。现在，由于定性研究已经获得较高的认可和接受度，这种需要已经不再明显。不过，定性研究计划依然有两个主要途径来提供这种保证。其中一个途径是在研究方法部分提供关于研究的技术信息，正如定量计划那样。这包括抽样方案、数据收集、数据质量问题和拟采用的分析方法等内容。另一个途径适用于开放性定性研究，它的计划书应指明研究焦点是在研究过程中发展起来的，同时解释研究焦点是如何在早期的经验工作中逐步完善的。

差异巨大的设计和计划在定性研究的结构连续统中处于不同位置，邓津和林肯（Denzin & Lincoln，1994：200）写道：

> 实证主义、后实证主义、建构主义、批判主义范式在定性研究的调查设计中有着不同的自由度。这可以看作一个连续统，一端是严格的设计原则，另一端是新兴的、非结构化的指令。实证研究设计重视研究问题和假设的早期识别和发展、

研究地点的选择、抽样策略的建立、研究策略的具体化和分析方法的采用。作者在写研究计划时可以列出研究的步骤和阶段，这些阶段可以被概念化……（反思、计划进入、数据收集、离开研究点、分析、撰写）。这一计划还可能包括预算、相关文献的回顾、关于保护被调查者的声明、知情同意书副本、访谈提纲以及时间安排。实证设计试图预测在定性研究中所有可能出现的问题。这种设计为研究者提供了一份十分清晰的路线图。从事这项工作的学者希望能够在所研究主题的已有文献中占有一席之地。

与此对照，人们对后实证主义、非实证主义存在更大的迷惑。它们以建构主义、批判理论范式或者种族主义、女性主义、文化研究的视角为基础。在这些研究范式和视角下形成的研究不太重视正式的基金、明确阐释的假设、严格定义的抽样框架、结构化的访谈提纲、事先决定的研究策略和研究方法以及分析的形式等。它们的研究者们运用在该领域取得经典地位的定性方法作为范本，遵循一条发现之路。

因此，尤其是对一些类型的定性研究而言，我们不想对计划的结构做过多限制，我们需要追求灵活性。一些作者（Coffey & Atkinson, 1996; Silverman, 2011）指出，这不应该被理解为“肆意而为”。艾斯纳（Eisner, 1991: 241-2）在关于教育的定性研究中表达了同样的想法：

定性研究计划应对将要调查的主题进行充分的描述，并展示、分析与该研究主题相关的研究，讨论现有研究文献的不足。现有文献的不足将凸显研究主题的重要性。同时，研究计划中应该描述能够被保护的各类信息以及为保护这些信息所使用的方法和技术。计划书应该写明在解释所描述的东西时可能会用到的理论和解释性资源，描述各种可能会被讨论的地点、人物和材料。

计划的作用并不是提供无懈可击的蓝图或者研究者遵循的准则，而是提供一个切实的理由，来使具有一定理解能力的读者明白作者具备必要的背景来做这个研究，并且清晰地考虑了在做这个研究的过程中可能运用到的资源，这一研究主题、问题或者被强调的议题是具有教育意义的。

为了避免这些说明被一些人解读为在定性研究中计划是不必要的，或者是如他们所说的“肆意而为”，我想让大家明白这不是我所表达的意思。计划是必要的，但是它不应该也不能够被当作一个“菜谱”或者“脚本”。证据是重要的，一个人有责任证实自己的言论，但是证实并不需要可测量的证据。在尝试处理社会的复杂性时，一致性、合理性、实用性是非常可取的。我的观点不是主张无秩序，也不是主张将学校和教室的研究简化成类似罗夏墨迹测验的研究，而是力荐一个研究计划或者研究课题的分析应该采用适合其类型的标准。做这种评估的教授应该明白并教育他的学生某一研究类型的特点、什么是恰当的标准以及为什么它们是恰当的。

15.2.3 混合方法研究计划

在混合方法研究中，一旦研究问题及其解决方案都已明确，我们就可以为研究计划构建一个如 14.4.4 小节所展示的策略设计表。在此之后（根据所选择的设计），我们往往就可以很方便地将一个混合方法的计划拆分为定量部分和定性部分，并对每个部分的抽样、数据收集和数据分析进行描述。然而，尽管这种拆分对计划的呈现很有帮助，解释这两部分的联系仍然是非常重要的。在抽样时尤其如此——例如，当研究的第一阶段为大规模抽样的定量研究，第二阶段为更深入的定性研究时，在描述了第一阶段样本抽样策略之后，我们面临的主要问题是：如何选择第二阶段的样本以及为什么这样选择？

15.2.4 计划书实例

一些文献中呈现了研究计划的实例。除了庞奇（Punch，2006）在一篇文章中所描述的五份计划书外，洛克等（Locke et al.，1993）也给出了对不同类型的计划的详细阐述。他们完整呈现了四个研究计划案例，并对每个案例的不同部分和层面进行了详细审慎的评论。他们选择了一些不同研究主题的计划书来说明不同设计和风格的研究。这四个案例是：

1. 一个实验研究（“年龄、方式、反应复杂性和实践对反应时间的影响”[The effects of age, modality, complexity of response and practice on reaction time]）。这个研究拟定了一个重复测量的双因素设计，来测试 14 个关于反应时间的假设。
2. 一个定性研究（重返社区学院的女学生 [Returning women students in the community college]）。这个研究打算运用深入访谈的方式来探索老年妇女以学生身份重返社区学院的经历的意义。
3. 一个准实验研究（教会孩子质疑他所阅读的东西：一个在认知学习策略训练中提高阅读理解能力的尝试 [Teaching children to question what they read: An attempt to improve reading comprehension through training in a cognitive learning strategy]）。这个研究拟定了一个准实验计划来验证关于儿童阅读习得的三个假定。

4. 资金申请计划书（工作场所戒烟的竞争策略［A competition strategy for worksite smoking cessation］）。这一基金申请计划同样采用了准实验设计，来估计竞争/互惠对招募员工加入自主戒烟计划和戒烟效果的影响。

还有一些文章提供了计划书案例，马克斯威尔（Maxwell，2012）展示了一个标题为"基础科学教师如何帮助医学生学习：从学生的视角出发"（How basic science teachers help medical students learn: The students' perspective）的定性研究计划，并对研究计划进行了细致的评论。这个研究计划运用对四个杰出教师进行个案研究的方式来回答关于教师如何帮助医学生学习的六个研究问题。教室参与观察和对教师、学生的访谈是主要的数据来源，并辅以相关文献资料。另外，切尼兹（Chenitz）在发表于 1986 年的一篇文章中虽然没有涉及实际的计划书案例，但是对扎根理论研究计划的准备工作进行了论述。

15.2.5 摘要和标题

摘要是对一个计划或者是已完成研究的简要总结。摘要在研究文献中有着非常重要的作用，研究计划、学位论文以及学术期刊中的文章都要求有摘要。摘要和标题都是研究文献的分级索引系统的核心，随着研究成果的不断增多，它们变得越来越重要。文献检索系统可以使读者先浏览标题，再决定是否需要进一步阅读。如果需要继续阅读，那么他们可以先阅读摘要，摘要可以提供给他们更多甚至足够的信息。如果他们仍然需要进一步阅读，文献的最后一章通常包含一份比摘要更加具体的关于研究和发现的总结。如果他们还是需要关于这份研究的更详细的信息，他们可以通读全文。

好的摘要写作需要有言简意赅的技巧。对一份计划书来说，摘要需要解决两个主要问题。其一是研究的主要内容和所要达到的目标（通常以研究问题的形式陈述较好），其二是如何进行研究以达到研究目标。对于一篇报告，摘要主要包括三个部分——上述两个部分以及研究发现。摘要不仅应该概述某项研究，还应该概述研究背后的论点，这些应该贯穿摘要的各个部分。由于在写作和交谈时通常会用到一些多余的词汇，对我们大多数人来说，摘要写作是一门需要培养的技艺。由于对尚未写作的内容进行总结具有一定的难度，摘要和标题通常最后才写。

正如前文所述，标题在研究文献的检索过程中也非常重要。因此，标题不仅仅是一种事后思考，它应该运用揭示性的而不是模糊晦涩的词语。作为对摘要中的观点的延伸，标题也应该言简意赅。洛克等（Locke et al.，1993）讨论了标题及其作用。

15.2.6 论文（计划书）

正如前面提到的，本书的焦点在于如何开始研究，因此本章强调的是研究计划的写作。完整的研究可以用不同的形式加以报告，而论文就是其中一种主要形式。因为我已经强调了研究计划，所以这里没有对论文、论文框架和写作指南进行详细描述。关于这个话题有相当多的文献，并且在本章的最后给出了进一步阅读的建议。本部分对论文的讨论主要包括三个方面——论文应该涵盖的一般内容、如何看待论文以及论文写作的本质。

无论章节结构如何，一篇论文应该包含一些基本内容，这些内容会形成一个研究的报告。它们包括：

- 对研究领域和主题的清晰界定
- 对研究目的和研究问题的陈述
- 对研究背景的介绍，包括它与其他文献的关系
- 对研究方法的描述，包括策略和设计、样本、数据的收集处理
- 对数据和数据分析的介绍
- 对研究发现的陈述以及对从研究发现中得出的结论的思考。

这些标题是综合性的，足以涵盖定量研究和大部分定性研究的工作。它们与迈尔斯和休伯曼（Miles & Huberman，1994：304）提出的定性研究报告结构的最低指导原则相类似：

1. 报告应该告诉我们这个研究是研究什么或者将要研究什么的。
2. 它应该传达对数据收集地点的社会历史背景的清晰认识。
3. 它应该向我们呈现如埃里克森（Erickson，1986）所说的“调查的自然历史”，以使我们能够清晰地看到是谁如何做了什么。比起纯粹的“方法”解释，我们应该更深入地了解关键概念是如何随着时间的推移而显现的；哪些变量出现或消失了；哪些编码带来了重要的见解。
4. 一个报告应该提供基本的数据，最好以插图、有组织的叙述、照片及数据展示等形式展现，以使读者可以和研究者同时得出有根据的结论（没有数据支撑的结论是模糊不清的）。
5. 最后，研究者应该清晰地表达他的结论，并描述结论对他们所影响的思想和行动世界中的广泛意义。

论文作者应该判断如何将材料区分为不同的章节。在做出这种判断时，研究者应该谨记论文本质上是一个研究的报告，研究自身组成逻辑论证。实证研究（定性方法、定量方法或者混合方法）系统地将实证证据引入这种论证，以此作为回

答研究问题、检验假设和建立理解的方式。在这种思路下，我们可以将研究看作一系列的决定。尤其是在计划和设计方案阶段，研究者面临着许多选择，其中一些选择已成为本书的主题。因此，一个完成的计划书本身就是这些选择的集合，而论文就是这个选择集合的报告。通常情况下，在面对这些决定时，并不存在对与错的选择。正如我在本书经常强调的，这是在研究环境和将计划的各个部分整合在一起的需要的指引下，评估研究中的每一个情境、这些情境的替代选择及其不可避免的优势和劣势，并在评估的基础上做出每一个决定。

为了在论文写作过程中显示这种视角，作者可以阐明在每一部分各有什么选择、做出了什么选择以及为什么这样做。这样看待一篇论文，我们就会明白做研究并不是只有一种方法，任何一项研究都会有批评者。认识到这一点后，我们的目标是在考虑各种备选方案之后，就一套经过仔细论证的一系列选择给出一份全面的报告。在书面报告中，作者告诉读者在研究过程中所采取的决定路径，并引领读者沿着这条路径走下去。写作表明了选择这条道路的原因、考虑的备选方案和采取的决策。用这种方式呈现论文，研究就给人留下了一个计划周密、精心设计、严密执行和报告的好印象。

关于论文和学术写作的策略和风格的话题我们已经探讨了很多，而且这两个主题都有可供进一步阅读的文献。后文主要关注研究写作对文字清晰、简要的强调以及其模块化和可重复的特点。

无论是计划书还是报告，研究写作需要清晰高效的表达，追求清晰的表达是笔者责任的一部分。文章的结构（它的章节、章节出现的顺序以及章节间如何衔接）、词语、句子以及组成章节的段落都要清晰。简言之，短语和段落组成了章节。定量研究有明确的指导方针有助于这些问题的解决，但在定性的背景下，清晰与“真实”很难平衡。韦布和格莱斯尼（Webb & Glesne）引用了伯杰和凯尔纳（Berger & Kellner，1981）在一篇文章中的观点，他们指出：“我们有道德上的义务来尽可能忠实地展现人们表达的故事。”他们所论述的将数据从一级到二级来进行数据抽象的观点与本书第 9 章所强调的定性分析风格一致。他们写道（1992：804）：

社会学家用来理解人们生活的二级构想一定来源于并且可以回溯到那些人们用来定义自己并使生活变得有意义的一级构想。在写作过程中，在一级构想和二级构想之间进行优雅的转化是非常困难的。学生应该有明确的道德义务，否则，读者将与研究对象的生活以及研究者的分析分离。这并不是在暗示学生为了使阅读更简单而简化文本或者将原本复杂的事物简单化。

使作者处于读者的角度可以帮助其实现清晰表达。对读者来说，什么是最重要的？什么将确保读者能够轻松地领会论据，并且不在文本中“迷路”？作者尝试以这种方式来预见读者的期望和反应。作者应牢记，研究文本（论文或报告）最终都是独立的。当读者阅读文献时，作者不会在旁边进行解释。

简短同样非常重要，因为它往往有助于研究的清晰表达。现在有很多的压力限制着文章的长度——例如研究期刊出于空间的考虑而限制论文篇幅，学校也设置学位论文的长度上限。缩短句子的方法包括：开门见山，削减不必要的部分，当可以使用短词时不使用长词，保持句子的简短。我们要重复修改才能实现文章的简洁，这将花费很多时间。每个研究者都发现时间不足是使写作无法简洁（和清晰）的原因。如果可能的话，我们要留出充足的时间来使文章简短化。

一篇论文（或计划书）的结构通常要求将其分为几个部分。我们可以将这些部分看作是一些模块，把它们组织成章节，通过这些模块来撰写论文。模块化使写作变得不那么艰巨。将这些不同的部分写下来对我们是有帮助的，或者至少将做笔记和根据笔记进行各部分的写作作为研究实施的步骤。如果没有关于各类讨论、阅读的详尽笔记，在研究计划阶段提出的很多问题和决策在写作阶段是无法被全部记住的。沃尔科特（Wolcott，1990）的建议则更进一步：“写作永远不嫌过早开始。”“边做边写”的写作策略可以帮助我们明确我们的观点（Miles，Huberman &Saldana，2013），它还包括了写作是学习的一部分的观点。庞奇（Punch，2006: 72-4）也给出了学术写作的一些具体策略。

15.3　报告性写作 VS 学习性写作：作为分析的写作

在传统的研究写作模式中，直到研究结束、所有的事情都被解决后，写作才会开始。“我已经做完了这个研究的所有事情，现在我要把它写下来”这句话暗示了这样一种观点：在“所有的事情结束”之前，我不会开始我的写作。这就是报告性写作。

另一种观点将写作视为一种学习和了解的途径，一种分析和探究形式。这是一种“写作以解决某一问题”的观点。在这种观点中，我不会结束写作，直到我把所有的问题都解决了。由于通过写作来学习，作者运用写作过程本身来帮助自己解决问题。作者不断地理解，因此写作是一种通过发现和分析来学习的方式（Richardson，1994）。由此，写作变为研究必不可少的一部分，而不仅仅是“真正”的研究结束后的附加部分。这是学习性写作。

学习性写作通常更有可能在定性研究中出现。然而，它在定量研究中也可以有一席之地——例如，当研究者解释一个从复杂的数据集分析（例如多变量相关调查）中得出的结论时。在这些情况下，我们可以建立一个研究结果的全景图，将之整合并加以解释。这与对通过某些形式的定性数据分析（例如迈尔斯和休伯曼的分析形式）而逐渐呈现的结果图景进行描述是类似的。同时，这一写作模型尤其适合于某些类型的定性分析。在这些定性分析中，研究者需要构建随着分析的推进而逐步显现的数据的图谱或理论图景。写作过程对其有巨大帮助。这个观点是一种非常实用的策略，即当在形成图景的过程中遇到阻碍或困惑的时候，我们可以尝试将它写下来。

因此，定性研究者更有可能强调写作是分析，而不是与分析相分离。在“分析性写作”（Coffey & Atkinson，1996）中，写作是思考、分析和解释的一部分。“代表性危机”（Denzin & Lincoln，1994）也转变了在定性研究中必须处理的如何代表“现实”，尤其是活生生的经验世界这一问题的观念。这两个观点共同带来了研究报告写作形式的新的关注点：

> 近期发展的观点是，我们不能将“撰写”我们的研究作为一个简单的工作。我们必须把它作为一个分析工作来对待。在这种对待方式下，报告的形式及表现方式和它们的内容一样有用和重要。（Coffey& Atkinson，1996：109）

这种观点在最近关于民族志的研究（Hammersley，1995；Coffey & Atkinson，1996）中非常明显，它使人们意识到形成研究文章有多种选择。

15.4 写作选择

韦布和格莱斯尼（Webb & Glesne，1992：803）从三个层面列举了研究者，尤其是定性研究者所面临的写作选择。宏观层面涉及研究的权力、话语和政策。中观层面涉及著作者的权力、证据整理以及研究者与被研究者的关系。微观层面涉及某一部分是否应该以第一人称来写作，当作者从数据转向理论时，其风格是否应该改变以及故事应该怎样被讲述等。迈尔斯、休伯曼和萨尔达尼亚（Miles，Huberman & Saldana，2013）也确定了关于报告的一系列选择，他们强调选择而不是一套固定的观念。这些选择包括报告受众及其预期的影响、报告的语气或类型、报告的写作风格、结构和格式。邓津和林肯（Denzin & Lincoln，2011）认为，伴随着这一系列的选择，写作过程本身是一种阐释性的、个人的和政治性行为。

尽管写作的选择性是由定性研究过去 30 年的发展所证实的，但是这些写作选择实际上适合所有的研究方法：定量方法、定性方法和混合方法。后文有一些推荐阅读的文献，特别是定性研究文献，其中包括了对这些选择的讨论和相应案例。

章节概要

- 定量研究在研究设计和报告中给我们一系列开门见山的标题；与此相反，定性研究引入了更为广泛的写作模型和结构。
- 研究计划需要处理是什么、为什么和怎么办这三个首要问题，我们呈现了一组标题来展示计划作为研究的论证过程，在解决这三个问题时，这些标题可以和计划书的各个部分良好契合。
- 定性研究需要更大的灵活性，尤其是计划做一个开放研究的时候，定性研究在某些方面更难写。
- 在草拟混合研究方法的计划的时候，我们可以将研究方法一节分为定性部分和定量部分，但是我们同样需要对研究策略和设计进行整体描述，以显示这两个部分是如何相互衔接以解决研究问题的。
- 摘要和标题在文献检索过程中是非常重要的，摘要和标题的写作需要言简意赅。
- 将论文看作是一个研究的报告将使我们对读者期望论文涵盖的内容有清晰的把握。
- 报告性写作是典型的定量研究传统；学习性写作通常应用于定性背景中。在这个背景下，写作被看作分析和探索的一部分。

练习与思考题

1. 在研究报告中，什么是定量传统？在这个传统中，报告的典型结构是怎样的？
2. 为什么定性研究的计划书和论文有更广泛的写作策略？它们是如何拓宽这些策略的？
3. 指导计划拟定的三个关键问题是什么？对每一个问题加以讨论，并讨论在计划书中这些问题应该如何解决。
4. 我们如何理解“研究计划是一个论证过程”这种观点？
5. 在一份研究计划中你希望看到哪些部分，每一部分的作用是什么？
6. 在一篇论文中你希望看到哪些章节，每一章节的作用是什么？
7. 什么是研究摘要？为什么说研究摘要非常重要？
8. 学习一份期刊的最新文章，例如《美国教育研究杂志》（*American Educational Research Journal*）、《管理科学季刊》（*The Administrative*

Science Quarterly）、《英国心理学杂志》（*British Journal of Psychology*）或者《美国社会学评论》（*The American Sociological Review*）等。通过研究它的标题、摘要和文章结构，你学到了研究写作的哪些东西？

拓展阅读

一般学术写作

Broadley, L. (1987) *Academic Writing in Social Practice*. Philadelphia: Temple University Press.

Mullins,C.J. (1977) *A Guide to Writing and Publishing in the Social and Behavioural Sciences*. New York: Wiley.

Strunk, W.Jr and White, E.B. (1979) *The Elements of Style*. 3rd edn. New York: Macmillan.

Zinsser, W. (1976) *On Writing Well*. New York: Harper and Row.

定性写作

Atkinson, P. (1990) *The Ethnographic Imagination: Textual Constructions of Reality*. London: Routledge.

Becker, H.S. (1986) *Writing for Social Scientists: How to Finish Your Thesis, Book, or Article*. Chicago: University of Chicago Press.

Clifford, J. and Marcus, G.E. (1986) *Writing Culture: The Poetics and Politics of Ethnography*. Berkeley, CA: University of California Press.

Geertz, C. (1983) *Works and Lives: The Anthropologist as Author*. Cambridge: Polity Press.

Van Maanen, J. (1988) *Tales of the Field: On Writing Ethnography*. Chicago: University of Chicago Press.

Wolcott, H.F. (1990) *Writing Up Qualitative Research*. Newbury Park, CA: SAGE.

计划书和论文

Glatthorn, A. and Joyner, R. (2005) *Writing the Winning Dissertation: A Step-by-Step Guide*. London: SAGE.

Krathwohl, D.R. (1988) *How to Prepare a Research Proposal*. 3rd edn. Syracuse, NY: Syracuse University Press.

Locke, L.F., Spirduso, W.W. and Silverman, S.J. (1993) *Proposals That Work: A Guide for Planning Dissertations and Grant Proposals*. 3rd edn. Newbury Park, CA: SAGE.

Long, T.J., Convey, J.J. and Chwalek, A.R. (1991) *Completing Dissertations in the Behavioural Sciences and Education*. San Francisco: Jossey-Bass.

Madsen, D. (1992) *Successful Dissertations and Theses*. 2nd edn. San Francisco: Jossey-Bass.

Phillips, M. and Pugh, D.S. (1987) *How to Get a PhD*. Milton Keynes: Open University Press.

Punch, K.F. (2006) *Developing Effective Research Proposals*. 2nd edn. London: SAGE.

Rudestam, K.E. and Newton, R.R. (2000) *Surviving your Dissertation: A Comprehensive Guide to Content and Process*. 2nd edn. Thousand Oaks, CA: SAGE.

Sternberg, D. (1981) *How to Complete and Survive a Doctoral Dissertation*. New York: St Martins.

Thody, A. (2006) *Writing and Presenting Research*. London: SAGE.

Walliman, N. (2004) *Your Undergraduate Dissertation: The Essential Guide to Success*. London: SAGE.

附录

如何得出并验证定性分析结论

本附录包含由迈尔斯和休伯曼（Miles & Huberman, 1994）给出的两个策略，其中一个用来产生定性分析的意义；第二个用来检验和确认研究结果。本部分列出的策略在迈尔斯和休伯曼（Miles & Huberman, 1994）的书中都有描述。

这两个策略都与迈尔斯和休伯曼（Miles & Huberman, 1994）记录的作为定性分析不同方法的一般特点的六个相当经典的解析方法相匹配：

- 对由观察或者访谈得出的田野笔记附加编码。
- 注意纸张边缘的评论或者其他标注。
- 对这些材料进行排序和筛选，识别相似的短语，主题、模式、变量之间的关系与群体之间的差异，以及共同序列。
- 将这些模式和过程、共性和差异独立出来，并将它们带入下一波的数据收集中。
- 逐步阐述一组概括，这些概括包含了研究者识别出来的数据一致性。
- 用以观念或理论形式存在的正式知识体对这些概括加以处理。

A1.1　产生意义的策略

这些策略被编号为 1 到 13，它们基本上是从描述到解释，从具体到抽象。我们在下面对它们进行简要综述和罗列。

指出模式和主题，看到合理性，聚类使分析者领会“什么随着什么而发生”。制造隐喻和之前的三个策略类似，是一种可以实现各种数据之间的整合的方式。计数是一种看到“那里有什么”的方式。

进行对比或比较是一种提高认识的普遍策略。在细分变量中，区分有时是必要的。

我们也需要一些策略来更抽象地领会事物和它们之间的关系。这包括将特殊归纳为一般，分解一种熟悉的定量技术，记录变量间的关系和发现干预变量。

最后，我们如何系统地对数据进行条理分明的理解？这里讨论的策略是建立证据的逻辑链和建立概念或理论的一致性。

这 13 个策略是：

1. 说明模式、主题
2. 看到合理性
3. 聚类
4. 制造隐喻
5. 计数
6. 进行对比或比较
7. 细分变量
8. 将特殊归纳为一般
9. 分解
10. 记录变量间关系
11. 发现干预变量
12. 建立证据的逻辑链
13. 建立理论或概念的一致性

A1.2 检验或确认研究发现的策略

这些策略也被编码为 1 到 13，从那些旨在确认数据基本质量的策略开始，到检查早期模式的意外情况以检验研究发现的策略。这其中包括通过采用怀疑论的、严苛的方式来发现解释的策略。

数据质量可以通过以下策略评估：检验代表性；监测研究人员对个案的影响或个案对研究者的影响；对数据的来源和方法进行三角验证。这些检验也包括对证据进行加权，决定哪些数据是最可靠的。

关注“非模型”部分可以给我们很多信息。运用极端案例来检验异常值、跟进意外情况、寻找不支持结论的证据，这些都是通过查看模型的异常之处来检验关于模型的结论。

我们如何才能真正检验我们的结论？进行“如果 – 那么”检验、排除虚假关系、复制一个发现以及检验竞争性解释，这些方法都使我们的理论屈服于残酷事实的攻击或者与其他理论的竞争。

最后，一个好的解释应该得到资料提供者的关注。从提供资料的人那里获得反馈的策略也包括在策略列表中。

这 13 个策略是：

1. 检查代表性
2. 检查研究者影响
3. 三角验证
4. 对证据进行加权处理
5. 检查异常值的含义
6. 使用极端案例
7. 跟进意外情况
8. 寻找不支持结论的证据
9. 进行“如果－那么”测试
10. 排除虚假关系
11. 复制一个发现
12. 检验竞争性解释
13. 从信息提供者那里获得反馈（Miles & Huberman, 1994: 262-77）

关键术语表

解释方差（Accounting for variance）：它是定量研究的中心策略，通过研究因变量与自变量的关系来解释因变量的方差变化。

行动研究（Action research）：运用实证程序反复进行行动和研究，并做出相应调整，以解决实际问题。

协方差分析（Analysis of covariance）：它是一种分析在控制一个或更多个协变量后某些自变量的组间差异的统计技术。

方差分析（Analysis of variance）：一种分析某些自变量组间差异的统计方法。

异步（Asynchronous）：一种利用互联网开展的，信息传播有延迟的通信。

检验追溯（通过数据）（Audit trail [through the data]）：一种显示数据是如何被分析以得出结论的方法。

主轴编码（Axial coding）：该方法可发现抽象概念之间的数据连接，产生理论的编码。主要用于扎根理论分析。

个案研究（Case study）：一种侧重于对一个或多个案例进行深入、全面和情境化研究的研究策略，通常会使用多种来源的数据。

聊天室（Chat rooms）：允许参与者独自聊天（即时消息）或小组聊天（在线论坛和虚拟环境）的所有形式的技术。

卡方（Chisquare）：有多种用途的统计方法；其中一个常见用途是看一个交叉表中的变量是否彼此相关。

编码（Coding）：为每条定量数据设置标签或标识。

概念框架（Conceptual framework）：一个展示了研究的核心概念，以及它们相对于彼此的概念状态的框架；通常用图形表示。

列联表（Contingency table）：它使用交叉表看一个变量的分布是否与其他变量相关。

连续变量（Continuous variable）：在程度方面变化而不是在分类方面变化的变量（例如身高、收入、成绩），它的同义词是可测量变量。

控制变量（Control variable）：我们想要控制或排除其影响的变量。其同义词是协变量。

相关（Correlation）：显示了两变量间关系强弱和方向的统计技术。

相关性调查（Correlational survey）：一种焦点在于研究变量间关系的定量调查。

协变量（Covariate）：见控制变量。

交叉表（Cross-tabulation）：两变量相互交叉制成的表格。

网络空间（Cyberspace）：由有数字对象存在的网络创造的空间。

数据收集问题（Data collection questions）：在数据收集过程中实际询问的问题。例如定量研究中的调查问题、定性研究中的访谈问题。数据收集问题在逻辑上遵循具体的研究。

演绎（Deduction）：从一般的、抽象的层次向下推进到更加特殊、更加具体的层次，与归纳相对。

定义－概念界定（Definitions-conceptual definition:）：用其他抽象概念来对一个概念或变量进行定义。我们需要寻找表示这一抽象概念的可观察活动。这些活动构成了概念的操作定义。当概念定义和操作性定义有紧密的联系时，建构的有效性得到加强。

目的抽样（Deliberate［or purposive］sampling）：根据研究的逻辑，用有目的或者有针对性的方式从总体中抽取样本。

因变量（Dependent variable）：在因果关系中被看作“结果”的变量。其同义词是实验设计中的结果变量；相关性调查中的效标变量。

话语（Discourse）：运用特殊术语并用知识的具体形式进行编码的一个语言系统；通常用来指涉知识及其相关实践的系统（Seale, 1998; Tonkiss, 1998）。

离散变量（Discrete variable）：具有不同分类而不是不同程度的变量；它的变化是分类别的（例如眼睛颜色、宗教信仰、出生国别）；其同义词是分类变量、非连续变量。

邮件（Email）：一个利用互联网来组织、发送、存储和接收信息的通信系统。

实证（Empirical）：基于直接经验或对世界的观察。

经验标准（针对研究问题）（Empirical criterion［for a research question］）：为回答研究问题而需要的数据是明确的吗？如果是，这个研究问题就满足经验标准，如果不是，就需要对研究问题进行进一步的发展。

经验主义（Empiricism）：是一个认识论哲学词，意指视经验为知识的基础或来源。

伦理规范（Ethical codes）：由行业协会协商的在某具体专业、行业和制度环境下可接受的实践协定，这一协定倾向于将引导研究的详细规则囊括在内。

伦理（Ethics）：对行动是否是有益、正确或有德性进行判断的研究；可通过不同角度探讨。

道义论伦理学（Deontological ethics）：强调出于责任而不是乐趣、倾向或兴趣的行动。在这种情况下，什么是正确的行动？

目的论伦理学（Teleological ethics）：强调运用“最大幸福”或者“功利”原则来选择行动。在这种情况下，什么样的行动可以实现行动所涉及的所有人的最大利益？

德性伦理学（Aretaic ethics）：强调最善良的存在和生活方式。在这种情况下什么样的行动符合有德之人的品质或性格？

情境伦理学（Situational ethics）：强调伦理决定是基于情境的，从来不会被统一定义或完全解决。

民族志（Ethnography）：是人类学家倾向于使用的一种研究策略。这种研究策略追求的是理解在某一文化背景下行动对行动参与者的象征意义；其目的是对某些群体的生活方式进行全面的文化描述。

常人方法学（Ethnomethodology）：该方法论探讨人们如何在日常情境下产生有序的社会互动；认为构成社会基础的、被视为理所当然的规则使日常社会互动变得可能。

实验（Experiment）：是一种主要的定量研究方式，实验可以操纵一个或多个自变量以研究它（们）对因变量的影响；也可以将参与者随机分配为实验组和参照组来进行研究。

因子分析（Factor analysis）：是一类在不丢失变量信息的情况下减少变量数量的统计方式。

事实－价值差距（Fact-value gap）：一种认为事实陈述和价值陈述没有逻辑关联的观点。

焦点小组（访谈）（Focus group ［interview］）：一种强有力的定性资料收集方法。在这种方法中由 6 到 8 人组成的小群体作为一个小组接受访谈。

频率分布（Frequency distribution）：显示一组数值的分布情况的图表。

扎根理论（Grounded theory）：一个独特的研究策略。其目的是产生基于资料的解释理论。

扎根理论分析（Grounded theory analysis）：为产生解释理论而进行资料分析的具体过程；主要侧重于提高资料的概念层次（例如，重新界定）。

概念层次（Hierarchy of concepts）：在计划和组织研究时的一种有用工具；具体层次是：研究领域——研究主题——一般研究问题——具体研究问题——数

据收集问题。

假设（Hypothesis）：研究问题的一个预测答案；在以理论验证为目的的研究中，研究假设通过理论演绎在理论后面展示出来。

假设演绎模型（Hypothetico-deductive model）：理论验证研究的核心策略，这一策略强调对由理论演绎而来的假设进行实证检验。假设由理论推导而来，并依靠数据进行检验。

自变量（Independent variable）：被视为因果关系中的原因的变量。同义词为实验设计中的处理变量；相关调查中的预测变量。

归纳（Induction）：提高抽象层次，从更特殊、更具体的层次到更一般和抽象的层次；与演绎相反。

交互（Interaction）：定量研究设计的一个术语；两个（或更多）的自变量可能在它们对一个因变量的影响上存在交互作用。

互联网（Internet）：以标准化的方式连接以计算机为基础的网站，从而组成万维网的一种网络。

互联网研究（Internet research）：将互联网作为在虚拟或现实场所中进行研究的一种工具来加以使用。

潜在特质（Latent trait）：我们想要测量的特质（或变量）是隐藏的；我们通过其可观测的指标来测量它。

列表服务器（Listservers）：一个允许邮件服务商控制谁可以阅读并发送邮件至邮件列表的应用软件。

测量（Measurement）：将数据转换为数字的操作。

参与员检查（Member checking）：定性研究者与提供数据的被研究者一起检查数据和分析。主要用于扎根理论研究中。

备忘录（Memoing）：研究者停下来，将在编码和分析过程中闪现出来的关于数据的想法记录下来。尤其是在定性研究中。

混合方法研究（Mixed-method research）：将定量数据（和方法）以及定性资料（和方法）结合起来的实证研究。混合方法研究目前有很多模型。

多重因果关系（Multiple causation）：某一特殊“结果”是由相互关联的多个原因引起的。

多重线性回归（Multiple linear regression）：为了解释因变量的变化而建立的一种几个自变量和一个因变量的定量设计和数据分析策略。

多元（Multivariate）：有一个以上的自变量。

自然主义（Naturalism）：主张在社会的自然状态下对社会进行研究，不为了研究目的而对社会的自然状态加以扭曲。

负相关（Negative correlation）：当一个变量增大时，另一个变量随之减小（反之亦然）；即一个变量升，一个变量降。

开放编码（Open coding）：在“这一数据的实例是什么？”这一问题的引导下，以提高数据的概念层次为核心目标的一种编码方式。开放编码主要用于扎根理论分析中，产生实质性的编码。

操作主义（Operationalism）：在定量研究中，认为“一个概念的意义由为了测量这一概念而设置的一组操作化给定”的一种观点。

范式（Paradigm）：一系列关于研究世界的假设，以及探究这一世界的适当技术的假设；一系列的基本信念、世界观，一种关于科学如何进行的观点（本体论、认识论、方法论）。

参与观察（Participant observation）：民族志的理想研究策略；为了理解研究情境，研究者既是研究情境的观察者，又是参与者。

总体（Population）：我们研究的目标群体，通常规模较大。我们要建构关于他们的知识，但是无法直接对其进行研究，因而需要在总体中进行抽样。

正相关（Positive correlation）：一个变量的得分变高，则另一个变量的得分也变高（反之亦然），即两个变量一起上升或下降。

实证主义（Positivism）：在一般意义上，它表示一种研究方法，这种方法强调对一般规律和从价值分离出来的事实的发现；它总是涉及致力对自然主义和定量方法的经验主义承诺（Seale, 1998: 328）。

自主性原则（Principle of Autonomy）：它是指研究者有义务尊重每一个参与者，相信他们作为个体有能力对参与研究做出明智的决定。

善行原则（Principle of Beneficence）：它是指研究者有义务力求使个体参与者和（或）社会的利益最大化，同时使对个体的危害最小化。

信任原则（Principle of Trust）：它是指研究者有义务对研究对象所提供的信息加以保护。包括保密性、隐私权和匿名性原则。

目的（或立意）抽样（Purposive [or deliberate sampling]）：研究者根据研究逻辑有目的或有针对性地从总体中抽取样本。

准实验（Quasi-experiment）：自然发生的实验组可以与那些接近真实实验设计的群组进行比较。

反应性（Reactivity）：一种认为数据可能受数据收集过程本身影响或改变的观点。

回归（Regression）：预测一个变量在另一个变量上得分的一种统计方法。

（数据）信度（Reliability［of data］）：指在定量研究中，测量的一致性：（a）随时间推移——重复测量的一致性；（b）指标一致性——内部一致性信度。在定性研究中，一般指数据的可靠性。

代表性抽样（Representative sampling）：一种总体中的每一个个体都有同等机会被抽取的抽样方法；意在进行推论。

基于情境的研究伦理（Research ethics as situated deliberation）：研究者需要对伦理规范进行解读，这种解读通常包括在特定研究情境下的抽象原则和标准。

研究问题（Research questions）：通过展示其研究目的来组织研究。一般研究问题通过展示研究旨在回答的一般问题来指导研究；一般问题过于抽象，难以直接回答，需要将之具化。具体研究问题使一般研究问题更加具体；将一般研究问题与数据联系起来。

样本（Sample）：一个从更大总体中抽取出来的一个较小的群体；数据从样本中收集和分析，并将结果推论至总体。

作为方法的科学（Science as method）：建构以发展和检验解释数据的理论为目标的实证方法。理论生成研究——研究从数据中产生理论；理论验证研究——研究依靠数据检验理论。

搜索引擎（Search engine）：一种机械程序，它可以通过关键词匹配将数据存储在互联网上，建立数据库，并以一种易于访问的方式组织和展示结果。

二次分析（Secondary analysis）：将以前收集和分析的数据进行再一次的分析。

选择性编码（Selective coding）：应用于扎根理论分析中的一种方式；它确定了一个扎根理论的核心范畴，提升了二次分析的概念层次。

符号学（Semiotics）：符号的科学；聚焦于通过某一事物代表其他事物的过程。

测量敏感性（Sensitivity［of measurement］）：测量工具产生（可信的）方差的能力，以及区分不同的被测量人。

统计推断（Statistical inference）：评估从样本推断总体的准确性的一组决策规则。

统计显著性（Statistically significant）：用统计推论得出的具体结果不可能是偶然发生的，因此这种结果被认为是真实的。

结构性访谈（Structured interview）：访谈问题是研究者事先确定的，并且预先设置了回答类别。

学科门户（Subject gateway）：一个包含经过学科专家人工选择、评估和质量检查的资源的数据库。

同步（Synchronous）：通过互联网使信息直接出现在接受者的电脑上的一种通信方式。

T检验（T-test）：检验二分变量在因变量上的差异的一种统计方式；是方差分析的一种。

理论抽样（Theoretical sampling）：数据收集的连续周期受由分析中逐步出现的理论方向的指引。通常用于扎根理论研究。

理论饱和（Theoretical saturation）：扎根理论研究中理论抽样的最后一步。当新的数据不再显示新的理论元素，却更加证实已经发现的理论时，就达到了理论饱和状态。

理论敏感性（Theoretical sensitivity）：扎根理论中的一个术语；保持对数据中可能产生的理论的敏感性；用理论和分析的深度来发现数据背后的东西的能力。

理论（Theory）：解释性理论——用以解释数据的一系列命题；解释性理论命题中的概念比数据中的概念更加抽象。

理论生成研究（Theory generation research）：以发现或者建构可对数据进行解释的理论为目标的实证研究；它始于数据，终于理论。

深描（Thick description）：强调在定性研究中对被研究行为的全景进行全面、彻底、基于背景的捕捉和传达。

三角验证（Triangulation）：用几种方法或数据来研究某个主题；最常见的类型是数据三角验证，在数据三角验证中，一项研究使用多种数据源。

单变量（Univariate）：只有一个变量。

非结构化访谈（Unstructured interview）：在访谈中，访谈的问题和回答类型不是研究者事先确定的；访谈问题没有设置刻意的结尾。

效度（Validity）：一个有复杂的技术性和一般性意义的词语。技术性的三个重要意义为：测量工具的效度；研究设计的效度（内在效度）；研究报告的真实性。

测量的效度（Validity [of measurement] ）：测量工具能够测量它真正想要测量的东西的程度。

内容效度（表面效度）（Content [or face] validity）：在概念描述中，测量工具对各个方面的内容的代表性如何。

效标效度（Criterion related validity）：某一测量工具如何与所测概念的其他测量结果进行比较。

预测效度（Predictive validity）：测量工具对即将发生的行为的预测效果如何。

构念效度（Construct validity）：测量工具对理论预期的符合程度如何。

价值判断（Value judgements）：伦理或道德判断；对好与坏、是与非的判断，这种判断通常被作为终极价值，判断本身就是目标。

虚拟环境（Virtual environment）：互联网中允许使用者通过文本或者 3D 图进行互动的三个系统。MUDs 是一个以文本为基础的简单环境，允许玩家每次与一个人进行交流。第二代，MOOs 是一个以文本为基础的环境，它允许多个玩家同时进行交流并显示情感和操作对象。最新一代的 MMORPG 是一个基于图形的、可以使多个玩家用文本和亲自设计的 3D 图像进行互动的环境。

Web 2.0：在这种联系下，用户通过维基百科、博客、我的空间、脸书、推特等应用创建在线内容，积极地与其他用户进行交流和合作。

万维网（World Wide Web）：互联网上相互联系的网站系统，通常被称为"网络"。

参考文献

Abbott, P. and Sapsford, R. (2006) 'Ethics, politics and research', in R. Sapsford and V. Jupp (eds), *Data Collection and Analysis*. London: SAGE. pp. 291-312.

Ackoff, R. (1953) *The Design of Social Research*. Chicago: University of Chicago Press.

Adler, P.A. and Adler, P. (1994) 'Observational techniques', in N.K. Denzin and Y.S. Lincoln (eds), *Handbook of Qualitative Research*. Thousand Oaks, CA: SAGE. pp. 377-92.

Alder, N. (2002) 'Interpretations of the meaning of care: Creating caring relationships in urban middle school classrooms', *Urban Education*, 37(2): 241-66.

Alderson, P. and Morrow, V. (2011) *The Ethics of Research with Children and Young People: A Practical Handbook*. London: SAGE.

Aldridge, J.M., Fraser, B.J. and Huang, T.I. (1999) 'Investigating classroom environments in Taiwan and Australia with multiple research methods', *Journal of Educational Research*, 93(1): 48-62.

Amundsen, C. and Wilson, M. (2012) 'Are we asking the right questions? A conceptual review of educational development in higher education', *Review of Educational Research*, 82(1): 90-126.

Anastasi, A. (1988) *Psychological Testing*. 6th edn. New York: Macmillan.

Andrews, D., Nonneck, B. and Preece, J. (2003) 'Conducting research on the Internet: Online survey design, development and implementation guidelines', *International Journal of Human-Computer Interaction*, 16(2): 185-210.

Andrich, D. (1988) *Rasch Models for Measurement*. Newbury Park, CA: SAGE.

Andrich, D. (1997) 'Rating scale analysis', in J.P. Keeves (ed.), *Educational Research, Methodology, and Measurement: An International Handbook*. 2nd edn. Oxford: Elsevier. pp. 874-80.

Anward, J. (1997) 'Semiotics in educational research', in J.P. Keeves (ed.), *Educational Research, Methodology, and Measurement: An International Handbook*. 2nd edn. Oxford: Elsevier. pp. 106-11.

更多参考文献内容请扫码查看

译者后记

基思·F. 庞奇教授的《社会研究导论：定量与定性的路径》一书自 1998 年出版以来，深受读者的欢迎，几乎每年重印；2005 年该书出版了第二版，2014 年出版了第三版。我们翻译的正是该书的第三版。

与同类教材相比，该书既详细介绍了社会研究从问题选择到报告撰写的整个过程，又兼顾到了定量与定性两种不同的研究路径。特别是作者的语言运用和材料取舍非常恰当，使得全书的篇幅不过于冗长，十分便于初学者学习和使用。

参与本书翻译的译者是：

风笑天（南京大学社会学院教授），第 1 章、第 2 章；

李静（河海大学公共管理学院教授），第 3 章；

方纲（西南交通大学人文学院副教授），第 4 章、第 7 章；

刘婷婷（武汉大学社会学院讲师），第 5 章；

张艳霞（郑州大学社会学系副教授），第 6 章；

王晓晖（贵州民族大学社会学系教授），第 8 章；

李学斌（南京理工大学社会学系副教授），第 9 章；

王晓焘（南京师范大学社会发展学院讲师），第 10 章、第 12 章；

聂伟（深圳大学城市发展研究院副教授），第 11 章、第 13 章；

唐美玲、陈琛（厦门大学社会学院副教授、研究生）第 14 章；

陈玲（南京大学社会学院博士生），第 15 章。

各章译稿完成后，华中农业大学社会发展学院陈璇副教授协助笔者对译稿进行了校订。

由于译者学识水平的局限，译文中难免存在各种错误和疏漏，敬请读者批评指正。

风笑天

2022 年 8 月于南京